저널리즘 이론과 현장

나남신서 1988
저널리즘 이론과 현장

2019년 3월 5일 초판 발행
2019년 3월 5일 초판 1쇄

지은이 오대영
발행자 趙相浩
발행처 (주) 나남
주소 10881 경기도 파주시 회동길 193
전화 (031) 955-4601 (代)
FAX (031) 955-4555
등록 제 1-71호(1979. 5. 12)
홈페이지 http://www.nanam.net
전자우편 post@nanam.net

ISBN 978-89-300-8988-3
ISBN 978-89-300-8001-9 (세트)

책값은 뒤표지에 있습니다.

이 저서는 2018년도 가천대학교 교내연구비 지원을 받았습니다(GCU-2018-0275).
This work was supported by the Gachon University research fund of 2018(GCU-2018-0275).

나남신서 1988

저널리즘 이론과 현장

오대영

머리말 /

20년 넘게 신문기자로 일한 후 대학의 강단에 서서 저널리즘을 가르치며 저널리즘과 인연을 맺은 지 30년이 넘었다. 사실 대학을 다닐 때 저널리즘을 배워본 적도 없었고, 신문기자로 일하면서도 뉴스와 저널리즘에 관해 깊이 있게 생각해 본 적도 없었다. 뒤늦게 대학원에서 저널리즘 분야를 연구해 박사학위를 받기는 했지만, 당시에도 연구 주제에 관해서만 관심이 있었을 뿐 저널리즘 전반을 폭넓고 깊이 있게 생각하지는 않았다. 그러다 대학에서 학생들에게 저널리즘을 강의하기 시작하면서 저널리즘에 관해 진지하게 생각하게 되었다. 학생들에게 저널리즘을 가르치기 위해서는 폭넓게 공부하지 않을 수 없었기 때문이다.

처음 저널리즘을 가르칠 때부터 강의안을 만들고 강의 내용을 준비하기가 쉽지 않았다. 다행히 저널리즘에 관해 국내외에서 쓰인 좋은 책이 많았기에 이를 참고해 강의를 구성했다. 몇 년 동안은 그 책들 가운데 하나를 택해 교재로 활용하기도 했다. 시간이 흐르면서 학생에게 가르쳐야 할 저널리즘의 내용에 관해 고민하게 되었고, 내가 생각하는 강의 내용을 담은 교재를 만들어 봐야겠다는 욕심이 나기 시작했다. 아마 평생 글을 쓰는 것으로 먹고살아온 신문쟁이 기질이 작동했던 것 같다.

마침 대학 강단에 선 이후 한류, 헬스 저널리즘, 탐사 저널리즘 등을 연구하고 보고서를 쓰면서 저널리즘의 이론과 실제 사례를 학습할 기회가 많았다. 그리 많지는 않지만, 그동안 저널리즘과 관련된 내용을 중심으로 몇 편의 논문을 쓰기도 했다. 그래서 2018년 1월 어느 날, 저널리즘 교육용 교재를 써보자는 무모한 결심을 했다.

제목을 《저널리즘 이론과 현장》이라고 했지만, 엄밀하게 말해 저널리즘에 대한 깊이 있는 이론서는 아니다. 대학의 학부 과정에 재학하는 학생의 교육용 교재를 저술하는 것을 목적으로 했기 때문에 기존에 연구되고 소개되었던 내용 중 꼭 알아야 한다고 생각한 내용을 모아 짜깁기한 정도라고 하는 것이 정확할 것이다. 굳이 장점을 말한다면, 가능하면 학생이 저널리즘의 기초 이론을 쉽게 이해하도록 전달하려고 노력했다는 점, 그리고 기자로서의 오랜 현장 경험과 대학에서의 교육・연구 경험을 융합해 저널리즘의 내용을 최대한 알기 쉽고 구체적으로 전달하려고 시도했다는 점일 것이다.

이 책은 크게 3부로 구성했다. 1부 '저널리즘의 이해'에서는 저널리즘의 기초 이론을 이해하는 내용으로 구성했다. 저널리즘의 기초 지식, 역사, 효과와 더불어 뉴스 제작과정과 뉴스 내용분석까지 폭넓게 소개했다. 미디어와 사회의 복잡한 관계를 탐구하는 미디어 사회학의 관점에서 보면, 미디어의 뉴스 제작과정을 이해하는 것은 저널리즘과 사회의 관계 그리고 저널리즘의 사회적 역할을 심층적이고 구조적으로 알게 해준다. 또 내용분석은 미디어의 뉴스가 수용자에게 미치는 효과와 그 영향력의 이유를 체계적으로 알게 해주는 연구 방법이다. 학생이 내용분석을 알고 있다면 뉴스와 저널리즘을 이해하는 데 큰 도움이 될 것이라는 믿음에서 수록했다. 통상 내용분석은 대학원 과정에서 교육하지만, 필자는 "미디어로 세상 읽기"라는 과목을 가르치면서 몇 년 전부터 뉴스 내용분석 방법론을 교육하고 있다. 학생들은 이론적으로 학습할 뿐만 아니라 실제 학술 논문을 쓰는 것과 같은 방식으로 연구를 진행해 논문을 작성한다. 3~4명으로 팀을 구성한 학생들이 특정 주제의 신문기사를 찾아 내용분석을 하고, 20쪽 분량의 논문을 쓰는 수업이다. 학생들이 쓴 논문을 모아 편집한 후 책으로 만들어 주면 학생들은 매우 뿌듯해한다. 수업 초기에는 많이 어려워하던 학생들이 최종 연구 결과를 발표할 즈음에는 좋은 반응을 보이는 모습을 보면서 내용분석에 관한 내용을 이 책에 포함해도 될 것이라는 자신감을 가졌다.

2부 '저널리즘의 현장'에서는 저널리즘이 사회에서 어떤 기능과 역할을 하고 사회에 어떤 영향을 주는지를 알아보기 위해 주요 현장 중심으로 저널리즘의 다양한 모습을 소개했다. 저널리즘은 정치·경제·사회 등 여러 분야에서 많은 역할을 한다. 이 가운데 역사적으로 저널리즘의 발전과 가장 밀접한 관계를 맺고 있는 정치 분야, 세계화 시대에서 갈수록 중요해지는 국제 분야, 고령화 시대를 맞아 사람들의 뉴스 관심도가 가장 높아진 헬스 및 건강 분야 등 세 분야를 정치 저널리즘, 국제 저널리즘, 헬스 저널리즘이라는 제목으로 소개했다. 이 세 분야는 모두 정치 커뮤니케이션, 국제 커뮤니케이션, 헬스 커뮤니케이션이라는 학문 분야로 교육된다. 이 책은 커뮤니케이션의 다양한 내용 가운데 뉴스와 관련된 부분만을 저널리즘이라는 이름으로 소개했다. 탐사 저널리즘과 데이터 저널리즘은 특정 분야에 관한 내용은 아니지만 미디어 환경의 변화로 인해 저널리즘 현장에 큰 영향을 미치는 중요한 기법이므로 학생들이 알아둘 필요가 있다는 관점에서 소개했다.

3부 '저널리즘의 과제'에서는 저널리즘의 발전과 미래를 생각해 본다는 차원에서 현재 저널리즘의 문제점과 해결 방안을 소개했다. 뉴스를 읽는 사람이 매년 줄어들면서 저널리즘이 위기를 맞았다는 이야기가 공공연하다. 저널리즘은 시민사회와 민주주의를 지키는 보루이므로 저널리즘의 위기는 곧 민주주의의 위기를 의미한다. 따라서 저널리즘이 위기를 맞은 이유를 알고 개선책을 찾아 행동함으로써 저널리즘의 신뢰를 회복하는 일은 저널리즘의 미래를 위해 매우 중요하다.

이 책을 쓰면서 내내 걱정되는 점이 있었다. 디지털 시대가 되면서 뉴스의 생산·유통·소비를 비롯한 저널리즘 환경이 크게 변했는데, 고전적인 저널리즘 이론을 이야기하는 것이 과연 맞는지 의문이었다. 올드미디어의 기자 출신 교수가 세상 변한 줄 모르고 호랑이 담배 먹던 시절의 이야기를 한다는 비아냥거림을 받지 않을까 하는 걱정도 있었다. 그럼에도 시대가 아무리 변해도 저널리즘은 죽지 않을 것이라는 믿음에서 이 책을 쓰기로 마음먹었다. 아무리 저널리즘 환경이 크게 변하더라도, 저널리즘은 어떤 형태로든 사회에 많은 영향을 줄 것이고 저널리즘을 배우려는 학생이 있을 것이라는 믿음에서였다.

또 다른 걱정은 표절 문제에 관한 것이었다. 이 책의 내용은 필자가 나름대로 연구한 결과의 결실이다. 그러나 필자가 이 책에 수록한 모든 분야에 정통한 것은 아니다. 책을 쓰기 위해 새롭게 학습한 분야도 있다. 그러다 보니 충분한 실력을 갖추지 못한 상태에서 오로지 좋은 내용을 소개하고 싶다는 욕심에 다른 책이나 논문의 좋은 내용을 옮겨 적은 부분도 상당히 많다. 특히, 2장 '저널리즘의 발전 역사'에 관한 내용의 상당 부분은 나남출판에서 출간한 허버트 알철(Hebert Altschull)의 저서 《현대 언론 사상사: 밀턴에서 맥루한까지》(양승목 역)와 시베르트, 피터슨, 쉬람(Siebert, Peterson, Schramm)의 저서 《언론의 4이론: 권위주의, 자유주의, 사회적 책임주의, 소비에트 공산주의 개념에 따른 언론의 이념과 역할》(강대인 역)에 의존했음을 밝힌다. 다른 저작물의 내용을 인용한 경우에는 출처를 정확하게 기술했다. 그럼에도 혹시 충실하게 밝히지 못했을 경우가 있다면 저자와 역자에게 사과를 드린다.

이 책은 필자의 박사학위 논문("국제뉴스통신사의 북한 관련 의제설정 연구")과 연구 논문들, 그리고 한국언론진흥재단의 지원을 받아 공동 수행한 연구보고서 〈다문화 가정의 미디어 이용 실태 및 정책적 지원 방안 연구〉, 〈국내 헬스 저널리즘의 현황과 품질제고 방안 연구〉, 〈한국 언론의 탐사보도 품질 제고와 발전방안 연구〉, 한국문화산업교류재단의 지원을 받아 공동 수행한 〈중동 언론의 한류보도 분석 연구〉 등을 토대로 작성하였다. 특히, 이 책의 9장 '탐사 저널리즘'과 10장 '데이터 저널리즘'의 상당 부분은 〈한국 언론의 탐사보도 품질 제고와 발전방안 연구〉의 이론적 논의 부분을 요약·정리했다.

이 책을 쓰는 데 많은 분의 도움을 받았다. 우선 〈중앙일보〉의 수많은 선배, 동료, 후배에게 깊은 감사의 인사를 드린다. 그분들이 있었기에 20년 넘게 기자로서 많은 기사를 쓸 수 있었다. 특히, 무엇이 기사인지도 알지 못하던 어리벙벙 초년병 기자에게 취재 방법부터 기사 쓰는 방법까지 가르쳐준 수많은 선배의 노고가 없었다면, 이 책은 나오기 힘들었을 것이다.

그리고 대학원 진학 이후 아낌없는 지도를 해주신 김정기 한양대 신문방송학과 교수님께 깊은 감사의 말씀을 드린다. 김 교수님의 변함없는 격려로 학문의 세계에 조금이나마 눈을 뜨게 되었고 이 책을 계속해서 쓸 수 있었다. 공동 연구 작업을 비롯해 학문적 논의를 함께했던 분도 많다. 모두 언급할 수는 없겠지만, 특히 남재일 경북대 교수님, 박재영 고려대 교수님, 이완수 동서대 교수님, 최믿음 KBS 방송문화연구소 연구원님에게 감사드린다. 이분들과의 연구는 이 책을 쓰는 원동력이 되었다. 많은 도움을 주신 김석기 전 한국신문방송편집인협회 사무총장님과 한국언론진흥재단의 많은 관계자분께도 깊은 감사를 드린다.

마지막으로 필자가 메일로 불쑥 보낸 출판 제안서를 보고 출판을 결정하신 나남출판의 조상호 회장님과 고승철 전 사장 겸 주필님께 고맙다는 인사를 드린다. 두 분을 만나 출판과 문학에 대한 뜨거운 열정을 느끼고 많은 것을 배웠다. 몇 달 동안 힘들게 꼼꼼한 편집과 교정을 해준 나남출판 편집부에도 진심으로 감사드린다. 이분들이 없었더라면 이 책은 탄생하기 어려웠을 것이다. 어려운 출판환경 속에서도 졸고의 출간을 흔쾌히 결정하고 많은 노력을 해주신 나남출판의 여러 분들을 위해서라도 이 책이 많은 독자에게 좋은 평을 받기를 기대해 본다.

이 책이 학계에 누를 끼치지 않고 저널리즘 발전과 학생들의 학습에 조금이라도 기여한다면 큰 영광일 것이다.

2019년 2월 5일 황금돼지해 첫날에

오 대 영

나남신서 1988

저널리즘 이론과 현장

차례

머리말 5

1부 / 저널리즘의 이해

1장 저널리즘의 기본이론

1. 저널리즘이란 무엇인가 17
2. 저널리즘의 역할 24
3. 언론인과 전문직주의 29
4. 저널리즘의 특징 32
5. 뉴스가치 52
6. 기사의 종류 68
7. 좋은 기사를 쓰는 방법 75

2장 저널리즘의 발전 역사

1. 민주주의 발전과 저널리즘 87
2. 정치 체제와 저널리즘 94

3장 저널리즘의 효과

1. 미디어 효과 이론의 역사 123
2. 의제설정 이론 136
3. 프레임 이론 150
4. 이용과 충족 이론 170

4장 미디어의 뉴스 제작과정

1. 미디어 사회학 181
2. 미디어의 뉴스 제작과정에 영향을 주는 요인 191

5장 뉴스 내용분석

1. 내용분석의 의미 235
2. 내용분석 방법 236
3. 양적 내용분석 사례 239
4. 질적 내용분석 사례 247

2부 / 저널리즘의 현장

6장 정치 저널리즘

1. 민주주의에서 언론과 정부의 관계 259
2. 언론과 선거 269
3. 정치뉴스 이용이 유권자의 투표에 미치는 영향 275
4. 정치뉴스의 연성화 277

7장 국제 저널리즘

1. 국제뉴스의 특징 281
2. 국제뉴스의 생산과 유통 286
3. 한국 언론 국제뉴스의 특징 296
4. 한국 언론 국제뉴스의 영향 299

8장 헬스 저널리즘

1. 헬스 저널리즘 현황 307
2. 헬스 저널리즘의 사회적 역할 309
3. 헬스 저널리즘의 주요 보도방식과 효과 312
4. 헬스 저널리즘의 품질 317
5. 한국 신문의 헬스기사 보도양상 319

9장 탐사 저널리즘

1. 탐사 저널리즘의 정의 327
2. 탐사 저널리즘의 특징 330
3. 탐사 저널리즘의 사회적 역할 335
4. 탐사보도와 취재윤리 338
5. 탐사보도와 정보공개 제도 343
6. 탐사 저널리즘 제약 요인 346

10장 데이터 저널리즘

1. 데이터 저널리즘의 정의 351
2. 데이터 저널리즘의 역사 353
3. 데이터 저널리즘의 특징 357
4. 데이터 분석 유형 360

3부 / 저널리즘의 과제

11장 저널리즘의 위기

1. 저널리즘 위기 현황 365
2. 저널리즘의 품질과 신뢰도 367
3. 신뢰도 하락 원인 374
4. 가짜뉴스 400

12장 저널리즘의 보도윤리

1. 언론의 자율적인 보도 가이드라인 407
2. 범죄보도 가이드라인 412
3. 자살보도 가이드라인 416

참고문헌 425
찾아보기 471

1부

저널리즘의 이해

1장 / 저널리즘의 기본이론

1. 저널리즘이란 무엇인가

바다 가운데 섬이 하나 있는데, 1914년 그곳에는 많지 않은 영국인, 프랑스인, 독일인이 살고 있었다. 그 섬에는 외부와 연결되는 전화선도 없었고 영국 증기우편선만이 60일에 한 차례씩 들르고 있었다. … 9월 중순 어느 날, 그들은 우편선 선장에게서 유럽대륙에서 영국과 프랑스가 양국 간 상호조약에 따라 독일에 대항해 싸우고 있다는 사실을 알게 되었다. 그들은 묘하게도 6주 동안 그런 사실도 모른 채 실제로는 적이었던 사람들과 친구처럼 지내고 있었던 것이다. … 그러고는 4년 남짓 지난 어느 목요일 아침에 휴전 소식을 접하면서 "드디어 살상이 끝났구나" 하며, 말로 표현할 수 없는 안도의 숨을 내쉬었다. 종전을 축하하고 있었지만, 실제 휴전이 성립되기까지 5일 동안 수천 명의 젊은이가 전쟁터에서 죽어 갔다.

20세기 초의 저널리스트이자 정치평론가였던 월터 리프먼(Walter Lippmann)의 명저 《여론》(*Public Opinion*, 1922/2013)의 서두에 나오는 내용이다. 이 글은 미디어의 뉴스가 인간의 인식과 삶에 미치는 영향을 단적으로 말해 준다. 이 섬에 있던 영국, 프랑스, 독일인들은 전쟁이 난 지 6주 동안은 전쟁 발발 사실을 몰랐기 때문에 평화롭게 살았다. 그러다 전쟁이 난 사실을 알게 되면서 매우 불편한 관계가 되었다. 반대로 전쟁이 끝났을 때는, 그 사실을 몰라서 유럽에 있는 영국, 프랑스, 독일인들보다 6주 기간을 더 불편한 관계 속에서 살아야 했다. 섬에 있는 사람들은 모국과 관련된 일에 관해 모국의 사람들보다 6주 늦게 간접 경험을 한 것이다.

이 글은 저널리즘과 관련해 매우 중요한 개념을 담고 있다. 우선, 사람들은 언론이 뉴스를 전달하지 않으면 사실을 알 수 없다는 점이다. 뉴스가 전달되지 않았다면 아마도 그 섬에 사는 영국, 프랑스, 독일인들은 유럽에서 전쟁이 벌어졌다는 사실을 모른 채 계속해서 평화롭게 살았을 것이다. 둘째로, 언론의 뉴스는 사람들에게 세상에 대한 인식을 심어 준다는 점이다. 그 섬의 사람들은 뉴스를 통해 영국과 프랑스가 독일과 싸우고 있다는 사실을 알았다. 그들은 유럽에 있지 않았기 때문에 직접 싸우는 현장을 본 것은 아니다. 그렇다 하더라도 뉴스를 통해서 영국과 프랑스가 독일과 싸우는 모습을 머릿속으로 그렸을 것이다.

세상에는 매일 수많은 일이 벌어지지만, 사람이 직접 눈으로 보고 경험할 수 있는 일은 극히 일부분에 불과하다. 한 건물에 종일 있다고 해서 그 건물에서 벌어진 일을 모두 경험하거나 볼 수 있는 것은 아니다. 사람들은 가족, 친구 등 주변의 사람들로부터 세상일에 대해 들을 수 있지만, 이 역시 극히 일부분에 불과하다. 누군가로부터 이야기를 듣고 알 수밖에 없는데, 이 역할을 가장 충실하게 하는 것이 언론이다. 우리가 알고 있는 세상일 중에는 의식적이든, 무의식적이든 언론에서 읽은 뉴스를 통해 얻는 정보가 가장 많다.

사람들은 언론이 보도한 내용을 잘 믿는 경향이 크다. 사람들은 통상 '언론이 그렇게 보도했다'는 식으로 새로운 소식을 남에게 전달할 때가 많다. 특히, 사람들은 자신이 직접 보지 못했거나 확인하기 힘들 경우 언론에 보도된 내용을 사실이라고 믿는 경우가 많다. 아프리카에 한 번도 가지 않은 사람이라도 신문이나 방송에서 아프리카에 관한 뉴스를 많이 본다면 그곳에서 벌어지고 있는 최근 소식들을 잘 알 수 있다. 그리고 대체로 믿는다. 그것이 저널리즘의 힘이다.

저널리즘은 일반적으로 시사정보와 의견을 대중에게 전달하는 활동을 뜻한다. 구체적으로 "공중에게 전달되는 뉴스 및 논평과 관련된 모든 형식", "뉴스의 취재 · 보도와 관련된 활동을 일컫는 가장 간결한 용어", "공적 매체가 현실의 사건과 견해를 보도하고 논평하는 표현양식 또는 창작물", "지금까지 알려지지 않은 새로운 실제 세계의 모습에 관한 진실한 진술 또는 기록이라고 주장하는 문자, 음성, 영상 형식의 저작된 텍스트", "언론이 자율적 판단에 따라 뉴스를 취재하고 보도하는 활동" 등으로 정의된다(이민웅, 2008; Harcup, 2009/2012). 이를 정리하면 저널리즘은 새로운 정보를 담은 뉴스와 특정한 이슈나 사건에 대해 의견을 표시하는 논평을 불특정 다수에게 전달하는 것으로 정의할 수 있다.

저널리즘은 사실(*fact*)과 논평(*opinion*)으로 구성된다. 저널리즘의 가장 중요한 역할은 새로운 정보 전달에 있다. 세상에는 정치력, 군사력, 경제력, 문화력 등 다양한 힘이 있다. 모든 힘이 중요하지만 정보력(*information power*)도 매우 중요하며, 때로는 개인이나 국가의 존망을 결정할 정도로 영향력이 매우 세다. 정보를 모르는 사람과 아는 사람의 힘에는 매우 큰 차이가 있다. 정보는 사람이나 사회, 국가의 안전에 큰 영향을 미친다. 인류학자와 사회학자는 동서고금을 떠나 사람들은 자신이 직접 경험하지 못하는 곳에서 일어나는 일을 알려고 하는 본질적인 욕구와 본능을 지니고 있다는 결론을 내렸다. 역사가들은 사람들이 자신이 직접 볼 수 없는 것들을 알게 되면 안전감과 통제력, 확신이 생긴다고 보았다. 따라서 뉴스는 우리가 살고 있는 세상이 어떻게 돌아가는지, 또 어떻게 변해 갈지를 알고 싶어 하는 인간욕구의 산물이다. 뉴스는 '인식에 대한 인간의 굶주림'의 산물인 것이다(이민웅, 2008: 17).

에이브러햄 매슬로(Abraham Maslow)가 1943년에 발표한 '매슬로의 인간욕구 5단계 이론'(Maslow's Hierarchy of Needs)에 따르면 인간욕구는 크게 다섯 단계로 구분되고, 욕구의 중요도에는 순서가 있다. 1단계는 의식주 해결과 종족번식 본능과 같은 생리적 욕구(*physiological needs*), 2단계는 신체적, 감정적, 경제적 위험으로부터 보호받고 싶은 안전 욕구(*safety needs*), 3단계는 누군가와 교제하고, 사랑하고, 공동체에 소속되고 싶은 사랑과 소속 욕구(*love & belonging needs*), 4단계는 타인으로부터 존경과 인정을 받고 싶은 존경 욕구(*esteem needs*), 5단계는 자기발전을 이루고 자신의 잠재력을 끌어내 극대화하려는 자아실현

욕구(*self-actualization needs*)이다. 사람은 1단계부터 순서에 따라 차례대로 욕구를 만족하려 하므로 생리적 욕구와 안전 욕구는 가장 기본적 욕구이다. 정보 추구는 2단계인 안전 욕구에 해당하기 때문에 저널리즘은 인간의 기본적 욕구를 충족해 주는 중요한 역할을 한다.

저널리즘은 단순히 사실만 전달하는 것이 아니라 특정한 사실의 의미에 대한 설명과 해설을 통해 사람들이 사실을 깊이 있게 이해하도록 한다. 정부가 발표하는 수많은 정책을 모든 사람이 쉽게 이해하는 것은 아니다. 한국은행이 금리를 인상한다고 하면, 일반인들은 금리 인상의 의미를 자세하게 알기 힘들다. 언론은 한국은행이 금리를 인상했다는 사실 이외에도 금리 인상의 이유와 금리 인상이 경제와 일상생활에 미치는 효과 등을 상세하게 설명함으로써 사람들이 금리 인상의 의미를 이해하도록 해준다.

저널리즘은 특정 이슈나 사건에 대해 의견과 논평을 제시하고, 이를 통해 사회의 여론을 만드는 역할도 한다. 중요한 정책일수록 사회적으로 여러 의견이 엇갈리는 경우가 많다. 몇 년 전 우리 사회에서 많은 논란이 있었던 학교 무상급식 정책에 대해서도 소득 수준 등의 조건이나 자격에 상관없이 모든 국민에게 복지서비스를 제공해야 한다는 '보편적 복지론'에 근거한 찬성 여론과 필요한 사람에게만 선택적으로 복지 서비스를 제공해야 한다는 '선별적 복지론'에 기초한 반대 여론이 맞붙어 치열한 논쟁을 벌였다. 많은 정책에서 이념, 지역 등 다양한 이유로 의견이 나뉘는 경우가 일반적이다.

언론은 이런 경우 사실만 전달하는 것이 아니라 가치나 영향 등을 따지고 평가해 자신의 의견을 제시한다. 평가에는 좋다 또는 나쁘다 등의 가치 판단이 들어간다. 이를 논평이라고 한다. 언론은 논평을 통해 특정 사건이나 이슈를 평가하고 많은 사람에게 가치 판단의 기준을 제시한다. 신문의 오피니언 페이지에서는 의견을 담은 사설이나 칼럼을 소개한다. 사설은 언론사의 의견을 제시하는 것이고, 칼럼은 일반적으로 개인의 의견을 전달하는 것이다.

사람들은 언론이 전달하는 해설과 논평을 통해 새로운 정보를 깊이 있게 이해하고 자신의 의견을 형성한다. 인터넷 발전으로 언론매체가 많아지고 전달되는 정보가 매우 증가하면서 언론의 논평 기능은 더욱 중요해지고 있다. 디지털혁명으로 인해 미디어는 빅뱅(*big bang*)이라고 할 수 있을 정도로 엄청난 변혁의 시기를 맞았다. 인터넷의 발달은 신문과 방송으로 제한되던 언론의 개방화를 촉발했다. 누구나 손쉽게 언론사를 설립하고 경영하는 시대가 됐다. 신문과 방송이 뉴스를 독점 공급하던 시대를 지나 누구나 뉴스를 공급하는 시대가 되면서, 수용자는 다양한 채널을 이용해 새로운 정보를 접하게 되었다. 하루 24시간 뉴스가 공급되고, 전달되는 뉴스의 양도 폭발적으로 증가하면서 수용자는 항상 새로운 정보를 접할 수 있게 되었지만, 오히려 '정보의 홍수'에 빠져 정보가 갖는 의미를 이해하기 힘든 세상이 되었다. 그래서 언론의 판단을 요구하는 수용자도 늘고 있다. 언론인이 논평을 통해 사건이나 이슈의 결론을 내린다는 비판이 있기도 하지만, 수용자는 종종 언론인의 판단을 기대한다. 언론의 논평을 통해 중요사건이나 이슈에 대한 평가나 여론 동향을 파악할 수 있기 때문이다. 이런 저널리즘의 역할은 칼럼이나 사설이 주로 담당해 왔고, 수요도 증가하는 추세다.

《저널리즘의 기본요소》(*Elements of Journalism*, 2001/2003)의 저자인 톰 로젠스틸(Tom Rosenstiel)은 "시대가 바뀌어서 독자는 이미 신문, 방송보도 이전에 다양한 정보를 접하고 있다. 이러한 환경에서 기자의 임무는 조각조각의 사실에 대한 진술을 다시 전하는 일이 아니다. 기자는 진행되는 사건에 관한 큰 그림과 맥락을 정리하고, 제시되는 여러 주장 가운데 어느 부분이 신뢰할 수 있는 내용인지를 분별하는 작업을 해야 한다"고 강조했다(이재경, 2012).

저널리즘이 정보 전달과 논평을 통해 궁극적으로 하는 일은 사람들에게 세상에 대한 이미지를 심어 주는 것이다. 리프먼은 《여론》에서 "우리가 정치적으로 다뤄야 하는 세계는 손에 닿지 않고, 보이지 않고, 마음에도 없다"(The world that we have to deal with politically is out of reach, out of sight, out of mind)라고 했다. 그리고 미디어의 기본역할 중 하나는 '밖의 세상'(*world outside*)과 '우리 머릿속 그림'(*pictures in our heads*)을 매개하는 것이라고 했다. 미디어의 역할은 사람들에게 세상의 일을 전달하는 동시에 바깥세상의 일을 머릿속 이미지로 만들어 주는 것이다.

리프먼은 미디어의 기능을 '플라톤의 동굴론'에 비유했다. 고대 그리스의 철학자 플라톤은 그의 저서 《국가론》에서 다음과 같이 적었다.

> 지하의 동굴 속에 있는 죄수들은 어릴 때부터 동굴 안쪽의 벽면만을 바라보도록 손발과 목이 묶인 채 살아왔다. 그들 뒤에는 동굴 안을 비추어 주는 불빛이 있고, 그들과 불빛 사이에는 담장이 세워져 있다. 그 담장 위로 돌이나 나무 등으로 만들어진 사람이나 동물 모형의 인형이 지나가

는데, 때로는 실제 사람이나 동물처럼 소리를 내기도 한다. 동굴 벽면에는 인형의 그림자들이 움직이는 모습이 비치지만, 사람들은 뒤를 돌아보지 못하기 때문에 자신들이 평생 본 것들이 실제가 아니라 그림자에 불과하다는 사실을 알지 못한다. 심지어 그들이 들은 소리조차 그림자가 내는 것으로 생각한다.

플라톤은 그림자는 인간이 눈으로 보고 있는 가시적 세계의 모습이므로 동굴 밖에 있는 진실의 모습인 이데아를 찾아야 한다고 강조했다.

리프먼은 이 비유를 통해서 수용자는 미디어를 통해 비친 세상에 대한 그림자의 모습을 실재라고 생각하게 되며, 이것이 저널리즘의 기능이라고 했다. 사람들은 뉴스가 전달하는 정보와 논평을 통해 한 번도 경험하지 못한 세계에 대한 상(이미지)을 갖게 되고, 마치 그것이 실제 세상의 모습인 것으로 믿게 된다는 것이다. 이 개념은 저널리즘에서 가장 핵심적인 내용이다.

2. 저널리즘의 역할

커뮤니케이션 학자 해럴드 라스웰(Harold Lasswell)은 미디어의 사회적 기능에 대해 환경 감시, 상호 연결, 문화 전달 등 세 가지를 들었다. 환경 감시 기능은 사회를 지키기 위해 시민에게 정보를 주고 뉴스를 제공하는 것이다. 상호 연결 기능은 사회환경에 대한 정보의 선택과 해석이다. 언론은 사설이나 의제설정 캠페인 등을 통해 여론을 수렴하거나 조정하면서 사회규범을 강화하고 합의를 유지하며 정부에 대한 감시자 및 견제자 역할을 한다. 문화 전달 기능은 한 세대에서 다음 세대로, 한 사회 구성원으로부터 다른 사회 구성원에게로 정보, 가치, 규범을 전달하는 것이다. 언론은 이런 과정을 통해 공통적인 경험이나 관념을 확대해 사회 응집력을 향상하고, 사회에 정체성을 제공해서 개인의 소외감을 해소하는 역할을 한다. 문화 전달 기능은 역사에 대한 기록이기도 하다. 신문이 발행된 이후의 세상에서 벌어진 일을 알고 싶다면 과거 신문을 찾아 읽으면 된다. 찰스 라이트(Charles Wright)는 이 세 가지 기능에 휴식을 제공하고 여가 시간을 메워 주는 오락 기능을 추가했다. 오락 기능은 사람들이 일상생활로부터 벗어나 휴식과 여가를 즐길 수 있는 기회를 제공하고 공중의 예술 취향을 향상하는 기능을 한다(Severin & Tankard, 2001/2005: 436~439).

세 가지 기능은 기본적으로 사회와 국가를 지키는 역할을 한다. 미국의 언론학자인 갠스(Gans, 2004: 42~52)는 미국 미디어가 중시하는 가치를 민족중심주의, 이타적 민주주의, 책임자본주의, 목가주의(*small-town pastoralism*), 개인주의, 온건주의, 사회질서, 국가 리더십 등 8가지로 분류하면서 이 중 사회질서와 이를 유지하려는 국가 리더십이 다른 것들보다 더 중요하다고 밝혔다.

민주주의 사회에서 저널리즘의 가장 중요한 첫 번째 역할은 민주주의를 지키는 보루이다. 민주 사회에서 언론은 입법부, 사법부, 행정부에 이어 '국가의 제 4부'라고 한다. 그만큼 민주 사회에서 언론의 기능과 역할이 매우 막중하다는 의미이다. 언론은 국가의 권력 남용을 견제하고, 올바른 여론이 형성될 수 있도록 공정하고 객관적인 정보를 제공해 공론장을 구축한다(김성해, 2007). 언론이 정부나 공직자, 경제인, 저명인사의 비리를 밝혀내 보도하고 비판하는 것은 공동체와 사회의 안전을 지키기 위해 사회를 감시하는 역할을 하기 위해서이다. 언론이 정부의 잘못된 정책이나 권력층의 비리를 감시하거나 비판하여 개선하지 못해서 정부와 국민 간 소통의 장 기능을 충실하게 수행하지 못하면 시민의 불만이 커져 사회적 혼란을 가중시키고 최악의 경우에는 혁명 등으로 폭발한다(박상호, 2008; Cobb & Elder, 1983: 165~166).

저널리즘의 두 번째 역할은 정보 전달과 논평을 통해 여론을 형성해서 개인을 대중으로 바꾸는 데 있다. 수많은 군중이 언론을 통해 특정한 사실을 동시에 알게 되고, 비슷한 생각을 하면서 여론이 형성된다. 언론은 이 과정에서 개인의 생각을 집단의 생각으로 만들어 모래알에 불과한 개인을 군중으로 만든다. 저널리즘은 사회의 핵심이슈에 대한 공중의 관심을 집중시키고 이에 대한 여론을 형성한다(Coleman & McCombs, 2007). 특히, 선거와 정책 결정, 사회적 쟁점과 갈등 등 중요한 사회적 커뮤니케이션 과정에서 언론은 여론의 형성과 변화에 큰 영향을 미친다(최원석 · 반현, 2006). 언론은 정책 결정자가 사회에 대한 정보를 수집, 해석, 결정하는 과정에서 중요한 역할을 하는 동시에, 정책 결정자가 정책을 독점하는 경우 공중에게 이를 알리며 정부의 정책 독점에 도전하는 역할을 한다(Tan & Weaver, 2007).

여론의 의미는 특권층이 아닌 일반 시민이 정치와 공적 영역에 실질적으로 참여하고 영향력을 행사하는 데 중요한 정치적, 철학적 이념을 제공한다는 개념이다. 근대적 의미의 여론은 17~18세기 유럽에서 자본주의 발전과 시민계급, 시민 국가의 등장으로 나타났다. 시민 부르주아계급이 정치적, 경제적 자유를 획득하고 정치 행위의 참여자로 등장한 후, 기존의 왕권이나 종교권력에 대항해 제시한 시민의 권력 개념이 여론의 연원이다. 여론은 부르주아계급의 새로운 정치권력 기반이었으며, 부르주아계급은 여론을 바탕으로 국가의 공적 영역에 참여했다(손영준, 2006). 여론이라는 개념 덕분에 일반 시민은 역사상 처음으로 정치적 권력을 행사할 수 있게 되었다.

저널리즘의 세 번째 역할은 국민의 정보주권을 지키는 일이다. 정보주권이란 특정한 세력이 여론을 지배하는 구조가 아니라, 일반 국민이 중요한 사회적, 정치적 정보를 자신의 것으로 만드는 과정이자 구조이다. 일반 국민이 정보와 미디어를 실질적이고 직접적이며 민주적으로 통제하는 것을 말한다(김승수, 2011). 코바치와 로젠스틸(Kovach & Rosenstiel, 2001/2003)은 저널리즘의 기본적 역할에 대해 시민이 자유롭고 자치를 누리는 데 필요한 정보를 제공함으로써, 공동체 사회를 확립하고 시민권과 민주주의를 수호하는 것이라고 규정했다. 저널리즘은 시민의 이익을 위해, 국민의 알 권리를 위해 존재한다. 저널리즘은 시민이 자치과정에서 권리와 의무를 행사하는 데 필요한 정보와 의견을 제공해 시민의 정보주권을 강화하는 역할을 한다.

저널리즘의 네 번째 역할은 사회통합 기능이다. 특정 사안에 대해 공중의 의견이 분열될 경우 해결책을 제시해 갈등을 줄이고 상대적으로 조화로운 균형을 유지하도록 한다(Reese & Ballinger, 2001). 언론은 사회의 여러 이슈 가운데 어느 시점에 상대적으로 중요하다고 판단되는 특정 이슈를 강조함으로써 공중이 이런 이슈에 집중하게 만든다.

그렇게 함으로써 다양한 사람이 공중의제에서 현저한 이슈에 대해 더 많은 합의를 하게 된다. 언론은 모든 사람이 상당한 수준에서 공유하는 의제를 제공함으로써 공동체 의식을 만들고, 사회계층 간 인식의 간극을 좁혀 주는 역할을 하기 때문에 사회통합을 이루는 역할을 하게 된다(민영, 2008: 28).

다양한 사람들이 한 사회에 모일 경우 언론이 공동의 가치를 형성하는 것은 매우 중요하다. 다양한 사람들의 의견을 조정해서 사회적 합의를 구축하는 것이다(Takeshita, 2005). 유럽 등에서 수많은 사람이 이민을 가서 새롭게 만든 국가인 미국이 하나로 통합되는 과정에 신문과 잡지는 매우 중요한 존재였다. 당시 여러 민족과 인종이 혼재해 극도의 다양성을 갖고 있던 미국 사회에서 공동체에 대한 관심이 형성되는 데는 정부 등 다른 기관보다 언론이 큰 역할을 했다. 오직 학교만이 통합의 도구로서 언론에 견줄 수 있는 정도였다(Altschull, 1990/2007: 344).

저널리즘의 다섯 번째 역할은 새로운 의제 형성이다. 언론의 역할은 단순히 사실을 전달하는 것이 아니라 정치적·사회적 환경을 감시하고, 정치적·사회적 개혁을 위해 유용한 의제를 사회에 전달하는 데 있다(Kosicki, 1993). 한국의 신문과 방송도 사회 발전이나 개혁을 위한 이슈를 강조하는 기획기사를 지속적으로 보도해서, 새로운 의제를 형성하고 사회의 변화를 유도하려고 한다.

저널리즘의 여섯 번째 역할은 젊은 층의 정치·사회화 발전과정에 기여한다는 점이다. 기자는 현실에 대한 수용자의 관념을 반영하고 강화하는 특별한 방식으로 세상을 정의하며, 저널리즘은 사회에 대한 많은 정보를 가진 교양 있는 시민을 만들려는 합리적인 담화의 한 부분이기 때문이다(Bird & Dardenne, 2008/2016). 언론은 정치적 이슈에 대한 청소년의 인지된 중요성을 증가시키고, 그들이 투표할 때 정치적 견해를 결정하는 데 큰 역할을 한다(Kiousis & McDevitt, 2008).

3. 언론인과 전문직주의

언론인이라는 직업이 민주주의 사회에서 일반적으로 전문직으로 인정받아온 이유는 저널리즘의 사회적 역할과 밀접한 관련이 있다. 전문직이란 의사나 변호사와 같이 특정 전문 직업을 말한다. 이들에게는 기술적·이론적으로 깊이 있는 지식이 요구된다. 전문직 사회학은 전문직주의를 자율성, 전문직 규범, 공익성의 측면에서 다루며, 직업적 특성에 따른 결사체의 형성, 임금 수준, 숙련 구조, 직종 진입관문 등을 구체적인 지표로 삼는다(이상기·김주희, 2013).

프라이드슨(Freidson, 2001/2007)은 저서 《프로페셔널리즘: 전문직에 대한 사회학적 분석과 전망》에서 직업윤리와 사회적 책임감을 전문직주의의 핵심으로 보았다. 전문직은 소비자와 경영자가 노동을 통제하는 시장논리나 경영논리와 달리, 노동자 자신이 자율적으로 노동을 통제하는 권력을 가지며 독점적 서비스를 제공할 수 있다. 전문직이 독점적 지위를 유지하는 근본은 사익보다 공익을 우선하는 사회적 책임감과 이를 통한 대중으로부터의 신뢰 형성에 바탕을 둔다. 프라이드슨은 전문직의 핵심요소를 숙련된 노동과 지식, 노동의 분업, 자격 증명, 고등 교육 프로그램, 직업윤리라는 다섯 가지로 제시했다(김경모·신의경, 2013).

전문직 사회학의 기준에서 보면 언론인은 의사나 법률가에 비할 만한 자율성을 확보한 적이 없고, '특정한 핵심지식 체계'와 '공통의 인지적 기반'이 없으며, 직업적 윤리 조항도 엄격하지 않다. 그래서 언론인을 전문직으로 간주하기 힘들다는 주장도 있다. 언론인 전문직주의에는 언론과 기자가 독자에 대한 영향력을 합리화하려는 의도가 숨겨져 있다는 비판도 있다(Tuchman, 1978/1995).

그러나 언론직은 일반적으로 언론의 공적 역할에 근거해 전문직으로 분류된다. 저널리즘을 수행하는 언론직은 단순히 뉴스를 제작한다는 기능적 측면뿐만 아니라 사회 여론을 형성하는 역할을 한다는 점에서 전문 지식과 능력을 갖춘 전문인으로 평가된다(김연식, 2014). 언론직이 전문직이라는 주장은 전문직 규범과 공익성, 보도의 객관성과 공정성, 이를 통한 저널리즘의 공익성 구현이라는 가치가 언론인 전문직주의의 핵심이라는 데 근거한다(박진우·송현주, 2012). 공익의 관점에서 보면 저널리즘의 관건은 정보를 어떻게 통제하느냐가 아니라, 사람을 위해 어떻게 봉사하느냐에 있다. 언론인이 정보를 다루는 기술자가 아니라 전문가라고 주장할 수 있는 근거는 이런 사회적 기능 때문이다(김사승, 2013a: 3)

언론인의 전문직주의 모델은 언론의 책임을 강조하고, 언론의 독립성과 책무성을 강화하기 위해 만들어진 제도이다. 20세기 들어, 서구에서 독점적인 전국 방송사가 출범하고 1차 세계대전으로 선전의 영향력에 대한 우려가 커지면서 미디어의 책임을 강화하려는 움직임이 확대되었다. 그 결과 서구 대부분의 국가에서 저널리즘 학교를 세웠고, 윤리 규정을 만드는 등 저널리즘의 전문화가 제도화되기 시작했다. 미디어의 대기업화와 그에 대한 비판도 언론직 전문직화를 강화했다(Barnhurst & Nerone, 2008/2016).

미국에서는 20세기 초 언론의 과도한 상업성과 언론 권력화 문제가 발생하자, 헌법적 특권을 가진 언론이 사익 도구화되는 것을 예방하고 언론의 공익적 위상을 유지하기 위해 사회책임주의 이론이 제시됐다. 이것이 언론의 자율규제와 기자교육 등을 기반으로 한 언론의 전문직주의로 구체화됐다(정태철, 2005). 또 미국 언론은 합리주의와 과학의 중요성을 중시하는 당시의 시대적 인식에 영향을 받아 사회과학에 토대해서 객관적이고 왜곡되지 않은 보도를 하는, 전문성을 갖춘 전문직으로 진화했다(Aucoin, 2005/2007: 27~41).

한국에서는 이런 측면에서 언론직이 전문직으로 인식되고 있다. 기자와 학생들은 숙련도, 자율성, 공식적 학위, 훈련 프로그램, 윤리, 협회 조직, 지식과 문화적 소양, 정보력 등 8개 측면에서 기자의 전문성을 유효한 가치로 인정했다(이상기 · 김주희, 2013). 방송기자들은 자율성, 사회적 봉사에 대한 인식, 저널리즘을 위한 자기 노력, 저널리즘 규범과 관련한 공정성 실현 노력 등 4개 항목을 언론인 전문직주의의 특성으로 생각했으며, 언론직을 전문직으로 인식하고 있었다(김연식, 2014).

언론직 전문직주의는 언론인, 언론 소유주, 국가에 모두 도움이 되었다. 언론인은 시민들의 정치적 의사를 대변해 언론사 소유주에 대한 독립성을 주장할 수 있었고, 언론사 소유주는 언론인을 통해 경제적 이익을 극대화하면서 언론에 대한 대중이나 국가 권력의 비판을 무력화하는 정당성을 획득했다. 국가 권력은 언론인과 미디어 소유주를 통해 국가 시스템 유지비용을 절감할 수 있었다(Nerone, 2013: 450, 박진우, 2015 재인용). 언론은 전문직주의에 기초해 정파성에서 벗어나 언론의 공익성을 주장할 수 있게 되었다.

4. 저널리즘의 특징

1) 시간과 공간의 제약

(1) 시간의 제약

저널리즘은 제시간에 맞춰 정해진 분량의 뉴스를 만들어 유통해야 한다는 숙명을 갖고 있다. 신문은 아침이나 오후의 정해진 시간에 배달되며 방송뉴스는 보도 시간이 고정되어 있다. 신문과 방송은 기사 마감시간(*deadline*)을 갖고 있다. 마감시간을 맞추지 못한 뉴스는 보도되지 못한다. 다음날 모든 신문에 나간 기사를 자기 신문에만 싣지 못한 상황을 생각하면 아찔할 것이다. 마감시간을 불과 몇 분 남겨 놓은 상황에서 중요한 뉴스가 발생하는 경우가 자주 있다. 그러면 언론사는 정신없이 바빠진다. 기자에게 마감시간은 피를 말리는 시간이라고 할 정도로 매우 힘들다.

뉴스통신사나 인터넷매체는 언제든지 보도할 수 있으므로 뉴스 마감시간이 없다고 생각할 수도 있다. 그러나 이들 매체의 기자는 신문이나 방송보다 더 빨리 보도해야 하기 때문에 시간의 제약을 더욱 심하게 받는다. 같은 사건을 다룬 뉴스라도 다른 매체보다 1초라도 빨리 전달해야 정보의 가치가 높아지는 것이 뉴스의 기본특징이다. 정보는 1초라도 빨리 아는 사람이 유리하다. 1초에 의해 엄청난 이득과 손실, 때로는 생사까지 엇갈리기도 한다. 예컨대 외환시장은 24시간 움직인다. 동일본 대지진과 같이 엄청난 재난재해가 발생하면 재난을 당한 국가의 환율이나 기업의 주가는 크게 요동친다. 이 소식을 1초라도 먼저 알고 해당 국가의 화폐나 기업주식을 먼저 파는 사람은 조금이라도 손실을 덜 본다. 반대로 특정 기업이나 국가의 좋은 소식을 알고 그 기업의 주식이나 해당 국가의 화폐를 먼저 사는 사람은 시간이 갈수록 주식과 화폐 가격이 오르기 때문에 이득을 본다.

그래서 같은 사건이라도 언론은 1초라도 빨리 보도해야 하는 경쟁이 치열하다. 만약 A 언론이 매번 B 언론보다 1초를 먼저 보도한다고 생각해 보자. A 언론을 이용하는 사람은 B 언론을 이용하는 사람보다 매번 빨리 알고 이득을 볼 것이다. 그러면 사람들은 점차 A 언론을 이용하고 B 언론을 이용하지 않을 것이다. 그렇기 때문에 언론은 치열한 속보 경쟁을 한다. 〈AP〉, 〈AFP〉, 〈로이터〉와 같은 국제적 뉴스 통신사는 똑같은 이슈에 대해 누가 먼저 보도했는가를 매번 초 단위로 비교해 해당 지역의 기자를 평가한다. 이런 이유로 스폿뉴스(*spot news*, 긴급뉴스)라는 보도 형태가 생겨났다. 매우 중요한 뉴스일 때 모든 사실을 전달하기 전에 가장 중요한 사실부터 전달하는 방식이다. 한국은행이 예금금리를 0.1% 인상했다면 자세한 내용은 천천히 보도하더라도 '한국은행 금리 0.1% 인상'이라는 뉴스를 먼저 보도하는 방식이다. 이같이 언론의 뉴스보도는 '시간과의 전쟁'이다.

(2) 공간의 제약

신문이나 방송의 뉴스는 보도되는 전체 지면 분량과 방송시간 분량이 정해져 있다. 그날 보도되는 전체 뉴스의 수에 따라 개별 뉴스의 분량이 정해지지만, 모든 뉴스의 분량이 똑같은 것은 아니다. 뉴스의 중요도에 따라 보도되는 분량이 달라지는데, 일반적으로 중요한 기사일수록 분량이 늘어난다. 그렇다고 해도 모든 기사는 제한된 분량을 갖고 있다. 인터넷매체의 기사라고 해서 무한정으로 길게 쓸 수는 없다. 너무 길면 수용자가 지루해하며 끝까지 읽지 않는다.

뉴스가 배치되는 장소에도 중요한 의미가 있다. 중요한 뉴스일수록 수용자에게 빠르고 쉽게 전달하기 위해 전면에 싣거나 보도하는 것이 원칙이다. 신문에서는 1면이나 종합면에 보도되는 뉴스, 방송에서는 앞 순서에 보도되는 뉴스일수록 언론사가 중요하다고 판단한 뉴스이다. 신문에서 게재된 면과 기사의 크기, 그리고 방송에서 보도된 순서와 시간 분량에 따라서도 의제설정 효과는 크게 차이 나기 때문에 언론이 특정 사건을 의제로 만드는 방법은 기사의 위치, 지면, 크기 등을 통해서도 이루어진다(김성해 외, 2010). 같은 기사라도 신문의 1면에 크게 실린 기사와 중간에 작게 실린 기사, 또는 방송이 첫 번째로 길게 보도한 기사와 마지막에 단신으로 짧게 보도한 기사가 사람들에게 미치는 영향은 상당히 다르다. 특히, 신문사의 1면 기사와 방송사의 첫 뉴스는 매우 중요하다. 신문사는 뉴스보도를 결정할 때 그날 발생한 사건 가운데 가장 중요하다고 판단한 것들을 우선적으로 1면에 배치한다. 그래서 신문의 보도 내용을 알아볼 때는 1면에 실린 기사의 내용을 근거로 하는 경우가 많다(고영철, 2010; 심훈, 2005).

2) 뉴스 크기는 상대적

모든 일에는 중요도에서 상대적인 차이가 있다. 만약 오늘 벌어진 일 가운데 기억나는 것을 적어 보라고 하면 대부분 사람은 가장 중요하다고 판단한 일의 순서대로 적을 것이다. 뉴스에서도 마찬가지다. 세상에는 매일 수많은 일이 벌어진다. 공간적 제약으로 언론은 그 가운데 일부만을 보도할 수밖에 없기 때문에 수많은 사건의 중요도에 순위를 매기게 된다. 빨리 보도해야 할지, 아니면 천천히 보도해도 되는지를 결정해야 할 때도 있다. 그때도 뉴스의 중요도를 어떻게 판단하는가에 따라 달라진다.

어떤 신문사든 하루에 신문을 발행하는 시간은 아침 또는 저녁에 한 차례 또는 두 차례로 정해져 있다. 아침에 발행하는 신문을 조간(朝刊) 신문, 오후에 발행하는 신문을 석간(夕刊) 신문, 아침과 오후에 모두 발행하는 신문을 조석간(朝夕刊) 신문이라고 한다. 한국에서는 대부분 신문이 조간에 발행한다. 지금은 없어진 관행이지만, 인터넷이 없던 과거에는 신문에 '호외(號外) 발행'이라는 것이 있었다. 대형사건이 발생하면 신문사들이 예외적으로 즉시 그 사건만을 다룬 특별신문을 발행했다. 이를 '호외'라고 불렀다. 먹거리에서 신선도가 매우 중요하듯, 뉴스에서도 신선도가 매우 중요하기 때문이다.

뉴스는 상대적 가치로 인해서 보도가 되거나 되지 않기도 한다. 그리고 뉴스 분량도 정해진다. 중요하다고 판단되는 기사일수록 분량이 많아진다. 1개 신문이 전체 지면에 20개를 보도할 수 있다면 신문사는 심사숙고해서 가장 중요하다고 판단되는 20개 뉴스의 순서를 정해 가장 중요한 순서대로 보도한다. 그런데 20개를 정해 놓은 후 새롭게 중요한 사건이 발생하면 뉴스의 순위가 달라진다.

태평양에서 큰 지진이 발생해 1면 톱으로 결정되었다고 하자. 그런데 이후 일본에서 대형화산이 폭발했다면 1면 톱이 바뀌게 된다. 우리에게는 일본 화산의 영향이 더 크고 중요하기 때문이다. 그리고 얼마 후 한국에서 대형건물 붕괴사고로 수많은 인명 피해가 발생했다면 한국의 사고가 1면 톱이 된다. 한국의 사고가 우리에게 더 중요한 사건이기 때문이다.

이같이 한 뉴스의 크기는 다른 뉴스와의 비교에 의해 상대적으로 결정되기 때문에 장소, 시기, 요일에 따라 달라지기도 한다. 장소적 측면에서 보면 평소 사건사고가 없는 평온한 곳에서는 작은 사건도 큰 뉴스가 될 수 있지만, 사건사고가 매일 벌어지는 곳이라면 웬만한 사건사고는 뉴스가 되지 않는다. 조용하고 평온한 시골에서는 폭행사건도 큰 뉴스가 되지만 사람이 많은 대도시에서는 폭행사건이 많이 발생하기 때문에 웬만한 폭행사고는 뉴스가 되기 힘들다. 평소에는 작게 취급되는 기사라도 월요일에는 크게 보도되는 경향이 있다. 주말에는 정치, 경제 등 주요한 뉴스가 적기 때문이다. 그래서 홍보업무를 잘하는 기관에서는 보도자료를 낼 때 '자신에게 유리한 정보는 월요일 자 언론에 보도될 수 있도록 하고, 불리한 정보는 토요일 자에 보도되도록 한다'는 전략을 펴기도 한다. 월요일 자에 기사를 내도록 보도자료를 배포하면 기사가 커질 가능성이 있기 때문이다. 그러나 토요일에 배포되는 뉴스에는 사람들의 관심이 적고 볼 가능성이 적다. 그래서 자신들이 비판받을 만한 정보는 가능한 한 토요일 자에 보도되도록 금요일 오후쯤 보도자료를 배포하는 것이 유리하다.

시기적으로도 특정한 시기가 되면 상대적으로 다른 시기보다 중시되는 기사가 있다. 겨울철이 되는 반드시 보도되는 독감주의 기사와 같이 매년 같은 시기에 중시되는 기사이다. 이를 '캘린더 기사'라고 한다. 저널리즘은 지역 수용자를 상대로 하기 때문에 뉴스가치도 지역에 따라 달라진다(Kaniss, 1991: 46~71). 미국 뉴욕의 지하철 개발 뉴스는 뉴욕 시민에게는 매우 중요한 뉴스겠지만 한국 국민에게는 주요한 뉴스가 될 수 없다.

이렇게 같은 사실이더라도 언론이 중시하는 상대적 중요도에 따라 수용자에게 전달되는 '사실의 크기'는 달라진다.

3) 객관주의와 현실 재구성

(1) 객관주의 개념

전통적인 뉴스 개념은 객관주의 저널리즘(*objective journalism*)에 기초를 두고 정보의 사실성과 보도의 공정성을 진실보도의 토대로 삼았다. 객관주의 저널리즘은 '거울 이론'으로 대표된다. 언론은 거울처럼 현실을 있는 그대로 보여 준다는 것이다. 객관주의 저널리즘은 정확한 사실에 근거한 뉴스가 식견 있는 시민을 양성하고 공공 이슈에 대한 이성적 논의를 유도해 시민의 민주주의 의식을 함양하고 정책과 제도가 개선되도록 하기 때문에 민주 사회의 가장 기본적 요소라고 간주했다. 이와 같은 전통 저널리즘의 자부심과 기대의 원천은 정확하고 검증 가능한 사실을 수집해 객관적이고 공정한 뉴스로 가공함으로써 사회문제의 실체적 진실에 근접할 수 있다는 언론의 능력에 대한 믿음과 역할에서 출발한다.

언론의 객관주의는 19세기 중반 미국에서 대중신문을 표방한 '페니 프레스'(*penny press*)가 등장하면서 저널리즘의 상업화 차원에서 시작되었다. 그 이전의 신문은 특정 정파의 입장을 대변하는 의견신문 또는 정파신문이 주를 이루었으며 가격도 비쌌다. 그러나 19세기 중반부터 당파지 성격이 강했던 신문이 기업화되고 일반인을 대상으로 한 신문을 만들면서 신문 가격도 1페니로 대폭 인하되었다. 신문들은 독자를 많이 확보할 수 있는 수단으로 사실보도를 추구했고, 그 결과 객관주의가 등장했다. 대중신문은 어느 정파로부터도 편익을 제공받지 않고, 어느 정파에 대해서도 일방적인 옹호나 비판을 하지 않겠다는 입장을 취했다(박재영 외, 2016: 293).

신문은 자신의 지위를 약화시키고 기능을 제한하려는 정부와 싸우기 위해서도 객관보도 이론을 발전시켰다. 모든 정당으로부터 불만을 사지 않는 유일한 방법으로서 중립적인 보도를 중시했다. 광고의 발달과 발행 부수를 늘리려는 노력도 객관주의 발전에 기여했다. 신문기자들은 자신의 일은 이해를 초월하는 태도를 필요로 하는 업무라고 생각했다. 그들은 논쟁의 당사자가 아니라 구경꾼이 되었다. 그리고 기사와 논평을 분리하기 시작했다(Siebert, Peterson, & Schramm, 1956/1991: 87~88). 실증주의 인식론의 영향으로 언론이 객관적 현실을 파악할 수 있고 표상할 수 있다는 낙관론이 확산되면서 객관주의의 이론적 토대가 강화되었다. 1차 세계대전을 겪으며 언론이 정치권력에 의한 선전 정책에 이용될 수 있음을 경험하면서 주관성을 최소화할 수 있는 객관적 방법에 대한 요구가 커진 것도 객관주의가 굳어진 배경이다(남재일, 2008).

미국 저널리즘의 객관주의는 이 같은 사회문화적 환경 속에서 자연스럽게 등장해 일종의 제도적 규범으로 정착했으며, 언론인 전문직주의도 객관주의 저널리즘의 규범적 토대 위에서 활성화될 수 있었다(김경모·신의경, 2013). 객관주의 저널리즘은 뉴스의 상품화에도 기여했다. 뉴스도 시장에서 지속적으로 거래되기 위해서는 일정한 수준의 품질을 유지해야 했다. 뉴스의 객관성은 일정 수준의 품질을 유지하는데 가장 효과적인 상품 기준으로 적용되었다(김사승, 2013a: 12~13).

에드거(Edgar, 1992)는 객관주의의 객관성을 두 가지로 정의했다. 첫째는 편견 없이 사물을 바라보고 분석해서 그대로 전달하는 것이며, 둘째는 사물을 있는 그대로 표현하는 것이다. 바라본 그대로 전달한다는 뜻이다. 민디치(Mindich, 1998)는 객관성을 구성하는 다섯 개 요소를 다음과 같이 정의했다. 첫째, 기자의 선입관 없이 있는 그대로 사실이 전달된다고 확신할 수 있는 공평성(*detachment*), 둘째, 양측의 이야기를 모두 전달해야 하는 불편부당성(*nonpartisanship*), 셋째, 기사를 쓸 때 가장 중요한 사실부터 기술하거나 전달하는 역피라미드(*inverted pyramid*), 넷째, 사실에 근거해 뉴스를 정확하게 전달해야 하는 순진한 경험주의(*naive empiricism*), 다섯째, 왜곡되지 않도록 균형 있게 보도해야 하는 균형성(*balance*) 등이다. 객관성은 이런 특성으로 인해 보도할 때 이슈의 여러 측면을 고르게 전달하려 하며, 기자나 언론의 의견이 뉴스에 반영되는 것을 최소화하기 위해 사실과 의견을 분리하는 보도방식을 선호하게 된다.

(2) 객관주의에 대한 비판

① 사실과 진실

객관주의 보도방식은 객관적 실체가 존재하며 언론은 그 실체를 있는 그대로 정확하게 본다는 입장에서 출발한다. 기자는 외부 세계를 기사로 정확하게 기술하고 설명할 수 있으며, 기자가 설명한 현실과 실제 현실의 실체는 일치한다고 전제한다. 이런 방식을 통해 객관적 지식, 과학적 진실 등을 생산하는 것을 목표로 한다. 객관주의 저널리즘은 이런 객관성을 구현하기 위해 수동성과 순수성의 원칙을 중시한다. 수동성은 저널리즘은 뉴스를 알려 주는 기능만 해야 하며 뉴스를 만들려고 해서는 안 된다는 것이다. 저널리즘의 역할은 있는 그대로를 전달하는 것으로만 제한된다. 언론은 의제를 만드는 캠페인성 기획기사를 보도해서도 안 된다. 순수성은 언론인이 사건이나 이슈에 대해 개입해서는 안 되며 바라만 보고 있어야 한다는 것이다(김사승, 2013a: 14~15).

그러나 언론뉴스의 객관성에 대해서는 많은 비판이 있다. 가장 중요한 문제는 사실과 진실에 관한 것이다. 언론이 모든 이슈나 사건의 내용, 즉 사실을 모두 정확하게 안다는 것이 사실상 불가능하다는 비판이다. 실러(Schiller, 1981)는 '뉴스 그물망'(*news net*)이 세상에 던져진다면 단지 몇 종류의 고기만을 잡을 것이라는 비유를 통해 '객관성이 있다는 가정은 역설(逆說)'이라고 주장했다. 객관성은 우상에 불과하다는 것이다. 실제로 저널리즘의 기본역할은 어떤 사건이나 이슈에 대한 정보를 전달하는 것이지만, 어떤 사건이나 이슈든지 처음부터 모든 내용이 명확하게 드러나는 경우는 거의 없다. 대부분은 극히 일부분만 수면 밖으로 나타나고 시간이 흐르면서 나머지 부분이 드러나기 마련이다. 언론은 이런 경우, 처음에 드러난 부분을 보도하고 점차 새로운 사실을 찾아 보도한다.

정부나 기관이 보도자료를 통해 새로운 사실을 언론에 공표하는 경우도 많지만, 그 보도자료조차 진실과 거리가 있는 경우가 있다. 정부나 기관이 진실을 숨기거나 왜곡하려는 경우도 있으며 진실이 영원히 드러나지 않거나 진실이 밝혀지지 않는 경우도 적지 않다. 중요한 정치적 사건이나 경제 사건의 경우 진실이 밝혀지는 데 꽤 오랜 시간이 걸리기도 한다. 그래서 저널리즘의 핵심은 '진실 찾기 게임' 또는 '퍼즐 맞추기'인 경우가 많다. 워터게이트 사건을 그린 영화 《모두가 대통령의 사람들》(*All The President's Men*)에는 두 명의 기자가 작은 단서와 믿음을 갖고 여러 관련자를 찾아가거나 전화를 걸어서 사실을 확인하면서 진실을 찾는 과정이 잘 그려져 있다.

그래서 저널리즘은 어떤 단초에 기초해 사실에 대한 가설을 세우고 검증을 해나가는 과정이기도 하다. 기자나 언론은 특정한 현상이나 사건을 설명하고 밝혀낼 수 있는 가설이나 분석틀을 구성하고 이를 확인하는 정보 수집과정을 거친다. 기자는 이렇게 진실을 찾아가는 과정 속에서 계속해서 밝혀진 내용을 보도하기 때문에 그 내용은 언제나 불확실하거나 조각난 사실일 가능성이 크다. 그래서 기자는 기본적으로 회의론자이자 경험주의자가 되어야 한다. 회의주의란 보고 들은 것을 냉정하게 의심하고, 답을 구하기 위해 질문을 제기하고, 모든 정보를 과학적으로 조사하고, 검증을 통해서만 진리에 도달하는 자세를 말한다. 자신에게 주어진 정보를 항상 의심해야 하며, 독립적인 검토에 의해 확인할 수 없다면 믿어서는 안 되는 것이 기자의 직업적인 미덕이다(Altschull, 1990/2007). 객관적으로 완전히 검증된 사실은 없다는 자세로 접근하는 것이 오히려 진실에 더욱 가까이 가는 길이다.

올바른 저널리즘에 대해 교과서적인 내용을 담고 있는 책인 《저널리즘의 기본요소》는 '검증의 저널리즘'을 강조한다. 저널리즘의 본질은 검증에 있으며, '단정 저널리즘'이 되어서는 안 된다. 검증 저널리즘은 모든 사실에 의문과 회의를 갖고 사실을 꼼꼼히 확인해야 한다. 기사를 쓸 때 검증해야 하는 내용을 담은 정확한 점검표를 만들어서 확인하고, 가능한 익명의 취재원을 활용하지 말아야 하며, 진실 추구를 으뜸가는 원칙으로 삼아 투명하고 체계적인 방법으로 시민에게 봉사하고 시민을 참여시켜야 한다(Kovach & Rosenstiel, 2001/2003: 101~133).

언론의 기본특성인 시간과 공간의 제약으로 사실보도가 어려운 경우도 많다. 뉴스의 가치는 빠르게, 정확한 정보를 전달하는 데 있다. 언론윤리는 속도보다는 정확성을 더 강조하지만, 실제 현장을 뛰는 기자나 언론은 '다른 언론보다 빠른 보도'를 더 중시한다. 다른 언론이 먼저 보도하면 기자들은 흔히 "물 먹었다", "낙종했다"고 한다. 기자가 가장 싫어하는 말이다. 기자가 가장 중시하는 뉴스는 가장 가까운 시간 내에 밝혀진 사실이다. 과거의 사건이나 사실은 무시되거나 뒷전으로 밀린다. 많은 사람이 알고 있는 사실을 전달한다면 이미 뉴스로서의 기능은 상실한 셈이다. 따라서 기자는 누구보다 빨리 전달하기 위해 노력하고 특종 경쟁을 한다. 그러다 보면 사실관계를 정확히 파악하기 어려울 때가 많다. 최초의 뉴스는 흔히 몸통을 숨긴 채 극히 일부분으로 나타난다. 그런데 몸통의 실체를 모두 정확히 파악할 때까지 기다린다면 기자는 큰 낭패를 볼 것이다. 그래서 기자는 최초의 뉴스를 전달한 후 몸통의 실체를 파악하기 위해 조금씩 깊게 파고 들어간다. 그것이 전형적인 저널리즘의 모습이다. 실제로 언론이 모든 사실을 알고 완벽한 사실을 보도하는 경우는 많지 않다. 웬만한 사건이나 이슈의 경우 언론은 사실의 일부분을 보도해 가면서 진실을 추적한다. 심지어 추측이나 의혹성 보도를 먼저 하기도 한다. 그래서 언론이 언제나 사실보도를 한다고 보기는 힘들다.

② 객관주의의 순진함

객관주의 저널리즘의 문제는 수동성과 순수성의 원칙이 갖고 있는 '순진함'에 있다. 객관주의 저널리즘은 어떤 이슈나 사건에 대해 여러 사실이 있는 경우, 진실을 찾으려고 하기보다는 모든 사실을 나열하는 보도방식을 취했다. 진실을 찾으려고 하는 것을 개입으로 여겼기 때문이다. 그러나 객관주의 저널리즘에 대한 가장 심각한 비판은 이와 같은 태도로 인해 저널리즘이 외부 세력에 의해 쉽게 지배되고 조종당한다는 점이었다. 힘 있는 정치인, 노련하거나 노회한 여론 조작가는 자신의 의도에 따라 뉴스를 만드는 결정권을 행사하기 위해 정보를 쥐고 언론을 이용했다(김사승, 2012: 29).

미국에서 언론의 문제점을 개선하기 위해 출범했던 언론자유위원회(Commission on Freedom of the Press)는 1947년 이런 관점에서 언론의 객관주의 보도가 가진 문제를 지적하면서, 언론이 서로 대립하는 여러 내용 가운데 진실을 확인하기 위해 노력하지 않으며 상황을 충분히 이해하는 데 필요한 전체적인 청사진을 제공하지 못한다고 비판했다. 언론자유위원회는 언론이 절반 정도 진실한 내용을 두 개 합치면 완전한 진실이 된다는 가정에서 벗어나 하나의 완전한 진실을 추구해야 한다면서, 해설기사를 늘리고 사실에 대한 진실을 더 많이 밝히라고 촉구했다(Siebert, Peterson, & Schramm, 1956/1991).

그러나 언론은 객관성이라는 전통적 가치에 매달려 있었다. 언론의 미덕은 객관성이라는 개념 속에 있고 사실을 찾아내 공중에게 보도하는 데 있다는 생각이 여전히 널리 받아들여졌다. 객관주의에서 기자 자신은 보도되는 기사와 관계가 없었다. 뉴스가치가 있는 사람이 만든 성명이나 선언을 공표하는 것으로 충분했다. 논란이 되는 문제의 '양 측면'을 똑같이 취급해 제시하는 한, 기자에게는 그러한 성명이나 선언의 진실 여부는 중요한 문제가 아니었다. 진실 여부는 독자가 스스로 판단해야 하는 것으로 간주되었다.

그러다 미국 언론은 1950년대 매카시 선풍을 경험하면서 전통적인 객관주의 뉴스가치 체계에 의문을 품기 시작했다. 정치인이 공중에게 거짓을 제시하는 방법으로 언론의 객관주의 원칙을 쉽게 악용할 수 있다는 사실이 확인되었기 때문이다. 매카시(Joseph McCarthy)는 1950년대 초 미국 정부의 고위직에 공산주의자가 침투해 체제 전복을 꾀하고 있다는 근거 없는 고발을 해서 미국 전역을 떠들썩하게 만든 미국의 정치인이다. 그는 당시 중국과 동유럽에서 공산화가 확대되는 데 두려움을 가진 미국의 분위기에 편승해 과도한 반공 운동을 선동하고 무고한 사람들을 공산주의자라는 죄목으로 박해했다. 매카시는 정부의 고위직 인사들이 공산주의자와 공산주의 동조자들에게 감염되었다고 했으며, 이로 인해 많은 사람이 유죄판결을 받거나 직장을 잃었다. 언론은 매카시의 거짓 내용을 그대로 보도하면서도, 언론의 객관적 보도에는 문제가 없었으며 단지 충분한 정보를 제공하지 못해 매카시의 거짓말이 폭로되지 못했을 뿐이라고 말했다. 언론은 객관성 원칙에 따라 매카시의 폭로와 혐의자들의 부인하는 의견을 함께 보도했지만, 매카시의 비난을 해소하지는 못했다. 나중에 매카시의 주장은 상당수가 거짓으로 밝혀졌으며, 그 후 그의 이름을 따서 이런 관행은 '매카시즘'(McCarthyism)으로 불리게 됐다(Altschull, 1990/2007: 578~588).

매카시 사건을 계기로 언론의 객관주의 저널리즘은 많은 비판을 받았다. 1960년대 미국에서는 진실을 파헤치고 권력층의 비리를 폭로하는 데 중점을 두는 탐사 저널리즘이 부활했고, 기자는 객관성이라는 목표를 완전히 거부하고 진실을 찾는 것을 중시해야 한다는 뉴저널리즘이 탄생했다. 뉴저널리즘을 신봉하는 기자들은 뉴스에서 사건을 설명할 때 소설을 쓰는 관행을 그대로 이용하고자 했으나 성공하지 못했다. 보도의 객관성에 대한 의문이 확산하면서 기자가 현실에 대한 중립적 관찰자가 아닌 적극적 참여자가 되어야 한다는 주창 저널리즘(*advocacy journalism*)도 등장했다. 주창 저널리즘에서는 언론인이 어떤 주장을 대변하는 사람이 되며, 이용 가능한 여러 취재 자원 가운데 자신의 주장에 도움이 되는 무기만을 찾아서 이용하면 된다고 생각했다. 주창적 기자는 일반 보도기사를 논설과 같은 시각에서 쓰는 언론인을 의미했다(Altschull, 1990/2007: 578~588).

어떤 입장에 대해 다양한 생각을 비슷한 비중으로 전달해야 한다는 '중립적인 전달방식'도 문제로 제기되었다. 균형성은 양적 균형성과 질적 균형성으로 나눌 수 있다. 노사갈등과 같이 의견이 엇갈리는 뉴스에서 양측의 의견을 똑같은 비율로 보도하면 이는 양적 균형성을 나타낸다. 하지만 국가가 해결해야 할 이슈나 당면한 과제에 대해 그 중요성에 비례해서 보도했다면 질적 균형성이다. 언론인의 직업윤리와 전문성이 자리 잡지 못한 사회에선 양적 균형성을 보다 중요시하지만, 기자 수준이 높은 사회에선 양적 균형성보다는 질적 균형성이 중요하다(심재철, 2003). 찬반 의견이 있을 경우, 찬반 의견을 절반씩 전달하면 된다는 객관주의 저널리즘의 양적인 균형보도 태도 역시 문제가 된다. 중요도나 여론의 지지 정도에 큰 차이가 있는데도 양측 의견에 똑같은 지면 분량이나 방송 시간을 배분하는 것은 오히려 불공평하며, 의견에 대한 지지 정도에 비례해 보도 분량의 비중을 달리하는 것이 균형 있고 공평하다는 것이다.

객관주의 저널리즘은 이슈와 사건으로부터 거리를 유지하기 위해 정치나 정책의 결과를 평가하기보다는 이들의 전략이나 초점에 맞추는 보도를 하거나 정파성에서 벗어난다는 명분에 매달려 갈등과 대립 등 부정적 측면만을 강조하기도 했다. 그러나 이런 식의 보도 태도는 저널리즘의 신뢰를 떨어뜨리는 역효과를 가져왔으며, 객관주의가 분리주의로 흐르면서 시민이 사회 체제를 불신하게 했다는 비판도 있다(김사승, 2013a: 18).

언론의 객관주의는 이같이 많은 비판을 받았지만, 저널리즘의 정신적, 실무적인 직업 규범에서는 여전히 중요한 중심가치를 갖고 있다. 기자가 기사를 쓸 때 중시하는 핵심기준인 공평성, 불편부당성, 균형성 등의 가치, 기사를 쓰는 기본방식인 역피라미드형 스타일, 신뢰도가 높은 정보원을 선호하는 취재 관행, 기자를 전문직으로 인정하는 관행 등은 모두 객관주의 저널리즘 개념에서 나왔다(김경모·신의경, 2013). 한국의 기자들도 뉴스를 취재하고 보도할 때 객관주의 저널리즘의 뉴스 생산가치를 매우 중시한다. 한국언론진흥재단이 2017년 전국 281개 언론사에 있는 기자 1,677명을 대상으로 조사한 〈한국의 언론인 의식조사〉에서도 기자가 취재보도를 할 때 가장 중시하는 원칙(5점 척도 조사)은 '보도의 정확성'(4.79점)이었다. 다음으로는 '보도의 객관성'(4.53점), '정부·공인에 대한 비판 및 감시'(4.53점), '기업 활동에 대한 비판 및 감시'(4.44점), '보도의 심층성'(4.31점)이 높았다. '보도의 신속성'(3.61점), '보도의 흥미성'(3.60점)은 상대적으로 낮았다(한국언론진흥재단, 2017b: 77).

(3) 언론의 현실 재구성

뉴스의 주요 기능은 사건을 재구성하는 것이다. 뉴스는 사건 발생시간에 따라 제시되지 않는다. 기자나 언론이 사건을 해체하고 자신의 뉴스가치를 적용해 가장 중요한 요소를 기사머리에 둠으로써 사건에 새로운 형태를 부여한다. 이 과정에서 사실의 일부는 포함되고 일부는 배제된다. 이런 재구성은 대부분 정치적 목적보다는 뉴스 해석에 극적 요소와 순위를 부여하기 위해 이루어진다(Altschull, 1990/2007: 303).

자연과학과 달리, 모든 사회과학적 사실은 이데올로기의 영역에 속해 있으며 사람마다 해석이 다른 경우가 매우 많다. 사회과학에서 객관적인 진실이 존재하는 것이 가능한가에 대한 의문도 있다. 그래서 사회과학에서 현실은 해석에 따라 의미가 달라진다는 사회 구성주의

(*social constructivism*)에 기초해 규정되기도 한다. 사회 구성주의에서는 실제 세계가 너무 크고 복잡하고 미묘해서 한꺼번에 다룰 수 없기 때문에 언론은 세계를 단순한 형태로 재구성해서 보도한다고 본다. 언론은 세계를 단순히 반영하는 것이 아니라, 사회적·역사적 맥락 속에서 현상과 상호작용하면서 의미를 지속적으로 해석하며 사회적 현실을 만들어 낸다(양승목, 1997).

해석의 결과로 나타나는 뉴스의 대표적 형태는 프레임(*frame*)이며 논평이다. 언론은 사회 현실을 그대로 전달하는 것이 아니라 프레임을 통해 현실이나 이슈의 특정 측면을 선택·배제·강조하는 방법으로 사회적 현실을 재구성하여 수용자에게 전달한다(최원석·반현, 2006; Entman, 1993). 언론은 프레임을 통해 수용자에게 정보를 전달할 뿐만 아니라 사회적 현실에 대한 해석과 평가까지 제공한다(Gitlin, 2003: 7). 언론은 현실을 반영하는 거울이 아니라 현실을 구성하는 인식의 창 또는 틀(*frame*)인 것이다. 언론은 이를 통해 사회 현상을 논평하고 가치 판단의 근거를 제공한다.

터크먼(Tuchman, 1978/1995)은 "신문기사는 현실의 반영이 아니며, 반대로 뉴스 작업이 스스로의 현실을 구성한다"고 주장했다. 뉴스는 현실의 반영이 아니라, 뉴스 제작자와 뉴스 조직의 생산물이다. 그래서 언론은 사건의 객관적 전달자가 아니라, 사건을 구성하는 적극적 행위자가 된다. 언론의 목표는 여러 사건 중 뉴스에 포함될 수 있는 몇몇 사건을 선택해 사람들에게 제시하는 것이므로 뉴스는 목적지향적인 행동이다(Becker & Vlad, 2008/2016). 그러나 때로는 수용자가 생각하는 현실과 언론이 재구성하는 현실의 차이가 커서 문제가 생기기도 한다. 경제뉴스의 경우, 기자들은 수용자의 생각을 예상하여 기사가치를 판단하지만, 실제로 수용자가 인식하는 뉴스가치와는 거리가 있어 경제저널리즘의 실패를 야기하기도 한다(양재찬, 2009).

4) 뉴스는 정보상품

민주주의 국가에서는 일부 국영방송을 제외한 대부분의 언론사가 민영기관이다. 그러나 언론사는 비영리기업과 영리기업의 경계 선상에 있는 특수한 형태를 띠고 있다. 비영리기업의 정체성은 공공의 이익을 위해 가치 있는 정보를 수집·선별·재가공하여 국민에게 제공함으로써 민주주의를 발전시키고 사회복지를 심화하는 데 의의가 있다. 그러나 언론사도 정부가 운영하는 공영기업이 아닌 한, 생존을 위해 공정한 경쟁을 통해 이윤을 창출해야 사업을 지속할 수 있는 하나의 기업이다(김진국·김영환, 2012).

이런 점에서 언론이 매일 만드는 뉴스는 공공재와 정보상품이라는 두 가지 특성을 갖는다. 공공재라는 측면에서 보면, 뉴스는 개인이나 특정 집단이 아니라 공공의 이익을 위해 공중에게 정보를 전달한다는 점에서 특정 집단이나 개인의 이익을 위해 정보를 전달하는 광고나 홍보와 다르다. 특정 집단이나 개인에게만 전달하는 폐쇄적인 정보가 아니라 불특정 다수를 대상으로 정보를 만들고 공개한다는 점에서 내부통신망과 차이가 있다. 언론이 '국민의 알 권리를 위해'라는 명분으로 정부를 비판하거나 감시하고 정보를 취재해 국민에게 제공하는 권한을 갖고 있는 것도 뉴스가 공공재라는 특성을 갖기 때문이다.

언론사의 기업 이념도 공공재를 만든다는 정신에서 출발한다. 한국의 주요 신문이 표방하는 사시를 보자. 〈조선일보〉는 '정의옹호, 문화건설, 산업발전, 불편부당', 〈중앙일보〉는 '사회정의, 사회복지, 경제후생', 〈동아일보〉는 '민족주의, 민주주의, 문화주의', 〈한겨레〉는 '신뢰, 분석과 전망, 온라인/모바일로 진화', 〈경향신문〉은 '진실 추구', 〈매일경제〉는 '세계 최고의 지식경제신문, 세상을 부자로 만드는 신문, 사회공익에 기여', 〈한국경제〉는 '민주시장경제 창달'이다.

반면, 언론사도 이윤을 창출해야 업무를 계속 수행할 수 있기 때문에 수익성도 매우 중요하다. 언론사가 수익을 창출할 수 있는 방법은 콘텐츠 판매와 광고다. 저널리즘 측면에서 보면 언론사의 수익은 국민이 뉴스를 많이 이용함으로써 판매나 광고 매출이 많아져야 창출된다. 뉴스는 정보상품이어서 수용자에게 읽혀야 가치가 높아지고, 언론사의 브랜드가 높아지고, 콘텐츠 판매와 광고 수익이 증가한다.

그런데 공익성과 상품성 가운데 무엇을 더 중시하는가에 따라 언론사의 뉴스 제작방식은 크게 달라진다. 상품성을 더 중시하면 시장 중심적(*market-oriented*) 언론, 공익성을 더 중시하면 전문가 중심적(*professional-oriented*) 언론이 된다. 언론의 조직문화가 시장 중심적 모델인지, 전문가 중심적 모델인지에 따라 뉴스 생산을 지배하는 가치, 규정, 관행 등이 달라진다(Beam, 2003). 시장 중심적 모델은 뉴스를 결정할 때 수용자의 수요나 선호를 중시하지만, 전문가 중심적 모델은 수용자보다는 기자가 생각하는 전문가 정신에 따라 뉴스를 만든다. 시장 중심적 모델의 언론은 수시로 수용자의 요구를 알아내 반영한다. 독자의 기사 친화성을 높이기 위해서 시각화를 중시하고,

스토리 요약 등 독자 친화적인 도구, 스페셜 리포트나 탐사보도와 같이 경비가 많이 들어가는 내용을 생산하려는 경향이 있다. 반면 전문가 중심적 모델의 미디어는 전문가(기자)가 이상적이라고 생각하는 공공 업무에 대한 보도를 강조한다(Beam, 2003).

시장 중심적 뉴스는 뉴스의 독자 친화성을 높이고 이해력을 증진시키기 위해 노력한다. 기사 내용을 알기 쉽게 표현한 그림, 도표, 보도사진 등의 이미지를 기사와 함께 보도하면 수용자의 기사에 대한 이해와 기억을 증가시킨다. 국제뉴스에서도 지역적 위치와 정보를 담은 지도를 함께 보도하면 기사에 대한 이해가 증진한다(유홍식, 2007). 경제기사는 전문적인 내용과 숫자 관련 내용이 많아 어렵고 복잡한 경우가 많고, 경제전문가가 아닌 일반인은 대체로 경제기사가 어렵다고 여긴다. 그래서 경제기자들은 독자를 유인하기 위해 가능한 한 알기 쉽게 뉴스를 제작하려고 한다. 이를 독자 친화성이라고 한다. 독자가 복잡하고 어려운 경제기사 내용을 쉽게 이해할 수 있도록 사진 및 삽화, 일러스트, 그래픽, 표가 제시되고 경제용어를 쉽게 설명한 내용이 있을수록 독자 친화성이 높은 것으로 평가된다(이완수·배정근, 2013: 37~38). 언론이 뉴스 판매를 위해 시장 중심적 모델을 더욱 중시하면서 기사 형태에서도 많은 변화를 가져왔다. 신문 기사에서 문장 분량이 줄어들고 그래픽, 표와 같은 시각용 자료가 많이 증가했다. 언론은 카드뉴스 등 다양한 형태의 뉴스도 만들고 있다.

미디어 환경의 변화로 인해서 시장 중심적 저널리즘은 세계적으로 확대되고 있다. 언론이 '독자 중심주의'를 중시해야 한다는 점은 언론 관련 국제회의에서도 강조된다. 2008년 국제뉴스미디어마케팅협회

(INMA) 총회에서 제시된 미디어기업의 경영전략은 '독자 중심주의'였다(정동우, 2010). 독자는 문자, 사진, 동영상 등이 결합된 멀티미디어를 선호하고 쌍방향성, 참여, 커뮤니티를 중시하며, 언론은 독자의 뉴스 소비 성향을 따라가야 한다는 것이다. 언론이 시장 중심적으로 된다는 것은 의제설정의 실질적 주체가 언론에서 수용자로 바뀌고 있음을 의미한다.

그러나 지나치게 시장 중심적인 미디어는 수익성을 최우선으로 하는 경향이 있어, 광고 수익 증대에 초점을 맞춘 지면을 제작하는 상업주의로 변질될 것이라는 비판이 있다. 언론의 상업주의는 자극적이고 선정적인 보도를 부추겨서 언론이 사회 현실을 진지하게 보도하기보다는 대중의 흥미를 끌 수 있는 선정적이고, 오락적이며, 말초적인 내용을 선호하게 되며, 뉴스의 연성화를 초래한다는 문제가 있다(배정근, 2012b).

5. 뉴스가치

1) 뉴스가치의 개념

뉴스는 흔히 새로운 이야기를 뜻하지만, 학술적인 의미에서는 "신선하고, 공표되지 않았으며, 흔치 않고, 흥미로운 것", "많은 사람에게 중요하거나 흥미로운 사실에 대한 시의적 보도", "중요하거나 흥미로운 문제를 뉴스 조직이 최근에 알게 되어 보도한 것", "독자에게 흥미롭거나 중요한 사건에 대한 시의적이고 정확한 보도", "현상을 깨뜨리거나 변화시킬 사건에 대한 설명" 등으로 정의된다. 요약하면, 뉴스는 대체로 많은 사람에게 새롭거나 흥미롭고, 중요하거나 변화를 유발할 사건이라고 할 수 있다(이종혁 외, 2013).

세상에는 하루에도 수없이 많은 사건이 벌어진다. 언론은 이 모든 것을 뉴스로 전달할 수 없기에 그중 일부분을 택해서 뉴스로 전달한다. 뉴스가치(*news value*)는 언론이 매일 발생하는 수많은 사건과 이슈 가운데 뉴스로 만들어 수용자에게 전달할 일부를 선택하는 기준이다. 뉴스가치는 자료의 포함과 배제를 결정하기 위해 사용하는 기준인 동시에 선택된 이야기의 어느 측면을 강조할지를 결정하기 위해 사용하는 기준이 되기도 한다(O'Neill & Harcup, 2008/2016). 뉴스가치는 언론이나 기자가 여러 이슈나 사건 가운데 특히 중시하는 기준을 알게 해준다. 언론이 뉴스 생산과정에서 중시하는 뉴스가치는 언론의 뉴스 선택과 평가에 도움을 줌으로써 일상적인 뉴스 생산과정을 빠르고 편리하게 해준다(Shoemaker & Reese, 1996/1997).

뉴스가치라는 용어는 1830년대 미국에서 대량 생산되기 시작한 타블로이드 형태의 신문인 페니 프레스가 등장하고, 자본주의적인 미디어 시장이 탄생하면서 나타난 개념이다. 그 이전에는 신문이 수작업으로 제작되어 가격이 매우 비쌌다. 그런데 증기기관을 이용해 대량 생산이 가능해지면서 신문 가격이 1페니로 저렴해졌고 독자가 늘어나게 되었다. 그 이전의 신문은 특정 지지층을 위한 뉴스를 만들었지만 신문이 대중화되면서 상품이 되었고 더 많은 독자를 끌어들이기 위한 뉴스를 만들 필요가 생겼다. 언론시장에서 잘 팔리는 뉴스를 만들기 위한 기준으로 뉴스가치라는 개념이 나타난 것이다(심재철, 2003).

뉴스가치에 대한 본격적인 연구는 갈퉁과 루지(Galtung & Ruge, 1965)가 국제뉴스에서 뉴스가 되는 내용을 분석하면서 뉴스가치의 체계적인 목록을 제시함으로써 처음 시작되었다. 그들은 어떤 사건이 복잡하고 다중적인 의미로 해석되기보다는 가능한 명료하게 이해되고 해석될수록 기사로 선택될 가능성이 크다고 했다. 그리고 발생 빈도, 사건의 강도, 명확성, 연관성, 예측성, 돌발성, 지속성(속보성), 오락성, 엘리트 국가, 엘리트 사람, 특정 인물, 부정적 사건 등 12개 요소가 중요한 뉴스가치라고 주장했다. 이후 뉴스가치에 대한 많은 연구가 이루어진 결과, 분야와 관계없이 대부분의 뉴스에서 일반적으로 중시되는 뉴스가치가 있는 것으로 정리되었다. 이를 일반적인 뉴스가치라고 한다. 일반적인 뉴스가치로는 시의성, 근접성, 저명성, 영향성, 인간적 흥미, 갈등성, 유용성, 신기성, 일탈성 등의 요소가 인정되고 있다(이민웅, 2008: 37~40; 임영호, 2010).

2) 뉴스가치의 종류

(1) 시의성

시의성은 통상 최신의 정보를 중시하는 것이다. 뉴스는 새로운 소식이라고 하듯, 시간적 측면에서 최신의 정보를 다루므로 시의성은 뉴스가치 판단에서 매우 중요한 기준이 된다. 시의성은 최신성(*recency*), 즉시성(*immediacy*), 시사성(*currency*) 등 세 가지 하위 속성으로 구성된다(이민웅, 2008: 37). 최신성은 뉴스보도 시점을 기준으로 발생 시점이 최근일수록 뉴스가 되기 쉽다는 것이다. 즉시성은 사건이나 이슈가 발생한 이후 가능한 한 빨리 보도해야 뉴스가치가 커진다는 것이다. 온라인뉴스가 일반화되면서 빠르게 뉴스를 전달하는 것이 더욱 중요해져 즉시성은 뉴스에서 매우 중요한 뉴스가치가 되고 있다. 시사성은 특정한 사회, 특정한 시대적 상황 속에서 독자의 관심과 사회적 중요성을 고려한 현실 적합성에 관한 것이다.

그런데 학생들에게 특정 기사에서 중시된 뉴스가치를 분석하라고 하면 대부분 시의성을 말한다. 그러나 시의성은 반드시 물리적 시간의 측면에서 판단되는 것이 아니다. 뉴스는 기본적으로 시기적으로 지금 벌어진 사건을 이야기하기 때문에 시의성은 모든 뉴스에 포함되어 있다고 할 수 있다. 따라서 뉴스가치를 분석할 때의 시의성은 물리적 측면보다는 시기적으로 의미가 있다는 뜻으로 보는 것이 더 정확하다. 국어사전에도 시의성은 '당시의 상황이나 사정과 딱 들어맞는 성질'이라고 나와 있다. 이렇게 본다면 과거의 사건이나 이슈, 미래에 벌어질 것으로 예상되는 사건도 현재 시점에서 의미가 있으면 시의성이 있는 중요한 뉴스가치라고 할 수 있다.

2017년 7월 5일, 서울시와 서울대 인권센터는 73년 전 중국 윈난성 쑹산에서 포로로 잡힌 조선인 위안부 피해자 7명의 모습을 담은 흑백 영상을 발굴해서 공개했다. 그 이전에는 영국의 제국전쟁박물관이 소장한, 중국인 위안부를 담은 2편의 영상이 공개되었을 뿐인데, 조선인 위안부 피해자를 찍은 영상이 처음으로 확인된 것이라 매우 의미가 큰 자료였다(〈한겨레〉, 2017. 7. 5). 종군위안부 문제는 역사적 진실 차원에서 매우 중요한 문제이고, 지금도 계속되고 있는 사건이라 과

거의 자료도 시의성이란 측면에서 중요한 뉴스가치를 갖는다. 매년 초가 되면 주요 경제연구소들이 그해의 경제전망을 발표하는데, 이 역시 시기적으로 의미가 있어 시의성이란 측면에서 뉴스가치가 있다.

변화는 시의성 때문에 중요한 뉴스가치가 된다. 처음에는 뉴스가치가 컸던 사건이라도 변화가 없다면 뉴스가치가 약해지고, 결국에는 뉴스가치 자체가 소멸한다. 그래서 뉴스에서 속보는 매우 중요하다. 속보는 최초 발생한 사건의 후속 내용을 보도하는 것이다. 속보는 크든 작든 변화를 의미한다. 처음 발생한 사건의 연장일 수도 있고 새로운 전기가 될 수도 있지만, 모두 새로운 내용이다. 그래서 기자는 속보를 찾기 위해 경쟁을 많이 한다. 언론에서 의혹을 많이 제기하는 것도 속보의 일환이다.

속보는 뉴스의 생명주기와도 관련이 깊다. 이야기 구조와 마찬가지로 뉴스에도 기승전결(起承轉結)이 있다. 뉴스가 처음 발생한 이후 이야기가 확대되었다가 더 이상 추가로 발생하는 이야기가 없으면 사라지는 것이 뉴스의 생명주기이다. 아무리 큰 사건이라도 발생한 이후에 새로운 사실이 없으면 뉴스가치는 줄어든다. 오늘의 중요한 사건이라도 내일에는 중요하지 않은 평범한 일이 되어 사람들의 뇌리에서 사라지는 경우가 허다하다. 정보의 특징은 시간이 흐를수록, 많은 사람이 알수록 가치가 급격히 떨어진다는 데 있다. 2016년 인공지능 알파고와 바둑기사 이세돌의 바둑 대국은 세기의 뉴스였지만 며칠 지나면 뉴스가 되지 않는다. 사람들이 새로운 사실을 받아들이면 새로움은 낡은 것이 된다. 내일에는 새로운 사건이 발생한다. 따라서 변화와 속보가 없는 순간 뉴스는 생명을 다하게 된다. 그러나 시간이 흐른다고 모든 뉴스가 영원히 죽는 것은 아니다. 과거의 역사적 사건이라도 새로운 이슈가 발생해 사람들의 관심을 끌면 뉴스가 된다.

(2) 일탈성

일탈성은 일상에서 벗어난 사건, 기존 사회질서를 위협하는 사건, 도덕과 규범에 어긋나는 사건이다. 인간은 역사적으로 안전을 가장 중시했기 때문에 개인이나 사회, 국가의 안전을 침해하는 사건에는 관심이 매우 많다. 저널리즘의 중요한 사회적 역할은 사회의 안전을 지키기 위해 사회를 감시하는 것이기 때문에 일탈성은 매우 중요한 뉴스가치를 갖고 있다(심재철, 1997). 뉴스에서 일탈성을 강조하는 제목은 수용자로 하여금 기사의 효용성을 크게 느끼게 함으로써 기사를 선택하게 만든다(이종혁, 2009).

언론은 왜 좋은 소식은 적게 보도하고, 나쁜 소식은 많이 보도하느냐고 불만을 느끼는 사람도 많다. 이것은 일탈성이 높을수록 수용자가 많이 읽기 때문이다. 저널리즘에서는 '나쁜 뉴스가 좋은 뉴스이다'(*Bad news is Good news*)라는 말이 있다. 여기서 '나쁜 뉴스'는 사회적 측면에서 일탈성이 많은 사건을 의미하며, '좋은 뉴스'는 기자 측면에서 뉴스가치가 높다는 것을 의미한다. 뉴스가치 측면에서 보면 나쁜 뉴스는 일탈성과 영향력이 커서 뉴스가 될 가능성이 크다. 흔히 기자는 사건사고가 많은 분야를 담당해야 운이 좋다는 말을 많이 한다. 자신이 담당하는 분야가 매일 평온하고, 모든 일이 순탄하다면 기자는 기사를 쓸 일이 적어진다. 그러나 사건사고 등 일탈성이 많은 분야를 담당하면 기사를 쓸 일이 많아지고, 그러다 보면 특종과 좋은 기사를 쓸 기회도 늘어나서 능력을 인정받을 기회가 많아지기 때문이다.

(3) 갈등성

인간관계 또는 조직에서 평온한 상태보다는 다툼이 있을 때 사람들은 더 관심을 둔다. 기본적으로 사회는 평온해야 하는데, 평온을 깨는 갈등은 일탈성이란 측면, 또는 새로운 변화라는 측면에서 뉴스가 된다. 그런데 갈등과 다툼이 너무 잦아 일상이 된 사회에서는 갈등성보다는 오히려 평온성이 뉴스가치가 될 것이다. 전쟁이 한창 벌어지고 있는 곳에서는 웬만한 전투가 아니면 뉴스가 되기 어렵지만, 평화협정이 체결되면 중요한 뉴스가 된다. 이런 경우는 변화가 중요한 뉴스가치일 것이다.

(4) 근접성

근접성은 수용자에게 지리적, 심리적으로 가까운 소식일수록 뉴스가 되기 쉽다는 것이다. 수용자는 언론의 정보가 자신과 상관있다고 생각할 때 그 정보에 관심을 두며 사용할지를 결정한다. 그래서 언론은 기본적으로 자신이 속한 문화와 특정한 수용자를 반영하려고 한다(Miller, 2007). 언론은 수용자의 관심을 끌기 위해 지역성을 벗어날 수가 없고 지역 정체성을 반영하는 지역뉴스를 선택해서 보여 줘야 한다(Kaniss, 1991: 4). 각국의 언론은 세계에 수많은 뉴스가 있어도 항상 자국의 수용자를 위한 기사를 제공한다(Ginneken, 1998: 131). 국내 문제와 직접 연관이 없다면 교육 수준이 높은 일부를 제외한 일반인은 읽지 않기 때문이다(McCombs & Becker, 1979: 46).

근접성은 기본적으로 지리적 근접성에 있다. 사람들이 자신의 고향을 중시하듯 지리적으로 가까울수록 더 관심을 둔다. 주변에 발생한 작은 일이 자신에게 더 큰 영향을 미칠 수 있기 때문이다. 아프리카에서 강도 9의 지진이 발생해 많은 사람이 사망했더라도 한국인에게는 국내에서 발생한 작은 쓰나미가 더 중요한 뉴스가 되기 쉽다.

근접성은 지리적인 것에만 해당하지 않는다. 문화적, 심리적, 정치적, 경제적 측면에서 자신과 가깝다고 느끼는 것도 근접성에 해당한다. 문화적 근접성, 심리적 근접성, 정치적 근접성, 경제적 근접성이다. 미국은 우리에게 지리적으로 매우 먼 곳에 있지만, 한국 뉴스에서 가장 많이 보도되는 외국이다. 미국이 정치, 경제, 문화적으로 우리에게 매우 중요하고 밀접한 국가이기 때문이다. 중국, 일본이 한국 뉴스에서 많이 보도되는 것도 우리에게 중요한 국가이기 때문이다. 경제적 근접성으로 인해 연령층이 보는 뉴스도 달라진다. 대학생은 청년 취업 문제를 매우 중시하기 때문에 그에 관한 뉴스를 많이 볼 것이며, 고령층은 노후 자금 관리에 관한 뉴스를 더 중시할 것이다.

(5) 저명성

사람들은 평범한 사람보다는 잘 알려진 사람이나 기관에 더 많은 관심을 갖는다. 대통령, 유명 정치인, 연예인, 프로 스포츠 선수 등과 같은 유명인사의 이야기는 공적 활동부터 개인적 내용까지 많은 사람의 관심을 끈다. 국내 신문들은 별도의 지면을 정해 놓고 유명인사의 이야기를 전달한다. 그래서 인물뉴스라는 저널리즘 분야도 있다. 인물뉴스는 유명인사의 동정 또는 소식에 대한 단순한 전달이나 그들의 성공과 실패의 이야기를 저널리즘의 시각에서 흥미롭게 전달하는 뉴스로 정의된다(이완수, 2006). 인물뉴스를 다루는 저널리즘을 '셀러브리티 저널리즘'(*celebrities journalism*)이라고도 한다. 셀러브리티는 17세기까지만 해도 명성의 의미로 사용되었다가 이후에는 '인물 저널리즘'과 동의어가 되었다. 이제는 스포츠 스타, 연예인이 국제적인 유명인사가 되면서 스타를 연구하는 '셀러브러티학'으로 발전했다(조영한, 2011). 유명인사가 뉴스가치를 갖는 이유는 단순한 흥미를 떠나 이들이 사회에 큰 영향을 미치기 때문이다. 연예인이나 스포츠 스타도 이제는 공인으로 인정된다. 유명 연예인의 자살사건의 경우에는 모방자살사건을 불러일으켜 사회적 문제가 되기도 한다.

저명성은 사람에게만 해당하는 것은 아니다. 널리 알려진 관광지, 문화유적지나 문화재와 같은 유명한 물건 등도 저명성을 갖는다. 같은 책이라 하더라도 《팔만대장경》과 같은 문화재에 조금이라도 문제가 생기면 바로 뉴스로 보도된다. 문화재가 가진 저명성 때문이다. 같은 산불이 났더라도 이름 없는 야산의 경우에는 보도되지 않는 경우가 많지만, 유명한 국립공원에 산불이 나면 작은 불이라도 큰 뉴스가 된다. 이 역시 저명성이 가진 가치 때문이다.

그런데 학생들이 기사의 뉴스가치를 분석할 때 장관과 같은 고위직 인사면 무조건 저명성으로 분류하는 경우가 있다. 그러나 저명성은 직위나 직함에 의해 생기는 것이 아니기 때문에 직위나 직함이 저명성이라고 하기는 힘들다. 같은 고위 공직자라도 저명성에서 차이 나는 경우가 매우 많다. 일반인에게는 잘 알려지지 않은 장관이 있는 반면, 반대로 이미 저명한 사람이 장관이 될 수도 있다. 매우 유명한 예술가가 문화를 담당하는 장관이 되었다면 그에 관한 이야기는 저명성에 해당할 것이다.

(6) 영향성

어떤 사건이나 이슈가 사람들의 삶에 미치는 영향의 정도를 말한다. 영향력의 크기가 크고, 영향을 받는 대상의 범위가 넓고, 시간적으로 오래 지속될수록, 그리고 미치는 영향력이 직접적일수록 뉴스가치가 커진다.

영향성은 일탈성, 저명성, 근접성 등 다른 뉴스가치와도 밀접한 관계가 있다. 같은 말을 하더라도 대통령이나 유명 정치인이 하는 말은 평범한 사람이 하는 말보다 사회적 영향력이 크기 때문에 뉴스가치가 커진다. 대통령의 건강에 조금이라도 이상이 있으면 뉴스가 된다. 대통령은 국가에 매우 중요한 사람이고 그의 건강 상태는 국정에 즉시 큰 영향을 주기 때문에 중요한 뉴스가 되는 것이다. 근접성 측면에서도 수용자와 가까운 거리에서 발생한 사건이 먼 거리에서 발생한 사건보다 더 큰 뉴스가치가 되는 것은 수용자에게 미치는 영향력이 더 크기 때문이다. 외국에서 발생한 테러는 불행한 사건이지만 우리에게는 큰 영향을 주지 않기 때문에 한국 언론에서는 중요뉴스가 되지 않을 수 있다. 그러나 서울역에서 발생한 비슷한 테러사건은 미수에 그칠 경우라도 한국 언론에서 매우 비중 있게 그리고 지속적으로 보도될 것이다.

(7) 진기성

진기성은 일반적 상식으로 비춰 볼 때 비일상적이고 비정상적이고 흔치 않은 사건이 발생했을 경우를 말한다. 저널리즘에는 '개가 사람을 물면 뉴스가 되지 않지만, 사람이 개를 물면 뉴스가 된다'는 유명한 말이 있다. 개가 사람을 무는 것은 일상적으로 벌어지는 일이지만 사람이 개를 무는 것은 비정상적인 일이기 때문이다. 지금도 국제뉴스에서는 흥밋거리로 외국의 신기한 이야기가 보도될 때가 많다. 머리가 두 개인 상태로 태어난 동물 이야기, 독성이 아주 독한 뱀인 코브라에 아무리 물려도 독에 감염되지 않는 사람 이야기 등 일상에서 보고 듣기 힘든 이야기들이다. 이것이 뉴스가 되는 이유는 사람들이 기본적으로 새로운 것에 관심이 많기 때문이다.

아주 진기하지는 않더라도 자주 발생하지 않는 특이한 내용도 뉴스가 될 수 있다. 대표적인 것이 최초로 발생한 사건, 최고 또는 최저 기록을 경신한 경우이다. 2017년 한국의 겨울은 매우 추워서 새로운 기록이 많았다. 이런 내용도 뉴스가치가 있어 많이 보도되었다.

(8) 인간적 흥미

저널리즘의 주요 역할 가운데 하나는 사람들에게 즐거움을 주는 데 있다. 사람들은 흥밋거리에 많은 관심을 갖는다. 인간적 흥미는 수용자의 흥미나 호기심을 만족시키는 내용, 즐겁고 개인적이고 감각적인 것들과 관련이 있는 내용, 희로애락과 같은 인간의 감정을 자극하는 내용과 관련된다. 진지한 정보는 아니더라도 사람들은 타인의 삶과 이야기에 많은 관심을 두기 때문에 사람들의 인생 이야기는 중요한 뉴스가치가 있다. 그래서 신문의 초창기부터 인간적 흥미는 진지한 정보와 함께 신문의 중요한 정보 요소였다(McQuail, 2000/2003: 410).

저명성과 달리 인간적 흥미는 평범한 사람의 이야기라는 점에서 의미가 있다. 언론의 뉴스가치에서 인간적 흥미의 중요성을 최초로 강조한 사람은 18세기 유럽 계몽주의를 대표하는 프랑스의 사상가이자 철학자였던 볼테르(Voltaire)였다. 언론에 많은 관심을 가졌던 볼테르는 "내가 언론에서 보는 것은 왕들의 이야기에 불과하다. 나는 인간들의 역사를 원한다. 이런 역사는 사람들의 도덕과 예절, 과학, 법률, 관습, 미신에 대한 이야기를 포함해야 한다"고 했다. 그는 "언론인에게 무엇보다 가장 매력적인 사건은 '역사의 토막기사'이다. 이것이 인간과 인간의 취향에 관해 말할 수 있는 최대한을 말해 주기 때문이다"라고 했다. 보통 사람의 활동에 시간을 소비하는 기록자에 대한 생각은 볼테르 이전에는 알려지지 않았다(Altschull, 1990/2007: 157).

사실 뉴스는 사람에 관한 이야기이다. 성공한 영화에는 권력 투쟁, 돈, 사랑 이야기가 들어 있다고 하듯 흥미로운 이야기일수록 사람의 이야기가 많이 담겨 있다. 그래서 인간적 흥미는 중요한 뉴스가치가 된다. 수용자는 정치, 경제, 사회에 관한 뉴스보다는 인간적 흥미와 관심사에 더욱 매료되기 때문에 뉴스는 어느 사건에서든지 인간적 흥미가 있는 이야기에 민감해진다. 한일 강제병합 100주년과 같이 커다란 역사적 사건에 대한 뉴스에서도 정치, 경제 등 사회적 이슈 이외에 인물, 문화, 비화 등 흥미를 끄는 이야기가 비중 있게 다루어졌다(오대영, 2011).

인간적 흥미를 강조해 기사를 쓰는 대표적 방식은 이슈나 사건을 인물 중심으로 보도하는 형태이다. 사회문제를 제도적 측면보다는 인간적 측면에서 보도하는 것이다. 그래서 뉴스의 의인화와 개인화 현상이 발생한다. 비인간적인 문제를 인간적인 문제로 만들고, 집단적인 문제를 개인적인 문제로 만들게 된다(강준만, 2009: 144~145).

(9) 선정성

선정성은 뉴스를 보도할 때 특정 의미를 극도로 강조하거나 독자의 도덕적, 심미적 감성을 자극하여 실제보다 흥미롭고 중대한 것처럼 윤색하여 보도하는 것을 말한다(하승태・박범길・이정교, 2010). 선정성이 뉴스가치인가에 관해서는 학자에 따라 입장이 다를 수 있지만, 기자가 뉴스를 선택하는 기준 중 하나라는 점에서 보면 뉴스가치가 된다. 19세기 페니 프레스 시절의 대표적 뉴스가치는 선정성이었다. 당시 선정성은 수용자의 관심과 뉴스를 교환하는 지표였다. 신문사는 뉴스를 팔기 위해 일어난 사실을 침소봉대하거나 원색적인 단어로 보도해 독자의 관심을 끌어들였다(심재철, 2003). 국내의 뉴스가치 연구에서도 선정성을 중요한 뉴스가치로 인정한 연구들이 있다. 선정성은 폭력성과 외설성으로 구성된다. 폭력성은 폭력적 소재, 언어, 장면에 관한 것이며, 외설성은 성적 소재나 묘사에 관한 것이다(이종혁 외, 2013).

한국 기자 사이에서도 선정성은 뉴스가치로 인정된다. 한국의 신문기자가 생각하는 뉴스가치 유형은 크게 세 가지다(정윤서, 2012). 첫째는 전통적 저널리즘 역할의 관점에서 공리주의적 특성을 중시하는 해석적 저널리즘 유형이다. 둘째는 독자의 뉴스가치 판단을 반영해야 한다는 시장 지향적・독자 중심적 저널리즘 유형이다. 셋째는 저널리즘의 기본원칙은 중시하면서도 시대 변화에 맞춰 독자의 흥미와 관심을 끌기 위해 기사 형태의 변화도 가능하며 선정성도 뉴스가치로 인정하자는 뉴저널리즘적 가치 유형이다. 세 번째 유형에서는 사회 권력층의 부조리와 병폐에 관한 보도나 사회의 어두운 면을 보여 주는 기사, 독자의 흥미를 끌 수 있는 스캔들기사나 가십기사, 선정적 보도도 중요한 뉴스가 된다.

3) 뉴스가치의 특성

기사의 뉴스가치를 알아볼 경우 대체로 일반적인 뉴스가치를 기준으로 분석할 때가 많다. 한국 언론의 교육기사에서 많이 나타난 뉴스가치는 시의성, 저명성, 영향성, 갈등성, 흥미성, 부정성, 유용성 등이었다(황하성 · 손승혜 · 장윤재, 2012). 그러나 일반적인 뉴스가치와는 별도로 정치, 경제, 사회, 문화, 국제, 스포츠 등 보도영역에 따라 중시하는 뉴스가치가 달라질 수 있다.

한국의 경제기자들은 일반적인 뉴스가치보다 시장 지향성, 파급 효과, 실용성, 재테크, 기업 활동, 글로벌 마인드 등 경제적 가치를 더 중시했다. 경제뉴스는 경제활동이 이루어지는 시장의 상황을 반영해야 하기 때문이다. 경제기사에 대한 관심이 높아지고, 신문에서 경제기사의 비중이 커지면서 시장 경제성은 경제뉴스의 뉴스가치 판단 기준으로서 더욱 중요해지고 있다(양재찬, 2004; 2009). 반면, 건강 · 보건에 관한 이슈나 사건, 정책을 다루는 헬스기사에서는 수용자 건강에 도움이 되는 내용이 가장 중요해서 기자는 실용적인 내용을 중시한다(오대영 ·

최믿음, 2015; Chew, Mandelbaum-Schmid, & Gao, 2006).

중시하는 뉴스가치 판단 기준은 언론매체의 성격에 의해서도 차이가 난다. 헬스기사의 뉴스가치를 보면 종합지는 유용성을 가장 중시했고, 경제지는 인간적 흥미를 가장 중요하게 생각했다. 종합지는 건강 정보 전달을 가장 중시하고, 경제지는 수용자에게 흥미 위주의 정보를 많이 제공하려 하기 때문이다. 흥미 위주의 정보에는 헬스기업과 상품의 정보가 많이 포함되어 있었다.

같은 이슈나 대상이라도 보는 관점에 따라 뉴스가치가 다를 수 있다. 대통령은 유명인사다. 그래서 대통령의 발언, 행동은 모두 중요한 뉴스거리가 된다. 대통령이 평소와 달리 아주 특이한 복장으로 나타나면 뉴스가 된다. 이 경우 뉴스가치는 저명성과 인간적 흥미가 될 것이다. 대통령이 병에 걸렸다면 이는 저명성과 영향력이 될 것이다. 대통령이 사회에 미치는 영향이 크기 때문이다. 그러나 대통령이 중요한 잘못을 하면 일탈성이 되며, 대통령이 매우 중요한 정책을 발표하면 대통령보다는 정책의 영향력이 중요한 뉴스가치가 된다.

같은 사건이라도 언론이 중시하는 뉴스가치는 시간이 흐름에 따라 변화한다. 중요한 비리사건이 발생한 경우 언론이 가장 중시한 뉴스가치는 일탈성이다. 그러나 속보가 보도될 때 중시되는 뉴스가치는 시의성이 되며, 보도가 늘어나면서 관련 인물의 이야기를 비롯한 흥밋거리가 많아지면 인간적 흥미가 중요한 뉴스가치가 될 수 있다.

통상 하나의 사건에는 단 한 개의 뉴스가치가 있는 것이 아니라 복수의 뉴스가치가 있다. 대형사건일수록 여러 뉴스가치가 포함된다. 따라서 한 사건에 들어 있는 뉴스가치를 분석할 때는 복수의 뉴스가치를 찾을 수 있다. 그러나 복수의 뉴스가치에는 크기에 따라 중요도의 순위가 있다. 언론이 이 가운데 무엇을 중시하는가에 따라 특정 사건이나 이슈에 대해 강조하는 뉴스의 스토리가 달라진다.

언론이 현실을 재구성할 때 중요한 기준의 하나가 뉴스가치이다. 같은 사건이라도 언론이 그 사건에 포함된 여러 뉴스가치 가운데 무엇을 중시하는가에 따라 뉴스의 핵심내용이 크게 달라진다. 갈등적 요인을 강조하면 갈등성이, 비리를 강조하면 일탈성이, 폭력이나 섹스 등의 내용을 강조하면 인간적 흥미와 선정성이 두드러진다. 정부가 발표한 중요 정책은 영향력이란 점에서 중요하지만, 때로는 갈등성도 포함된다. 예를 들어 증세 정책에는 사회에 미치는 영향 이외에도 조세 저항 등 갈등적 요인도 포함된다. 증세로 인한 장점보다 사회적 저항을 강조하면 정부 정책에 대한 비판 여론을 조성하는 데 일조하게 된다.

그래서 특정 이슈에 대해 어떤 뉴스가치를 중시하는가는 언론이나 기자가 사회를 해석하는 틀로서 작용하기도 한다. 국숫집 주인이 가난한 어린이 10명에게 매일 점심으로 무료 국수를 제공했다고 하자. 우선은 국숫집 주인의 미담 스토리로 뉴스를 만들 수 있다. 이런 경우 뉴스가치로서 인간적 흥미를 강조할 것이다. 그러나 어린이 1명이 아니라 10명이고 기간이 단기간이 아니라 장기간이라는 점에 초점을 두면 점심을 걸러야 하는 어린이가 너무 많다는 점을 강조해 사회의 빈곤이나 빈부격차를 다루는 고발성 기사를 만들 수도 있다. 이는 넓은 측면에서 사회문제를 고발하는 일탈성에 초점을 둔 것이다.

6. 기사의 종류

1) 형식에 따른 구분

기사는 쓰는 형식에 따라 스트레이트, 해설, 스케치, 화제, 기획, 인터뷰, 논평, 단신 등으로 구분된다(윤석홍·김춘옥, 2004: 56). 스트레이트는 사실만을 전달하는 데 치중하는 기사이다. 해설은 스트레이트 기사를 보충 설명하는 기사이다. 스케치기사는 르포기사라고도 하는데, 현장에서 벌어진 일이나 분위기를 그림을 그리듯 묘사해서 전달하는 방식의 글이다. 화제기사는 사람들의 관심을 끌거나 흥미로운 내용을 재미있게 소개하는 글이다. 기획기사는 특정 주제나 이슈를 심층적으로 분석해서 전달하는 기사이다. 인터뷰는 특정 인물과 대화하고 질의·응답 형식으로 내용을 전달하는 기사이다. 논평은 이슈나 사건에 대해 의견을 전달하는 기사이다. 언론사가 회사의 의견을 전달하면 사설이라고 하고, 개인의 의견을 전달하면 칼럼이라고 한다. 단신기사는 매우 짧게 핵심내용만 전달하는 기사이다. 경제기사에서 간단히 상품 소개만을 하거나 인물면에서 행사만 간략하게 소개하는 기사가 대표적이다.

일반적으로 뉴스는 사실 전달을 주목적으로 하기 때문에 스트레이트 형태로 가장 많이 보도된다. 그러나 이슈나 사건이 중요하고 사회적 의미가 크거나 내용이 복잡할 경우 스트레이트 기사를 보완하기 위해 해설기사를 추가로 보도한다. 사회적 의미가 더 크면 사건 현장의 모습을 전달하는 스케치보도를 하거나 관련 인물을 인터뷰하며, 그 사건에 관해 논평하기도 한다. 2014년에 발생한 세월호 참사의 경우, 사회적 파장이 너무 큰 사건이었기 때문에 매일 발생하는 사실은 스트레이트 형태로 보도하는 한편, 현장을 스케치하고 정부 관계자나 세월호 희생자 유족 등의 인터뷰기사가 보도되었다. 새로운 희생자 구조방식이 논의될 때마다 그 내용을 충실하게 알려 주기 위해 해설기사가 보도되었다.

기획기사는 주로 언론사가 특정 사건을 심층적으로 보도하기 위한 경우, 사회적으로 여론을 형성해 의제를 만들고자 하는 경우에 주로 이용된다. 기획기사가 보도되는 형태는 두 가지가 있다. 먼저, 중대한 사건이 발생했을 때 언론이 사회적으로 그 의미를 부각하고 사회에 각인시키기 위해서 심층적으로 보도하는 경우이다. 고속버스 기사의 졸음운전으로 대형사고가 발생하는 일이 잦아지자, 고속버스 기사의 과로와 무리한 운전이 졸음운전의 원인이라는 점을 강조해 고속버스 기사의 업무 환경을 개선하고 사고를 줄이려고 했던 기획기사들이 대표적이다. 다른 형태는 언론이 사회의 잘못된 관행을 지적하며 변화와 개혁을 유도하기 위해 의제를 제시하는 방안으로 보도하는 경우다. 한국 사회의 허례허식 관습을 바꾸기 위해 한 신문이 꾸준히 보도한 '작은 결혼식' 기사를 들 수 있다.

어떤 이슈나 사건을 특정 형태의 기사로 보도해야 한다는 원칙은 없다. 스트레이트기사가 가장 많이 쓰이는 것은 이 형식이 사건이나 이슈의 핵심을 간략하게 요약해 수용자에게 가장 빠르게 전달할 수 있기 때문이다. 그러나 기자는 어떤 사건이라도 다양한 형태의 기사로 보도할 수 있다. 문재인 정부가 시행한 최저임금 인상에 대해 근로자와 영세사업주 사이에 찬반 의견이 엇갈렸다. 근로자는 찬성했으며, 영세사업주는 임금 인상으로 인건비 부담이 커져서 어려워질 것이라며 반대했다. 스트레이트로 쓰면 양측의 의견을 사실 그대로 적어서 보도하게 된다. 해설기사로 쓰면 최저임금 인상에 대한 찬반 의견의 이유를 중심으로 쓰게 된다. 스케치기사로 쓰면 편의점 등과 같이 최저임금 인상의 영향이 큰 사업장의 현장 모습을 전달한다. 인터뷰기사로 쓰면 최저임금 인상에 대해 근로자나 사업주를 인터뷰해서 그들의 의견을 보도하게 된다. 최저임금 인상에 대한 언론사의 찬반 의견은 사설이나 칼럼으로 보도한다.

그러나 특정 분야나 이슈, 뉴스가치에 따라 내용을 가장 잘 전달하고 수용자의 호응을 잘 이끌어낼 수 있는 기사 형태가 있다. 유용성이 강조되는 정책기사에는 스트레이트나 해설기사가 적합한 경우가 많다. 문화와 같이 인간적 흥미의 내용이 많은 뉴스에서는 르포기사가 많이 쓰인다. 같은 내용이라도 내세우고 싶은 포인트에 따라 기사 형태를 달리하면 전달 효과를 높일 수 있다. 유명 화가가 오랜 침묵을 깨고 오랜만에 전시회를 연다고 하자. 핵심정보 중심의 스트레이트보다는 인물 인터뷰를 통해 그 화가의 최근 동향이나 전시회 배경 등을 생생하게 전달하면 훨씬 생동감 있고 독자의 호응도도 높을 것이다. 외국의 유명한 가수가 방한 공연을 할 경우 단순하게 공연이 열렸다고 보도하기보다는 르포를 통해 생생한 현장 분위기를 전달하면 기사의 효과가 한층 높아질 것이다. 매우 유명한 가수라면 기자가 대면 또는 이메일 등의 방법으로 사전 인터뷰를 해서 보도하기도 한다. 이같이 기자가 그때의 상황에 따라 가장 효과가 높은 방법으로 내용을 전달하는 것이 가장 바람직하다.

언론사가 특정 이슈나 사건에 대해 보도하는 기사의 종류를 분석하면 그 사건을 어떻게 다루는지를 알 수 있다. 한국 신문에서 건강과 보건 이슈를 다루는 헬스기사는 스트레이트 형태로 가장 많이 보도되어 새로운 사실을 전달하는 데 가장 중점을 두는 것으로 해석되었다. 그 밖에 주요 이슈의 전체적 내용을 상세하게 설명하는 해설기사, 신문사와 사회의 다양한 의견이나 논평을 전달하는 칼럼·사설, 흥미로운 사실을 재미있게 전달하는 화제기사의 비중도 커서 한국 신문은 헬스 문제에 대해 비교적 다양한 내용과 관점을 상세하게 전달하려고 했다(오대영·최민음, 2015).

2) 경성뉴스와 연성뉴스

뉴스는 수용자가 뉴스에서 받는 심리적 보상, 뉴스 주제, 중시되는 뉴스가치, 언론의 뉴스 제작 관행 등에 따라 경성뉴스(*hard news*)와 연성뉴스(*soft news*)로 분류된다. 슈람(Wilbur Schramm)은 수용자가 뉴스를 읽는 대가로 받는 심리적 보상 차원에서 경성뉴스와 연성뉴스를 구분했다. 경성뉴스는 수용자가 읽을 때 재미가 없고 지루함을 느끼지만 시간이 흐를수록 수용자에게 '지연된 보상'(*delayed reward*)을 준다. 연성뉴스는 수용자가 뉴스를 읽을 때 곧바로 즐거움을 주면서 현실의 어려움을 잊게 만들어 '즉각적인 보상'(*immediate reward*)을 주는 대신 장기적으로는 수용자에게 보상을 주지 않는다(임영호, 2010).

뉴스와 뉴스가치 측면에서 보면 경성뉴스는 정치, 사회, 경제 등 사

〈표 1-1〉 경성뉴스와 연성뉴스의 차이

	심리적 보상	주요 뉴스 분야	시간적 제약	저널리즘 역할
경성뉴스	지연된 보상	정치, 경제 등 공공성이 많은 분야	빠른 보도가 요구됨	환경 감시, 상호 연결
연성뉴스	즉각적 보상	문화, 스포츠 등 인간적 흥미, 오락성이 많은 분야	보도 시간의 여유가 있음	문화 전달, 오락 제공

람들의 삶에 큰 영향을 미치는 내용을 다루는 뉴스다. 일반적으로 생활에 필요한 정책이나 지식, 정보를 다루며 뉴스가치 가운데는 시의성, 영향성, 유용성, 일탈성 등이 중시된다. 연성뉴스는 즐거움을 많이 주는 인간적 흥미, 진기성의 뉴스가치를 많이 가지며, 문화・스포츠 등의 분야에서 많다. 중요한 정책기사는 읽을 때는 재미가 없고 지루하지만, 중요한 정보를 담고 있어 장기적으로 수용자에게 도움을 주는 경성뉴스이다. 연예나 오락기사는 읽을 때는 재미가 있지만, 장기적으로 수용자의 삶에 실질적인 도움을 많이 주지 않는 연성뉴스이다. 그러나 반드시 특정 분야의 기사가 모두 경성 또는 연성뉴스라고 할 수는 없으며 내용에 따라 구분될 수 있다. 문화 분야의 기사라고 하더라도 중요한 문화 정책을 다룬다면 경성뉴스로 분류될 수 있다. 반대로 경제 분야의 기사라도 흥미 위주의 기사는 연성뉴스가 된다.

경성뉴스와 연성뉴스는 뉴스보도의 시간적 제약 측면에서 구분되기도 한다(McQuail, 2000/2003). 경성뉴스는 수용자에게 중요한 정보를 전달하기 때문에 가능하면 빨리 전달해야 하는 뉴스이다. 그러나 연성뉴스는 시간적 제약에서 상대적으로 자유롭다. 하루 내에 보도되지 않아도 수용자에게 영향을 크게 주지 않는다. 주로 오락성이나 관심거리 정도의 뉴스가 이에 해당한다. 경성뉴스는 공공적 가치가 높아 사회 전체에 중요한 뉴스이고, 연성뉴스는 오락적 가치가 강하고 개인적으로 소비되는 뉴스라고 할 수 있다. 정치, 경제, 사회적인 이슈는 즉시 보도되지만, 예술행사나 책 출간 등의 기사는 며칠 뒤에 보도되는 경우가 많은 것은 이 때문이다.

저널리즘의 역할은 환경 감시, 상호 연결, 문화 전달, 오락 제공 등에 있다. 경성뉴스는 환경 감시와 상호 연결 기능을 통해서, 연성뉴스는 문화 전달과 오락 제공이란 측면에서 모두 저널리즘의 역할을 수행하고 있다. 그러나 환경 감시 역할이 더욱 중요한 역할이기 때문에 언론에서는 경성뉴스를 연성뉴스보다 중시한다. 종합지나 경제신문에서 정치, 사회, 경제, 국제 등 경성뉴스를 지면의 앞에 배치하고, 스포츠, 문화 등 연성뉴스는 지면의 뒤에 배치하는 것도 이 때문이다.

그런데 미디어 환경의 변화로 연성뉴스가 갈수록 많아지고 있다. 그 이유로는 우선 인터넷의 발달로 뉴스 유통에서 포털의 영향력이 매우 커진 점을 들 수 있다. 포털은 이용자를 유인하기 위해 첫 페이지에 뉴스를 게재하는데, 경성뉴스보다는 많은 사람이 즐겨 보는 연예, 스포츠 등 연성뉴스나 선정적인 제목의 뉴스를 많이 보도한다. 여성의 사회적 진출 확대 등 인구 사회적인 변화도 연성뉴스가 많아지는 환경을 조성했다. 대체로 남성은 여성보다 교양과 뉴스를 더 보는 반면, 여성은 오락과 드라마를 선호한다(심미선 · 김은미 · 이준웅, 2004). 남성은 경성뉴스를, 여성은 연성뉴스를 선호한다고 할 수 있다. 그런데 여성의 사회적 역할과 비중이 커지면서 문화, 교육, 육아 등 여성이 중시하는 뉴스가 많아지고 있다. 사회가 고령화됨에 따라 건강에 대한 관심이 증가한 것도 뉴스 콘텐츠 제작과 소비 행태가 변화하게 된 중요한 이유다. 건강에 대한 국민의 관심도가 높아지면서 한국언론진흥재단이 매년 조사하는 뉴스 분야별 관심도에서 건강 분야 관심도가 정치, 경제 등 19개 분야 가운데 가장 높아졌다(한국언론진흥재단, 2014: 138~139).

경제 발달로 사람들의 관심이 공적 문제 중심에서 벗어나 건강, 레저, 문화, 재테크 등으로 다양해지고 관련 분야의 정보 욕구가 많아지면서 언론에서도 연성뉴스의 비중이 커지고 있다. 과거에는 문화의 사회적 영향력이 정치, 경제에 비해 약했지만, 이제 문화는 사회적으로 중요한 영역이 되었으며 문화기사의 비중도 매우 커지고 있다. 미디어의 증가로 한층 치열해진 미디어의 수용자 확보 경쟁도 연성뉴스 확대 현상을 부추기고 있다. 신문은 위기 극복을 위해 대중 저널리즘과 기사의 연성화 전략을 선택하고 있다(양재찬, 2004). 문화행사기사가 주요 신문의 1면과 2면의 중요기사로 등장하는 일이 빈번해진 것은 이런 변화를 반영한다. 이런 추세 속에서 정보(*information*)와 오락(*entertainment*)을 합친 '인포테인먼트(*infortainment*) 기사'도 증가하고 있다.

그러나 저널리즘의 연성화 현상이 심해져 공익성이 필요한 공공뉴스까지 오락화하거나 지나치게 줄어들면 공공뉴스가 사람들의 관심에서 멀어지고, 저널리즘의 가장 핵심역할인 사회적 감시 기능이 약화되어 민주 사회가 쇠퇴할 것이라는 우려가 있다. 독재정부가 국민의 비판의식을 약화시키기 위해 즐겨 이용했던 정책이 3S 정책이다. 3S는 스포츠(*sports*), 영화(*screen*), 퇴폐 산업(*sex*)을 의미한다. 그런데

이제는 민주 사회에서도 기술 발달과 사회구조의 변화, 미디어 간 경쟁 심화로 저널리즘 내부적으로 상업화 현상이 확대되면서 저널리즘의 기본적인 역할인 감시 기능이 스스로 약해지고 있는 것이다.

7. 좋은 기사를 쓰는 방법

1) 현장을 담은 기사

좋은 기사를 쓰기 위해서는 양질의 좋은 정보를 풍부하게 확보해야 한다. 음식 재료가 풍부해야 좋은 요리를 만들 수 있는 것과 같은 이치다. 기자는 자료, 개인 정보원 등 다양한 경로를 통해 정보를 입수할 수 있다. 여러 기자가 같은 기관에서 동일한 보도자료를 받았다고 하더라도, 그 자료에만 의존해 쓴 기사와 그 자료를 토대로 관련 사항을 추가로 취재해 쓴 기사의 질은 큰 차이가 난다. 기자가 추가취재를 하는 과정에서 새로운 내용을 발견해 전혀 다른 기사를 쓰기도 한다. 기관은 자신에게 유리하게 보도자료를 만들어 기자에게 제공하는 경우가 많다. 기자가 보도자료의 내용을 의심하고 관련자를 대상으로 보충취재를 하면 보도자료에는 없는 새로운 사실을 발견할 수 있다.

기자가 취재할 때 가장 중요한 미덕은 현장 중심 취재다. 어떤 일이든 현장에 가면 새로운 사실을 발견할 수 있다. 그렇지 못하더라도 최소한 실상을 피부로 느낄 수 있다. 시위 현장의 이야기를 전할 때 이야기만 듣거나 방송 화면만 보고 쓰는 것과 현장에 가서 사람들의 모습을 보고 분위기를 느끼며 기사를 쓰는 것은 전혀 다르다. 분위기를 느끼면 기사의 논조와 강도가 크게 달라진다. 정부가 거대한 임대주택 단지를 새로 만들었으며, 이로 인해 수천 명의 무주택자가 혜택을 받게 되었다는 보도자료를 발표했다고 하자. 기자실에 앉아 그대로 쓰면 정부의 발표 내용대로만 전달할 수 있을 뿐이다. 그러나 현장에 가보면 부실시공, 교통 문제 등 임대주택 단지의 문제점을 발견할 수도 있고 거꾸로 매우 좋은 점을 느낄 수도 있다.

현장 중심주의는 메모하는 습관에서 시작된다. 어디를 가든 눈에 띄는 장면이나 생각을 기록하는 습관을 지니면 좋은 기사를 쓰는 데 큰 도움이 된다. 훌륭한 작가도 소설을 쓸 때 현장 답사를 많이 하면서 기록한다고 한다. 좋은 글은 현장과 사람에게서 나오기 때문이다. 그런데 업무 증가 등의 이유로 기자가 현장을 잘 가지 않고, 기관에서 제공하는 보도자료에 의존해 기사를 쓰는 일이 많아지면서 '발표 저널리즘'이라는 말까지 생겨났다. 이렇게 되면 대부분 언론의 뉴스 내용이 유사한 '동질화 현상'이 발생한다. 기사 내용이 부실해지는 것은 물론 뉴스가 현실을 제대로 반영하지도 못해서 저널리즘의 기본역할까지 약화되는 문제가 생긴다.

2) 궁금증을 남기지 않는 기사

뉴스는 특정 이슈나 사건에 관한 정보를 전달하는 것이기 때문에 읽는 사람에게 궁금증을 남겨서는 안 된다. 이를 위해서는 육하원칙(六何原則)에 따라 취재를 하고 기사를 써야 한다. 육하원칙은 누가(*who*),

언제(*when*), 어디서(*where*), 무엇을(*what*), 왜(*why*), 어떻게(*how*)이다. 6개 영어 단어의 첫 글자를 따서 5W1H라고도 한다. 기사에는 반드시 사건을 일으킨 주체, 사건이 발생한 시간과 장소, 사건의 내용, 사건이 발생한 이유와 방법이 포함되어 있어야 한다는 뜻이다. 육하원칙에 따르면 사람들이 어떤 사건을 접했을 때 알고 싶어 하는 내용의 핵심을 담게 된다. 그래서 육하원칙은 뉴스의 핵심내용이다. 저널리즘은 사실을 전달하는 것이 주목적이기 때문에 육하원칙에서 하나라도 빠지면 사실을 완전하게 전달하지 못한다.

그러나 모든 사건에서 처음부터 육하원칙이 명백하게 밝혀지는 것은 아니다. 오히려 사건의 일부만이 불투명하게 나타나는 경우가 상당히 많다. 그래서 저널리즘 보도는 진실게임일 때가 많다. 학자가 연구할 때 진실을 알아내기 위해 가설을 세우고 검증하듯, 기자는 보도해야 할 사실에 대해 가설을 세우고 확인해야 할 때가 많다. 이 과정에서 육하원칙에 따라 가설을 세우고 취재하면 알아내야 할 내용이 빠지지 않는다. 가설을 세울 때는 어떤 사건이든 발생할 수 있다는 전제에서 세워야 한다. 그만큼 세상에는 기자가 알지 못했던 일이 수없이 많기 때문이다. 육하원칙 가운데도 사안이나 시점에 따라 중요한 것의 순서가 있기 때문에 그 순서대로 정보를 전달하는 것이 효과적이다. 가령, 대형화재가 발생했다면 장소와 피해 규모가 가장 시급한 정보일 것이다. 그다음에 발생 시간, 화재를 낸 주체와 원인, 방법을 전달하면 된다.

3) 역피라미드형의 기사

글을 쓰는 방식은 크게 두괄식과 미괄식으로 구분된다. 두괄식은 글을 쓸 때 가장 핵심이 되는 내용을 앞부분에 배치하는 형식이다. 정부의 잘못된 정책을 비판하는 사설을 쓸 때 첫머리에서 "이 정책은 어떤 점이 잘못됐으니 수정되어야 한다"는 식으로 결론부터 내린 후 정책의 문제점, 폐단, 이유 등을 적는 방식이다. 잘못되었다는 전제 아래 전체 이야기를 풀어 가기 때문에 논리적으로는 연역적인 방식이 많이 쓰인다. 미괄식은 이야기를 예시, 논증, 설명, 분류, 비교, 대조 등의 방법으로 풀어 가면서 마지막 부분에서 귀납적으로 결론을 내리는 방식이다. 정부의 정책을 비판할 때 "정부가 어떤 정책을 발표했는데 어떠한 문제가 발생해서 국민에게 피해가 크고, 그 이유는 정부의 잘못된 판단에서 비롯된 것이니 수정해야 한다"는 식으로 이야기를 전개하는 방식이다.

두괄식 방식으로 글을 쓰면 핵심적인 내용부터 적기 때문에 글의 형태는 위가 무거운 역피라미드형이 된다. 미괄식으로 쓰면 중요한 결론을 이끌어 내기 위한 소재부터 시작해 점차 중요한 결론으로 파고들어 가는 형태를 취하기 때문에 아래가 무거운 피라미드형이 된다. 어느 형태의 글이 더 좋은가에 대해서는 정답이 없다. 글의 종류나 기자의 글쓰기 취향에 따라 달라질 수 있다. 화제기사나 현장 스케치와 같이 흥미성을 강조하려는 기사에서는 피라미드형이 선호되기도 한다.

그러나 전통적으로 사실을 빠르게 전달하는 것을 중시하는 언론 기사의 경우 역피라미드형이 효율적인 기사 형태로 인식되어 왔다. 이

방식의 기사는 부각하려는 내용의 중요도 순서를 정해 중요할수록 앞에 배열한다. 뉴스의 역피라미드 진술 구조는 제한된 시간과 공간 속에서 뉴스를 만들어야 하는 저널리즘 현장에서 유용성이 매우 높아 보편화된 관행이다. 사건이나 이슈와 연관된 사실정보의 중요도 순서를 정해 순차적으로 배열하면 역피라미드 형태가 된다. 이 방식은 복잡한 사회 현실을 수용자가 이해하기 쉽도록 기자가 논리정연하게 뉴스를 만드는 제작 관행으로 제도화되었다. 뉴스 작성의 표준화가 용이하다는 장점도 있다. 지면 배치, 기사길이 조정과 같은 편집 작업도 매우 편하게 할 수 있고, 제작시간을 최대한 단축할 수 있어 뉴스 제작 작업의 경제적 효율성도 크다. 뉴스 조직이 뉴스 생산의 전 과정을 지배하는 전통적인 게이트키핑 방식에 적합한 기사 양식이기도 하다.

뉴스의 크기는 상황의 변화에 따라 얼마든지 달라질 수 있다. 예를 들어 처음에는 1면 톱으로 정해진 기사가 마감시간 5분 전 갑자기 이보다 더 중요한 사건이 발생하는 바람에 1면 사이드 기사로 변경되었다면 어떤 일이 벌어질까. 1면 톱기사의 분량은 1,600자인 반면 1면 사이드 기사의 분량은 1천 자여서, 5분 이내에 600자를 줄여야 하는 상황이다. 기사를 피라미드형으로 쓰면 기사를 처음부터 수정해야 하기 때문에 5분 이내에 새롭게 기사를 쓰는 것이 매우 힘들다. 그런데 역피라미드형으로 쓰면 도마뱀이 꼬리를 자르듯 덜 중요한 내용이 있는 밑에서부터 600자를 자르면 되기 때문에 분량을 조절하기 쉽다. 반대로 1면 사이드였던 기사가 갑자기 1면 톱으로 변경되었다고 치자. 갑자기 600자를 늘려야 하는데 피라미드형 기사라면 앞에서부터 수정해야 하기 때문에 쉽지 않다. 그러나 역피라미드형이라면 외국 사례나 시민 반응 등 쓰지 못했던 다른 내용을 기사의 아래에 붙이면 된다. 방송에서도 마찬가지다. 역피라미드형으로 원고를 준비해 두면 방송시간 분량에 맞춰 쉽게 원고 분량을 조절할 수 있지만 피라미드형이면 매우 어렵다.

뉴스를 접하는 수용자의 입장에서도 피라미드형보다는 역피라미드형이 정보 취득에 훨씬 편하다. 현대인은 매우 바쁘다. 과거와 같이 편히 앉아서 여유 있게 신문기사를 모두 읽거나, 30분 분량의 방송을 들을 수 있는 수용자는 그리 많지 않다. 빠른 시간 내에 기사의 핵심내용만 알고 싶어 하는 수용자가 많다. 그런데 핵심내용을 10분 방송의 가장 마지막에 전달하거나, 신문기사의 맨 끝줄에 보도한다고 하자. 인내심을 갖고 그런 기사를 매일 볼 사람은 적을 것이다. 그래서 중요한 내용부터 시작해 덜 중요한 내용의 순서대로 기사를 쓰면 수용자의 가독성을 높이는 역할을 한다.

4) 사건의 핵심을 파악하는 능력

기자가 시간과 공간의 제약 속에서 역피라미드 형태로 정보의 핵심내용을 전달하기 위해서는 사건이나 이슈의 핵심내용을 해부하고 중요도에 따라 구조적으로 재구성할 수 있는 능력이 필요하다. 이런 능력이 있어야 지면과 방송이 요구하는 기사량에 맞춰 분량을 조정할 수 있다. 같은 사건이라도 1천 자에 담아야 할 때가 있고, 100자로 써야 할 때가 있다. 100자의 기사에서는 정보의 핵심내용만을 써야 하며, 1천 자의 기사에서는 보다 상세하게 쓸 수 있다. 500자의 뉴스라면 1천 자의 원고에서 덜 중요한 내용의 순서대로 절반을 빼내면 된다. 이런 능력을 갖추기 위해서는 기자가 기사로 쓰려는 사건의 핵심을 정확하게 이해하는 것은 물론, 사건의 요점을 구조적으로 파악해 해부하고 조립할 수 있는 능력을 갖추고 있어야 한다. 10개의 문장으로 기사를 쓴다면 전체 사실을 10개의 내용으로 해부하고, 중요도의 순서를 정한 뒤 필요한 분량만큼 하나씩 가져다 쓸 수 있는 능력이다.

이런 능력은 저널리즘에서 매우 중요한 덕목이다. 유능한 기자의 덕목은 취재를 잘하는 것뿐만 아니라 시간과 공간의 제약을 극복하고 기사를 잘 쓰는 데 있다. 기자의 글쓰기에는 마감시간 안에, 정해진 분량만큼 기사를 써야 하는 능력이 요구된다. 그 기사에는 가장 핵심적인 내용이 담겨 있어야 한다. 분량을 맞추지 못하면 편집과정에서 어려움이 생기며, 핵심내용을 빠뜨린 기사를 쓰면 부실한 기사가 나온다.

뉴스는 갑작스럽게 발생하는 경우도 허다하므로 기자가 충분한 시간적 여유를 갖고 기사를 쓰기보다는 허겁지겁 기사를 써야 할 때도 상당히 많다. 마감시간 10분 전에 발생한 중요사건이 있는데, 써야 할 기사 분량이 800자라고 하자. 10분 이내에 800자로 쓰기 위해서는 빠르게 사건의 개요를 파악하고, 핵심내용을 4~5개로 해체한 후에 중요도의 순위를 정할 수 있는 능력이 필요하다. 기사에서 핵심내용의 중요도 순위는 고정된 것이 아니라 순간순간 변하는 경우가 많다. 변화하는 핵심내용의 순위를 잘 파악하면 가장 생생하고 의미 있는 기사를 쓸 수 있고, 뉴스의 의제를 주도할 수 있다. 신문에 칼럼을 쓰는 사람에게도 이런 능력은 매우 중요한 덕목이다. 칼럼의 분량은 통상

1,600자에서 2천 자인데, 이 분량에 맞춰 자신이 주장하고자 하는 내용을 모두 담는 능력을 갖춘다면 훌륭한 칼럼니스트가 될 수 있다.

5) 밀도가 높은 기사

기사의 글쓰기 방식은 에세이나 소설과 다르다. 기사는 시간과 공간의 제약 속에서 수용자에게 정보나 의견을 빠르고 효과적으로 전달하는 것을 목적으로 한다. 빠른 시간 내에 정보의 핵심내용을 전달하고, 제한된 공간에 질적으로 우수한 정보를 전달해야 하기 때문에 기사는 에세이나 소설에 비해 매우 밋밋하다. 600자의 기사를 쓴다면 가장 좋은 기사는 알찬 정보로 600자를 모두 채운 기사이다. 수용자는 제한된 분량의 기사에서 가능한 많은 정보를 얻고 싶어 하기 때문이다. 그래서 기사에는 핵심정보만 적으면 된다. 만약 기사에서 '눈이 부시게 아름다운'과 같은 형용사를 남발했다고 치자. '눈이 부시게 아름다운'은 10자다. 이런 수식어를 5번만 쓰면 50자이다. 그러면 50자 분량의 정보를 담지 못하는 결과가 발생한다. 글을 쓴 기자는 좋은 문장을 썼다고 생각할 수도 있겠지만 저널리즘의 입장에서 보면 상당한 '정보의 낭비'이다. 그래서 기사에서는 소설이나 에세이에서 흔히 볼 수 있는 화려한 수식어가 환영받지 못한다.

기사에서는 가능한 접속어를 쓰지 않는 문장이 좋은 문장으로 인정받는다. '그러나', '그런데', '왜냐하면' 등 접속어를 남발하면 정보량이 그만큼 줄어든다. 아울러 기사에서는 긴장감과 속도가 독자의 가독성을 높이는데, 접속어가 많아지면 기사가 늘어져 가독성이 떨어진다.

6) 알기 쉽게, 짧게 쓰는 문장

기자는 일반인이 이해할 수 있는 쉬운 표현으로 기사를 써야 한다. 기자가 뉴스에서 사용하는 언어도 학자와 달라야 한다. 직업 기자는 어떤 문제에 관해 학자에 못지않은 심층적인 이해, 통찰력과 지혜를 갖고 있어야 한다. 그러나 보도와 논평을 할 때는 간명하고 직관적이어야 하며 경우에 따라서는 시사적이고 상징적이어야 한다. 산문적이어서는 안 된다. 이론과 논리를 중시하는 학자는 지루한 산문을 쓰고 복잡하고 어려운 용어를 사용해야 할 경우가 많다. 그러나 대중을 상대로 짧고 재미있는 글을 써야 하는 기자는 그렇지 않다. 독일 사회학자 막스 베버(Max Weber)는 1차 세계대전 직후 독일 남부도시 뮌헨에서 행한 "직업으로서의 정치"라는 제목의 유명한 강연에서 다음과 같이 설파했다(남시욱, 2012).

> 누구나 인식하고 있지는 않지만, 진실로 좋은 한 건의 기사를 쓰는 일은 최소한 학자의 (학문적) 성취만큼 지적으로 어려운 작업이다. 그것은 그 기사가 현장에서 쓰이거나 주문에 의해 작성되거나 학문적 연구와 완전히 다른 조건 아래서 작성된다고 하더라도 즉각적인 효과를 내지 않으면 안 되는 상황이었음을 상기할 때 특히 그렇다. 기자의 실제적인 책임이 학자의 그것보다 훨씬 크다는 사실은 일반적으로 간과되고 있다.

통상 중학생이 읽고 이해할 수 있는 문장으로 글을 쓰는 것이 가장 좋은 기사라고 한다. 가능하면 쉽고 평이하게 쓰는 기사가 좋은 글이다. 어떤 내용에 대해 잘 아는 사람일수록 알기 쉽게 말한다. 마찬가지로 기자도 기사를 쓸 때는 먼저 쓸 내용에 대해 충분하고 완전하게 이해한 후에 글을 써야 한다. 핵심내용을 정확하게 파악하는 것이 매우 중요한 선결과제다. 그렇게 한 후 문장의 구조를 설계하고 설계의 순서대로 내용을 채워 가면 된다. 용어는 가능한 한 쉽게 쓰는 것이 바람직하지만, 부득이하게 어려운 전문용어를 써야 할 경우에는 친절하게 용어해설을 해주는 것이 글의 가독성을 높인다.

신문의 문장은 가능한 한 짧게 쓰는 것이 가독성이 높다. 복문으로 쓰는 것보다는 단문으로 쓰는 것이다. 한 문장은 아무리 길어도 200자를 넘지 않는 것이 좋다. 기사의 문장이 길어지면 기사의 긴장도와 힘이 떨어진다. 독자는 지루한 기사를 오래 읽고 있을 정도로 인내심이 크지 않다는 것을 항상 명심해야 한다.

7) 수용자의 입장에서 제작된 기사

기자가 기사를 쓸 때는 통상 기자의 입장에서 쓰는 경우가 많다. 그럴 경우 중요한 사실을 놓칠 때가 많다. 사건을 바라보는 일반인의 입장, 나아가 사건 당사자의 입장에서 생각하면 보이지 않던 새로운 사실이 중요하게 느껴질 때가 많다. 대형화재로 사망자가 많이 발생한 사건의 경우, 기자가 제 3자적 시각에서 접근하기보다는 자신의 가족이 피해를 당했다는 생각으로 취재한다면 안전문제나 대피시설 등 사건의 핵심문제에 대해 더욱 정밀하게 생각하고 심층적으로 보도할 수 있을 것이다.

기자가 소속된 언론사가 중시하는 수용자의 특성이나 기사의 주요 수용자를 염두에 두고 기사를 쓰는 것도 호응도를 높일 수 있다. 같은 경제기사라고 하더라도 종합지의 경제기사는 일반인이 주로 보는 반면, 경제신문의 경제기사는 경제에 관심이 많은 사람이나 전문가가 주로 본다. 같은 경제 자료로 기사를 쓰더라도 종합지의 경제기사는 일반인도 알기 쉽게 쓰는 것이 가독성을 높이는 반면, 경제신문의 경제기사는 전문적 내용을 많이 포함해 정보 수준을 높이는 것이 수용자에게 좋은 반응을 얻을 수 있다.

2장 / 저널리즘의 발전 역사

1. 민주주의 발전과 저널리즘

저널리즘은 오랜 역사를 갖고 있다. 정보 전달의 역할을 한 원시적 형태의 최초 저널리즘은 로마 시대에 탄생했다. 기원전 510년에 탄생한 로마 공화국에는 로마 시민이 관심을 가질 만한 공적인 사건을 흰색 진흙 판에 써서 붙이는 '악타 푸블리카'(Acta Publica)가 있었다. 기원전 30년 로마는 거대한 제국을 지배하기 위한 커뮤니케이션 수단으로 '악타 디우르나'(Acta Diurna)라는 관보적 성격의 신문을 만들었다. 로마에서는 지방의 장원에 있는 귀족이 수도 로마에 노비 통신원을 두고 매일 서신으로 소식을 듣는 일이 많아졌다. 중국에도 악타 디우르나와 유사한 형태의 저보(邸報)가 있었다. 저보는 한나라와 당나라에서 시작되었으며, 황실의 동정과 관리의 임면, 상소 등을 게재하는 관보였다. 저보는 일반 백성에게 공시된 것이 아니라 중앙과 지방 군신 간 커뮤니케이션 수단이었지만, 동양 최초의 신문 현상이라고 할 수 있다(안종묵, 2010).

우리나라의 경우 조선 시대인 1883년 10월 31일에 개화파가 관보로 창간한 〈한성순보〉(漢城旬報)가 최초의 근대신문이다. 〈한성순보〉는 1884년 12월 갑신정변으로 발행이 중단된 이후 1886년 1월 25일 〈한성주보〉(漢城週報)로 속간되었다. 〈한성순보〉와 〈한성주보〉는 국민의 지식을 넓히고, 국내외 정세를 국민에게 알려 나라의 안보를 지키며, 국민의 고통을 찾아내 제거함으로써 백성을 편안하게 만든다는 목적에서 발간되었다. 〈한성주보〉가 1888년 7월 폐간된 이후 최초의 민간신문인 〈독립신문〉이 한글 전용으로 1896년 4월 7일 서재필에 의해 창간되었다. 〈독립신문〉은 근대민족주의 사상, 민주주의 사상, 자주적 근대화 사상을 강조하며 국민의 교육과 계몽을 위해 노력했다. 정부와 마찰을 빚은 끝에 1899년 12월에 폐간되었다(안종묵, 2010; 한국민족문화대백과사전, 2018. 8. 20 인출).

근대적 의미의 저널리즘은 구텐베르크가 1455년 서양 최초로 금속활자 인쇄술로 성경을 인쇄한 후 싹이 나기 시작했다. 금속활자 인쇄술은 커뮤니케이션 기술의 획기적 변화와 함께 사회적으로 권력의 지각변동을 가져왔다. 금속활자 인쇄술 이전의 커뮤니케이션 망은 크게 네 가지 유형으로 정리된다. 첫째는 가톨릭교회가 설정하고 통제해온 광대한 커뮤니케이션 망이다. 로마 교황청은 이 망을 통해 기독교 세계 전역의 교회 및 정치 엘리트들과 접촉했다. 두 번째로 국가와 공국(公國)의 정치권력기관의 커뮤니케이션 망이다. 이 망은 특정국의 영토 권역 내부에서 작동하면서 행정과 분쟁 조정에 활용되었다. 세 번째 망은 교역과 제조업이 늘어나면서 주요 교역 중심지 사이에 형성된 상업과 금융 커뮤니케이션 망이다. 네 번째는 행상인, 이야기꾼이 지역을 돌아다니면서 술집 등에서 이야기를 전달하던 인간 커뮤니케이션 망이다(Thompson, 2007/2012).

그러나 구텐베르크가 금속활자 인쇄술을 발명한 이후 세계는 급격히 변화하기 시작했다. 이러한 변화는 대체로 언론의 자유와 연관된 측면이 강했다. 변화를 가속한 결정적인 요인은 네 가지이다.

첫째, 구텐베르크의 금속활자 인쇄술 발명은 모든 사람을 위한 새로운 정보 세계의 구축을 가능하게 했다. 금속활자 인쇄술은 서적의 보급과 문자의 해독에 큰 영향을 주었고 읽고 쓰는 능력, 즉 언론 행위를 할 수 있는 시민이 증가하면서 지배층이 이들을 상대해야 하는 시대가 열렸다.

둘째, 1천 년 동안 정치적, 경제적, 사회적, 문화적 활동의 중심이었던 로마 가톨릭교회의 권력에 루터파나 칼뱅파의 개신교가 도전하고 가톨릭의 권력이 쇠퇴하게 된 데는 인쇄물의 역할이 컸다. 그동안 읽기와 쓰기 교육을 독점하던 교회의 힘이 약화했고 일반인은 성경을 가톨릭교회와 다르게 해석하기 시작했다. 루터와 칼뱅 등의 개신교 종교개혁은 인쇄술의 발명과 전파로 가능했다.

셋째, 지식의 가장 주요한 근원으로서 독점적 위치에 있던 교회에 직접적 위협으로 과학이 등장했다. 인쇄술의 발달은 공중이 종교적 지식뿐만 아니라 과학정보, 정치적 정보에도 접할 수 있게 만들었다. 과학정보의 발달은 공중이 기존의 사고와 다른 주장을 제기하면서 토론과 반론을 할 수 있는 언론 자유의 환경을 조성했다.

넷째, 교회의 정치적 쇠퇴에 따른 권력의 진공을 메우기 위해 세속 국가가 등장했다. 세속 국가의 등장은 권력의 변동을 의미한다. 새로운 권력이 자신의 입장을 확대하는 과정에서 언론의 자유가 주목받았다. 공중도 자신의 의견을 인쇄물로 만들어 배포했으며 왕권에 도전하기 시작했다(이진로, 2012; Altschull, 1990/2007: 67~68).

인쇄된 신문은 17세기 초 유럽에서 등장했다. 1609년 독일의 아우크스부르크, 슈트라스부르크를 포함해 몇 개 도시에서 주간지가 발행되었다. 1620년에 네덜란드의 암스테르담은 급속도로 팽창하는 뉴스 교류의 중심지가 되었다. 신문은 종교개혁을 계기로 확산되었다. 종교개혁 당시 새로운 경제주체와 시민중심 사회가 등장했으며, 기업가와 시민운동가는 신문을 실질적인 미디어로 활용하기 시작했다. 초기 신문은 기업가, 상류 지배층, 종교개혁자 등 특정 계층의 독자층을 중심으로 소비되었다.

18세기까지 대부분의 국가에서 신문은 정치적 이슈를 다루지 않았다. 그러나 부르주아 공론장의 등장은 신문을 상업적 수단과 종교적 논쟁의 도구에서 정치적 논쟁과 숙의의 장으로 탈바꿈시켰다. 부르주아 공론장은 개인의 사생활, 재산, 인권과 함께 발전된 개념이다. 독일의 철학자였던 위르겐 하버마스(Jürgen Habermas)는 공론장의 기원을 17~18세기 영국의 커피하우스와 프랑스의 살롱에 두었다. 당시 부르주아가 자주 모였던 커피하우스와 살롱은 정치적 논의의 장소였으며 서신, 뉴스레터, 저널, 수기신문 등을 발행해 여론을 조성하고 정부를 감시했다. 부르주아는 공론장에서 그들의 생활세계를 표출하고 공개함으로써 비판적이고 합리적인 토론을 가능하게 했다(조맹기, 2009: 115~116).

인류 역사에서 독자성을 갖춘 공공 영역으로서 언론의 장이 형성되기 시작했고, 시민은 현실 문제에 관한 자율적 담론을 생산할 수 있게 되었다. 자율적 판단에 따라 권력과 정치를 포함해 현실을 비판할 수 있는 저널리즘이 역사에 등장한 것이다(이민웅, 2008: 43~45). 프랑스어에 어원을 둔 저널리즘이라는 단어는 19세기 초반에 나타나기 시작했다. 초기에는 '개인 의견의 기록'이라는 의미로 알려졌지만, 프랑스혁명 이후로 많이 사용되었다. 1830년쯤 영어권으로 들어갔으며, 공적 문제에 대한 정파적 논쟁이라는 의미를 갖게 되었다(Barnhurst & Nerone, 2008/2016). 신문은 부르주아혁명 시기에 중요한 역할을 했으며, 근대 저널리즘은 신흥 시민계급에 의해 만들어지고 봉건적, 절대주의적 압제에 대항하는 무기가 되었다.

그러자 권력층에서는 뉴스 문화에 대한 규제와 검열이 필요하다는 공감대가 형성되었다. 종교개혁을 이끈 오랜 종교전쟁의 중요한 원인이 인쇄 뉴스의 확산에 있다고 생각했던 당시 유럽 국가들은 시민의 자유로운 토론을 통제하는 것이 평화와 권력의 안정성을 유지하는 데 필수적이라고 보았다(Barnhurst & Nerone, 2008/2016). 유럽과 미국에서는 언론을 통제하기 위한 수단으로 세금 부과와 언론 규제가 동원되었다. 정부는 특별세를 부과해 신문과 정기 간행물의 팽창을 막으려 했다. 1712년의 〈인쇄법〉은 신문업주가 인쇄 1부당 1페니를, 광고 1건당 1실링을 세금으로 내도록 했다. 18세기 유럽의 여러 국가에서는 정기 간행되는 신문에 대해 강도의 차이는 있었으나 통제와 검열이 있었다(Thompson, 2007/2012). 신문은 정부의 세금 부과에 대해 광고를 확대하고, 신문 가격을 대폭 낮추는 방법으로 대응했다.

그에 따라 부유한 부르주아만이 보던 신문이 일반인을 대상으로 확대되고 대중신문 시대가 열리면서 저널리즘은 더욱 발전했다. 신문은 자체 수익원을 확보하면서 그동안의 후견자였던 정치세력으로부터 독립해 정치권력을 비판할 수 있게 되었다.

이같이 지배계급의 언론 탄압 속에서도 신문, 잡지, 팸플릿을 중심으로 한 저널리즘은 시민계급의 여론과 힘을 결집하는 역할을 했다. 당시 시민계급의 중심 구호는 '언론출판의 자유 획득'이었다. 흔히 언론을 제4부라고 한다. 이는 18세기 영국의 정치가 에드먼드 버크(Edmund Burke)가 만든 말이다. 버크는 "영국 의회에는 3계급이 있지만, 그 위에 있는 기자석에는 3계급보다 더 중요한 4계급이 앉아 있다"라고 말했다. 3계급은 원래 성직자, 귀족, 평민이지만, 버크가 말한 3계급은 영국 의회의 고위 성직의원, 귀족의원, 하원의원을 뜻했다. 버크의 말은 언론이 신, 교회, 평민계급보다 더 중요하다는 것을 의미했다(McQuail, 2000/2003). 제4부는 지금도 언론이 입법부, 행정부, 사법부보다 더 중요하다는 의미로 쓰인다. 언론 자유는 정부의 역할이나 활동에 대해 자유롭게 보도하고 논평할 수 있는 데서 나온다는 것을 상징하는 단어다.

계몽주의 시대에 표출된 주요한 원리 중 하나는 말과 글로 표현할 수 있는 표현의 자유에 대한 신념이었다. 제러미 벤담(Jeremy Bentham), 제임스 밀(James Mill), 존 스튜어트 밀(John Stuart Mill)과 같은 당시 서구의 대표적인 자유민주주의 사상가는 언론의 자유를 주창했다. 그들은 독립기관을 통한 자유로운 의견 표현을 국가권력의 남용에 맞서는 절대적인 방패로 간주했다. 프랑스의 루이 16세 집권 당시 자코뱅

당의 혁명가들이 1789년 8월 국민의회에 제시한 "인간과 시민의 권리 선언" 11조는 자유언론의 신념을 다음과 같이 제시했다.

> 사상과 의견의 자유로운 전달은 인간의 가장 소중한 권리 가운데 하나이다. 따라서 모든 시민은 자유롭게 말하고 쓰고 발행할 수 있다. 단지 예외적으로 법이 정하는 경우 그 자유의 남용에 대한 책임을 지게 된다.

프랑스대혁명 후 1791년과 1793년에 만들어진 프랑스 헌법은 1789년의 인권선언을 바탕으로 명시적으로 표현의 자유를 옹호했다. 프랑스에서는 나폴레옹 집권 당시 엄중한 검열과 통제 제도가 있었고, 나폴레옹 몰락 이후 루이 18세와 샤를 10세 시대에도 언론 규제는 계속되었다. 그러나 언론의 자유를 확보하려는 시민과 언론의 투쟁으로 샤를 10세 정부는 1830년 7월 혁명으로 붕괴되었다. 자유로운 표현을 향한 갈망은 1830년의 혁명을 가져온 하나의 요인이었다(Altschull, 1990/2007: 182~185). 이 당시 표현의 자유에 대한 법과 제도적 보장은 유럽 여러 나라에서 채택되었고, 언론의 자유는 서구 국가들의 헌법적 특징이 되었다(Thompson, 2007/2012).

미국에서는 식민지들이 영국과 독립전쟁을 하는 과정에서 언론이 매우 중요한 역할을 했다. 식민지 미국에서 언론인의 최초 임무는 인쇄의 자유를 위해 검열과 제약에 대항해 싸우는 것이었다. 미국의 언론인은 처음부터 원하는 대로 보도할 자유를 얻기 위해 매우 열정적으로 싸웠다. 미국 독립의 지도자들은 정치권력자들의 언론 간섭을 절대적이고 무조건적으로 금지해야 한다고 생각했다(Altschull, 1990/2007: 196~

230). 1776년에 채택된 "버지니아 권리선언"은 "언론은 자유의 가장 위대한 보루 중 하나이며 전제적인 정부에 의하지 않고서는 결코 제한될 수 없다"고 선언했다. 토머스 제퍼슨(Thomas Jefferson)은 1787년 "신문 없는 정부보다는 차라리 정부 없는 신문을 택하겠다"고 말했다. 미국은 건국 이후 언론의 자유를 〈수정헌법〉 제 1조로 규정했다.

이같이 17~19세기 서구에서 일어난 영국 명예혁명, 미국 독립혁명, 프랑스대혁명 등 대부분의 주요 혁명은 새로운 뉴스의 생산과 확산을 유발하고 인쇄매체의 활발한 논쟁을 불러왔다. 유럽과 미국에서 정체 체계가 발달하면서 정치인과 정치 행위를 위한 규범이 신문에 등장했으며 신문은 여론을 반영하는 중요한 역할을 했다(Barnhurst & Nerone, 2008/2016).

2. 정치 체제와 저널리즘

1) 정치 체제에 따른 저널리즘 이론의 차이

저널리즘은 역사적으로 정치와 사회적 변혁의 기반이었기 때문에 정치와 밀접한 관계를 맺으면서 발전해 왔다. 민주주의 국가에서 언론은 제 4부로 불리면서 정부를 감시하고 시민의 권리와 민주주의를 지키는 파수꾼으로 인정받는다. 하지만 거시적 관점에서는 언론과 정치의 관계를 매우 다양한 관점에서 생각할 수 있다. 언론과 정치의 관계는 정치철학, 이념, 시대적 사상, 저널리즘 주체론 등에 따라 달라진다. 대표적으로 현대 사회에서 민주주의와 공산주의 등 다양한 정치 체계에 따라 언론과 정치의 관계가 다르다는 점을 생각하면 쉽게 알 수 있다.

이는 언론이 권력층이나 일반 시민, 또는 개인과 조직 가운데 누구에게 봉사하느냐는 질문과 관련이 깊다. 이는 언론에 대한 철학적 논쟁에서 핵심주제이기도 하다. 이 논쟁의 답은 인간을 선한 존재로 믿느냐, 사악한 존재로 믿느냐에 따라 달라진다. 사회나 국가와 같은 제도를 불신하고 사람들의 선한 의지를 믿는 사람은 언론의 임무를 공중에게 봉사하는 것으로 본다. 그러나 인간성이나 공중을 신뢰하지 않는 사람은 언론을 본질적으로 현인이나 도덕가가 일반 사람들로 하여금 현명하고 고상하게 행동하도록 영향을 주는 데 이용 가능한 도구라고 생각한다(Altschull, 1990/2007: 242). 이는 언론이 권력층의 지배 도구로 활용될 수 있음을 의미한다.

언론과 정치, 언론과 정부 관계에 대한 거시적 수준의 접근방식에서 대표적인 분석 모델은 시버트, 피터슨, 슈람 등 3명의 학자가 1956년에 저술한 저서 《언론의 4이론》에서 세계의 언론을 권위주의 이론, 자유주의 이론, 사회책임주의 이론, 소련 공산주의 이론 등 4개로 분류했던 방식이다(Siebert, Peterson, & Schramm, 1956/1991). 이 이론의 핵심은 "언론은 언론이 운영되는 사회 안의 정치적, 사회적 구조 특성을 반영한 양식을 취하며, 특히 사회통제 시스템을 반영한다"라는 것이다(최진호 · 한동섭, 2012). 이 이론은 서구 중심적으로 쓰였으며 현재는 소련이 역사 속으로 사라진 지 오래되어 시대와 맞지 않는다는 지적도 있지만, 정치 체제와 언론의 관계에 대한 고전적인 저술로 인정받고 있다.

데니스 맥퀘일(Denis McQuail)은 "언론의 4이론"에 '발전 이론'과 '민주적 참여 이론'을 추가한 "언론의 6이론"을 제시했다. 발전 이론은 개발도상국의 저널리즘은 적극적으로 국가 발전 정책을 수용하고 순응해야 하며, 민족문화와 언어를 우선적으로 취급해야 한다는 것이다. 그리고 경제와 사회 발전의 필요성에 의해 저널리즘의 자유는 제한될 수 있으며, 국가는 국가 발전을 위해서 저널리즘에 간섭할 수 있다고 보았다. 언론인은 뉴스와 정보 수집, 배포의 자유에 버금가는 책임을 져야 한다. 민주적 참여 이론은 수용자가 언론 활동에 참여할 수 있는 기회를 확대하고, 참여할 권리를 중시하는 이론이다(박영학, 2004). 허버트 알철(Herbert Altschull)은 "언론의 4이론"을 수정해 저널리즘 체계를 자본주의 언론(자본주의 사회), 사회주의 언론(사회주의 사회), 제3세계 언론(개발도상국)으로 분류했다(Altschull, 1984/1993).

《언론의 4이론》은 세계의 언론을 4개로 분류했지만, 관련 연구들을 보면 언론과 정부의 관계는 크게 자유주의 이론과 권위주의 이론으로 양분된다. 자유주의 이론의 발전적 형태로 사회책임주의 이론이 제시되었으며, 권위주의 이론의 한 유형으로서 소련 공산주의 이론이 제시되었다(Altschull, 1984/1993: 273). 존 메릴(John Merrill)은 세계 각국의 언론 체계를 권위주의(*authoritarian*) 체계와 자유주의 체계(*libertarian*)로 나눈 A-L 모델을 제시했다(박영상, 1994). 이 책에서도 언론과 정치 체제, 언론과 정부의 관계를 크게 자유주의 모델과 권위주의 모델로 분류해 설명한다.

정부의 통치철학과 구조는 저널리즘 체계를 결정하는 주요 요인이기 때문에 두 모델 가운데 어느 쪽을 중시하느냐에 따라 언론과 정부의 관계와 저널리즘의 역할은 크게 달라진다. 저널리즘의 자유에 대한 개념도 정치철학에 따라 달라진다. 공산주의 국가였던 소련에서는 민주주의 국가와 달리 자유를 국가의 일부로 봤기 때문에 언론은 사회 안전과 국가 발전을 위한 도구로 이용되어야 하며, 국가는 저널리즘을 발전시키고 통제하는 자유를 갖는 것으로 보았다(박영학, 2004).

20세기에 히틀러를 비롯한 범(汎) 게르만주의자에게 철학적인 자극을 준 헤겔은 자유는 개인이 할 수 있는 선택이 아니라 국가가 그를 위해 내린 선택에 있으며, 전체적인 진리 이외에는 진리가 없다고 주장했다. 이런 관점에서는 국가가 도덕적이며 진리를 구현하기 때문에 국가에 복종하기를 거부하는 것은 비이성적인 일이며 진리를 부정하는 것이 된다. 국가는 지상에 존재하는 신성한 이데아이며 개인의 자유는 국가에의 복종을 통해 이루어진다. 따라서 언론은 기꺼이 국가에 봉사해야 한다(Altschull, 1990/2007: 271~273). 결국 저널리즘의 목적이 일반 시민에 봉사하는 것을 중시하면 자유주의 모델이 되며, 집단에 봉사하는 것을 우선시하면 권위주의 모델이 된다.

2) 자유주의 모델

(1) 자유주의 이론

자유주의 이론은 왕조 시대의 권위주의 사상에 맞선 계몽주의, 합리주의, 인간 자연권에 근거해 발전했다. 자유주의 이론은 인간이 이성적인 동물이라는 데서 출발한다. 인간은 이성을 사용해 선과 악, 옳고 그른 것을 구별할 수 있기에 다른 사람의 사상이나 사고에 자유롭게 접할 수 있다면 가장 좋은 사상을 선택한다는 것이 핵심이다. 자유주의자의 시각에서 보면, 사회의 기능은 다양한 생각과 아이디어를 제공하고 사람들이 이성을 발휘할 수 있도록 하는 것이다(McCombs & Becker, 1979: 104). 이런 사회에서 미디어는 아이디어를 선택하는 데 뛰어나 사회의 의제설정을 주도한다. 미디어는 뉴스가치를 판단해 주목 대상을 선정하고 이 대상에 대한 생각방식을 제공해 강력한 의제설정자의 역할을 한다(McCombs & Shaw, 1993). 그래서 민주주의가 활성화되기 위해선 무엇보다 시민의 참여와 함께 참여의 장이 될 수 있는 미디어의 역할이 선행되어야 한다(박은희·이수영, 2002). 미디어가 자유롭게 의제를 제시하고 시민도 자발적으로 의제형성과정에 참여해 여론이라는 구체적 형태로 발현될 수 있어야 하는 것이다. 그래서 언론의 자유는 누구든지 권력자의 간섭을 받지 않고 자유롭게 신문을 출판할 수 있다는 사고방식에 기초한 자유주의 모델을 찬양한다.

> 모든 주의와 주장을 이 땅 위에 자유로이 활동하도록 내버려 두면 진리도 거기에 있을 터인데, 허가를 받게 하고 금령으로 금지함으로써 우리는 진리의 힘을 의심하는 부당한 일을 하고 있다. 진리와 거짓이 서로 다투게 하라. 어느 누가 자유롭고 개방된 대결에서 진리가 패배하리라고 본단 말인가?

이는 뛰어난 종교적 서사시로 평가받는 《실낙원》을 쓴 영국의 존 밀턴(John Milton)이 1644년 11월 24일 발간한 《아레오파지티카: 존 밀턴의 언론 출판 자유에 대한 선언》에서 쓴 글이다. '아레오파지티카'(*Areopagitica*)는 아테네의 최고재판소가 있었던 언덕, 아레오파구스(Areopagus)에서 따온 말로, 아테네 최고의 정치·사법부인 아레오파구스에서의 연설을 의미했다. 밀턴은 1643년에 이혼을 강력하게 지지하는 소책자를 썼는데, 정부가 이를 문제 삼은 데 대한 항의로 이 책을 써서 의회에 보냈다. 밀턴은 이 책에서 진리와 거짓이 싸우면 반드시 진리가 이긴다는 '자동조정 원리'(*self-righting principle*) 개념을 제시했다. 진리는 사상의 시장에서 옹호자나 권력자의 권위가 없어도 자동으로 이긴다는 개념이다. 밀턴은 "진리는 아주 강하며, 진리가 승리하도록 하기 위한 어떤 정책도, 술책도, 허가도 필요하지 않다"고 말했다(Altschull, 1990/2007: 72~85). 밀턴은 진리는 명확하게 증명 가능하며, '자유롭고도 공개적인 회의'에서 자기를 주장하는 것을 허용받은 경우에는 반드시 생존할 수 있는 힘을 가진다고 믿었다.

사상의 자유시장과 자동조정 원리의 핵심은 사람들이 자신의 사상을 자유롭게 이야기할 수 있고, 그 사상에 장점이 있다면 다른 사상과의 경쟁에서 이겨 살아남는다는 것이다. 많은 의견이 서로 충돌해 조정 작업을 거치면 자연스럽게 가장 나은 아이디어가 채택된다고 본다. 다만 진실이 거짓에 이기기 위해서는 사람들이 자유롭게 자신의 의견을 제시할 수 있어야 하며, 자유로운 주장과 토론이 보장되어야 한다. 사상의 자유시장에 사는 사람들은 매우 이성적이어서 최고의 아이디어를 선택할 능력을 갖추고 있다고 가정된다. 당시는 인간의 이성에 결점이 없다고 생각하던 자유주의 사상이 지배하던 시대였기에 이 개념이 가능했다(박소라, 2003). 공중은 전체를 요약하고 공중의 이익에 반하는 것을 버리며 개인과 그가 속한 사회의 필요를 종속시키는 것을 수용하는, 신뢰할 수 있는 존재이기 때문에 자동조정 원리가 가능한 것으로 인정된다(Siebert, Peterson, & Schramm, 1956/1991: 76).

1859년 《자유론》을 쓴 영국의 철학자 존 스튜어트 밀은 밀턴의 사상의 자유시장 이론을 더욱 발전시켰다. 존 스튜어트 밀은 "인간이 어떤 문제를 전체적으로 파악할 수 있는 유일한 접근 방법은 그것에 관한 모든 다양한 의견과 생각을 가진 사람들의 주장을 듣는 것"이라고 강조했다. 존 스튜어트 밀은 《자유론》에서 "한 사람을 제외한 모든 사람이 동일한 의견을 가지고 있다고 할지라도 그 한 사람의 의견을 침묵케 한다면 권력을 소유한 한 사람이 나머지 전체를 침묵시키는 것에 비해 더 정당하다고 할 수 없다"라는 말로 자유주의 이념을 표현했다. 그는 "하나의 의견을 침묵시키는 것은 진리를 침묵시키는 것이다. 어떤 잘못된 의견에도 참된 진리를 밝히기 위해 필요한 약간의 진리가 포함되어 있을지도 모른다"고 주장했다. 인간은 항상 이성적으로 판단한다는 전제 아래, 어떤 의견의 참과 거짓에 관한 물음은 모든 사람의 판단에 맡겨져야 한다는 입장이다.

존 스튜어트 밀은 나아가 진리는 반드시 승리한다고 강조했다. 그는 "단순하게 진리가 언제나 승리하는 고유한 힘을 갖고 있다고 생각하는 것은 한가로운 감상이다. 진리가 박해에 의해 억압된 역사는 너무 많았다. 그러나 진리가 가지고 있는 진짜 이점은 여기에 있다. 한 의견이 진실일 때 한 번, 두 번 또는 여러 번 소멸할 수는 있겠지만, 시대의 흐름에 따라 일반적으로 그것을 재발견하는 사람들이 나타나 진리가 재출현한다. 결국은 상황의 호전으로 진리가 박해를 벗어나 진리를 억압하고자 하는 모든 시도를 극복하고 전진을 이루는 때를 만나게 된다"고 했다. 그는 진리가 억압을 받고 일시적으로 패퇴할 수도 있지만, 억압은 한시적이며 종국에는 진리가 승리한다고 보았다(Altschull, 1990/2007: 322).

밀턴의 사상의 자유시장 이론은 자유주의 이론의 핵심이다. 밀턴의 자동조정 원리는 18세기 미국이 영국으로부터 독립할 때 활약했던 벤저민 프랭클린(Benjamin Franklin)과 같은 인물들에 의해 지지받았다. 그들은 인쇄로 자유롭게 표현하는 것이 개인적 자유의 핵심이라고 생각했다. 벤저민 프랭클린은 1731년 6월 10일 자 〈가제트〉(*Gazette*)에 발표한 "인쇄인을 위한 변명"이란 글에서 밀턴의 자동조정 원리를 옹호했다. 그는 "인쇄인은 사람들의 의견이 다를 때 공중이 양쪽 의견 모두를 들을 수 있는 동등한 기회를 주어야 한다. 이렇게 되면 진리와 잘못이 정정당당한 시합을 벌이고, 진리는 잘못에 대하여 언제나 승자이다"라고 주장했다(Altschull, 1990/2007: 198~206). 밀턴의 언론 자유주의 사상은 현대 미국 언론 사상의 핵심인 언론의 자유를 최대한 보장한 〈수정헌법〉 제1조의 기본정신이 되었으며, 이후에도 언론의 자유를 제약하는 법을 만들어서는 안 된다는 정신의 토대가 되었다(이진로, 2012).

① 공론장 이론

사상의 자유시장은 공론장(*public sphere*)을 형성해 역사적으로 저널리즘이 민주주의 발전에 기여하는 데 큰 역할을 했다. 공론장은 독일의 철학자이자 사회학자인 하버마스가 유럽에서 민주주의가 어떻게 태동하고 발전했는가를 설명하기 위해 그의 저서 《공론장의 구조변동》에서 처음으로 제시한 개념이다. 공론장은 정치적 생활에서 비교적 자유롭고, 공개적이며, 공적 토론의 포럼을 제공하는 장소이다. 민주사회에서는 누구나 공론장에 자유롭게 접근할 수 있으며, 공론장에서는 표현의 자유가 보장된다. 공론장은 비판적이고 합리적인 담론에 기초해 사회적 통합을 가능하게 한다. 국민주권 국가에서 공론장은 정치적 지배를 정당화한다.

하버마스는 서구 사회의 봉건적 질서가 붕괴하고 부르주아 시민사회가 형성되는 과정에서 공론장이 생성되고 발전되었다고 보았다. 부르주아들이 커피하우스나 살롱에서 사회와 정치에 대한 의견을 나누고 서신, 뉴스레터, 저널, 수기신문 등을 발행하면서 여론을 조성한 공론장은 정치적 비판의 중심지가 되었다(조맹기, 2009: 115~149). 하버마스는 부르주아 공론장의 기능은 '여론'이라는 관용어로 구체화된다고 했다(Habermas, 1990/2016). 공론장의 형성은 일반 시민을 위한 새로운 공적 영역을 만들고 여론을 형성해 기존의 왕권이나 신권과는 다른 새로운 정치권력을 창조했다. 시민 부르주아계급은 이 공론장과 여론을 기반으로 국가 영역에 참여했다(손영준, 2006). 서구에서 처음 민주주의가 발생했던 그리스 시대에 시민과 정치인이 모여서 중요한 일을 논의하던 광장(아크로폴리스)이 근세 유럽에 공론장으로 새롭게 태어난 것이다.

미디어의 제 4부 이론의 입장에서 언론의 중요한 역할은 국가의 권력 남용을 견제하고, 올바른 여론이 형성되도록 공정하고 객관적인 정보를 제공해 공론장을 구축하는 것이다(김성해, 2007). 공론장은 사회적 쟁점이 되는 문제에 대해 공개적인 토론과 합의를 이루어 내는 공공성을 토대로 한다. 그럼으로써 진실한 사회 여론이 형성되어 민주주의를 촉진하는 것이 공론장의 본질이다. 공론장의 구성 조건은 두 가지이다. 누구나 자유롭게 공론장에 접근할 수 있어야 하며, 공론장에서 자유로운 토론을 통해 사회적 합의가 이루어져야 한다(김승수, 2011).

② 알 권리

민주주의가 현실에서 실제로 기능하기 위해서는 주권을 가진 시민이 공적인 판단과 의사결정을 할 수 있도록 그들에게 객관적인 정보가 충분히 제공되어야 한다(이기라, 2012). 이를 실질적으로 보장하는 것이 국민의 알 권리(*right to know*)다. 국민의 알 권리는 자동조정 원리에 기초해 생겨난 개념이다. 사람들은 이성과 지혜를 갖고 있어 모든 사실을 알면 자연스럽게 진리가 이기기 때문에, 국민은 사실을 알 권리가 있다는 것이다.

알 권리는 고전적 자유주의가 현대적 자유주의로 변화하는 시대에 미국 언론인들이 알 권리 운동을 시작하면서 언론의 중요한 이념으로 자리 잡았다. 언론과 출판 자유의 개념이 고전적 자유주의 사상에서는 '모든 국민의 권력으로부터의 자유'(*freedom from*)였지만, 현대적 의미의 자유주의에서는 '정부 또는 국가에 적극적으로 협력을 요청하는 자유'(*freedom for*)로 확대되었다. 언론은 국민의 알 권리를 위한 의무를 다하기 위해 정부나 국가기관에 취재의 자유를 주장할 수 있으며, 어떤 권력도 이를 부정할 수 없고 부정해서도 안 된다는 개념이 확립된 것이다. 알 권리는 언론의 자유를 구성하는 필수 요소이며 기본적인 인권이다. 국민주권주의 원칙 아래 국민이 여러 지식과 정보뿐만 아니라 국정 전반에 대해 알고 참여해서 바른 판단을 할 수 있도록 하는 것도 알 권리에 포함된다.

알 권리는 중요한 정보로의 접근을 보장하는 '정보의 자유'와 유사한 개념이다. 정보의 자유로운 접근 없이는 비판적인 의사 형성이 불가능하기 때문에 정보의 자유는 '의사 형성의 전제조건'으로 인정되며, 표현의 자유에서 중요한 요소이다. 정보의 자유는 정보에의 접근, 수집, 처리, 전달을 모두 포함하며, 의사표현과 정보가 국가에 의해 통제되는 것을 막기 위해 사전검열을 금지한다(한수경, 2012). 이런 차원에서 알 권리는 적극적인 생존권적 권리로 인정되며, 광범위한 공공사항에 관해 적극적으로 정보 공개를 요청할 권리도 포함된다. 올바른 정치 의사를 형성하고 선거권을 행사해 국가권력을 감시하고 비판하는 권리이며, 궁극적으로 국민이 민주적인 정치과정에 참여하고 국민의 자기 통치를 실현하게 하는 권리다. 〈정보공개법〉도 국민의 알 권리에 근거해 탄생했다. 다만 국방상의 필요, 개인의 사생활 보호 등 다른 이익을 보호하기 위해서 불가피하게 국민의 알 권리를 제한하는 것은 알 권리를 원칙적으로 부인한 것은 아니다. 언론인이 언론계의 이기적인 목적이 아니라 국민의 알 권리를 위해 행동할 때만 언론의 자유를 강력하게 주장할 수 있다는 사회책임도 수반한다.

언론의 정보원 보호 문제도 국민의 알 권리에 근거를 둔다. 언론이 정부나 사회기관 등의 비리나 잘못된 점, 중요한 정보를 취재하고 전달하기 위해서는 정보원의 비밀스러운 제보가 필요할 때가 종종 있다. 이런 정보원을 공개적으로 노출할 경우 소속된 조직이나 사회적으로 큰 피해를 볼 수 있기 때문에 언론은 이들의 신분을 보호해야 한다. 미국에서 닉슨 대통령을 스스로 물러나게 했던 〈워싱턴포스트〉의 1974년 워터게이트 사건보도는 고위 공무원의 정보 확인이 있었기에 마지막까지 보도가 가능했다. 〈워싱턴포스트〉는 30년 동안 이 고위 공무원의 신분을 밝히지 않았으며, 마크 펠트(Mark Felt) 연방수사국(FBI) 부국장이 2005년 스스로 밝힌 이후에야 〈워싱턴포스트〉가 인정했다.

언론이 정보원 공개를 거부하는 것은 인간의 기본적인 이성과 자연법을 지키기 위해 비이성적인 실정법에 맞서는 행위로 인식되기도 한다. 인간은 비이성적이고 비합리적인 실정법을 만들 수 있지만, 자연법은 이성의 법이다. 자연법 아래에서 언론인은 자연적으로 선한 행동을 해야 하며, 어떤 대가를 치르더라도 자신의 약속을 지켜야 한다. 정보원을 공개하라는 법원의 명령을 무시한 언론인은 자연법을 따르는 것이며, 정부에 의해 만들어진 실정법을 거부하는 것이다(Altschull, 1990/2007). 언론도 정보원 보호를 매우 중요한 윤리로 생각한다. 세계적인 뉴스통신사인 프랑스의 〈AFP통신〉은 가이드라인 3조에서 "기자는 정보원의 기밀을 보호해야 하며, 고의로 그들이 위험에 처하도록 해서는 안 된다"고 규정하고 있다.

③ 감시견

감시견(*watch dog*) 개념은 사회를 지킨다는 의미에서 '파수꾼'이라고도 한다. 이 개념은 19세기 서구에서 신문이 정부나 공직자의 문제점을 보도하는 데 대해 정부나 공무원이 명예훼손을 당했다는 이유로 소송을 제기하는 빈도가 증가하자, 이에 대한 대응 논리로 생겨났다. 당시 영미법은 명예훼손에 대한 언론의 자유를 엄격하게 제한했다. 그러자 신문 발행인들은 명예훼손법상 언론의 제도적 역할로서 '공공 이익을 위한 서비스'라는 개념을 만들어 법이 언론의 자유를 위해 부여한 특권의 범위를 확대하는 근거를 만들려고 했다. 신문보도에 따른 폐해보다는 공공을 위한 뉴스보도가 더 중요하다는 논리로 감시견 이론이 등장한 것이다.

신문 발행인들은 언론을 공공 이익을 위해 공무원의 행동을 감시하고 비리를 공중에게 알려야 하는 의무가 있는 존재로 규정했다. 신문 옹호론자들은 명예훼손법도 이 같은 언론의 역할을 특별하게 보호해야 한다고 주장했다. 이런 특권은 언론의 자유를 확장하는 수단이었다. 그래서 신문 옹호론자들은 이런 논리를 만들기 위해 언론을 사회와 공중을 위해 정부와 중요한 사회인사를 감시하는 역할을 해야 할 의무가 있는 '공공 저널리즘'이라고 규정했다.

미국이 영국의 식민지였던 18세기, 영국 총독을 비난했다가 명예훼손죄로 구속되었던 존 피터 젱어(John Peter Zenger)에 대한 재판 사건은 미국 법정의 명예훼손에 대한 정의를 수정하고, 감시견 개념과 언론의 자유를 정립했다. 젱어는 영국에서 온 새로운 총독을 비난하는 기사를 몇 차례 보도했다가 명예훼손 혐의로 구속되었다. 1735년 8월에 열린 재판에서 젱어의 변호를 맡았던 변호사 앤드루 해밀턴(Andrew Hamilton)은 감시견과 언론의 자유 개념을 제시했다. 해밀턴은 미국의 인쇄인이 권력의 폭압적 행위에 관해 자유롭게 글을 쓰는 것은 식민지 사회를 위한 중요한 목표이며, 무엇보다도 "자유의 목적, 최선의 목적"이라고 주장했다. 그는 젱어를 석방하는 것은 억압 정치를 좌절시키는 한편 모든 인위적인 권력을 폭로하고 비난할 수 있는 권리를 모든 미국인에게 보장하는 '숭고한 기초'를 마련하는 것이라고 호소했다. 배심원들은 이 주장을 수용했으며 젱어는 선동적 명예훼손의 혐의로부터 면소되었다. 이는 신문에 쓴 의견에 진실성이 있다면 명예훼손의 혐의에 대해 적절한 항변이 될 수 있음을 처음으로 보여 준 판결이었다. '숭고한 기초'는 미국 언론 이데올로기의 초석 중 하나인 감시견 원리의 핵심이 되었으며, 언론을 압제와 권력 남용에 대한 제동장치로 생각하는 신념의 토대가 되었다(Altschull, 1990/2007: 212~214).

감시견 개념은 이후 나온 언론 자유의 감시가치 이론(*checking value theory*)과 일치한다. 이 이론은 자유로운 표현은 공권력의 남용을 감시하는 기능을 하기 때문에 가치가 있다는 이론이다. 언론의 감시견 역할은 정부가 유능하고 효율적이며 정직한지, 정부는 그들을 선출한 국민에 대한 책임을 제대로 수행하고 있는지 등을 감시하는 것이다. 감시견 이론에서 언론인은 공중과 정치인 사이의 매개자로 규정되며, 권력에 우선하는 시민 권력의 대표자로서 공중의 목소리를 반드시 권력이 듣도록 하는 존재가 된다(McNair, 2008/2016).

미국의 언론인은 감시견 역할을 직무의 핵심으로 생각한다. 20세기 초 미국 언론인이자 유명 작가였던 핀리 피터 던(Finley Peter Dunne)은 감시견 원칙에 대해 "고통받는 사람을 편안하게 하고 편안한 사람에게 고통을 준다"고 해석했다. 이 말은 미국 언론에서 아직도 격언으로 남아 있다. 다수의 사람을 폭정으로부터 보호하기 위해 소수의 권력자를 감시한다는 의미이다(Kovach & Rosenstiel, 2001/2003: 164~165).

④ 편집권 독립

언론 자유와 관련해 언론계에서는 편집권 독립이라는 말을 많이 한다. 편집권은 세계적으로 보편적으로 사용되는 용어가 아니라, 우리나라와 일본에서 주로 사용되는 용어이다. 편집권이란 용어는 일본신문협회가 1948년 3월 16일 내부준칙으로 "신문편집권 확보에 관한 성명"을 발표하면서 처음 등장했다. 일본신문협회는 이 성명에서 "편집권이란 신문의 편집방침을 결정·시행하고 보도의 진실, 평론의 공정 및 공표 방법의 적정을 유지하는 등 신문편집에 필요한 일체의 관리를 행하는 권능이다. 편집방침이란 기본적인 편집강령 이외에 수시로 발생하는 뉴스의 취급에 관한 개별적인 구체적인 방침을 포함한다"고 규정했다(우승용, 2002: 15).

일본신문협회는 편집권을 경영권의 하위개념으로서, 신문경영자의 전단적 권리로 규정했다. 경영자가 편집인의 활동을 통제하기 위한 논리로 제시한 것이다. 일본의 편집권 개념은 태평양전쟁 이후 일본을 지배했던 미국 점령군의 지도 아래 신문 소유주가 좌익 기자나 편집인을 해고할 수 있는 권리를 확보하고 경영진의 이익을 옹호하기 위해서 도입한 것이기 때문에 사용하지 말아야 한다는 의견도 있다. 그러나 한국에서 편집권 개념은 일본과 달리 정치권력을 포함한 외부세력에 대한 언론조직의 자율성과 언론조직 내부의 경영 부문에서 이루어지는 부당한 간섭에 대한 편집 종사자의 자율성을 의미하는 것으로 사용되어 왔다. 많은 학자는 편집권 독립의 이론적 근거를 독일에서 전개된 '내적 언론 자유' 개념에서 찾고 있다(박홍원, 2011).

고전적인 자유주의 이론에서 표현과 언론의 자유는 국가에 대한 국민의 주관적인 공적 권리로서 개인이 국가의 간섭을 받지 않고 미디어를 설립해 의견을 공표할 자유를 말한다. 이는 '외적 언론 자유'로 지칭된다. 그러나 현대에는 국가 이외의 제 3자에 의한 언론 자유의 침해가 심각한 문제로 제기되었다. 선동적인 독자나 광고주의 압력, 이데올로기 극단주의 세력이나 기타 사회세력은 자신의 주의와 주장에 반하는 보도에 대해 적대적 반응을 보이거나 언론기업을 장악하려고 한다. 언론 환경이 급변하면서 제 3자뿐만 아니라 언론계 내부에서도 언론의 자유에 대한 위협 요인이 등장했다. 언론기업이 독점화되고 상업화되면서 경영층이나 발행인에 의해 언론 자유가 침해되는 상황도 많아졌다. 이를 지키는 것이 '내적 언론 자유'라는 개념이다(박용상, 2001).

⑤ 미디어의 다양성

사상의 자유시장 이론은 미디어 다양성 논리의 이론적 토대를 제공한다. 다양성은 '미디어 내용이 한 가지 또는 그 이상의 차원에서 얼마나 다른 내용을 보여 주는가'에 관한 것이다(Wurff & Cuilenburg, 2001). 저널리즘에서 다양성은 매우 중요하다. 다양성은 한 사회의 발전적인 변화와 정상적 과정을 실증하는 역할을 한다. 커뮤니케이션 자유의 원칙은 자유민주 사회의 적합한 조건으로서 채널 등의 선택이 풍부하다는 것을 전제로 한다(Maquail, 1992: 141). 그 근거는 이념의 자유시장 이론에 기초한다. 미디어상품은 일반상품과 달리 소비자가 선택할 수 있는 다양한 선택의 기회를 제공해야 소수의 아이디어가 아이디어 시장을 지배하지 않고, 많은 의견이 서로 충돌해 조정 작업을 거치면서 가장 나은 아이디어가 채택된다는 데서 출발한다.

다양성을 구성하는 기본요소는 다양한 현실 반영, 사회 구성원의 다양한 목소리 반영, 다양한 이해와 관점에 대한 포럼 기능 수행, 다양성의 장기적 반영 등 네 가지다(Mcquail, 2000/2003: 202), 미디어 다양성은 공급원(*source*), 내용(*content*), 노출(*exposure*) 등 세 분야에서 생각할 수 있다. 미디어의 종류가 많고, 프로그램 내용이 다양해야 하며, 수용자가 이 프로그램에 접근할 수 있는 방법이 많아야 실질적으로 다양성이 실현된다(Napoli, 2001).

(2) 사회책임주의 이론

① 탄생 배경

사회책임주의 이론은 미국에서 미디어 환경이 크게 변하고, 자유주의 이론에 대한 비판적 시각과 회의론이 등장하면서 자유주의 이론의 문제점을 보완하기 위해 제시되었다. 20세기 들어 기술과 산업의 발전으로 미디어의 규모, 속도, 효율성이 좋아지고 영화, 라디오, 텔레비전과 같은 새로운 미디어가 발전했다. 그런데 자본주의 발전에 따른 기업 간 경쟁과 대기업 집중 현상이 언론 산업에서도 나타났다. 언론사들이 생존을 위해 치열한 경쟁을 벌인 결과, 민주주의 발전을 위해 사회적으로 중요한 공공 문제를 보도하기보다는 흥미 위주의 선정성 보도에 집착하게 되었다. 언론사 간 경쟁으로 문을 닫는 언론사가 증가하고 소수의 소유자가 미디어를 지배하는 독점 또는 독과점 현상이 두드러지게 나타났다. 이들 미디어기업이 사회와 공중에 대한 봉사보다는 이윤 추구만을 하는 현상이 심해지면서 사회적으로 언론에 대한 불신이 확대되었다. 그 결과 언론의 자유를 보장하면 사회가 무한히 발전할 것이라는 낙관적인 견해가 점차 쇠퇴하고, 사회적으로 언론이 공익을 위해 봉사한다는 자유주의 언론 이론의 기본가정에 대해서도 의문이 생기기 시작했다(Altschull, 1984/1993: 273~275).

미디어 산업에서 독점 현상이 생기고 언론의 힘이 너무 커지면서 언론이 권력기관으로 변질되는 현상까지 발생했다. 미국의 신문사 소유주였던 퓰리처(Joseph Pulitzer)는 "《월드》지는 대통령보다 더 강력해야 한다. 대통령은 당파성과 정치라는 족쇄에 구속되어 있고, 단지 4년의 임기를 가지고 있을 뿐이다"라고 말하기도 했다. 미국의 경제학자 존 케네스 갤브레이스(John Kenneth Galbraith)는 매스미디어가 조작력과 설득력을 통해 '조건화된(*conditioned*) 권력'을 행사한다고 보았다. 미디어의 영향을 받는 개인은 자신이 미디어에 의해 통제되고 있다는 것을 모르기 때문에 미디어의 권력화는 더욱 우려되었다.

당시 미디어의 문제점은 '미디어 권력이 매우 커지면서 언론이 거대한 힘을 사회보다는 자신의 목적을 위해서 행사하고 있다', '언론이 대기업에 의존하면서 때로는 광고주가 편집 방향이나 논설 내용을 지배한다', '언론이 사회의 변화를 거부한다', '언론이 사회적으로 중요한 것보다는 오락이나 선정적인 것에 더 주의를 기울인다', '언론이 공중도덕을 위태롭게 한다', '언론이 기업가라는 사회경제적인 계급에 의해 지배되고 있다', '새로운 사업 참여자의 접근이 어려워져 사상의 자유시장이 위태롭게 되었다' 등 다양하게 지적되었다(Altschull, 1990/2007: 542).

이런 문제점들을 개선하기 위해 1942년 미국에서 설립된 언론자유위원회는 1947년의 보고서에서 사회책임주의 이론을 발표했다. 이 위원회는 당시 시카고대학의 로버트 허친슨(Robert Hutchins) 총장이 위원장을 맡았기 때문에 '허친슨 위원회'로 불렸다. 허친슨 위원회의 보고서는 그전까지 서구 저널리즘 정신의 주류였던 자유주의 이론을 대폭으로 수정하고, 언론의 자유 못지않게 언론의 사회적 책임을 강조했다. 언론이 법적으로 자유를 보장받는 만큼 그에 걸맞은 사회적 책임을 수행해야 한다는 것이었다. 정부가 언론에 관여할 수 있는 이론적 근거도 제시했다. 허친슨 위원회의 보고서는 미국뿐만 아니라 서구의 저널리즘 철학과 이념에 중대한 변화를 가져왔다. 허친슨 위원회는 현대 사회가 언론에 요청하는 다섯 가지 사항을 제시했다(Siebert, Peterson, & Schramm, 1956/1991: 120~127).

첫째, 언론은 그날의 사건에 관한 진실하고 종합적이며 이지적인 기사를, 사건의 의미를 이해할 수 있는 문맥으로 보도해야 한다. 이는 언론이 정확하게 보도해야 하며, 허위를 말해서는 안 된다는 것을 강조하고 있다. 허친슨 위원회는 언론의 객관주의 보도방식에 대해서도 비판했다. 허친슨 위원회는 "언론이 사실을 올바르게 보도하는 것만으로는 불충분하다. 이제는 사실에 대한 진실을 보도하는 것이 필요하다"라고 강조했다. 객관주의 보도 시대의 언론은 사건에 대해서 한 측면이 아니라 여러 측면으로 보도하면 자동조정 원리에 의해 이성적인 독자가 진실을 발견할 것이라고 생각했다. 그러나 허친슨 위원회는 언론이 독자를 위해 서로 대립하는 여러 뉴스의 원천 가운데 신뢰할 수 있는 것을 확인하는 데 힘쓰지 않았을뿐더러 주어진 상황을 완전히 이해하는 데 기본적으로 필요한 전체적인 청사진을 제공하지 못했다고 지적했다. 허친슨 위원회는 절반쯤 진실한 것 두 개를 합치면 하나의 진실이 된다는 가정 대신 '진실 그 자체'를 추구해야 한다고 강조했다.

둘째, 언론은 '설명과 비판의 교류의 장'으로 봉사해야 한다. 매스미디어가 스스로 공공 논의를 공적으로 전달하는 기관이라고 생각해야 한다는 것을 의미한다. 이는 거대한 언론은 자신과 반대되는 의견도 전달해야 함을 의미한다. 허친슨 위원회는 언론이 정파성에 매몰되어 보도하는 것을 비판했다.

셋째, 언론은 사회를 구성하는 각 집단의 대표상을 반영해야 한다. 허친슨 위원회는 언론이 사회의 소수민족과 같이 여러 집단의 의견도 제시해야 한다는 것을 강조했다.

넷째, 언론은 사회의 목표나 가치를 제시하고 분명히 밝히는 책임을 져야 한다.

다섯째, 언론은 그날의 정보에 접근할 수 있는 충분한 기회를 제공해야 한다.

언론의 중요한 역할인 의제설정 기능은 사회책임주의 이론을 철학적 배경으로 하여 발전한 개념이다. 자유주의 이론에서는 언론을 '사실의 목격자 또는 방관자', '의제 기록자'로 간주한 반면, 사회책임주의 이론에서는 언론을 사회의 현실 구성에 적극적으로 참여하는 의제설정자로 본다. 그래서 언론은 독립적인 행위자로서, 정부에 대한 감시자, 적대자 또는 공중에 대한 의제설정자의 역할을 담당하게 된다(Altschull, 1984/1993: 286).

전통적인 자유주의 이론은 언론에 여섯 가지 임무를 부여했다. 첫째, 공공 문제에 관한 정보나 토론, 논쟁 기회를 제공함으로써 정치 제도에 봉사하는 일, 둘째, 자신의 일을 자치적으로 결정하도록 공중을 계몽하는 일, 셋째, 정부에 대한 감시견으로 활동함으로써 개인의 권리를 보호하는 일, 넷째, 광고를 통해 상품과 서비스 매매자를 연결함으로써 경제 제도에 봉사하는 일, 다섯째, 오락을 제공하는 일, 여섯째, 언론이 특수 이익의 압력을 받지 않도록 스스로 경제적 자족을 유지하는 일 등이다. 사회책임주의 이론도 이 여섯 가지 기능을 인정했지만, 해석이나 수행 방법에 대해서는 미디어 소유주나 경영자와 달리했다. 사회책임주의 이론은 경제 제도에 봉사한다는 언론의 역할은 인정하지만 이 임무를 민주주의적 과정의 촉진이나 공중의 계몽과 같은 다른 기능보다 우위에 두지 않았다. 오락 제공 기능에 대해서도 '선량한' 오락이라는 조건 아래서만 인정했다. 언론의 재정 자립과 관련해서도 필요한 경우에는 특정의 개별적 미디어로 하여금 시장에서 생존해 가는 것을 면제할 수 있다고 보았다(Siebert, Peterson, & Schramm, 1956/1991: 102~103).

② 자유주의 이론과 사회책임주의 이론의 차이

사회책임주의 이론은 인간의 이성에 대한 믿음, 자유에 대한 개념, 언론과 정부의 관계 등 저널리즘 이론의 기본개념에서 자유주의 이론과 큰 차이점을 갖는다.

자유주의 이론은 인간의 이성이 완벽하다고 믿었다. 그래서 정부는 자유의 주요한 적이고, 언론이 개인의 자유를 정부의 침해로부터 지키는 수호자로서 활동하기 위해 자유로워야 한다고 믿었다. 언론이 자유로우면 인간은 무엇이라도 말할 수 있게 되어 진리를 찾을 수 있다고 보았다. 혹 언론이 거짓말을 하거나 남을 비방하거나 사물을 왜곡할 수도 있다. 그러나 애덤 스미스(Adam Smith)가 말한 '보이지 않는 손'(*invisible hand*)이나 존 밀턴이 말한 '자동조정 원리'가 모든 것을 올바르게 처리해 주며, 인간은 완벽한 이성을 갖고 있기 때문에 시장에 충만한 여러 사상 속에서 진실과 허위, 선과 악을 가려내고 진리를 찾아낼 것이라고 자유주의 이론가들은 굳게 믿었다.

그러나 자유주의 이론을 뒷받침하는 계몽주의 사상의 기본적인 가정에 대해 의심이 생기면서 사회책임주의 이론에서는 인간의 이성과 합리성의 절대성을 믿지 않았다. 사회책임주의 이론은 인간은 이성을 사용하는 것을 귀찮아하므로 때로는 정치 선동가에게 이용당하거나 언론을 이용하려는 사람들의 먹이가 될 수도 있다고 보았다. 자유주의 이론에서 신문 발행인은 이성적이어서 스스로 공적 책임을 갖고 신문을 발행할 것으로 생각되었지만, 사회책임주의 이론에서는 언론이 권력을 추구하는 기관이 될 수 있다고 생각되었다.

자유에 대한 개념에 대해서도 자유주의 이론과 사회책임주의 이론은 차이가 있다. 자유주의 이론은 소극적인 자유 개념에서 생겨났다. 그것은 '무엇으로부터의 자유'(*freedom from*)이다. 반면 사회책임주의 이론은 자유주의 이론과는 달리 어떤 바람직한 목표를 달성하는 데 필요한 것을 요구하는, '무엇을 위한 자유'(*freedom for*)라는 적극적인 자유의 개념에 기초한다. 사회책임주의 이론에서 보면 참된 자유는 외부로부터의 제약이나 통제를 받는 일이 없는 동시에 행동하는 데 필요한 모든 수단이나 설비를 갖고 행동하는 권리를 갖는 것이다. 따라서 언론의 자유는 두 가지 자유를 모두 갖고 있어야 한다. 언론은 정부의 규제를 받지 않을 뿐만 아니라 국민을 위한 정보 제공이라는 목적을 달성하기 위해 정부로부터 정보를 얻을 수 있는 자유를 갖고 있어야 한다(Siebert, Peterson, & Schramm, 1956/1991: 106~142).

사회책임주의 이론은 언론의 자유에 대해서도 자유주의 이론과 해석을 달리한다. 자유주의 이론은 언론의 자유를 절대적이고 총체적인 자유개념으로 파악하지만, 사회책임주의 이론은 무절제한 자유의 부작용과 위험성을 강조한다. 자유주의 이론은 언론이 민주주의의 실현을 위해 감시견 역할과 풍부한 정보 제공 역할을 충실하게 하기 위해서는 외부로부터 절대적인 자유를 가져야 한다고 보았다. 그러나 사회책임주의 이론은 자유주의 이론에 결점이 있으며, 언론의 자유가 방종에 이르지 않도록 하기 위해 일정한 기준에 의해 언론 활동을 규제할 수 있다고 했다(Altschull, 1984/1993: 273).

미디어 소유에 대해서도 무제한의 사유 재산으로 생각한 자유주의 이론과 달리, 사회책임주의 이론은 공적인 위탁 형태로 보았다. 그래서 언론의 자유는 매우 중요하지만, 공적 이익은 언론의 자유보다 우위에 있다고 강조했다(McQuail, 2000/2003: 178~180). 그래서 자유주의 이론과 사회책임주의 이론은 정부의 언론 정책에 대해서도 큰 차이가 있다. 자유주의 이론은 정부가 언론에 개입하는 데 반대한다. 미디어는 시장원리에 따라 움직이므로 정부 규제가 줄면 더 많은 뉴스가 공급되어 수용자가 더 많은 혜택을 볼 것이라 주장한다. 수용자가 많이 찾는 매체는 살아남고, 그렇지 못하는 매체는 사라져 자연스럽게 최적의 뉴스 공급이 이뤄질 것이라고 보았다. 그러나 사회책임주의 이론은 언론의 자동조정 기능이 사회가 요청하는 서비스를 충분히 제공하지 못하면 사회가 그런 서비스를 미디어로부터 얻을 수 있도록 정부가 지원해야 한다고 생각한다. 허친슨 위원회는 보고서에서 언론이 권력을 지닌 소수 이외의 집단에게는 목소리를 낼 기회를 제한했다고 비판했다. 그래서 미디어는 사람들이 말해야 할 중요한 사안에 대해 말할 수 있는 기회를 제공하도록 책임을 다해야 하며, 언론이 그 역할을 하지 못하면 제 3자가 나서 언로(言路)를 열어야 한다는 의견을 제시해 정부가 미디어를 규제할 수 있다는 이론을 제공했다.

사회책임주의 이론 지지자들은 미디어 산업은 초기 자본 투입이 많아 규모의 경제가 적용되기 때문에 정부 규제가 없다면 미디어 산업이 갈수록 독점화되어 수용자에게 피해를 줄 것이라고 주장한다. 독점 미디어 업체는 가격을 멋대로 올리고, 건전한 정보보다는 수익성이 높은 오락성 정보를 제공하는 데 더 치중해 결국에는 건전한 사회문화를 해치기 때문에 정부의 규제가 필요하다고 주장한다.

3) 권위주의 모델

(1) 권위주의 이론

서양에서 절대권력을 가진 군주가 지배하던 권위주의적 통치 시대의 이론이다. 언론의 존재 근거는 권력과 국가를 옹호하고 정책을 지지하는 데 있다는 것이다. 언론은 정부 정책을 추진하는 하나의 도구에 불과하다(Siebert, Peterson, & Schramm, 1956/1991). 사우디아라비아나 이란 등 이슬람 근본주의적 국가의 미디어 검열 정책도 이런 언론관에 기초한다. 이들 국가는 이슬람의 신념과 진실이 다원주의 및 객관성이라는 세속적이고 자유주의적인 관념에는 투영되지 않는다고 본다. 이들은 미국의 CNN과 영국의 BBC 등 서구 언론은 글로벌한 정치적 사건에 대해 서구 이데올로기의 영향을 받은 보도를 확산하려 한다고 주장한다. 그래서 서구 이데올로기로 오염된 보도는 이슬람 국가로부터 승인받은 저널리즘에 자리를 내주어야 하며 이를 위해 국가가 뉴스를 검열하는 것은 합리적이라고 주장한다(McNair, 2008/2016).

때로는 권위주의 정부 체제 아래서도 정부가 허용하는 수준 안에서 언론의 정부 비판이 이루어진다. 로렌첸(Lorentzen, 2014)은 이를 정부의 '정교화된 미디어 통제 정책'으로 설명한다. 권위주의 정권에서 미디어 통제는 체제의 존립에 큰 영향을 주기 때문에 권위주의 정권은 미디어의 독립을 두려워하고 미디어를 제약하려 한다. 그러나 국민의 불만이 너무 커지면 체제가 전복될 위기가 올 수 있기 때문에, 영리한 권위주의 정부는 미디어가 사회적 위기를 크게 유발하지 않는 범위 안에서 낮은 수준의 정부 비리와 문제에 대해 공격적으로 보도하는 것을 허용한다.

이같이 '정교화된 미디어 통제 정책'은 정권의 권력 유지에 도움이 될 경우에 한해 감시견 저널리즘을 허용한다. 그러나 권위주의 정부는 불만이 있는 시민이 체제 전복 활동을 할 만하다고 생각할 만큼의 충분한 정보는 제공하지 못하도록 언론의 보도 수위를 지속적으로 조절하고 통제한다.

(2) 공산주의 이론

공산주의 이론을 만든 카를 마르크스(Karl Marx)는 이데올로기와 언론에 대해 다음과 같이 주장했다(Altschull, 1990/2007: 330~335).

> 이데올로기는 세계에서 자연적으로 발생하는 것이 아니라 만들어지는 것이다. 자본가는 권력을 유지하기 위해 부르주아 이데올로기를 만들었다. 물질적 생산수단을 소유하는 계급은 동시에 정신적 생산수단도 통제한다. 이렇게 생산된 부르주아 이데올로기는 매우 강력해서 자본주의 체제 아래에 사는 모든 사람의 의식 속으로 조용히 잠입한다. 모든 사회 구성원, 심지어 자본주의 체제 아래서 착취를 당하는 노동자까지 자신의 일상생활에서 일부분이 된 이 이데올로기를 믿게 된다. 그렇기 때문에 그들의 의식을 일깨워서 자신이 계급투쟁의 희생물이라는 객관적 진리를 배우도록 해야 한다. 이런 사회에서 언론은 단순히 부르주아의 도구로서 기능하며 체제 유지에 핵심적인 역할을 수행함으로써 특별한 관심과 지위를 획득한다. 언론은 학교나 교회, 또는 정부기관과 마찬가지로 사회통제의 대리인이다.

마르크스주의자는 언론의 자유와 자유에 대한 부르주아적 관념은 허위의식의 한 형태이며, 이데올로기적 기만이라고 생각한다. 그들에게 저널리즘은 부르주아계급의 성장이라는 특성과 함께 자본주의적 헤게모니(*hegemony*)를 재생산하는 이데올로기 장치의 일부이다. 그들은 자유주의 언론이 강조해 온 객관주의 언론관은 미디어가 지배 이데올로기, 즉 부르주아 헤게모니를 실현하기 위해 만들어 낸 가면이라고 주장한다. 마르크스와 엥겔스(Friedrich Engels)는 1840년에 이 이론을 개발했으며, 이 내용은 《독일 이데올로기》라는 저서로 출간되었다. 공산주의자는 이 이론에 근거해서 언론인은 부르주아적 객관주의를 포기하는 대신 프롤레타리아 독재를 위한 선전가로 활동해야 한다고 주장했다. 공산주의 국가에서는 저널리즘은 국가의 이데올로기적 장치라는 제도의 일부분이다(McNair, 2008/2016).

마르크스는 언론이 현실 세계에 대한 교육의 도구이자 변혁과 혁명의 선동가로 활동하면 노동계급의 중요한 무기가 될 수 있다고 믿었다. 이것이 공산주의 언론관의 기본이론이다. 공산주의 이론은 구소련을 비롯한 공산주의 국가에서 발달했다. 공산주의 이론에서 언론이 존재하는 주요 목적은 소비에트 체제의 발전과 연속에 있으며, 정부는 이를 위해 언론을 감시하고 통제한다. 결국 언론은 국가가 소유하며 국가 발전을 위한 하나의 무기로 존재한다.

공산주의 국가인 중국에서의 언론관은 자유민주주의 국가의 언론관과 크게 다르다. 중국의 미디어는 다양한 방법으로 중국 공산당의 통제와 영향력 아래에 있다. 모든 미디어 콘텐츠의 생산과 유통은 기자의 인사권을 쥐고 있는 중국 공산당의 승낙을 받아야 한다(Lorentzen, 2014). 중국에서는 1990년대부터 정치, 사회경제적 변화로 인해 탐사보도가 새로운 저널리즘 분야로 부상했다. 이런 분위기는 중국 국내와 외국 언론이 사스(SARS) 등 주요 이슈에 관해 보도를 쏟아낸 2003년에 절정에 올랐지만, 이후 정치적 통제가 강화되면서 언론의 자유는 매우 위축되었다(Ettema & Glasser, 2007; Tong, 2007). 중국의 시진핑(習近平) 주석은 2012년부터 미디어에 대한 통제를 강화했고, 2016

년 2월에는 중국의 3대 미디어인 〈인민일보〉, 〈신화사〉, 중앙TV를 방문해 미디어에 대한 공산당의 우위를 강조했다(Svensson, 2017).

서구와 중국의 기자가 생각하는 저널리즘과 기자의 역할은 다르다. 서구의 기자는 권력자와 기자 간의 대립관계가 기본이라고 생각하지만, 중국 기자는 기자의 역할에 대해 서구적 개념보다는 중국 문화에 맞는 역할을 중시해 왔다. 중국 기자는 중국에서 1990년대 초반 개혁 프로젝트가 시작된 이후 새로운 문화적 가치의 재생산을 제도화하는 역할을 중시했다(de Burgh, 2003). 언론과 정부의 적대관계를 상정하는 탐사보도에서도 중국의 탐사보도는 국가 저널리즘(*state journalism*) 속에서 이루어진다. 중국의 탐사보도는 국민과 지도층을 대상으로 하지만, 항상 중국 경제개혁의 성공적 측면과 정부의 긍정적 측면을 부정적 측면보다 더 비중 있게 보도해야 했다. 국가 공무원인 중국 언론인은 언제나 선전원과 정보 취합자의 역할을 해야 한다(Grant, 1988).

중국에서 정부의 통제에 반대하는 탐사 저널리스트는 정부의 감시와 통제를 피하기 위해 '게릴라식 보도 전술'을 사용하기도 한다. 중국의 탐사기자를 조사한 결과, 최소 5개 이상의 게릴라식 보도 방법이 있었다. 첫째는 주제의 전략적 선택이다. 중국에서는 정치적으로 민감하지 않을수록 보도될 가능성이 높기 때문에 정부의 보도제한선을 통과할 수 있는 안전한 주제를 선택한다. 둘째는 건설적인 비판으로 위장해 정치적 의견을 제시한다. 셋째는 핵심내용을 행간에 담는 방식이다. 넷째는 정부 공무원이 허용하는 정보원을 인용하는 방식이다. 마지막은 익명으로 정보원을 인터뷰해 활용하는 방식이다(Tong, 2007).

3장 / 저널리즘의 효과

1. 미디어 효과 이론의 역사

미디어 효과는 미디어가 수용자에게 미치는 영향을 말한다. 미디어 효과에 관한 연구는 20세기 초 미국에서 1차 세계대전 동안 군대의 선전 효과, 그리고 전쟁 후 기업의 광고와 홍보에 대한 우려에서 시작되었다. 사람들과 학자들은 매스미디어가 수용자에게 강력한 효과를 발휘할 것이라고 믿었다. 그래서 전쟁 중에는 적에 대한 증오심 유발, 적군의 사기 저하, 연합군 간의 우호관계 유지, 연합군의 전투력 향상 등의 목적으로 선전 기법에 관한 다양한 연구가 이루어졌다. 또한 산업혁명의 여파로 대중 사회가 등장하고, 미디어 효과에 대한 관심이 매우 높아지면서 효과 연구가 활발하게 진행되었다.

해럴드 라스웰(Harold Lasswell)은 1차 세계대전 중에 여러 선전기법을 연구해 《세계대전에서의 선전기법》(1928)을 쓰는 등 선전 메시지와 선전 효과에 대해 많은 연구를 했다. 라스웰은 1939년에는 커뮤

〈그림 3-1〉 미디어 효과 이론의 발전과정

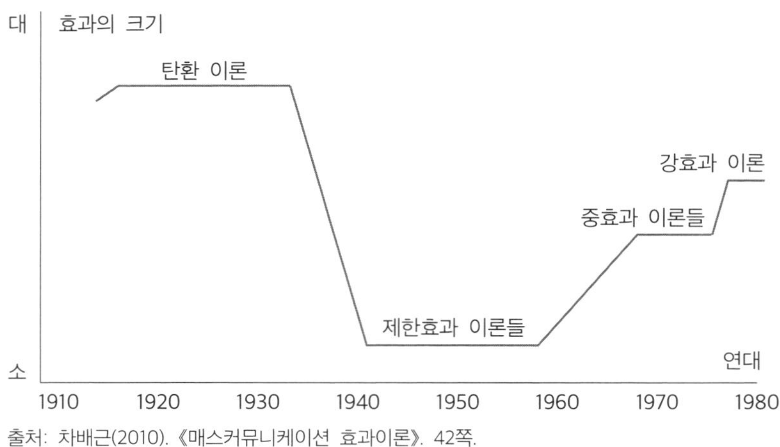

출처: 차배근(2010). 《매스커뮤니케이션 효과이론》. 42쪽.

니케이션 모델을 만들어서, 효과 이론의 토대를 마련했다. 라스웰의 커뮤니케이션 모델은 다음과 같다.

> 누가 어떤 경로를 통해 누구에게 무엇을 어떤 효과로 말하는가?
> (Who says what to whom in which channel with what effects?)

'누가'는 정보원, '경로'는 유통, '누구에게'는 수용자, '무엇'은 콘텐츠에 관한 것이다.

그러나 미디어가 수용자에 미치는 효과에 대한 사회의 믿음이 항상 같지는 않았으며 시대에 따라 달라졌다. 산업혁명 이후 1930년대까지는 미디어가 수용자에게 매우 강력한 영향을 준다고 생각되었으나, 1940년대 들어 이런 믿음이 깨지고 미디어의 영향력이 제한적인 것으로 받아들여졌다. 그러다 1950년대 후반부터 텔레비전이 널리 보급되면서 미디어의 영향력이 다시 커지는 등 미디어 환경이 변화하고, 미디어 효과 연구가 더욱 발전하면서 다시 미디어의 효과가 크다는 이론이 확산되었다(〈그림 3-1〉 참조).

1) 1940년대 이전: 강효과 이론

1930년대에는 독일의 히틀러가 매스미디어를 선전 메시지 전달 도구로 활용하는 것에 대한 두려움이 커졌다. 1930년대 라디오는 속보성과 즉시성에서 매우 장점이 많았으며, 선전의 도구로 간주될 만큼 파괴적인 매체였다. 미국에서는 CBS라디오가 1938년 10월 30일 소설 《우주전쟁》을 토대로 〈화성인의 침략〉(*The Invasion from Mars*)이라는 드라마를 만들었다. 이 드라마는 화성인들이 지구를 공격해 독가스로 수백만 명을 죽였다는 내용이었다. CBS는 방송 도중 네 차례에 걸쳐 내용이 사실이 아니라고 알렸지만, 이 방송 청취자 가운데 100만 명이 두려움을 느꼈으며 일부는 도망가기 위해 집을 나서기도 했다.

이 당시 미디어는 수용자의 생각, 신념, 행동에 결정적인 영향을 준다고 여겨졌다. 그래서 이를 미디어의 강효과라고 했다. 피하주사 모델(*hypodermic-needle model*), 탄환 이론(*bullet theory*), 무제한 효과(*unlimited effects*)로도 불렀다. 피하주사 모델은 환자에게 주사를 놓을 때 주삿바늘로 피부 아래의 조직에 직접 약물을 투입하면 효과가 매우 높은 현상에 비유한 것이다. 탄환 이론은 총알과 같은 효과가 있다는 의미이다.

강효과 이론이 등장한 데는 대중 사회가 등장한 사회변화와 밀접한 관계가 있다. 서구에서는 19세기 후반부터 산업혁명의 영향으로 농촌 지역의 많은 사람이 급속도로 도시로 이동하는 현상이 벌어졌다. 콩트(Auguste Comte), 스펜서(Herbert Spencer) 등 사회학자들은 19세기 말부터 형성된 도시 사회의 모습에 대해 '대중 사회'(*mass society*)라는 개념을 만들었다. 사회학자인 허버트 블러머(Herbert Blumer)는 '대중'이라는 개념을 처음으로 정의했다. 대중은 집단, 군중, 공중보다 더 크며, 이질적인 많은 사람으로 구성되고, 모든 사회계층과 다양한 인구학적 집단을 포함한다(McQuail, 2000/2003: 62~63).[1]

도시에 새로 출현한 대중이 만든 대중 사회는 서로 분리되고 고립된 상태에서 통일된 가치관이나 목적이 없는 개인으로 구성된 사회를 뜻했다. 대중 사회는 개인들이 심리적으로 고립되어 있고, 직업·가치관·관심 등이 서로 다른 이질적인 개인으로 구성되어 있으며, 신분을 노출하지 않는 익명성이 일반적이고, 개인 간의 상호작용에서 비인간성이 팽배하고, 사회구성원은 비공식적인 사회적 책임감이 요구되지 않는다는 특징이 있었다. 대중은 견고하게 결합된 공동체가 아

---

1 허버트 블러머는 대중을 '집단', '군중', '공중'과 구분했다. 집단은 작은 규모여서 모든 구성원이 서로를 알고 있으며, 한 모임에 소속되어 있음을 의식하고 있다. 같은 가치관을 공유하고 특정한 목적을 위해 오랜 기간에 걸쳐 지속적으로 상호작용한다. 군중은 집단보다 규모가 크지만 특정한 공간에서 눈에 보이는 경계 안에 있다. 그러나 일시적으로 형성되며 똑같은 형태로 다시 구성되지는 않는다. 비교적 같은 정체성을 갖고는 있지만 조직화되지는 못한다. 행동이 주로 감성적이며 비이성적이라는 특성이 있다. 공중은 상대적으로 크고 널리 퍼져 있으며 오래 지속된다. 공적인 면에서 어떤 사안을 중심으로 형성되며 1차적인 목적은 특정한 이익이나 의견을 수렴해 정치적인 변화를 이루는 데 있다. 공중이 형성된 것은 현대 민주주의 사회의 특징이다.

니라 단순히 모여 있는 집합체라는 개념이다.

대중 사회가 출현하기 이전에도 신문과 잡지 등의 인쇄매체가 있었지만 그것은 소수의 식자층이나 부유층의 전유물이었다. 그러나 대중 사회가 등장하면서 정보 취득과 여흥을 위한 미디어의 대량 소비가 발생했으며, 미디어 기술이 발전하면서 매스미디어 시대가 열렸다. 특히, 도시에서 대중 사회를 이룬 사람들은 전통적인 농촌공동체와 같은 유대관계나 사회적 역할이 없이 파편화되고 모래알과 같은 원자화된 삶을 살았으며, 복잡한 도시환경을 극복하지 못해 좌절감과 긴장감에 쉽게 빠졌다. 어려운 일이 있어도 상의하고 의지할 사람들이 없는 '고립된 원자'와 같이 살았기 때문에 카리스마적인 인물의 선동에 쉽게 휩쓸려 집단적 행동을 하는 경향이 강했다. 그래서 신문에 보도된 뉴스에 대해서도 쉽게 영향을 받고 생각을 결정했다. 이 때문에 탄환 이론이 가능했다(차배근, 2010: 52~57).

2) 1940~1960년대: 제한효과 이론

(1) 2단계 유통 이론

1940년대 들어 강효과 이론에 변화가 생겼다. 미디어 메시지는 수용자에게 직접적인 영향을 주는 것이 아니라, 처음에는 여론 지도자에게 전달된 후 이들을 통해 일반 수용자에게 영향을 준다는 커뮤니케이션의 2단계 유통 이론(*two-step flow theory of mass communication*)이 제기되었다(Severin & Tankard, 2001/2005: 286). 이를 처음 제시한 라자스펠드(Paul Lazarsfeld)와 동료들은 1940년 대통령 선거 당시 오하이

〈그림 3-2〉 강효과 이론과 2단계 유통 이론의 차이

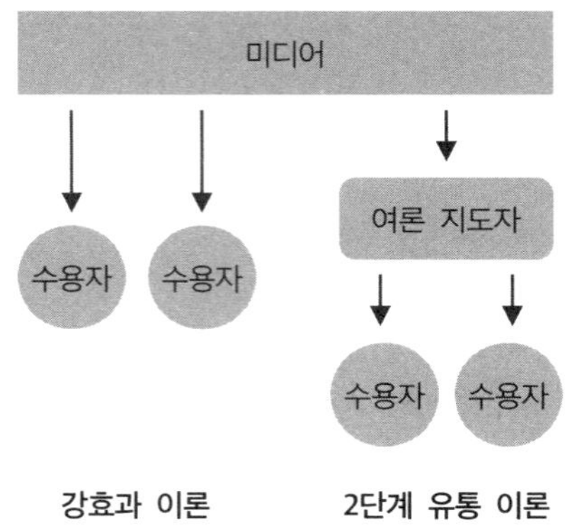

오의 이리(Erie) 카운티에서 6월부터 11월까지 매달 유권자 600명을 대상으로 개인 인터뷰를 실시했다. 당시에는 선거에서 미디어가 매우 강력한 영향력을 미친다는 것이 지배적인 의견이었다. 그래서 라자스펠드 등은 대통령 선거에서 미디어가 국민의 투표에 직접적으로 미치는 영향을 알아보려고 했다. 그런데 라자스펠드 등은 이리 카운티에서 조사한 600명 가운데 54명만이 지지 후보를 바꾸었으며, 그나마 이들 가운데 소수만이 미디어의 영향을 받아 지지 후보를 교체했다는 사실을 발견했다. 유권자 대부분은 이미 선거 캠페인이 시작되기 전에 자신이 지지할 후보를 정해 놓은 상태였다.

라자스펠드 등은 1948년 발표한 연구 보고서 〈유권자의 선택〉에서 "미국 대통령 선거에서 미디어는 제한된 영향(*limited effects*) 만을 주었다"며 커뮤니케이션 흐름과 효과 발생과정을 두 단계로 상정했다(〈그림 3-2〉 참조). 매스미디어의 메시지는 1차적으로 집단의 지도자들에게 도달한 이후, 이들을 통해 다른 일반인에게 영향을 준다는 '2단계

유통 이론'이다. 일반인에 비해 상대적으로 언론을 많이 접하는 여론 지도자들이 대인 커뮤니케이션을 통해 자신의 지지자들에게 정치정보를 전하는 형태라는 것이다.

2단계 유통 이론은 개인의 정치적 결정에 영향을 미치는 대인 커뮤니케이션과 미디어의 보완적 역할을 강조한다. 라자스펠드 등은 미디어는 수용자에게 영향을 주기는 하지만, 효과는 한정적이며 영향력을 강화하거나 보강하는 수준이라고 했다. 동질성이 강한 집단은 상호 간의 대화를 통해 의견을 교환하는데, 이때 매스미디어는 의견과 태도를 변화시키기보다는 기존 현실을 보강하는 수준이라는 것이다. 라자스펠드는 다른 연구에서 대인 커뮤니케이션(*face to face communication*)이 태도 변화에 가장 많은 영향력을 준다는 것을 밝혀냈다. 의견 지도자는 가장 가까운 사람에게 면 대 면으로 영향을 줌으로써 소집단을 형성하는 데 영향을 미치며, 소집단은 구성원의 동질성을 요구함으로써 정보의 동화현상을 발생시킨다(조맹기, 2009: 231~260).

2단계 유통 이론은 다음과 같은 가정에 기초를 둔다(차배근, 2010: 178~179).

첫째, 개인은 사회적으로 고립되어 있지 않고, 사회집단의 구성원으로서 다른 사람과 상호작용을 한다.

둘째, 매스미디어의 메시지에 대한 수용자 개인의 생리적 반응과 심리적 반응은 즉각적, 직접적으로 일어나지 않으며 수용자의 사회적 관계에 의한 영향을 받으면서 이들과의 중개를 통해 일어난다.

셋째, 수용자는 매스미디어의 메시지 내용을 수용하는 과정에서 서로 다른 역할을 한다. 어떤 수용자는 매스미디어의 정보나 아이디어를 적극적으로 받아들이며 그것을 다른 사람에게 전파한다. 반면, 어떤 사람은 주로 다른 사람과의 개인적 접촉을 통해 간접적으로 그 정보나 아이디어를 받아들인다.

넷째, 매스미디어의 정보와 영향은 2단계로 나뉘어 전파된다. 우선은 매스미디어의 정보나 아이디어를 적극적으로 받아들여 다른 사람에게 전달하는 여론 지도자(1단계)를 거치며, 여론 지도자와 개인적인 접촉을 하는 추종자에게 전파된다(2단계).

다섯째, 이 과정에서 적극적이고 능동적인 역할을 하는 여론 지도자는 매스미디어와 많이 접촉하고, 다른 사람과의 교제가 많고, 다른 사람에게 영향력이 있으며, 다른 사람의 정보원과 인도자로서의 역할을 하고 있다고 스스로 생각하는 사람이다.

라자스펠드와 카츠(Elihu Katz)는 이리 카운티 연구에 이어 마케팅, 패션, 공공 문제, 영화 분야에서 개인의 의사결정과정에 여론 지도자가 미치는 역할과 영향력을 알아보았다. 연구 결과, 대체로 거의 모든 분야에서 여론 또는 의견 지도자가 주위 사람의 의사결정에 가장 큰 영향을 미치고 있었다. 의견 또는 여론 지도자의 사회경제적 지위를 보면 주위 사람에 비해 교육, 명성, 경제적 수입의 정도가 높았다. 이들은 교제 범위도 주변 사람보다 넓어서 사회경제적 지위가 높아질수록 사교 범위가 확대되는 것으로 나타났다(차배근, 2010: 183~192).

(2) 대인 커뮤니케이션

2단계 유통 이론에서는 대인(對人) 커뮤니케이션이 미디어보다 더욱 중요한 역할을 한다는 점이 특징이다. 일반적으로 대인 커뮤니케이션은 개인과 개인 사이에 행해지는 모든 형태의 커뮤니케이션으로, 커뮤니케이션의 기본이다(김현주, 1992). 다른 커뮤니케이션에 앞서 일상적으로 존재하는 원천적인 커뮤니케이션으로서, 미디어와 경쟁하거나 미디어의 영향력을 매개하는 변인으로 간주되어 왔다(김은이 · 이종혁, 2010). 정치적 이슈에 대해 대인 커뮤니케이션은 언론 기사보다 정치적 판단에 더 큰 영향을 주어서, 자신과 비슷한 정치적 성향의 사람들과 대화를 많이 하는 사람은 여론도 자신과 같을 것이라고 생각했다(Eveland & Shah, 2003). 대인 커뮤니케이션을 많이 할수록 투표 참여가 높아졌으며, 대인 커뮤니케이션은 대중매체 정보를 처리하는 과정에서 중요한 보완적 관계에 있었다(김진영, 2006).

학생의 대학 선택과정에서도 대인 커뮤니케이션은 많은 영향을 미친다. 전문대 신입생들은 본인 다음으로 부모 등 가족, 친구, 학교 선생님 등을 통해 대학을 인지했다(고동원, 2010). 미국 카네기재단은 1986년 고등학생이 대학을 선택할 때 부모의 도움을 가장 중요하게 인식한다고 밝혔다(Broekemier & Seshadri, 1999). 오대영(2015b)이 2013학년도에 수도권의 A 대학에 입학한 신입생 1,041명을 설문조사해서 대인 커뮤니케이션, 미디어의 뉴스, 대학의 홍보 · 광고가 학생의 대학에 대한 태도 변화와 대학 결정에 미친 영향을 분석한 결과, 부모, 교사, 선배 등 가까운 사람과의 커뮤니케이션이 대학에 대한 이미지 향상과 대학 결정에 가장 큰 영향을 주었다.

3) 1972년 이후: 중효과와 강효과

미국의 언론학자인 맥콤스(Maxwell McCombs)와 쇼(Donald Shaw)는 1968년 미국 대통령 선거 당시 미국 노스캐롤라이나의 채플힐(Chapel Hill)에서 언론의 보도가 국민의 정치적 이슈 중요성에 대한 인식에 미치는 영향을 연구했다. 그들은 선거가 있기 전 유권자에게 "여러분이 요즘 가장 관심을 두고 있는 것은 무엇인가", "미국 정부가 가장 중시해야 하는 것이 무엇이라고 생각하는지 2~3개를 말해 달라"라고 질문했다. 맥콤스와 쇼는 외교 정책, 법과 질서, 회계, 인권, 공공복지 등을 제시했고, 응답자의 응답 내용은 응답 비율에 따라 순위가 매겨졌다. 두 사람은 미디어가 가장 관심을 가진 이슈를 조사하기 위해 캠페인 기간 동안 지역신문과 텔레비전, 라디오가 보도한 내용을 분석했다. 그리고 보도 내용과 유권자 응답 내용을 비교한 결과, 미디어가 강조한 의제와 공중이 중시한 의제가 거의 동일하다는 사실을 밝혀냈다. 그들은 미디어가 중요하다고 판단해서 보도하면 수용자도 중요하게 생각한다는 것을 알아냈으며, 이를 미디어의 의제설정 효과(*agenda setting effects*)라고 규정했다.

의제설정 이론은 미디어의 효과를 미약한 것으로 보았던 제한효과 이론 시대에서 벗어나, 다시 미디어가 수용자에게 직접적인 영향을 미치는 효과에 대해 관심을 갖게 했다. 그러나 의제설정 효과는 1930년대의 강효과만큼 절대적으로 강력한 것으로 여겨지지는 않았기 때문에 중효과 모델로 인식되었다.

1974년에는 노엘노이만(Elisabeth Noelle-Neumann)이 '침묵의 나

선 효과'를 발표했다. 침묵의 나선 효과는 사람들은 사회의 대다수 의견과 반대되는 의견은 말하기를 꺼리는 경향이 있으며, 매스미디어는 지배적이거나 그렇게 되어가는 여론에 대한 인상을 형성하는 수단이라고 설명한다. 특정 이슈를 놓고 미디어가 소수 여론을 다수 여론보다 적게 보도하면 소수 여론 지지층은 자신의 의견이 열세한 의견인 것으로 생각하고, 자신의 생각을 다수 의견으로 바꾸거나 자신의 의견을 외부로 표출하지 않게 된다는 것이다(〈그림 3-3〉 참조).

침묵의 나선 효과는 매스미디어가 여론의 형성에 강력한 효과를 미친다는 것을 기본가정으로 한다. 노엘노이만은 매스 커뮤니케이션의

〈그림 3-3〉 여론 형성과정에 대한 침묵의 나선 효과 이론의 모형

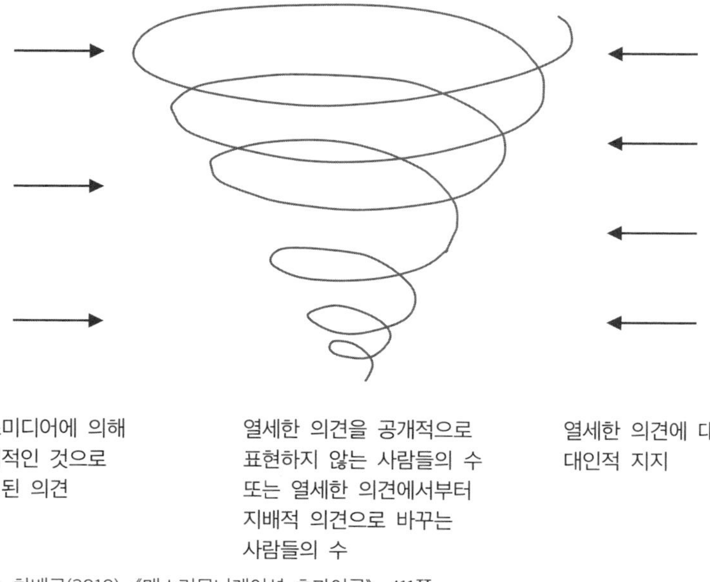

출처: 차배근(2010). 《매스커뮤니케이션 효과이론》. 411쪽.

세 가지 특성인 누적성(*cumulation*), 편재성(*ubiquity*), 공명성(*consonance*)이 조합되어 강력한 효과를 유발한다고 했다. 누적성이란 매스미디어의 효과가 어떤 하나의 메시지에 의해 나타나는 것이 아니라 여러 메시지에 의해 오랜 기간 쌓여 간다는 것이다. 편재성은 매스미디어가 모든 곳에 널리 보급되어 모든 사람의 생활 속에 깊이 파고들어가 있다는 것이다. 공명성은 신문·방송·라디오 등 다양한 미디어가 존재하지만 내용을 보면 실제로는 거의가 비슷한 목소리를 내고 있다는 의미이다. 어떤 이슈나 사건에 대해 미디어가 통일된 이미지를 수용자에게 제공하고 있다는 것이다(차배근, 2010: 406~411).

2차 세계대전 이후 가정에 널리 보급된 텔레비전의 영향력이 매우 커지자, 텔레비전의 영향력에 대한 연구가 많이 이루어졌다. 그중 대표적인 것이 1976년에 미국 학자인 거브너(George Gerbner)와 그로스(Larry Gross)가 발표한 '문화계발 효과'이다. 배양 가설(*cultivation hypothesis*)로도 불리는 이 이론의 핵심요지는 대중매체가 묘사한 현실은 실재하는 현실과 다르지만 이용자는 대중매체를 통해 현실을 접하기 때문에 이용자의 인식은 대중매체가 보여 주는 현실에 따라 구성된다는 것이다. 이 이론은 텔레비전 시청이 사람들의 인식, 태도, 가치에 미치는 영향을 설명하기 위해 많이 활용되었다.

이 이론은 세 가지 가정에 기초한다. 첫째, 현대인은 텔레비전을 통해 사회를 배운다. 둘째, 텔레비전이 묘사하는 세상은 현실과 동떨어져 있으며 현실에 대해 특정 방향으로 왜곡된 묘사를 제공한다. 셋째, 텔레비전을 많이 보는 시청자는 그렇지 않은 시청자에 비해 텔레비전이 묘사하는 현실을 더 현실적으로 받아들인다.

이런 효과가 발생하는 이유는 주류화(*mainstreaming*) 현상과 공명(*resonance*) 현상에 있다. 주류화 현상이란, 텔레비전이 대규모 이미지 배급업자이기 때문에 시청자가 텔레비전에 장기 노출되면 시청자의 다양한 의견과 생각이 동일해진다는 것이다. 공명 현상은 시청자가 텔레비전에서 묘사되는 왜곡된 현실 이미지에 동의하고 따르게 된다는 것이다. 그래서 텔레비전 방송이 장기간에 걸쳐 반복적으로 전달하는 메시지 체계를 접한 시청자는 현실에 대한 고정된 인식을 갖게 된다(이준웅, 2010).

거브너의 문화계발 효과는 특히 어린이가 텔레비전에서 묘사되는 폭력 등 부정적인 내용을 많이 보면 그런 행동을 많이 한다는 가정 아래 텔레비전의 부정적인 효과 연구에 집중되었다. 거브너는 폭력이 텔레비전 드라마의 갈등과 흥미를 제공해 수익을 높이는 데 가장 싸고 쉬운 방법이라고 주장했다. 거브너가 조사한 1976년에는 미국의 3대 방송국의 주요 드라마에서 모든 등장인물의 74.9%가 폭력에 연루되었고, 10개 프로그램 중 9개가 폭력을 묘사하고 있었으며, 1시간당 9.5번의 폭력이 나오는 것으로 나타났다. 거브너는 폭력 드라마의 폐해를 줄이기 위해 학교에서의 비판적인 시청 교육, 텔레비전에 관한 사회적 토론 활성화, 광고의 영향을 받지 않는 공공 텔레비전의 강화 등을 제안했다(강준만, 2017: 225~231).

2. 의제설정 이론

1) 의제의 개념

세상에는 매일 수많은 일이 벌어진다. 그중 대부분은 사람들의 관심을 끌지 못하고 사라지지만 일부는 사람들의 관심을 끌고, 그중 일부는 사람들이 중요하다고 생각하게 된다. 사람들이 중요하다고 생각하는 것을 의제라고 한다. 세상의 의제는 크게 미디어(*media*), 정책(*policy*), 공중(*public*)이라는 세 주체에 의해 만들어진다. 어떤 의제는 미디어가, 어떤 의제는 정책이, 어떤 의제는 공중이 선도해서 만들고 주도해 간다. 이를 각각 미디어의제(*media agenda*), 정책의제(*public agenda*), 공중의제(*public agenda*)라고 한다(Soroka, 2002). 공중의제는 여론이라고 할 수 있다. 이들 3개 의제는 서로에게 영향을 주면서 사회 여론을 만들어 낸다(〈그림 3-4〉 참고).

어느 국가든지 정부는 국가 행정을 이끌어 가기 때문에 가장 많은 의제를 만들어 내는 주체이다. 언론과 공중이 정책의제를 모두 중요한 의제로 수용하는 것은 아니지만, 중요한 정책이면 언론이 보도해 미디어의제를 형성한다. 공중이 이를 받아들이면 공중의제가 된다. 이런 경우는 정책의제 → 미디어의제 → 공중의제로 발전한 형태다. 미디어가 먼저 중요한 이슈를 보도하고 이것이 공중의 관심을 이끌어 내 정부 정책으로 반영되는 경우도 있다. 이는 미디어의제 → 공중의제 → 정책의제 순으로 의제가 확산된 경우다. 언론이 교통 신호의 문제점을 보도했는데, 정부를 이를 받아들여 개선하고, 공중이 이를 수

〈그림 3-4〉 정책의제, 미디어의제, 공중의제의 영향

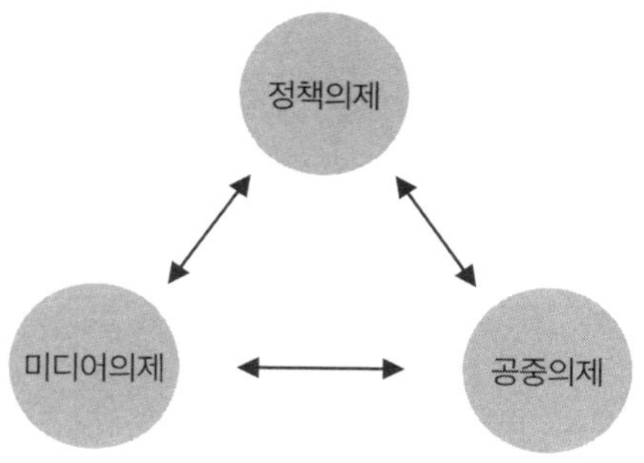

용하는 경우도 있다. 이는 미디어의제 → 정책의제 → 공중의제 순으로 의제가 확산된 사례다. 공중이 의제를 주도하기도 한다. 2008년 이명박 정부 당시 발생했던 미국산 소고기 수입 반대시위는 시민들이 먼저 인터넷에서 미국산 소고기가 광우병을 유발할 것이라는 우려를 표명하면서 의제화되었다. 이 의제가 언론을 통해 보도되면서 공중의제로 굳어졌고, 이것이 정책의제로 확산된 사례다. 이같이 의제는 서로 영향을 주면서 여론 형성과 정책을 통해 우리 사회에 큰 영향을 준다. 세 주체가 모두 중요한 의제로 받아들여 사회적 합의가 이루어지면 새로운 제도나 문화가 형성된다.

어떤 의제든 사회적으로 매우 중요한 역할을 하기 때문에 사회과학에서는 중요한 연구 영역이다. 그러나 세 의제의 성격과 역할이 다르기 때문에 연구 영역은 학문 분야에 따라 달라진다. 정책의제나 공중의제는 행정학이나 정치학 분야에서 집중적으로 연구하며, 언론학 분야에서는 미디어의제를 연구해 왔다.

2) 미디어의 의제설정 이론

미디어의제는 '공동체의 주의를 끄는 합법적인 관심사 안에 들어간 정치적 논란의 집합체', '의제설정과정에서 관심의 주요한 포커스', '그날의 중요한 이슈', '미디어 콘텐츠나 사람들의 의식 속에 현저화된 대상', '미디어가 주목함으로써 공중의 관심을 이끌어 내는 대상들의 합' 등 다양하게 정의된다. 때로는 의제를 뉴스와 동일시하기도 한다(민영, 2008: 15; Cobb & Elder, 1971; Iyengar & Simon, 1993; Takeshita, 1997).

의제설정 이론은 미디어가 외부세계에 대해 보여 주는 이미지가 우리 머릿속 이미지로 전이되는 과정을 설명하는 이론이다. 의제설정은 언론이 특정한 이슈를 빈번하고 눈에 띄게 제시하면 다수의 수용자가 그 이슈를 다른 이슈보다 더 중요하다고 인식하게 된다고 설명한다. 미국에서 1986년부터 1989년 사이에 시행된 여론조사에 따르면, 미국인은 과거에 비해 마약 문제에 대해 점점 더 우려하는 것으로 나타났다. 그러나 실제로는 이 기간에 불법적으로 마약을 복용한 사람의 비율은 점차 줄었다. 그런데도 사람들이 마약 문제에 대해 더 우려하게 된 것은 당시 미국 연방정부가 '마약과의 전쟁'을 선언했고, 이를 다룬 신문기사의 양이 매우 증가했기 때문이다.

전통적인 의제설정 이론의 관점에서 보면 미디어가 공중에 미치는 1차적 효과는 사회적 커뮤니케이션 과정의 초기 단계에서 공중이 특정 대상에 주목하게 하는 것이다. 코헨(Cohen, 1963: 13)은 "미디어는 사람들에게 무엇을 생각할까(*what to think*)를 전달하는 데는 성공할 만한 충분한 시간이 없을 수 있지만, 무엇에 관해 생각할지(*what to think about*)를 말하는 데는 성공할 수 있다"고 밝혔다. 언론이 어떤 현상이나 이슈에 대해 구체적으로 판단하도록 하지는 못하더라도, 특정 현상이나 이슈를 알게 해주고, 중요한지의 여부를 생각하는 단초를 제공한다는 의미이다.

의제설정 이론은 미디어가 수용자에게 무엇에 관해 생각할지를 전달함으로써 상대적으로 중요한 이슈에 관한 현저성을 제공한다고 본다(McCombs & Ghanem, 2001/2007; Wanta, Golan, & Lee, 2004). 의제설정 이론은 미디어가 이슈나 대상을 전달하는 방법은 공중이 그 대상에 대해 생각하는 방법과 대상의 현저성에 영향을 미친다는 가정에서 출발한다(Ghanem, 1997). 그래서 의제설정 이론의 핵심은 '이슈 현저성의 전이'에 있다(Chyi & McCombs, 2004; Kosicki, 1993). 현저성 전이는 "대중매체에 중요한 것이라고 나타난 요소를 독자도 중요하게 생각하게 된다"는 의미이다(이건호, 2006b).

이슈는 관심, 중요한 문제, 공중의 논쟁거리, 정책적 대안, 정치적 차이의 결정요소 등 5가지 개념을 갖는다(Lang & Lang, 1991). 정치나 정책적인 측면에서 사람들의 관심을 끄는 중요한 문제이면서 공중에게 논란거리를 제공한다는 특징이 있다고 볼 수 있다. 현저성은 주의(*attention*), 두드러짐(*prominence*), 유인가(*valence*) 등 3개의 요소로 구성된다. 주의는 목적물에 대한 미디어의 주목도(*awareness*)다. 신문이나 텔레비전에서 보도되는 공간이나 양으로 결정된다. 두드러짐은 보도되는 위치이다. 신문에서는 지면의 어디에 배치되는가에 해당한다(Kiousis, 2004). 심리학 용어인 유인가는 동기 유발의 기초 단계로 여겨진다. 감정적인 면에서 긍정, 부정, 중립 등을 뜻하며 공중의 여론 형성에 영향력을 행사한다(이건호·고홍석, 2009).

의제설정 이론의 지적인 뿌리는 미국의 언론인이자 정치평론가였던 월터 리프먼이 제시했다. 그는 1922년 저서 《여론》에서 뉴스 미디어가 세상에 대한 사람들의 관점을 구성한다고 주장했다. 본격적인 의제설정 이론은 1950년대와 1960년대 매스커뮤니케이션 연구에서 이론적으로 각광을 받던 제한효과 모델에 대한 반발로 등장했다. 1960년대는 행태주의(*behaviorism*)를 비판하는 인지심리학이 새롭게 등장했다. 행태주의는 강화, 보상과 처벌, 행동 형성 조건화 등을 중시한 반면, 인지심리학은 인간은 능동적으로 지식을 추구하며 이 지식을 바탕으로 기능한다고 봤다. 인간의 인지 능력은 모든 것에 관심을 기울이지 않고, 판단을 내리는 데 있어 이성적인 분석보다는 빠른 직관을 선호한다. 그래서 쉽게 접근할 수 있는 정보에 의존하는 경향이 있고, 특히 뉴스매체가 제공하는 정보에 의존한다(반현·최원석·신성혜, 2004).

의제설정 이론은 단계적으로 발전되어 왔다(반현·McCombs, 2007). 미국의 언론학자인 맥콤스와 쇼는 1968년 대통령 선거 캠페인 과정에서 처음으로 구체적인 의제설정 연구를 실시해 의제설정 이론을 제시했다(McCombs & Shaw, 1972). 연구 결과, 미디어에서 강조한 이슈와 그 이슈가 중요하다고 여기는 유권자 인식 간에는 높은 상관관계가 있어 의제설정 효과가 입증되었다.

의제설정 연구는 처음에는 선거와 정치 영역에서 시작되었지만, 이후 경제, 사회 등 다른 분야로 확대되었다. 한국에서 신문사의 대학

평가기사는 기존의 대학 서열을 파괴하고 고교생에게 새로운 대학 이미지를 형성하는 의제설정 효과를 갖고 있었다(오대영, 2015a). 전 세계에서 경험적 연구가 350건 이상 이루어져 의제설정 효과가 입증되었으며, 중요한 미디어 효과 이론으로 확립되었다(Chyi & McCombs, 2004).

미디어는 텍스트 이외에도 영상 등 다양한 형태로 의제설정 효과를 갖는다. 한국 언론의 시사만화는 17대 대통령 선거 당시 간결한 은유적 표현으로 독자에게 의제설정 기능을 제공했다(고영신, 2008). 2000년 미국 대통령 선거 당시 공화당 후보였던 부시(George W. Bush)의 비언어적 행동은 부정적으로 보도하고, 민주당 후보였던 앨 고어(Al Gore)의 비언어적 행동은 긍정적으로 보도한 방송 화면은 공중의 반응에 유의미한 영향을 미쳤다(Coleman & Banning, 2006).

언론학은 사회과학 분야에서 뒤늦게 출발한 학문이기 때문에 정치학, 사회학 등 다른 학문 분야에 비해 독자적으로 창출된 이론이 매우 적다. 이런 상황에서 의제설정 이론은 커뮤니케이션 학자들이 만든 몇 개의 이론 중 하나일 정도로 중요한 이론이 되었다.

의제설정 이론은 미디어 효과를 미디어의 구체적인 내용과 연결하여 효과 연구를 발전시켰다(Chyi & McCombs, 2004; Kosicki, 1993). 미디어가 수용자에게 미치는 효과는 반응 측면에서 감성적, 지적, 행동적 등 세 가지가 있고, 범위 측면에선 개인적, 사회적으로 구분된다. 시간적으로는 단기적, 장기적으로 구분된다. 세 영역에 따라 12가지의 효과 형태가 있다. 이 중 단기간, 개인, 지적인 효과에 대한 연구가 가장 많은데, 그중 대표적인 것이 의제설정에 관한 것이다(McCombs

& Becker, 1979: 120~125). 이전의 미디어 효과 연구는 수용자의 태도 변화를 효과의 척도로 삼은 반면, 의제설정 이론은 학습이나 인지적 변화를 미디어 효과의 중요한 유형으로 고려해 매스미디어의 효과 연구를 활성화했다(민영, 2008: 23).

3) 2차 의제설정 이론

의제설정 이론은 2차 의제설정 이론으로 발전했다. 의제는 여러 속성(*attribute*)으로 구성되며, 속성도 수용자에게 영향을 미친다는 것이 2차 의제설정 이론이다. 속성 이론이라고도 한다. 속성은 대상의 특성을 구성하는 하부 요소이다. 속성은 '한 개체의 두드러진 성격', '기자와 공중이 대상에 대해 생각할 때 사용하는 시각이나 틀의 집합', '각 대상의 그림을 채우는 특징들'로 정의된다(이건호, 2006b; Ghanem, 1997). 의제설정 이론에 따르면 대상은 1차 의제에 속하고, 속성은 2차 의제에 해당한다. 대상이 각자 의제를 갖고 있고 현저성에서 차이가 나듯, 속성도 각자의 의제를 갖고 있고, 현저성도 각각 다르다.

속성은 언론뉴스의 내용을 구성하는 실체적(*substantive*) 혹은 인식적(*cognitive*) 속성과 감성적인 이미지를 전달하는 감정적(*affective*) 또는 평가적(*evaluative*) 속성으로 구분된다(McCombs, Lopez-Escobar, & Llamas, 2000; Wanta, Golan, & Lee, 2004). 실체적 속성은 이슈나 인물, 쟁점을 묘사하거나 구성하는 내용적 정보이며, 공중이 어떤 대상을 판단하거나 추론할 때 적용하는 단서이다. 감정적 속성의 가장 일반적인 유형은 보도 논조이며, 긍정적, 부정적, 중립적 등 셋으로 구분된다(최원석·반현, 2006; Hester & Gibson, 2003; McCombs & Ghanem, 2001/2007).

1차 의제는 대상에 대한 공중의 시선을 끄는 데 영향을 미치는 반면, 2차 의제는 수용자가 그들의 시선을 끈 대상을 어떻게 이해하는가에 초점을 맞춘다. 대상을 구성하는 속성은 대상의 특성을 나타내어 수용자가 대상의 다양한 측면을 이해하는 데 도움을 준다. 선거 캠페인에서 정치, 경제 등 여러 분야 가운데 경제 위기가 1차 의제가 되었다면, 2차 의제는 하부 속성인 예산, 대외부채, 소득세제 개혁, 부동산 문제 등이 될 수 있다. 감정적 속성은 긍정, 중립, 부정 등의 보도 논조가 된다.

1차 의제와 마찬가지로 속성의제 이론에서도 미디어가 여러 속성 가운데 일부 속성만을 집중적으로 보도하면 공중의 대상에 대한 평가에서 중요한 기준이 될 것이라고 가정한다(이건호, 2006b; Kim, Scheufele, & Shanahan, 2002).

1차 의제는 수용자가 '어떻게 생각하는가'보다는 '무엇에 관해 생각할 것인가'에 영향을 주는 반면, 2차 의제는 대상의 여러 속성 가운데 특정 속성을 부각하거나 배제함으로써 특정 이슈에 대해 '어떻게 생각할 것이냐'(*how to think about*)에 대한 이해의 관점을 형성한다(최원석·반현, 2006). 속성의제설정은 이슈나 대상에 대한 미디어의 묘사에 더 초점을 맞추기 때문에 '생각할 대상'(*objects of thinking*)보다는 '생각하는 방법'(*ways of thinking*)에 더 관심을 둔다(Weaver, 2007).

의제설정 이론의 발전으로 미디어가 어떻게 대상의 특징과 속성을 선택해서 보여 주고, 그 선택과 노출이 대상과 속성에 대한 공중의 인식에 어떻게 영향을 주는가에 관한 연구를 할 수 있게 되었다(최영재, 2004; 최원석·반현, 2006; Chyi & McCombs, 2004; Golan & Wanta, 2001). 코헨(Cohen, 1963: 13)은 '미디어는 사람들에게 무엇에 관해 생각할지를 말할 수는 있어도, 무엇을 생각할까를 전달할 수는 없다'고 했지만, 속성의제로 인해 '무엇을 생각할까'에 대한 효과 연구도 가능해졌다.

많은 연구 결과, 미디어가 설정한 1차 또는 2차 의제는 여러 분야에서 수용자에게 큰 영향을 주었다. 선거에서 후보자에 대한 실체적 또는 감정적 속성의제는 유권자의 인지에 영향을 미쳐 후보자나 정당을 결정하는 기준으로 작용했다(반현·최원석·신성혜, 2004; 최영재, 2004; Golan & Wanta, 2001; Iyengar & Kinder, 1987: 63). 미디어가 1차 의제로 특정 국가를 많이 보도할수록 미국 국민은 그 국가가 미국에 중요하다고 생각했고, 2차 의제로 특정 국가에 대해 부정적으로 보도하면 미국 국민은 그 국가에 대해 부정적으로 생각했다(Wanta, Golan, & Lee, 2004).

4) 의제설정 효과의 발생 이유

미디어의 의제설정 효과가 발생하는 이유는 '접근성(*accessibility*) 모델'로 설명할 수 있다(Kim, Scheufele, & Shanahan, 2002; Scheufele & Tewksbury, 2007; Takeshita, 2005). 접근성은 기억된 것을 불러낼 수 있는 능력이며, 접근성 모델은 기억에 의존한 정보처리 모델이다. 미디어는 반복적 보도나 많은 양의 보도를 통해 특정 이슈나 그 이슈의 속성을 쉽게 기억나게 하기 때문에, 미디어의제가 더 많이 공중에 접근할수록 미디어의제가 공중의제로 전이될 가능성이 커진다는 것이 접근성 모델의 기본개념이다. 사람들은 정보를 찾을 경우 편리하게 접근할 수 있는 정보를 선택한다(Iyengar, 1991: 131). 접근성 모델에 근거한 의제설정 이론은 대상이 일단 미디어의제로 등장하면 축적된 뉴스량이 현저성을 증가시킨다는 점을 기본가정으로 하기 때문에 미디어의제에서 대상 현저성은 미디어 보도량으로 측정된다(Chyi & McCombs, 2004). 미디어에서 노출이 많을수록 의제설정 효과가 높은 것이다(Kim, Scheufele, & Shanahan, 2002).

그러나 수용자에 따라 의제설정 효과가 다를 수 있다. 가장 큰 이유는 수용자의 인지적 정향욕구(*need for orientation*)와 체험성(*obtrusiveness*)이 의제설정 효과를 강화하거나 약화하기 때문이다(Coleman, McCombs, & Weaver, 2008/2016). 정향욕구는 새로운 환경이나 상황을 이해하기 위해 미디어에 의존하는 사람들의 개인적 차이를 설명하는 심리적 개념이다. 정향욕구는 정보를 추구하려는 수용자의 의지이며, 특정 이슈에 대한 관련성(*relevance*)과 불확실성(*uncertainty*)이라는 두 가지 하위 차원으로 구성된다. 관련성은 이슈가 개인 또는 사회적으로 중요한지를 의미한다. 수용자는 특정 뉴스가 자신과 관련이 있다고 생각할 때 그 뉴스의 정보를 활용한다. 수용자는 그 뉴스가 자신의 중요성 판단과 관련이 있는지를 생각하고 관련 없는 정보를 제거하는 인지과정을 거친다(Miller, 2007). 관련성은 영향, 추론, 개인적 중요성 등 세 요소로 구성된다. 영향은 근심, 걱정과 같은 감정과 관련된 것이다. 추론은 수용자가 다른 사람도 중요하다고 믿을 것이라

결론을 내리고, 자신도 특정 뉴스를 중요하게 생각하는 것이다. 개인적 중요성은 특정 이슈가 개인적으로 중요하면 수용자는 그 이슈에 특별한 관심을 두고 정보의 의미를 더 신중하게 생각하는 것을 말한다. 불확실성은 사람들이 어떤 이슈에 대해 필요한 모든 정보를 갖고 있다고 느끼지 못할 때 생긴다. 관련성이 높고 기존 지식이 불확실할 때, 수용자의 인지적 정향욕구가 가장 높아져 적극적으로 정보를 추구하게 된다. 정향욕구가 높은 사람일수록 뉴스에 더 큰 관심을 가지며, 미디어의 의제설정에 더 많은 영향을 받는다. 정향욕구는 또 다른 개인적 차이인 교육과 관련된다. 교육 수준은 의제설정과 상관관계가 있다. 높은 수준의 교육을 받은 개인은 더 높은 정향욕구를 가질 가능성이 크다. 교육 수준이 높을수록 공공이슈에 관심이 높고, 더 높은 교육을 받은 사람이 미디어의제를 반영할 가능성이 더 크다.

체험성은 수용자가 실제로 체험하는 영역과 미디어의 의제설정 효과의 관계를 의미한다. 수용자가 직접적이고 개인적으로 경험하는 분야에서는 자신의 경험에 많이 의존하며, 미디어의 정보를 많이 얻을 필요가 없다. 그러나 체험하지 않은 이슈나 개인적 경험이 없는 이슈를 미디어가 주요 의제로 다루면 수용자는 중요하게 생각할 가능성이 크다. 동일한 이슈가 어떤 사람에게는 체험한 이슈일 수 있고, 다른 사람에게는 그렇지 않을 수 있다. 외국 문제에 대해서는 수용자의 체험이 적기 때문에 미디어의 의제설정 효과가 큰 반면, 국내 문제, 특히 경제 이슈에 대해서는 수용자의 체험이 상대적으로 많아 미디어의 의제설정 효과가 낮아진다.

수용자가 미디어의 뉴스를 얼마나 신뢰하는가에 따라서도 의제설정 효과가 다르게 나타난다(조수선 · 김유정, 2004). 미디어의 뉴스가 공정하고 정확하다고 생각하는 수용자는 뉴스에서 강조한 내용에 더 강하게 영향을 받는 반면, 미디어에 대한 불신 정도가 클수록 의제설정 효과는 약하게 나타난다.

즉, 수용자는 특정 이슈가 자신에게 관련이 있고, 중요하다고 판단하지만 지식이 불확실할수록, 그리고 미디어 뉴스에 대한 신뢰도가 높을수록 뉴스를 더 많이 찾고 뉴스의 의제에 더 많은 영향을 받는다.

의제설정 효과와 관련해서 생각해볼 주요 개념은 이슈 소유권(*issue ownership*)이다. 특정 조직이 공중에게 널리 알려진 특성을 갖고 있는 것을 이슈 소유권이라고 한다. 예를 들어 공중은 정치 분야에서 각 정당이 우세한 문제 해결능력과 수행능력을 보여 준 이슈 영역에 대해선 일반적인 지식과 관념을 갖고 있다. 미국의 민주당은 전통적으로 사회복지와 교육 부문에서 우세한 수행능력을 갖고 있다고 인식되는 반면, 공화당은 외교나 군사 영역에서 우세한 문제 해결능력이 있다고 평가된다. 유권자는 공화당 소유 이슈가 중요하다고 생각하면 공화당에 투표하고, 민주당 소유 이슈가 중요하다고 생각하면 민주당에 투표하는 경향이 있다(Petrocik, 1997). 따라서 특정 대상이 이슈 소유권을 갖고 있고, 미디어가 이에 대해 많이 보도하면 의제설정 효과가 커진다. 정치광고에서 언급된 이슈가 광고주의 정당 속성과 일치할수록 수용자의 이슈 현저성 인식이 높아졌고, 정치광고의 의제설정 효과는 비소유 이슈보다 소유 이슈에 대해 더 의미가 있는 것으로 나타났다(민영, 2006). 이슈 소유권은 기업의 지명도에 큰 영향을 주기도 한다(Meijer & Kleinnijenhuis, 2006). 수용자가 특정 기업에 대해서 사회적 공익기업이라는 인식을 강하게 갖고 있는데 기업의 공익성에 관한 뉴스가 보도된다면 수용자는 그 기업을 생각한다.

5) 점화 효과

점화 효과는 심지에 불을 붙여 큰불을 점화하듯이, 특정 이슈에 가중치를 둔 뉴스보도가 공중의 전체적인 정치적 판단에 영향을 주는 것을 의미한다(Iyengar & Simon, 1993; Scheufele & Tewksbury, 2007; Takeshita, 2005). 점화 효과는 프라이밍(*priming*) 효과라고도 한다. 인지심리학에 따르면 인간의 기억은 아이디어와 개념으로 마디(*node*)를 구성하고 연결되어 네트워크를 형성한다. 이런 네트워크와 연결된 미디어의 외적인 자극이 특정한 마디를 활성화하는 것이 점화 효과다. 의제설정 학자들은 점화 효과를 의제설정의 2차적 효과로 설정한다. 미디어가 특정 이슈를 강조해서 보도함으로써 수용자가 의제를 회상하고 판단 기준을 세우는 데 영향을 준다고 보기 때문이다(용미란, 2016). 미디어가 여러 기준 가운데 특정 사항을 강조해 평가를 위한 표준(*judgement standard*)을 특정한 방향으로 제공한다는 측면에서 '점화'라는 표현을 사용한다(양승찬, 2006).

아이엔거와 킨더(Iyengar & Kinder, 1987: 63~89)는 사람들이 정치적 이슈에 대해 결정할 때, TV뉴스는 사람들이 다른 측면을 제외하고 특정한 측면만 주목하도록 만들어 강력한 영향력을 행사한다고 지적했다. 두 사람이 실험 연구에서 국방, 인플레이션, 실업 문제를 각각 강조한 TV뉴스를 실험집단에게 보여준 결과, 각각의 집단은 TV뉴스가 강조한 사안에 기초해 대통령의 직무수행을 평가했다. TV뉴스가 보도한 의제가 점화되어 대통령의 전반적인 능력을 평가하는 기준으로 채택된 것이다.

정치인의 개인적인 신뢰에 관한 보도가 정치인에 대한 전반적인 호감에 영향을 미치는 것도 점화 효과의 영향이다(최영재, 2004). 언론에서 한 정치인의 도덕적 측면에 관한 뉴스를 보도했는데, 수용자가 그 정치인의 도덕성뿐만 아니라 능력까지 모두 평가하는 경우다. 점화 효과로 인해 언론은 특정한 입후보자나 정당을 평가하는 기준이 되는 이슈와 주제를 제공할 수 있다(Coleman, McCombs, & Weaver, 2008/2016). 아이엔거와 킨더(Iyengar & Kinder, 1987: 63~89)는 점화 효과에 대해 수용자가 판단 기준을 세울 때 사용하는 가이드라인을 언론이 설정하는 역할을 한다고 했다. 유권자가 선거에 출마한 후보자나 정부 정책을 평가하는 판단 기준을 미디어가 제공하고 활성화하는 동시에, 다른 측면의 중요성은 상대적으로 감소시키는 것이다.

점화 효과는 미디어 메시지가 메시지 내용과 관련된 수용자의 개념, 사고, 학습 또는 과거에 습득된 지식을 자극해서 수용자의 마음속에 저장된 관련 사고를 활성화할 때도 발생한다(Bryant & Thompson, 2001/2005: 140). 수용자가 미디어 환경에 노출되었을 때 점화 효과는 수용자의 머릿속에 있는 기억의 창고에서 연관 정보를 찾아내서 새로운 정보를 평가하거나 판단하는 기준을 세우도록 해준다. 부자가 미디어에서 아프리카 어린이들의 굶주린 모습에 관한 뉴스를 보면서 과거 어려웠던 어린 시절을 떠올리고는 거액의 기부를 하겠다는 판단을 하는 경우를 들 수 있다.

점화 효과는 인간의 정보처리와 관련해 몇 가지 가정에 기반을 둔다. 우선 인간의 사고력은 복잡한 환경을 모두 이해하기에는 한계가 있기 때문에 사람들은 모든 것에 주목하기보다는 특정한 것을 선택해서 주목한다고 본다. 또 사람들은 기본적으로 무엇을 알려고 하는데 게으르기 때문에 정치적 문제를 평가할 때 학습을 통해 얻은 아주 단순한 판단에 기초해서 결정하며, 이러한 판단의 기초를 미디어가 제공한다고 가정한다. 사람들은 정부, 대통령, 정책 등에 대해 정치적 평가를 할 때 여러 기준이 있음에도 일반적으로 뉴스 미디어가 강조한 사안에 근거해서 평가한다는 것이다. 점화 효과 이론은 의제설정이라는 인지적 효과에서 한 단계 더 나아가 의견과 태도, 행동에 영향을 미치는 효과를 제시했다(양승찬, 2006; Iyengar & Kinder, 1987: 63~89). 온라인매체에 보도된 지구 온난화 이슈 가운데 생태환경, 홍수, 산업, 에너지 정책, 분쟁 등 5개 속성(2차 의제)은 수용자가 지구 온난화 효과를 줄여야 한다고 판단하는 기준에 영향을 주어 점화 효과가 있는 것으로 나타났다(이건호, 2006a).

3. 프레임 이론

1) 프레임의 정의

장면 1: 여름휴가를 맞아 유명한 바닷가에 갔다. 바닷가는 여러 모습을 보여 준다. 우선 수많은 사람이 바닷가의 모래밭에서 놀거나 시원한 바닷물 속에서 수영하는 모습을 쉽게 볼 수 있다. 덩달아 즐거워진다. 그러나 사람들이 마구 버린 쓰레기나 바가지를 씌우는 상점들로 인해 기분이 상할 수도 있다. 당신이 사진기자라면 흥겨운 모습과 이리저리 뒹구는 쓰레기 가운데 무엇을 찍을 것인가. 아마 당신이 전달하고 싶은 바닷가의 모습에 따라 사진구도가 달라질 것이다. 그것이 무엇이 되었든, 당신이 찍은 사진 한 장에 의해 그 바닷가는 흥겨운 바닷가가 될 수도 있고, 아니면 지저분한 바닷가가 될 수도 있다.

장면 2: 국회가 한창 열리고 있는 여름의 어느 날 오후 2시. 국회의사당에서는 의원들이 열띤 토론을 하고 있지만, 점심 식사 바로 직후이어서인지 꾸벅꾸벅 졸고 있는 의원들도 보인다. 사진기자는 열심히 토론하는 장면과 꾸벅꾸벅 졸고 있는 모습 가운데 하나를 택할 것이다. 그에 따라 그날 의원들의 모습은 두 가지로 크게 엇갈린다. 열심히 일하는 의원들과 졸고만 있는 의원들로.

세상의 모든 일은 여러 모습으로 구성되어 있다. 그러나 사람들은 일반적으로 가장 강조하고 싶은 장면을 선택해 사진을 촬영한다. 프레임은 이같이 사건이나 이슈가 가진 여러 특징 가운데 하나를 선택해 강조하고, 나머지는 버리는 기법을 말한다. 사람들이 대체로 하루에 즐겁고 힘든 일을 모두 겪지만, 특히 어떤 감정을 많이 느꼈느냐에 따라 그날을 '좋았던 날' 아니면 '힘들었던 날' 중 하나로 규정하는 것과 같이, 다양한 현실의 모습을 하나로 압축하는 것이다. 여러 장면 가운데 하나만을 택해 사진틀에 넣는 것과 같다고 해서 프레임 이론은 '틀

짓기' 이론이라고도 한다.

프레임은 사건의 다양한 모습 가운데 하나를 택해 수용자에게 보여줌으로써 그 사건을 새롭게 그려 낸다. 미디어는 사회 현실을 그대로 반영하는 것이 아니라 프레임이란 틀을 통해서 이슈의 특정 측면을 선택하고 강조해 사회적 현실을 재구성해서 전달한다(최원석 · 반현, 2006; Entman, 1993). 프레이밍은 미디어가 현실에 대한 인식, 해석, 선택, 강조, 배제를 통해 사회적 현실을 재구성하는 지속적인 패턴이며, 미디어는 이를 통해 미디어 담론을 만들어낸다(Gitlin, 2003: 7). 미디어 담론은 이슈나 사건에 특정한 의미를 부여하는 해석적 패키지이다(Gamson & Modigliani, 1989). 모든 사건은 다양한 의미를 갖는데, 프레임은 그중 하나의 의미를 강조해서 이야기와 생각할 거리를 만들어내는 것이다.

구성주의에서는 미디어가 만드는 프레임이 범사회적 구조로서의 문화와 깊은 관련이 있다고 본다(Weaver, 2007). 문화는 프레임에 깊숙이 담긴 추상적 이데올로기이며, 프레임의 구성에 따라 이슈가 형성되고 변화를 겪는다(박정의, 2004). 그래서 미디어가 전달하는 사회적 현실은 세계의 단순한 반영이 아니라 사회적, 역사적 맥락 속에서 인간의 지속적인 해석과정을 통해 구성된다(양승목, 1997). 프레임은 문화적 이해를 추구하고 정보가 가진 함축적 의미를 전달하는 데 목적을 두며(Reese, 2001/2007: 31~73), 특정한 방법으로 뉴스를 읽는 계기를 제공한다(van Gorp, 2007).

정치뉴스 생산과정에서 프레이밍은 미디어의 뉴스 수집 관행이나 지배적인 정치문화와 연결된 이데올로기의 영향을 받으며, 미디어의 프레임 구성방식에 따라 동일한 사건도 성격과 의미가 달라진다(고영신, 2008). 같은 사건이라도 사회적, 역사적, 정치적 맥락에 따라 해석이 달라지기 때문이다. 예를 들어 문화 산업과 관련한 이슈는 자국의 문화 산업 발전과 관련이 있기 때문에 한류에 대한 한국과 중국, 일본 언론의 프레임은 자국 중심적으로 보도된다. 한국 언론은 한류에 긍정적인 반면, 중국과 일본 언론은 경쟁 심리에 의해 우려, 경계, 비판적인 프레임으로 보도한다. 일본의 한류 현상에 대해 일본 언론은 일본 여성들이 미남 배우를 추구한다는 전형적인 팬덤 현상으로 정형화하여 의미를 축소한 반면, 한국 언론은 자기중심적으로 해석해 아시아 공동체 논의로 확산시킨다(Hayashi & Lee, 2007). 중국 내 한류에 대해 중국 언론은 소극적인 자세에서 객관적으로 보도한 반면, 한국 언론은 한류를 사회적 추세로 보면서 과장해서 주관적으로 보도했다(김범송, 2008). 2004년부터 2007년까지 매년 중국 언론에서 항(抗) 한류를 프레임으로 한 뉴스가 이어진 이유는 중국의 문화적 자존심, 한·중 역사문제와 문화갈등이라는 사회적, 역사적인 맥락 때문이다(강내영, 2008).

2) 프레임의 효과와 사회적 역할

뉴스 프레임은 수용자로 하여금 사회적 이슈의 중요한 내용을 특정한 방향으로 이해하게 하며, 사회의 여러 가치와 믿음, 행위가 어떻게 연관되는지를 결정해 준다. 특정한 주제와 관련된 언어 사용, 문장 구조, 코드 어휘, 수식어 등을 포함하는 상징기호를 선택해 표출하게 하고, 내용에서 근본이 되는 가치와 목표를 최대한 가시화한다(Hertog & McLeod, 2001/2007). 수용자는 미디어의 프레임을 통해 복잡한 이슈를 효과적으로 전달받아 그 핵심에 접근할 수 있다(이동근, 2004; 이준웅, 2004; Scheufele & Tewksbury, 2007).

미디어는 프레이밍을 통해 현실에 대한 정의, 원인 분석, 도덕적 판단, 해결책 제시 등 네 가지 기능을 수행한다(Entman, 1993). 프레이밍은 개인이 수없이 많은 실체적 사건을 지각하고, 규정하고, 위치를 알고, 분류할 수 있도록 해준다(Goffman, 1974: 21). 예컨대 주요 신문이 보도한 환경뉴스에 나타난 프레임 유형을 통해 수용자는 환경 문제를 이해하고, 이를 해결할 수 있는 합리적인 방안의 단서를 찾을 수 있다(한균태·송기인, 2005).

같은 사건이라도 뉴스가 취하는 프레임에 따라 수용자에게 미치는 효과는 크게 달라진다. 앞서 바닷가의 모습에 대한 사진보도의 프레임은 사진틀에 따라 같은 현실에 대해 전혀 다른 정의, 원인 분석, 도덕적 판단, 해결책 제시를 한다. 흥겨운 바닷가의 모습을 담은 사진을 본 수용자는 바닷가에서의 휴가를 유쾌하고 즐거운 것으로 정의할 것이다. 많은 사람이 즐겁게 노는 모습을 보고 자신도 그렇게 지낼 수 있을 것이라 생각하기 때문이다. 그래서 도덕적 판단으로 '좋다'라고 생각할 것이며, 해결책으로 '나도 가야지'라고 생각할 것이다. 그러나 지저분한 바닷가의 사진을 본 수용자는 바닷가에서의 휴가를 불쾌한 것으로 정의 내리고, 그 원인이 우리 국민의 낮은 도덕 수준에 있다고 생각할 것이다. 그리고 '여전히 잘못되었다'는 도덕적 판단을 하고, '빨리 우리 국민의 의식 수준이 높아져야 한다'는 해결책을 생각하면서 은연중에 바닷가에 가고 싶은 마음은 줄어들 것이다.

의견이 대립할 수 있는 사건에서 미디어가 양측 입장을 균형 있게 보도하는 객관적 프레임보다 한쪽 입장을 중심으로 보도하는 옹호적 프레임을 취하면 수용자에게 효과가 더 크다. 그래서 미디어는 대립하는 의견이 있는 이슈에 대해 옹호적 프레임을 택하는 경우가 많으며, 갈등 프레임도 자주 사용된다. 그러나 갈등 프레임은 충돌을 강조해 부정적 감정과 정치 냉소주의를 초래한다(이건혁, 2002; Cappella & Jamieson, 1996). 반면, 책임이나 미래지향적 프레임은 이슈 중심적 프레임에 가깝다. 이슈 중심적 프레임은 공중의 이해를 돕기 위해 사안과 관련된 문제·정책정보·대안 제시 등 문제 해결 중심으로 보도하는 것을 말한다(Rhee, 1997).

미디어는 뉴스의 프레임을 만들기 위해 선택과 현저성이라는 두 가지 특성을 강조한다(박정의, 2004; 이동근, 2004; Entman, 1993). 현저성은 전달되는 텍스트상에서 특정 정보를 눈에 띄게 하거나, 의미있게 보이게 하거나, 수용자가 기억하기 쉽게 하는 것 등을 말한다(Nelson & Oxley, 1999). 미디어는 프레임을 통해 수용자에게 문제에 대한 전체적인 해석을 제공하기 위해 뉴스의 주제적 구성과 뉴스 어휘의 사용, 강조와 생략, 은유와 직유와 같은 수사적 장치, 시각적 양태의 정보 제공 등의 방법을 사용한다(이준웅, 2005). 미디어가 반복적으로 동일한 대상과 특성을 언급하고, 같거나 비슷한 단어와 상징을 사용함으로써 프레임을 형성하는 방법을 들 수 있다(Entman, Mattes, & Pellicano, 2008).

프레임이 수용자에게 주는 효과의 방식은 의제설정 효과가 주는 방식과는 다르다. 의제설정 효과는 축적된 뉴스량이 현저성을 증가시킨다는 '접근성 모델'에 근거하므로 미디어의 보도량이 중요하다. 반면, 프레임 효과는 수용자의 인식 변화에 중점을 두는 '적용성(*applicability*) 모델'에 기초한다. 적용성은 특정 이슈를 특정한 방향으로 이해하는 데 필요한 연결고리를 적용할 수 있는 능력이다. 예컨대 정부가 복지 수준을 향상하는 정책을 만들려는 데 반대한다면 '복지 향상은 세금 인상'이라는 방향으로 프레임을 만들고, 복지 향상과 세금 인상 간의 연결고리를 강조해 수용자의 인식을 그런 방향으로 변화시키는 것이다(Coleman, McCombs, & Weaver, 2008/2016).

미디어가 특정 이슈나 집단에 대해 취하는 프레임은 미디어가 특정 집단에 대해 가진 태도, 나아가 선입견이나 고정관념(*stereotype*)을 보여 주기도 한다. 고정관념은 개인의 개성이나 개인별 차이를 무시하고 성, 인종, 민족, 직업 등 특정 집단에 대해 가지는 고정된 관념이나 신념이다. 이런 보도 태도는 결국 특정 집단에 대한 사회적 고정관념을 고착화하는 원인이 되기도 한다. 뉴스는 특정한 프레임을 반복적으로 사용함으로써 수용자의 인식에 영향을 주고 특정 사건이나 쟁점에 대해 고정관념을 갖도록 한다(Iyengar & Kinder, 1987). 장애인, 미혼모, 여성 결혼이민자 등 사회적 약자가 그 집단에 속해 있다는 이유만으로 지나치게 단순화하여 부정적으로 생각하게 만드는 경우다. 미국에서는 미디어가 아시아, 아프리카 등에서 이주한 소수인종 사람들에 대해 정형화된 형상(*stereotypical portrayals*)으로 계속 재현하면 수용자는 고정관념을 갖게 되며, 인종주의로 연결될 위험성이 있는 것으로 밝혀졌다(Ford, 1997; Gorham, 1999). 미국 미디어에서 아시아 남성은 대체로 공붓벌레, 갱단, 매력 없는 남성, 영어를 못 하는 이민자 등의 부정적 이미지로 재현되었다. 이는 미국인에게 아시아인에 대한 고정관념이나 편견을 고착화하고 편견을 당한 당사자도 무의식중에 이를 인정해 갈등을 일으킬 수 있는 것으로 나타났다(신혜영, 2011).

한국에서도 2000년대 들어 여성 결혼이민자, 외국인 노동자와 관련한 뉴스보도나 프로그램이 많이 증가했지만, 한국 미디어는 인종적 소수자를 한국인보다 생물학적, 문화적으로 열등한 존재로 규정하면서 인종을 통한 계급의 형성과 재생산에 기여하고 있었다(홍지아·김훈순, 2010). 특히, 한국 미디어는 같은 외국인이라도 서구 출신 외국인은 긍정적이고 우호적으로 보도하지만 아시아 출신 외국인은 부정적이고 적대적으로 재현해 아시아와 서구에 대한 차별적인 고정관념과 시각을 드러냈다(김경희, 2009; 송덕호, 2008).

아시아 출신 여성 결혼이민자는 '비전문인', '심리적 불안정자', '하층생활자', '피해자', '기초 생활이 어려운 사람', '도움을 받아야 하는 대상' 등으로 묘사되고, 아시아 출신 외국인 노동자는 불법체류자나 낯설고 무서운 존재로 다뤄진다. 한국의 TV에서 인기 있는 외국인은 대체로 잘사는 국가의 백인이며, 한국 미디어는 동남아시아에 대해서는 낙후되고 더러운 모습만을 보여 주고 있다(정현숙, 2004). 한국 미디어가 지속적으로 아시아와 서구 출신 이주민을 차별적으로 재현하면 한국인에게 인종차별주의를 심어 주고, 아시아 출신 이주민은 한국 사회에 적응하지 못한 채 불만을 느끼게 되어 한국 사회에서 인종갈등을 불러오게 된다(오대영, 2013).

3) 내용 프레임

내용 프레임은 미디어의 뉴스에 나타나는 프레임을 내용에 따라 규정한 것이다. 내용 프레임은 뉴스 영역에 따라 매우 다양하다. 내용 프레임을 알아내는 방법은 크게 귀납적 방식과 연역적 방식으로 분류된다(강내원, 2002; 김춘식 · 이영화, 2008). 귀납적 방식은 연구자가 연구하려는 특정 주제나 이슈의 기사를 모두 검색하고 기사마다 두드러지게 나타난 내용 프레임을 추출한 후 유형을 찾는 방법이다. 이 방식은 모든 가능한 내용 프레임을 찾아내기 위해 개방적인 입장에서 뉴스 내용을 분석하는 방법이라 프레임이 다양하게 나타난다. 새만금 간척 사업을 둘러싼 사회 갈등에 대해 한국 언론의 뉴스에 나타난 프레임 분석에서는 정책의 비효율성, 개발, 환경 보호, 국민 부담, 사업의 경제성, 사회적 합의 등 6개 프레임이 있었다(강내원, 2002). 배아줄기 세포에 대한 한국과 미국 신문의 뉴스 프레임 비교 연구에서는 선두, 영웅, 과학적 성과, 경제 효과, 정책 갈등, 윤리 갈등 등 6개 프레임이 있었다(김수정 · 조은희, 2005).

귀납적 방식으로 프레임을 찾아내는 방식에는 1차적으로 가능한 많은 프레임을 추출한 후, 2차적으로 유사한 성격의 프레임을 묶어 유형화하는 방식도 있다. 국내 신문의 원자력 관련 보도에 대한 프레임 분석에서는 1차적으로 책임 규명, 갈등 대치, 폭력 난동, 환경 안전, 경제 효용, 민주 합의, 대체 개발, 기술 진보, 정책 의지 등 9개 프레임을 추출한 후, 이를 정황(갈등 대치, 폭력 난동, 정책 의지), 귀인(책임 규명), 배경(기술 진보, 경제 효용, 환경 안전), 가치(민주 합의, 대체 개발) 등 4개 프레임으로 유형화해서 분석했다(김원용 · 이동훈, 2005). 귀납적 방식은 많은 프레임을 탐색할 수 있다는 장점이 있지만, 노동 집약적이고 매우 적은 표본에 의존하기 때문에 다른 연구에서 사용되기 어렵다는 한계가 있다(Semeko & Valkenburg, 2000).

연역적 방식은 특정 사회 체계에서 발생하는 이슈에 대한 언론의 보도에는 그러한 체계를 반영하는 특정한 프레임이 존재한다고 보고, 정형화된 프레임에 의거해 분석하는 방식이다(강내원, 2002). 비슷한 주제나 분야의 기사에서 두드러지게 나타나는 프레임은 대체로 유사하기 때문에 연역적 방식으로 프레임을 분석하기도 한다. 외국 문화 수용은 정치, 경제, 사회적으로 많은 영향을 미치기 때문에 외국 언론의 한류 기사 프레임을 보면 대체로 정부 정책, 경제적 움직임, 문화적 관심, 문화 수용과 충돌 등의 프레임이 강조된다. 미국 · 중국 · 일본 · 프랑스 등의 언론이 보도한 한류 기사에서는 정책, 경제, 문화적 흥미, 부정적 경계, 비교 경쟁 등 5개의 프레임이 추출되었다(유세경 · 이석 · 정지인 · 2012; 정수영 · 유세경, 2013). 중동의 7개국 언론이 보도한 한류 기사에 대한 연구(오대영, 2014a)는 유세경, 이석, 정지인(2012) 등의 연구에서 확인된 프레임을 일부 수정하는 연역적 방식으로 정책, 경제, 문화적 흥미, 성공, 비판, 문화 교류 등 6개의 프레임을 추출해 기사 내용을 분석했다.

세멧코와 발켄버그(Semetko & Valkenburg, 2000)는 1997년 네덜란드 암스테르담에서 열린 유럽연합(EU) 정상회담에 관한 네덜란드 언론의 뉴스 내용을 갈등, 인간적 흥미, 경제적 중요성, 도덕성, 책임 등 5개의 프레임으로 분석했다. 갈등 프레임은 사람들의 주목을 끌기 위한 수단으로 개인, 집단, 조직 간의 충돌을 강조한 것이다. 인간적 홍미 프레임은 뉴스를 개인적, 감정적 측면에서 극적으로 보도한 내용이다. 경제적 중요성 프레임은 모든 사건이나 이슈가 개인, 그룹, 조직, 지역, 국가 등에 경제적으로 미칠 영향의 측면에서 사건과 이슈를 강조했다. 도덕성 프레임은 종교적, 윤리적 관점에서 이슈에 접근했다. 책임 프레임은 사건의 원인이나 책임, 해결을 정부나 개인, 그룹에 귀속시키는 방식으로 뉴스를 보도했다.

세멧코와 발켄버그의 프레임 분류방식은 한국의 뉴스 프레임 연구에서 많이 활용되었다. 2000년 의약 분업을 둘러싼 의사, 약사, 정부, 시민단체, 정치인 등의 갈등에 대한 방송뉴스의 프레임 분석(박경숙, 2002), 새만금 사업 등 국내의 대표적인 국토개발 사업과 관련된 환경 이슈에 대한 국내 신문의 프레임 분석(한균태 · 송기인, 2005), 한국 정치 현실에 대한 YTN 방송의 돌발영상 분석(우형진, 2006), 참여정부의 언론 정책에 대한 뉴스 프레임 연구(김춘식 · 이영화, 2008), 한일 강제병합 100주년에 대한 한국과 일본 신문의 뉴스 프레임 비교 연구(오대영, 2011) 등이 있다.

프레임 내용은 프레임을 구성하는 내용을 분석함으로써 더욱 심층적으로 알 수 있다. 세멧코와 벨켄버그(Semetko & Valkenburg, 2000)는 갈등, 인간적 흥미, 경제적 중요성, 도덕성, 책임 등 5개 프레임마다 각각 3~5개의 세부 내용으로 구성된다고 분석했다. 5개 프레임을 구성하는 세부 내용은 총 20개였다. 예를 들어 책임 프레임을 구성하는 세부 내용은 책임 소재, 해결 방안, 해결 능력 여부, 해결 내용 등 네 가지였다. 두 미디어가 모두 책임 프레임을 강조했다고 하더라도 책임 소재, 해결 방안, 해결 능력 여부, 해결 내용 가운데 무엇을 더 중시했느냐에 따라 보도 내용과 효과는 크게 달라질 수 있다. 책임 소재가 과거 지향적이라면, 해결 능력은 현재 지향적이라고 할 수 있다. 따라서 프레임을 연구할 때 프레임 구성 내용을 분석하면 더욱 심층적으로 내용을 알 수 있다.

한국과 일본의 주요 신문이 2010년 한일 강제병합 100주년을 맞아 보도한 뉴스에 나타난 프레임 분석 연구에서는 프레임뿐만 아니라 프

〈표 3-1〉 한국과 일본 신문의 한일 강제병합 100주년 기사 프레임

프레임 종류	구성 내용
책임	한일 강제병합에 대해 상대방에게 잘못을 인정하는가
	한일 강제병합에 따라 발생한 문제 해결을 위해 노력하는가
	한일 강제병합의 부당성 인정 등 상대방에게 책임 있는 행동을 요구하는가
	한일 강제병합에 대해 스스로 반성하고 새로운 결의를 하는가
인간적 흥미	행사, 책, 정보 등 단순 사실을 소개하는가
	단순히 역사적 사실을 소개하는가
	단순히 역사적 인물을 소개하는가
갈등	상대방을 비하하는 발언, 행동을 하는가
	한일 간에 특정 사안에 대해 견해차가 있는가
	상대방을 비판하는 물리적 시위에 대해 언급하는가
	상대방에 대해 비난, 불만, 아쉬움을 표시하는가
도덕성	과거 일본인의 잘못이나 불행했던 사실을 고발하는가
	과거 한국인의 잘못된 행동을 고발하는가
	과거 어려웠던 한국인의 생활을 강조하는가
	과거 본받을 만한 행동을 한 사람을 강조하는가
미래지향적	과거를 극복하고 자부심을 회복한 이야기를 강조하는가
	상대방에 대한 이해, 포용이나 긍정적인 변화를 강조하는가
	한일 간의 관계 개선을 소개하거나 관계 강화를 강조하는가
	한일 간 민간 교류 확대를 소개하거나 강조하는가
	한일 관계 강화를 위해 제언을 하는가

출처: 오대영(2011). "한국과 일본신문의 한일강제병합 100주년 뉴스 프레임 차이 비교".

레임 구성 내용까지 분석해 양국 신문보도의 차이점을 세부적으로 알 수 있었다(오대영, 2011). 이 연구에서 뉴스 프레임은 세멧코와 밸켄버그(Semetko & Valkenburg, 2000)가 제시한 5개 프레임 가운데 경제적 중요성을 미래지향적으로 수정해 갈등, 인간적 흥미, 미래지향적, 도덕성, 책임 등 5개로 정해 놓고 연역적으로 분석했다. 그리고 5개 프레임마다 3~5개의 세부 내용으로 구성했다(〈표 3-1〉 참조).

분석 결과, 한국 신문은 일본 신문보다 도덕성 프레임을, 일본 신문은 한국 신문에 비해 미래지향적 프레임을 더 많이 강조해 과거사 문제 접근방식에서 양국 신문 간에 기본적인 차이가 있었다. 양국 신문에서 모두 갈등 프레임은 적고 책임과 미래지향적 프레임이 많았지만, 책임 프레임 구성 내용에서는 양국 신문 간에 차이가 있었다. 한국 신문에서는 일본에 대해 한일 강제병합의 부당성을 인정하는 등의 더욱 책임 있는 행동을 하라고 요구하는 내용이 많았던 반면, 일본 신문에서는 일본 정부의 사과 담화문 발표 등 과거사 해결을 위해 책임을 다하는 모습을 가장 중시했다. 한국 신문은 역사를 중시하는 반면, 일본 신문은 가능한 과거를 잊고 미래를 향해 가려는 의지가 강한 것으로 해석됐다.

만약 책임 프레임의 구성 내용에 대한 분석이 없었더라면 이와 같은 해석은 어렵고 일본도 책임 있는 노력을 다하고 있었다는 해석을 했을 것이다.

4) 형식 프레임

형식 프레임은 뉴스의 내용과 관계없이 뉴스 형식에 초점을 맞추는 프레임이다. 대표적인 것은 주제 중심적 프레임(*thematic frame*)과 일화 중심적 프레임(*episodic frame*)의 분류방식이다. 주제 중심적 프레임은 이슈나 사건에 대해서 원인을 진단하고 대안을 제공하는 등 심층적으로 종합 분석을 하는 방식이다. 일화 중심적 프레임은 이슈나 사건에 대한 단순한 보고·정보만을 전달하거나 개인적인 스토리 또는 화제 중심으로 보도하는 방식이다.

미디어가 특정 사건에 대해서 주제 중심적 프레임으로 보도하면 그 뉴스를 본 수용자는 사건의 책임이 문화적 규범, 경제적 조건, 정책 결정자의 행동과 같은 사회나 국가에 있다고 생각하지만, 일화 중심적으로 보도하면 국가나 사회보다는 개인에게 책임이 있다고 생각한다. 일화 중심적 프레임은 사건을 지나치게 축소하고 개인화해서 사회적 책임에 대해서도 개인의 책임으로 전가한다는 비판을 받는다(Iyengar, 1991: 15~16).

1990년 8월 이라크가 쿠웨이트를 침공하자, 다음 해에 미국 등이 이라크를 무력으로 공격하는 걸프사태가 벌어졌다. 당시 미국 방송들은 걸프사태에 대해 일화 중심적 프레임으로 보도함으로써 이를 시청한 미국 수용자가 걸프사태의 책임이 전적으로 이라크에 있다고 생각하게 만들었다. 그 결과, 미국 국민은 걸프사태 해결 방법으로 외교적, 경제적인 방법보다는 응징적(군사적)인 방법을 더 선호하게 되었다(Iyengar & Simon, 1993).

5) 미디어 프레임을 통한 사회현상 변화 분석

언론뉴스는 특정 현상에 대한 사회의 관심과 여론을 반영한다. 따라서 언론이 특정 이슈나 사건에 대해 오랜 기간 보도한 뉴스의 프레임 변화 내용은 사회의 인식이나 평가의 변화를 반영한다고 할 수 있다. 언론은 같은 이슈라도 항상 고정된 프레임으로 보도하는 것이 아니라, 사회적 상황과 조건에 맞춰 프레임의 변화를 추구하기 때문이다(Scheufele, 1999). 이런 차원에서 오대영과 이완수(2015)는 일본 대중문화 개방에 대한 한국 신문의 뉴스 프레임이 어떻게 달라졌는가를 분석해 일본 대중문화 개방에 대한 한국 사회의 인식 변화 추이를 알아보았다.

김대중 정부가 1998년 단행했던 일본 대중문화 개방은 한국의 문화 개방 역사에서 매우 중요한 사건이었으며, 한일 관계에서도 문화경제사적으로 중요한 의미가 있다. 한국은 해방 이후 1965년 일본과 국교 정상화를 하고 정치, 경제, 외교 등의 많은 영역에서 교류했지만, 영화 등 대중문화 영역에서는 이후에도 폐쇄적인 입장을 취해 왔다. 문화는 산업적, 교육적, 정서적 요인이 얽혀 있는 복합적인 영역이어서 어느 국가에서든지 외국 문화를 쉽게 수용하기 어려운 측면이 존재한다. 특히, 일제 식민지를 겪은 역사적 상처로 인해 한국인 사이에는 일본 문화에 대한 거부감과 함께 일본 대중문화 개방을 문화제국주의로 인식하는 부정적 정서가 형성되면서 한국 문화가 일본 문화에 예속되는 것을 원하지 않는 분위기였다(Yasumoto, 2009: 312).

그러나 위성방송, 인터넷과 같은 초국경적인 디지털 커뮤니케이션 기술의 발전, 세계적인 시장 개방 추세, 한국 문화의 경쟁력 강화라는 시대적 요구에 따라 한국도 1993년 출범한 김영삼 정부 때부터 일본 대중문화 개방에 관심을 두기 시작했다. 한국 내에서는 일본 대중문화 개방에 대한 논란이 매우 많았다. 개방 반대론자들은 과거 일제 침략 역사에 근거한 반일민족주의, 한국 문화가 왜색화 혹은 탈국적화될 우려, 일본 대중문화의 저질성·폭력성·선정성에 대한 비판, 한국 문화 산업의 잠식과 파괴 가능성 등을 근거로 들었다(김성국, 1999). 일본의 앞선 문화 자본력과 기술력으로 인해 한국은 일본의 문화 종속 상태가 되고, 한국 문화 산업은 심각한 타격을 입을 것이라는 우려도 많았다(전영우, 1999). 개방 찬성론자들은 세계화에 따른 문화 개방의 확대 필요성, 인터넷을 통한 일본 대중문화의 음성적 유입피해 차단, 한국 문화의 다양성과 정체성 강화, 한국 문화 산업의 경쟁력 제고, 일본과의 상호이해와 협력관계 증진 등을 근거로 제시했다(이호준, 2002).

많은 논란 끝에 김대중 정부는 1998년 10월 20일 1차 일본 대중문화 개방을 시행했다. 이로써 해방 이후 처음으로 일본 대중문화가 한국 시장에 진입할 수 있는 길이 제도적으로 열렸다. 1999년 9월 10일에는 2차 개방 정책, 2000년 6월 27일에는 3차 개방이 이루어졌다. 2001년 일본 정부의 역사 교과서 왜곡 문제에 대해 한국 정부가 항의하면서 개방 일정이 일부 지연되었으나, 노무현 정부 때인 2003년 9월 17일 음반, 게임, 대중가요, 비디오가 전면 개방되는 4차 개방이 이뤄졌다. 2003년 12월 30일에는 방송 분야가 개방되는 4차 추가 개방이 실시되어 드라마 등 극소수 분야를 제외한 거의 모든 분야가 개방되었다.

오대영과 이완수(2015)는 김영삼 정부가 출범한 1993년 2월 25일부터 20년 8개월 동안, 한국의 16개 신문·방송이 일본 대중문화 개방에 대해 보도한 1,367개 기사의 내용을 뉴스 프레임과 보도 태도 중심으로 시계열적으로 분석해 한국 언론의 일본 대중문화 개방 수용 태도가 어떻게 변화했는가를 알아보았다. 변화 추이를 알아보기 위해 분석 시기를 3개로 분류했다. 개방 정책이 추진된 1993년 2월 25일부터 1차 개방 전날인 1998년 10월 19일까지를 '개방 이전', 1차 개방부터 4차 개방이 완료된 2003년 12월 30일까지를 '개방 시기', 그 이후부터 개방 15주년이 되는 2013년 10월 20일까지를 '개방 이후'로 구분했다. 보도 프레임은 귀납적 방법으로 문화적 흥미, 문화 산업, 문화 수용, 문화 거부, 처방 등 5개로 분류했다. 프레임마다 구성 내용을 분석했다(〈표 3-2〉 참조).

〈표 3-2〉 한국 언론의 일본 대중문화 개방기사 프레임과 구성 내용

프레임	구성 내용
문화적 흥미	일본 대중문화 내용
	일본 대중문화 행사
	일본 대중문화 인물
문화 산업	일본 대중문화 산업의 한국 진출 동향
	한국 대중문화 산업의 대응
문화 수용	한국 대중문화 산업 경쟁력 강화
	한일 간 교류 · 이해 확대
	한국 대중문화 산업의 자신감
문화 거부	한국 사회에 나쁜 영향
	한국 대중문화 산업에 피해
	과거사 문제로 거부
처방	한국 대중문화 산업에 제언
	일본 정부에 제언
	한국 정부에 개방 피해대책 촉구

출처: 오대영 · 이완수(2015). "일본 대중문화 개방과 한국 언론의 수용 태도 변화: 보도 태도, 프레임, 정보원을 중심으로".

시기에 따라 프레임과 보도 태도가 어떻게 달라졌는가를 알아보고, 문화 수용 이론에 기초해 한국 언론의 일본 대중문화 수용 태도를 분석했다. 한 문화권이 다른 문화를 수용하는 과정은 문화적 거부나 충격(*culture-shock*), 문화적 순응(*adjustment*), 문화적 적응(*cross-cultural adaptation*), 문화적 동화(*acculturation*) 등의 4단계를 통해 이루어진다(Sussman, 2000). 문화적 충격은 문화 수용과정의 초기단계에 자주 나타난다. 주로 심리적으로 강렬하고, 새로운 문화에 대한 부정적인 정서반응을 보인다. 문화적 순응은 부정적 정서나 마찰을 줄이고, 긍정적 정서를 늘리는 쪽으로 인식과 행동을 변형하는 단계이다. 문화적 적응은 인지와 행동의 변형과정을 거친 순응 단계의 긍정적 결과가 긍정적 감정의 형태로 나타나 다른 문화에 대한 사회적 상호작용이 이루어지는 단계이다. 문화적 적응은 문화적 접촉의 결과로 문화적 태도, 행동, 정체성이 통합과 동화의 과정으로 진입한다(Berry, 1990). 문화적 동화는 새로운 문화에 대해 사회 구성원이 완전히 순응함으로써 거부감이 없이 받아들이는 단계이다.

분석 결과, 보도 태도에서는 개방 이전과 개방 시기에는 부정이 긍정보다 많았지만 개방 이후에는 긍정이 많아졌다. 전체적으로 5개 프레임 가운데 문화 수용 프레임이 가장 많았고, 문화 거부 프레임이 가장 적었다. 모든 시기에서 문화 수용 프레임이 문화 거부 프레임보다 많아서 한국 언론은 개방 이전부터 수용하려 했음을 알 수 있다. 시기에 따라 수용 태도는 달랐다. 개방 이전에는 비판적인 수용 태도가 매우 강했으나, 개방 시기에는 줄었으며, 개방 이후에는 긍정적인 수용 태도로 변화했다. 한국 언론은 개방에 따른 한국 대중문화 산업 피해를 우려했으나, 한국 대중문화 산업 발전의 기제로 생각하는 긍정적인 수용 태도를 보였다.

한국에서 일본 대중문화 개방은 일반적인 타문화 수용과정과 달리 거부와 충격의 단계 없이 순응, 적응, 동화 단계를 거친 것으로 나타났다. 일본 대중문화가 개방 전부터 한국 사회에 많이 보급되어 있었기 때문에 일본 대중문화가 한국 시장에 공식적으로 진입하는 과정에서는 개방 초기에 나타날 수 있는 부정적인 거부감이나 적대감이 상대적으로 적었기 때문이다. 외국의 이질적 문화라 하더라도, 이를 받아들이는 사회의 문화적 이해 수준에 따라 현지 언론의 초기 수용 태도가 다르게 나타날 수 있음을 시사한다. 이같이 프레임 분석은 중요한 이슈나 사건에 대한 언론의 인식이나 평가의 변화를 알게 해준다.

6) 의제설정과 프레임의 사회적 효과 차이

의제설정 효과와 프레임 효과 가운데 어느 것이 사회에 미치는 효과가 더 큰지를 질문하면, 상당수 학생은 프레임 효과가 더 크다고 생각하는 것 같다. 학생들은 프레임은 특정한 측면을 강조해서 뚜렷하게 보여 주기 때문이라고 말한다. 그러나 프레임보다는 의제설정 효과가 더 크다. 프레임은 이미 발생한 이슈나 사건의 여러 측면 가운데 특정 측면을 강조하는 '사고의 방향성'에 관한 것이다. 수용자에 따라서는 언론이 강조한 프레임이 영향을 주지 않을 수도 있다. 반면, 의제설정은 수용자가 전혀 생각하지 못했던 이슈의 중요성을 알려 준다. 언론의 의제설정으로 인해 사회는 새로운 의제를 알게 되고, 이에 대해 찬반 논란 등 다양한 공론을 거쳐 사회가 변화한다. 의제설정 이후에 프레임 현상이 발생하는 것이다.

학자에 따라서는 의제설정 이론이 발전해 제시된 2차 의제설정의 효과를 프레임 효과와 유사하게 보기도 한다. 1차 의제의 내용을 세분화한 실체적 속성과 좋고 나쁨을 나타내는 감성적 속성으로 구성되는 2차 의제는 수용자에게 1차 의제를 어떻게 생각할 것인가를 제시해 프레임과 유사한 효과를 주기 때문이다. 이렇게 생각하면 의제설정 효과가 프레임 효과보다 더 크다는 것을 쉽게 이해할 수 있다.

선거나 중요한 공론에서 주도권을 쥐는 방법도 우선은 의제 선점에 있다. 남들이 생각하지 못한 의제를 생각해 내고, 사회에 제시하는 것이 사회 여론을 주도하는 방법이다. 의제가 좋다 혹은 나쁘다고 생각하는 것은 그다음의 문제다. 따라서 선거나 정책 개발에서 가장 중요한 것은 중요한 의제를 개발하는 데 있다. 2010년 전국 지방선거에서 매우 중요했던 무상급식 공약의 경우, 모든 국민에게 복지서비스를 제공해야 한다는 '보편적 복지론'에 근거한 찬성 여론과 필요한 사람들에게만 제공해야 한다는 '선별적 복지론'에 기초한 반대 여론이 충돌해 많은 논란이 있었다. 무상급식은 의제이고, 보편적 복지론과 선별적 복지론은 프레임이다. 대통령 선거에서도 시대적 상황에 따라서 정치, 경제 등 큰 의제 가운데 하나가 중요한 의제로 떠오른다. 선거 당시 정치적 이슈가 최대 쟁점이면 정치가 가장 중요한 의제가 되며, 경제 회복 문제가 사회적 관심사라면 경제가 최대 핵심의제가 된다. 선거 당시 가장 중요한 의제를 먼저 제시하고, 그 의제를 잘 수행할 능력을 갖춘 것으로 인정되는 후보가 선거에서 유리한 고지를 선점하는 것이다.

4. 이용과 충족 이론

1) 이용과 충족 이론의 개념

미디어 효과 연구는 미디어가 수용자에게 미치는 영향을 분석한다. 효과 연구에서의 수용자는 영향을 받는 정도의 차이는 있어도, 기본적으로는 미디어의 영향을 잘 받는 '수동적 수용자'(*passive consumer*)로 가정된다. 그러나 이용과 충족(*use and gratification*) 이론은 이에 근본적인 의문을 제기하는 데서 출발한다. 미디어의 영향력이 아무리 크다고 하더라도 수용자가 미디어를 이용하지 않으면 영향력은 아무런 소용이 없기 때문에 영향력보다는 수용자의 이용이 더 중요하다고 본다. 그래서 수용자의 의도와 행동으로 눈을 돌리고, 미디어에 대한 수용자의 영향력을 연구한다. 이용과 충족 이론은 '가장 강력한 미디어의 메시지도 사회적, 심리적으로 그것을 이용하지 않는 사람에게는 영향력이 없다', '사람들의 가치, 흥미, 사회성, 사회적 역할은 미디어보다 앞서 있으며 사람들은 선택적으로 보고 듣는 것을 결정한다'는 가설에서 출발한다. 수용자가 미디어에 관심을 갖고 이용해야 미디어의 효과가 발생하는 만큼 효과보다는 이용이 우선이라고 보는 것이다(〈표 3-3〉 참조).

이용과 충족 이론에서는 수용자를 합리적이고, 선택적이며, 영향을 받지 않는 '능동적 수용자'(*active consumer*)로 생각한다. 그래서 효과 연구와 이용과 충족 연구가 생각하는 수용자의 개념은 기본적으로 다르다. 효과 연구에서의 수용자는 미디어에 대해 수동적이며, 이용과 충족 연구에서의 수용자는 미디어에 대해서 능동적이다. 효과 이론은

〈표 3-3〉 효과 이론, 이용과 충족 이론의 차이

	수용자와 미디어의 관계	연구의 출발점	연구의 초점
효과 이론	수동적	미디어가 수용자에게 무엇을 하는가	미디어 내용과 소비
이용과 충족 이론	능동적	수용자가 미디어를 갖고 무엇을 하는가	수용자의 미디어 이용 동기와 충족

'미디어가 수용자에게 무엇을 하는가'를 연구한다면, 이용과 충족 이론은 '수용자가 미디어를 갖고 무엇을 하는가'를 연구한다. 효과 이론은 미디어 내용과 소비를 연구의 출발점으로 삼는 반면, 이용과 충족 이론은 수용자 개인과 그의 문제에서 출발한다(Jensen & Rosengren, 1990).

이용과 충족 이론은 개인의 특성과 수용자의 동기에 초점을 맞춰 미디어 이용을 설명한다. 이용과 충족 이론은 수용자의 미디어 이용 행태에 대해 다음과 같이 가정한다. 첫째, 수용자는 능동적이며 목적 지향적이다. 둘째, 수용자는 미디어 이용 의도와 기대를 갖고 있다. 셋째, 수용자는 자신이 추구하는 동기를 달성하기 위해 미디어를 선택하기 때문에 이용 동기는 미디어에 대한 노출과 흥미를 설명하는 데 도움을 준다. 넷째, 수용자는 그들이 추구하는 동기를 달성하기 위해 다른 활동보다 미디어를 선택한다(Blumler, 1979).

수용자에게 1시간의 여유가 주어졌다고 치자. 그가 선택할 수 있는 행동은 매우 많다. 미디어를 이용할 수도 있고, 친구와 이야기할 수도 있고, 잠을 잘 수도 있다. 그가 미디어를 이용하기 위해서는 다른 활동보다도 미디어를 이용할 때 가장 높은 만족을 충족시킬 것이라는 기대와 이용 동기가 있어야 한다. 그래서 미디어 이용에서는 이용 동기가 매우 중요하다. 카츠, 구레비츠, 그리고 하스(Katz, Gurevitch, & Haas, 1973)는 문헌연구를 통해 35개의 기본적인 인간욕구를 추출하고, 이를 5개 요인으로 분류했다. 정보 취득 등의 인지적 욕구, 즐거운 경험 등의 감정 욕구, 신뢰성과 안정성 강화 등의 개인적 통합 욕구, 타인과의 교류 강화 등의 사회적 통합 욕구, 도피 등의 긴장 완화 욕구이다.

인간에게 있어 동기를 충족시키는 것은 매우 중요한 욕구이다. 에이브러햄 매슬로가 밝힌 '인간욕구 5단계 이론'에 따르면 인간의 욕구는 1단계 생리적 욕구, 2단계 안전 욕구, 3단계 사랑과 소속 욕구, 4단계 존경받고 싶은 욕구, 5단계 자아실현 욕구라는 5단계로 구성되어 있다. 이 가운데 이용과 충족은 5단계에 해당한다. 수용자는 궁극적으로 미디어 이용을 통해서 자기 발전을 이루고 자신의 꿈과 희망을 실현하려는 목적을 갖는다. 예컨대 18세~20대 후반의 청년기는 다른 활동보다 미디어를 이용하는 데 더 많은 시간을 소비한다. 미디어 이용 시간의 대부분은 인터넷 이용과 음악 청취에 사용된다. 이용 동기는 자율성, 자기 정체성, 교류목적을 충족시키기 위해서이다(Coyne, Padilla-Walker, & Howard, 2013).

이용과 충족 이론은 수용자가 특정 미디어를 이용하도록 유도하는 전략을 사용하거나 특정 미디어를 통한 홍보와 광고 전략을 수립하는 데 큰 힘이 된다. 성, 연령 등 개인적 특성에 따라 즐겨 이용하는 미디어의 이용 동기를 안다면 특정 그룹에 맞는 차별화된 미디어 이용 전략을 수립할 수 있다. 제품을 홍보하거나 광고할 때 이런 미디어를 선택해 집중적으로 활용하면 그 효과가 높아진다.

2) 미디어별 이용 동기와 효과

미디어 이용 동기는 미디어에 따라 다르다. 신문 이용 동기는 습관적 소일, 대인관계, 지역과 생활정보, 국내외 정보 등 4개(조성호, 2003), TV 이용 동기는 매체 선호, 습관 및 시간 보내기, 성적 흥미, 광고 시청, 오락과 휴식, 특정 프로그램, 정보 취득 등 7개이다(김정기, 1995). 웹 이용 동기는 정보 제공, 사회적 관계, 시간 보내기, 오락, 도피, 학습 및 검색, 경제 등 7개이다(김병선, 2004). 블로그 이용 동기는 사회 상호작용, 자아 추구, 정보 추구, 도피·휴식 등 4개(권상희·우지수, 2005), 인터넷 개인방송의 이용 동기는 연구에 따라 정보, 오락과 휴식, 습관 및 시간 때우기, BJ 상호작용성, 차별성 등 5개(김설예·유은·정재민, 2016), 또는 상호작용 추구, 정보 추구, 새로운 재미 추구 등 3개(반옥숙·박주연, 2016)였다.

인터넷에서 동영상 UCC를 이용하는 동기는 연구에 따라 자기표현, 사생활 영유, 참여, 정보 추구, 휴식, 오락 등 6개(성명훈·이인희, 2007), 정보 유익성, 상호참여성, 업무 표현성, 오락 휴식성 등 4개(김채환, 2008), 사회적 실재감, 유용성, 즐거움, 친밀감 등 4개(김형재·박현정·이상환, 2011)였다. 소셜미디어 이용 동기는 관계 중심, 유희 추구, 정보 중심, 보상 추구 등 4개(김남이·이수범, 2011)였다. 유튜브 이용 동기는 외국에서는 습관적인 엔터테인먼트와 정보 취득이었고(Hanson, Haridakis, & Sharma, 2011), 한국에서는 정보 추구, 재미 추구, 관계 추구 등 3개였다(오대영, 2017b). 미디어 종류에 따라 수용자의 이용 동기는 이같이 매우 다르기 때문에, 이용과 충족 연구는 수용자가 여러 미디어 가운데 왜 특정한 미디어를 이용하는지를 설명하는 데도 유용하다.

미디어 이용 동기는 뚜렷한 미디어 이용 목적이 있고 없음에 따라 도구적 이용과 관습적 이용으로 분류되기도 한다. 도구적 이용 동기는 수용자가 정보 취득과 같이 구체적 목적을 달성하기 위해 의도적이고 선택적으로 이용하는 것이다. 관습적 또는 의례적 이용 동기는 시간 때우기와 같이 습관적으로 이용하는 것이다(Rubin & Perse, 1987). 인터넷에서 뉴스를 보더라도 구체적으로 특정 정보를 알아보기 위해 이용하는 것은 도구적 이용이지만, 시간이 남고 무료해서 습관적으로 뉴스를 둘러보는 것은 관습적 또는 의례적 이용에 해당한다. 도구적 이용 동기와 관습적 이용 동기에 따라 미디어 콘텐츠 이용방식도 달라진다. 텔레비전 시청 동기에서 도구적 이용 동기를 가진 수용자는 정보 지향적인 프로그램을 많이 이용하고, 습관적이고 의례적인 이용 동기를 가진 수용자는 오락 지향적인 프로그램을 이용하는 경향이 강했다(Rubin, 1984).

이용과 충족 이론은 미디어 이용 이외에 미디어 콘텐츠를 만드는 이유, 미디어 이용 행태에 관한 연구에서도 활용된다. 인터넷에서 UCC를 만드는 동기는 인식 욕구, 인지 욕구, 사회적 욕구, 엔터테인먼트 욕구 등 크게 4가지이다. 인식 욕구는 자아 형성, 자신감 구축, 만족, 전문성 증가 등이며, 인지 욕구는 지식 확장, 외부정보 습득, 생각 정리 등이다. 사회적 욕구는 감정 표현, 생각과 경험 공유, 자기 상황 알리기 등이며, 엔터테인먼트 요구는 시간 때우기, 호기심, 즐거움 등이다(Leung, 2009). TV를 보면서 스마트폰 등 다른 소셜미디어를 이용하는 멀티스크린 행동을 하는 동기에 대한 연구에서는 시간을 최대한 활용하고 업무를 효율적으로 하려는 실용주의적인 동기와 지속적으로 세상과 연결해서 알려고 하는 감정적인 동기 등 두 가지가 있었다(Dias, 2016).

수용자의 이용 동기는 장르 선택에도 영향을 준다. 오락 추구 성향이 강한 사람은 오락 장르를 주로 시청하고, 정보 추구 성향이 강한 사람은 정보와 교양 장르를 많이 이용했다(심미선, 2007). 수용자의 개인방송 이용 동기에서 사회적 교류 동기가 강하면 평판이나 스타를 기준으로 콘텐츠를 선택하고, 새로운 것을 추구하는 동기가 강하면 콘텐츠의 참신성이나 장르를 기준으로 선택했다(이영주 · 송진, 2016).

미디어 이용 동기는 미디어나 콘텐츠의 이용과 이용량에 직접 또는 간접적으로 영향을 준다. 인터넷 개인방송 이용 동기 가운데 정보 추구 동기는 시청량에 영향을 주었으며(김설예 · 유은 · 정재민, 2016), 정보 추구와 재미 추구 동기는 인지된 용이성 또는 유용성을 통해 태도에 영향을 주고, 태도는 이용 의도에 영향을 주었다(반옥숙 · 박주연, 2016). 사회 상호작용, 자아 추구, 정보 추구, 도피 · 휴식 등 4개 블로그 이용 동기 가운데 정보 추구 동기는 블로그 이용에 긍정적인 영향을 주었다(김봉섭, 2010). 미디어별로 이용 동기가 이용량에 미치는 영향을 안다면 미디어 이용량을 늘리는 방법과 미디어 개선 방안을 알 수 있다.

수용자의 이용 동기와 충족 정도에 따라 즐겨 이용하는 미디어의 기능은 달라진다. 사회적 욕구와 애정 충족을 원하는 수용자는 소셜미디어의 여러 기능 가운데 페이스북과 블로그를 이용하고, 불만 해소를 원하는 수용자는 포럼을 이용한다(Leung, 2013). 외국의 한류 팬이 소셜미디어 채널마다 애용하는 한류 콘텐츠는 다르다. 유튜브에서는 K팝 뮤직비디오 감상을 집중적으로 이용하지만, 트위터에서는 음악, 댄스, TV 프로그램 등 다양한 문화 콘텐츠를 이용한다(Kim, Lee, Han, & Song, 2014).

3) 심리적 요인과 이용 동기

이용과 충족 이론은 이용자의 신념이 태도에 영향을 주고, 태도가 의도를 형성하며, 의도에 따라 행위를 한다는 전형적인 이성적 행위의 사회심리학적 모델에 기초하고 있다(김병선, 2004).

이용과 충족 이론에서는 미디어 이용이 수용자의 사회적, 심리적 필요에 기초한다고 본다. 수용자의 개인적 특성은 미디어 이용 동기를 형성하는 선행조건이어서, 심리적 요인은 사람들이 미디어를 선택하고 이용하는 데 영향을 준다(김정기, 2016: 23). 수용자는 미디어를 이용함으로써 자신이 원하는 것을 충족시킬 수 있을 것이라는 기대에서 미디어를 이용한다. 그래서 미디어 이용에는 수용자의 기대가 큰 역할을 한다.

이용과 충족 이론은 사회심리학 분야의 '기대가치 접근'(*expectancy-value approach*) 이론과 접맥한다. 수용자가 미디어를 포함한 여러 이용 가능한 활동 가운데 미디어 이용을 선택하고, 여러 미디어 가운데 특정 미디어를 선택하기 위해서는 그 선택이 그의 욕구를 만족시켜 줄 것이란 신념을 갖고 있어야 하기 때문에 이용과 충족 이론에서 핵심개념은 '기대'이다(Rayburn & Palmgreen, 1984). 수용자는 그의 성향과 처한 상황을 고려해 미디어, 미디어의 메시지, 기능적인 대체물이 만족시킬 수 있는 충족을 생각하고, 궁극적으로 특정 미디어와 미디어 메시지가 그의 필요를 충족할 것이라는 기대에서 미디어와 내용을 선택한다(Conway & Rubin, 1991).

기대가치 이론에 따르면 수용자의 행동은 그의 기대와 평가의 상호작용으로 결정된다(Babrow, 1989). 수용자의 행위는 그가 지각하고 있는 가능성과 평가 결과에 의해 좌우된다는 것을 전제로 한다. 기대는 이용과 충족 이론의 가장 중요한 개념이기 때문에 기대가치 이론은 수용자의 일반적인 미디어 이용을 설명하는 데 크게 기여한다(최양호, 1998; 2000). 인터넷 이용자가 인터넷 뉴스를 이용하는 데는 자신이 지각한 상호작용성을 바탕으로 기대했던 것을 인터넷에서의 상호작용으로 충족할 수 있다는 지각의 영향을 받고 있었다(최환진, 2004).

4) 이용 동기 조사 방법

오대영(2017b)은 2017년 전국의 성인 560명을 설문조사해서 수용자의 인구 사회적 특성, 이용 동기, 성격이 유튜브에 있는 여러 동영상의 장르별 이용에 미치는 영향을 분석했다. 이 가운데 유튜브 동영상 이용 동기를 조사한 방법을 소개한다. 이용 동기는 요인분석(*factor analysis*)으로 알 수 있다. 요인분석은 다수 변인 간의 상관관계를 분석해서 변인 간의 바탕을 이루는 공통차원을 추출해 다수 변인을 소수의 요인으로 축약하는 통계기법이다(이학식・임지훈, 2013: 383).

요인분석을 하기 위해서는 우선 이용 동기 측정변인을 만들어야 한다. 측정변인은 연구자가 직접 만드는 방법과 선행연구에서 사용된 방법을 준용하는 방법이 있다. 직접 만들 때는 1차적으로 미디어 이용자 10명 정도를 심층 인터뷰해서 이용 동기를 조사한 후, 1차 측정변인을 만든다. 그리고 이 측정변인으로 조사 대상자 일부를 대상으로 탐색적 조사를 해서 측정변인의 타당성을 검토한 후에 수정해 최종 측정변인을 만든다. 그리고 실제 조사 대상자를 대상으로 최종 설문조사를 한다.

〈표 3-4〉 수용자의 유튜브 이용 동기

요인 1: 관계 추구	요인 1	요인 2	요인 3
다른 사람의 반응을 알기 위해	**.803**	.135	.060
내 생각과 같은 집단에 속하려고	**.790**	.128	-.051
타인에게 내 생각을 전달하려고	**.778**	-.039	.027
시대에 뒤지지 않기 위해	**.700**	.105	.224
주변에서 많이 이용해서	**.696**	.142	.047
타인의 관점을 알기 위해	**.687**	.178	.210
요인 2: 재미 추구	요인 1	요인 2	요인 3
시간이 잘 지나가서	.229	**.748**	-.097
기분 전환을 위해	.091	**.739**	.163
재미있어서	-.114	**.718**	.341
시간이 남아서	.118	**.700**	-.169
별생각 없이 습관적으로	.169	**.694**	-.101
이용하는 것을 좋아해서	.159	**.661**	.272
요인 3: 정보 추구	요인 1	요인 2	요인 3
새로운 정보를 얻기 위해	.231	-.043	**.822**
유익한 정보를 얻기 위해	.241	-.046	**.788**
재미있는 정보를 얻기 위해	-.162	.419	**.615**
요인값	4.639	2.562	1.786
설명된 변량(%)	30.9	17.1	11.9
누적된 변량(%)	30.9	48.0	59.9

이 연구에서는 선행연구를 참고해 17개의 이용 동기 측정변인을 만들었다. 측정변인마다 리커트 5점 척도로 조사했다. 통계 프로그램 SPSS로 17개 변인을 대상으로 주성분 요인분석을 해서 요인을 추출했다. 통계적으로 문제가 있는 '나를 덜 외롭게 해서', '색다른 경험을 하기 위해' 등 2개 변인을 제외하고 15개 변인이 3개 요인으로 축약되었다(〈표 3-4〉 참고).

첫 번째 요인에는 '다른 사람의 반응을 알기 위해', '내 생각과 같은 집단에 속하려고', '타인에게 내 생각을 전달하려고', '시대에 뒤지지 않기 위해', '주변에서 많이 이용해서', '타인의 관점을 알기 위해' 등 6개 변인이 포함되었다. 이 요인에는 다른 사람과 유대감을 높이려는 의도가 많이 포함되어, 요인 이름을 '관계 추구'로 했다. 평균은 2.84(SD = .755) 이었다.

두 번째 요인에는 '시간이 잘 지나가서', '기분전환을 위해', '재미있어서', '시간이 남아서', '별생각 없이 습관적으로', '이용하는 것을 좋아해서' 등 6개 변인이 있었다. 재미를 위해서 의례적으로 이용하는 동기가 강해서 요인 이름을 '재미 추구'로 정했다. 평균은 3.45(SD = .667) 이었다.

세 번째 요인에는 '새로운 정보를 얻기 위해', '유익한 정보를 얻기 위해', '재미있는 정보를 얻기 위해' 등 3개 변인이 있었다. 정보를 구하려는 동기가 강해서 요인 이름을 '정보 추구'로 했다. 평균은 3.84(SD = .624) 이었다.

요인분석을 통해서 유튜브 동영상 이용 동기는 관계 추구 동기, 재미 추구 동기, 정보 추구 동기 등 3개인 것으로 확인되었다. 이용 동기에 속하는 변인의 평균값을 비교한 결과, 이용 동기는 정보 추구(3.84), 재미 추구(3.45), 관계 추구(2.84)의 순으로 높았다. 이 연구에서 수용자가 유튜브의 여러 장르 동영상 가운데 특정 장르를 이용하는 데는 유튜브 이용 동기가 성이나 연령 등의 인구 사회적 특성, 수용자의 성격 등 다른 요인보다 가장 큰 영향을 주었다.

4장 / 미디어의 뉴스 제작과정

1. 미디어 사회학

1) 뉴스가 만들어지는 과정

세상에는 하루에도 수없이 많은 일들이 벌어진다. 미디어가 이 사건들을 모두 보도하는 것은 아니다. 그럴 수도 없다. 당연히 미디어는 이들 사건 가운데 극히 일부분만을 선별해 뉴스로 만들어서 보도한다. 여러 미디어가 같은 사건을 보도할 때 모두가 똑같이 보도하지 않는다. 서로 다르게 보도할 때도 많다. 일반적으로 모든 사건은 하나의 뉴스가치를 갖고 있는 것이 아니라, 대부분 여러 뉴스가치를 포함한다. 정당 간의 갈등 문제가 발생할 경우 갈등이 가장 중요한 뉴스가치지만, 때로는 정당 대표 간의 오래된 애증관계와 같이 인간적 흥미가 두드러지게 나타날 때도 있다. 미디어가 이같이 여러 뉴스가치 가운데 무엇을 중시해서 보도하는가에 따라서 같은 사건의 내용이 다르게 나타나기도 한다.

미디어는 거울처럼 세상의 일을 그대로 전달하는 것이 아니라, 사회적 현실을 재구성해서 전달한다. 미디어가 보도하는 내용은 현실을 객관적으로 반영하는 것이 아니라, 사회적으로 재구성한 제작물이다. 한국 정부는 2011년 16세 미만 청소년의 심야 게임 이용을 금지하는 제도를 도입했다. 당시 종합지는 청소년의 게임중독 문제를 부각하면서 긍정적 효과 프레임으로 많이 보도했다. 그러나 경제지는 온라인 게임 산업 위축을 강조하는 부정적 효과 프레임을 많이 제시했다(유홍식·김종화·이지은·진소연, 2011). 같은 이슈나 사건이라도 미디어 내용이 다르면 수용자가 받는 영향도 달라지기 때문에 종합지를 본 독자는 금지 제도 도입을 찬성하고, 경제지의 기사를 본 독자는 한국 게임 산업을 걱정했을 가능성이 크다.

왜 같은 사안이라도 미디어에 따라 보도 내용에서 차이가 나는가. 왜 수많은 사건 중 어떤 것은 뉴스가 되고 어떤 것은 보도되지 않는가. 왜 어떤 뉴스는 크게 보도되고 어떤 뉴스는 작게 보도되는가. 이에 관해 알아보는 것이 미디어 사회학이다. 미디어 사회학은 효과 연구의 연장이라고 할 수 있다. 미디어의 내용에 따라 효과가 달라지기 때문에 같은 이슈에 대해 미디어의 뉴스 내용이 왜 다른지를 알아보는 것은 효과 연구를 확장하는 것이다.

뉴스를 구성하는 방식에 관한 연구는 세 가지 관점으로 구분된다. 첫째는 뉴스 구성이 국가 및 경제구조와 연결되어 있다는 정치경제학적 견해다. 미디어가 개인보다는 국가의 이익을 지지하는 뉴스를 생산한다는 견해를 들 수 있다. 둘째는 사회학에 기반을 둔 조직 이론과 직업

이론의 관점에서 뉴스 생산을 이해하려는 시도이다. 뉴스 구성에 관한 대부분의 연구는 이 관점에서 나온다. 세 번째는 뉴스 작업에서의 광범위한 문화적 제약에 초점을 맞춘다(Becker & Vlad, 2008/2016). 이 가운데 미디어 사회학은 두 번째 관점에 해당하는 연구다. 미디어 사회학은 미디어가 뉴스를 제작하는 과정을 연구하며, 이를 통해 미디어가 왜 특정한 의제를 설정하고, 특정한 효과가 있는 내용의 뉴스를 만드는지를 연구한다(Shoemaker & Reese, 1996/1997).

미디어의 뉴스는 수용자는 물론 사회에 큰 영향을 준다. 그런데 미디어의 뉴스는 사회의 현실을 재구성해서 보여 준다. 미디어 사회학은 미디어의 뉴스 생산과정에 관여하는 여러 요인으로 인해 뉴스 내용과 의제가 달라진다고 설명한다. 미디어가 뉴스를 만드는 과정에는 미디어와 기자뿐만 아니라 이익단체, 정책 결정자, 다른 그룹 등 많은 사회적 주체가 참여해 자신의 이슈를 주요한 미디어의제와 뉴스로 만들기 위해 미디어 내용과 보도량에 영향을 미치려고 하기 때문이다(Scheufele & Tewksbury, 2007). 이같이 미디어가 뉴스를 만드는 과정에는 이슈와 관련된 여러 그룹이 관여하기 때문에, 미디어가 뉴스를 만드는 과정은 관련된 이들 그룹 간의 갈등이나 파워 게임의 개념으로 파악할 수 있다. 파워는 한 사람이 다른 사람의 행동에 영향을 주고, 조절하고, 결정할 수 있는 능력이다(Cobb & Elder, 1983: 22). 이 파워는 의제 창출 능력과 직접적인 관련이 있기 때문에 미디어의 뉴스 제작과정을 아는 것은 사회의 정치적 파워과정을 이해하는 데 필수적이다(Baird, 2004).

이같이 미디어가 뉴스를 만드는 과정은 매우 중요한 의미를 갖기 때문에 뉴스의제를 만드는 데 영향을 주는 핵심요인에 관해 많은 연구가 있었다. 갠스(Gans, 2004: 78~79)는 뉴스가 언론인, 미디어 조직, 사건, 미디어 조직 외부의 힘 등 네 가지 요인에 의해 만들어진다고 보았다. 미디어 외부의 힘에는 기술 발달, 경제적 요인, 이데올로기, 문화 이론, 수용자 중심 등이 포함된다.

라서사(Lasorsa, 1997)는 특정한 사회 시스템에서 미디어의제가 생겨나 개인의제로 되는 과정을 5단계로 설명하면서, 미디어의제는 미디어가 속한 사회의 미디어 시스템, 미디어의 고유 기능, 미디어의 자체 프레이밍에 의해 형성된다고 밝혔다. 5단계는 '언론 시스템(*press system*)→광범한 미디어 기능(*broad function*)→사건 프레이밍(*event/issue framing*)→사회 그룹 학습(*social group learning*)→개인의제(*individual agenda*)'로 구성된다. 1단계인 언론 시스템에는 자유 언론이나 공산주의 언론 등이 있다. 어느 시스템에 속한 언론인가에 따라서 같은 이슈라도 의제나 프레임이 크게 달라진다. 같은 자유 언론 시스템에 속한다고 하더라도, 2단계인 미디어 기능에서 감시 기능, 상호 연결, 오락 기능 등 여러 기능 가운데 무엇을 중시하느냐에 따라 뉴스 제작방식이 달라진다. 2단계에서 감시 기능을 택했다 하더라도 3단계의 사건 프레이밍은 미디어에 따라 다를 수 있다. 4단계에서는 미디어 보도가 사회에 미치는 영향을 보는데 이것이 일반적인 의제설정 단계다. 5단계에서는 개인이 의제를 설정한다. 수용자가 같은 뉴스를 보더라도 개인에 따라 다른 의제를 중시할 수 있다는 의미이다.

《여론》을 쓴 미국 언론인 월터 리프먼은 수용자는 각자의 고정관념(*stereotype*)을 갖고 세상을 바라보기 때문에, 수용자는 언론에 보도된 뉴스에 근거해 세상을 해석하는 것이 아니라 수용자의 고정관념에 기초해 뉴스를 해석한다고 주장했다(Altschull, 1990/2007: 566). 이같이 하나의 사건이 수용자에게 전달되어 수용자에게 영향을 주기 위해서는 여러 단계의 '관문'(*gate*)을 거치게 된다.

슈펠레(Scheufele, 1999)는 뉴스 제작과정에 영향을 주는 요인을 기자, 미디어 조직, 미디어 조직 외부의 영향 등 세 가지로 구분했다. 그는 이들 요인은 뉴스 프레임에 많은 영향을 준다면서, 3개 요인의 뉴스 생산과정을 '프레임 빌딩'(*frame building*)으로 규정했다. 맥콤스(McCombs, 2004: 98~100)는 미디어의 의제설정에 영향을 주는 요인을 뉴스 정보원(*news sources*), 다른 뉴스 미디어(*other news media*), 미디어의 규범과 전통(*news norms*) 등 세 가지로 분류했다. 세 요인은 '양파의 핵심'(의제)을 둘러싸고 있는 양파 껍질과 같다. 양파 껍질의 가장 밖에는 대통령, 일상적인 홍보 활동, 정치 캠페인과 같은 뉴스 정보원 등이 있고, 중간에는 다른 미디어가 있다. 가장 안에는 미디어의 사회적 규범과 전통이 있는데, 이것이 궁극적으로 미디어의제를 결정하는 기준이다.

슈메이커와 리스(Shoemaker & Reese, 1996/1997)는 이를 보다 세분화해서 기자 개인, 미디어 관행, 미디어 조직, 미디어 외부, 이데올로기 등 다섯 가지 요인으로 유형화했다(〈그림 4-1〉 참조). 기자 개인에서는 성, 인종, 성장과정 등 기자의 개인적 배경과 특성, 직업적인 가치관과 윤리관, 그리고 사회적, 정치적, 종교적 가치와 신념 등이 의제설정에 영향을 준다. 미디어 관행에선 게이트키핑, 뉴스의 가치판단, 기사 구조, 마감시간 준수와 기사 선별 등 제작과정, 매체의 보

〈그림 4-1〉 슈메이커와 리스의 미디어 의제설정 모델

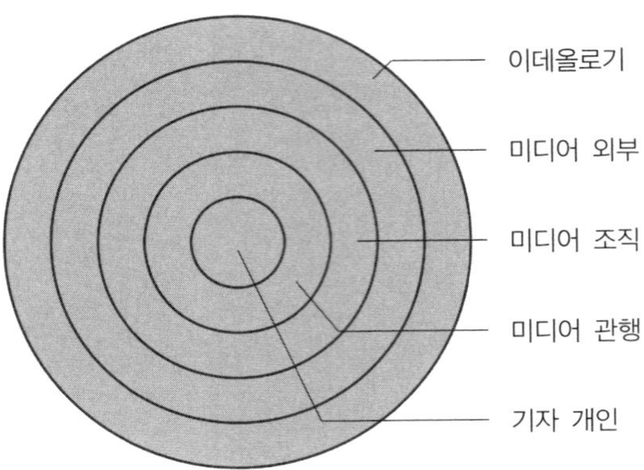

출처: Shoemaker & Reese(1996/1997). 《매스미디어 사회학》.

도 관행, 외부의 뉴스 공급원이 주요 요인이다. 미디어 조직에선 내부 구조, 경제적 고려 등 조직의 목표, 미디어 소유 구조가 영향을 준다. 미디어 외부 요인은 정보원, 이익단체, 다른 미디어, 광고주, 목표 수용자, 정부의 정책과 통제, 미디어 시장의 경쟁, 기술의 발달 등 다양하다. 이데올로기는 사회의 이념에 관한 것이다. 미디어의 관행과 조직적 요인은 미디어 내부 요인이고, 이데올로기는 미디어 외부 요인에 속한다고 할 수 있다.

이렇게 본다면 많은 선행연구는 미디어의 의제설정과정에 영향을 미치는 요인을 기자 개인, 미디어 내부, 미디어 외부 등 크게 셋으로 구분했다고 볼 수 있다(〈그림 4-2〉 참조). 국내에서 이루어진 뉴스 생산에 관한 연구도 이런 틀에서 이루어졌다. 김원용과 이동훈(2004)은 한국 신문의 정부보도 프레임은 기자 개인(신념, 가치, 정치적 성향), 뉴스 조직 차원(게이트키핑, 출입처 조직, 저널리즘 규범, 뉴스 조직의 정

〈그림 4-2〉 미디어의 뉴스 제작과정

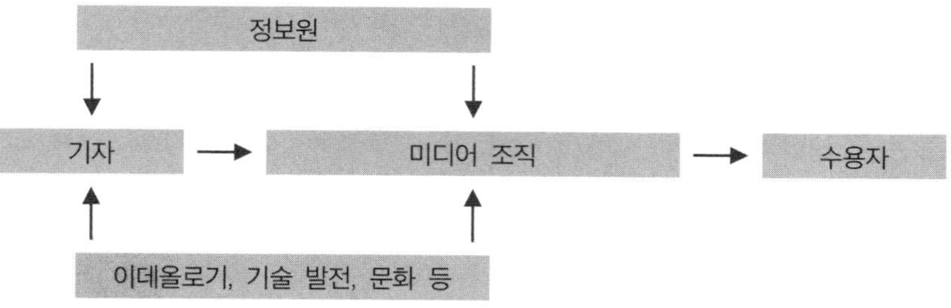

치 성향, 뉴스가치), 뉴스 조직 외부 차원(미디어 간 경쟁, 외부집단, 이데올로기) 등의 영향을 받는다고 밝혔다. 국내 무료 일간지의 뉴스 생산과정에서는 기자 성향, 조직문화, 취재 관행, 경제 상황, 역사적 배경 등 다섯 요인이 영향을 주었다(허진아 · 이오현, 2009). 헬스뉴스는 기자의 목표 수용자, 전문가적 기준, 정보원, 언론사의 제작 관행에 의해서 만들어진다(Hodgetts et al., 2007).

2) 언론사의 뉴스 생산 조직구조

미디어의 뉴스 생산과정을 알기 위해서는 미디어 조직에 대해 기본적인 지식을 갖고 있어야 한다(〈그림 4-3〉 참조). 많은 학생이 언론사를 생각하면 기자나 PD를 중심으로 생각하지만, 언론사에는 이들 직종만이 있는 것이 아니다. 언론사에는 기자나 PD 이외에도 훨씬 더 다양한 직종이 있다. 신문사를 기준으로 보면 크게 관리직, 판매직, 광고직, 기자직으로 구분된다. 방송사에서 방송 프로그램을 연출하는 직종이 PD이다. 기자직은 뉴스를 만드는 사람이다. 이들이 모여 있

〈그림 4-3〉 신문사 조직도 개요

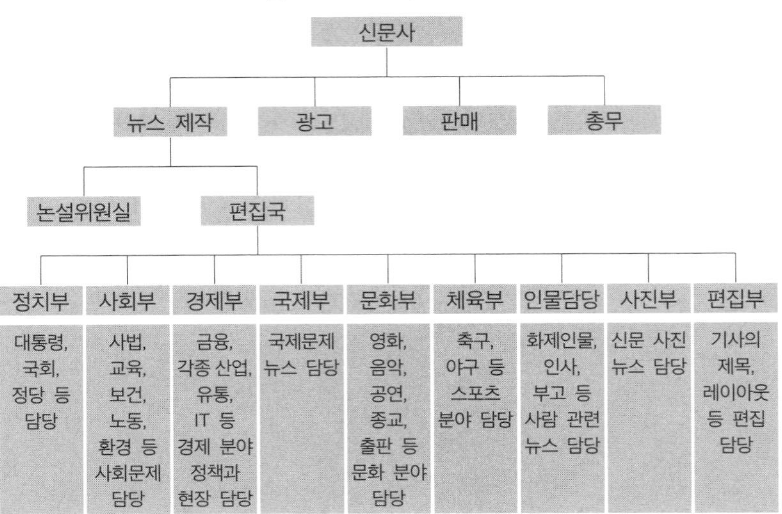

는 곳을 신문사에서는 편집국이라 한다. 방송국에서는 보도국이라고 한다. 관리직은 조직과 인력을 관리하는 곳이며, 기획·총무·법무 등 주로 행정적인 업무를 한다. 판매직은 신문을 파는 업무를 하며, 판매 조직을 관리한다. 광고직은 신문에 실리는 광고 업무를 담당하는 곳이다. 언론사에 따라 조직의 이름은 달라질 수 있지만 업무는 크게 이같이 넷으로 분류된다. 각 조직의 업무는 매우 다르기 때문에 신규 인력 충원도 각 조직이 별도로 한다. 즉, 처음부터 각 조직에 입사해서 그 업무만을 하는 것이다.

각 영역의 업무와 추구하는 목표가 다르기 때문에 종종 갈등이 생기기도 한다. 대표적인 사례가 광고직과 기자직 간 갈등이다. 광고직은 광고 수주를 위해 기자직에 광고주를 위한 기사를 보도해 줄 것을 요청하기도 한다. 그러나 기자직은 뉴스가치 측면에서 판단하려고 하기 때문에 광고직과 갈등이 생기기도 한다.

신문사나 방송국에서 뉴스가 만들어지는 과정을 보면, 뉴스의 종류는 크게 사실을 전달하는 뉴스와 의견을 전달하는 뉴스(사설, 칼럼) 등 두 가지로 분류된다. 두 뉴스의 성격이 완전히 다르기 때문에 별도의 조직에서 제작한다. 신문사(방송사)에서는 사실을 전달하는 뉴스를 담당하는 곳을 편집국(보도국)이라 부르고, 사설이나 칼럼을 다루는 곳을 논설위원실이라고 한다. 논설위원은 논설위원실에서 사설이나 칼럼을 쓰는 기자를 말한다. 두 조직을 분리해 놓은 것은 사실과 의견을 분리해 전달해야 한다는 고전적인 저널리즘의 원칙인 객관주의의 영향 때문이다. 언론사의 입장인 의견이 사실뉴스에 영향을 주지 않게 하려고 제작부서를 분리한 것이다. 편집국과 논설위원실의 근무 장소를 가능한 한 멀리 떨어뜨리는 경우도 많다.

편집국(보도국)의 조직은 종이신문을 발행하는 신문사(방송사)를 기준으로 생각할 때, 취재부서와 편집부서로 구분된다. 취재부서는 뉴스를 취재하고 만드는 곳이며, 편집부서는 취재부서에서 만든 기사를 지면에 효과적으로 배치하고 기사의 제목을 붙이는 일 등을 한다. 취재부서는 크게는 사회의 업무 영역 구분에 근거해 정치부, 사회부, 경제부, 국제부, 문화부, 체육부 등으로 구분된다. 언론사의 규모가 크면 경제부를 영역에 따라 다시 금융, 산업, 유통 등으로 분리하고, 사회부를 사건 담당 부서와 행정 담당 부서로 분류하는 등 세분화하기도 하지만, 여기서는 대분류를 기준으로 설명한다. 여기에 사진부와 사람뉴스를 담당하는 부서가 있다. 정치부는 정치 분야와 청와대, 국회, 정당, 정무 관련 행정부서를 담당한다. 사회부는 사법, 경찰, 교육, 노동, 보건, 환경 등 사회 관련 분야를 다룬다. 경제부는 금융, 산업 등 경제 관련 분야를 담당한다. 문화부는 영화, 연극, 음악, 미술, 출판 등 문화예술 분야를 보도한다. 체육부는 야구, 축구 등 스포츠 분야를 담당한다. 국제부는 국제 분야를 다룬다. 각 부서는 해당 분야의 정부기관, 민간기관, 단체 등을 대상으로 취재와 보도를 한다.

한 부서에서는 소속된 기자가 특정 분야를 맡아 취재와 보도를 한다. 예컨대 사회부라면 한 기자가 경찰, 검찰, 교육, 노동, 보건, 환경 등 여러 분야를 담당하는 것이 아니라, 이 중 한 분야를 맡아 담당하는 것이다. 기자가 한 분야에서 오랜 기간 근무하면 그 분야에 대한 지식이 쌓이고 인맥도 형성되어 전문성을 갖게 된다. 부서마다 부장이 있어 부서를 총괄하며, 편집국에서는 편집국장이 전체 부서를 총괄한다.

사회에서는 하루에도 매일 수많은 사건과 이슈가 발생하는데, 지면의 제약으로 인해 이 중 극소수만이 여러 과정을 거쳐 뉴스로 만들어져 수용자에게 전달된다. 그 과정은 다음과 같다. 우선, 기자는 자신이 맡은 분야에서 그날 중요하다고 판단한 이슈나 사건을 정해 부장에게 보고한다. 부장은 여러 기자가 보고한 내용 가운데 중요하다고 판단되는 것들을 정한다. 그리고 편집회의에 참석한다. 편집회의는 편집국장 주재로 각 부장이 모여 그날 보도해야 할 기사를 결정하는 회의다. 이 회의에서는 신문 지면의 종합면에 보도될 뉴스를 정한다. 신문 지면은 종합면과 해당 영역별 지면으로 구성된다. 종합면은 그날 발생한 뉴스 가운데 중요하다고 생각하는 뉴스를 보도하는 지면이다.

종합면 가운데는 1면이 가장 중요하다. 종합면 기사로 선택되지 않은 뉴스에 대해서는 각 부서의 부장이 해당 영역의 지면에 보도할 뉴스인지 아닌지를 선택한다. 이같이 뉴스 측면에서 보면 모든 이슈는 뉴스로 보도되는 것과 보도되지 않는 것, 그리고 뉴스로 보도되는 것은 종합면에 보도되는 것과 해당 영역별 지면에 보도되는 것으로 분류된다. 그날 보도되는 뉴스는 이같이 담당 기자, 부장, 편집회의라는 여러 과정을 거쳐서 선택되고 보도된다.

2. 미디어의 뉴스 제작과정에 영향을 주는 요인

1) 기자

(1) 기자의 특성

기자는 1차적으로 뉴스를 선택하고, 직접 기사를 쓰기 때문에 뉴스 제작과정에서 매우 중요한 역할을 한다. 기자는 자신의 인기와 신뢰도를 유지하기를 바라기 때문에 객관적으로 보도하기 위해 열심히 노력한다. 그러나 기자가 쓰는 뉴스는 기자의 사실적인 판단뿐만 아니라 가치와 선호도에 의해 결정된다(Gans, 2004: 39).

기자를 특정 분야의 전문가라고 할 수는 없다. 의사, 변호사와 같은 전문가가 의학, 법조 등 특정 분야에서 전문기자로 활동하는 경우가 있지만, 대체로 기자는 언론사에 입사한 후 정치, 경제 등 특정 분야에 배치되어 업무를 한다. 그러나 기자가 한 분야에서 오랜 기간 일을 하면 담당 분야의 주요 이슈나 흐름을 잘 알게 된다. 일반적으로 특정 이슈나 사건이 발생했을 때 중요도와 뉴스 가능성, 뉴스의 크기 등은 이슈의 흐름과 사회적 맥락 속에서 정해진다. 기자는 이를 판단하고 뉴스를 만드는 일을 하므로 전문가적인 역할을 한다고 볼 수 있다. 경제, 국제, 보건, 예술 등 특정 분야에서 20년 이상 근무한 기자에게 소속 언론사가 '전문기자'라는 직함을 부여하기도 한다.

의사나 변호사 등 전문직 출신 기자의 한계도 있다. 전문직 출신 기자는 자신의 전문적인 지식에 의존해 사물을 이해하려고 하기 때문에 관성적인 태도에 대한 의존도가 높기 쉽다. 반면, 일반기자는 폭넓은 지식 기반을 적용하려고 하기 때문에 관성에 대한 의존도가 낮다. 일반기자는 특정 관행에 얽매이지 않고 폭넓은 자원을 확보하고 있어, 돌발적인 상황이나 성격이 전혀 다른 사안에 대해 전문직 출신 기자보다 상대적으로 효율적으로 대처할 수 있다(김사승, 2012: 166). 전문직 출신 기자가 초기에는 이슈나 사건을 저널리즘 측면에서 이해하거나 글을 쓰는 능력이 부족해 적응하지 못하는 경우도 종종 있다.

일반적으로 기자들은 많은 공통점을 갖고 있다. 기자가 되는 이유로는 집안 내력, 사회 개혁 의지, 호기심, 가난하고 힘없는 사람의 신분 상승 방법 등이 있다(Cannon, 1997). 기자는 민주주의와 관련해 시민 주권은 시민이 소유하는 정보의 질에 영향을 받고, 정보의 질은 정보를 제공하는 기자에게 달려 있다고 생각한다. 기자는 시민이 자유롭게 자기 통치를 하는 데 필요한 정보를 기자가 제공한다고 생각한다(Singer, 2006). 기자가 중시하는 가치관은 정직, 공정, 책임과 능력의 순이다(Pratte, 2001). 기자는 사실을 전달할 뿐만 아니라 사회의 리더십 검증, 정치적 피드백 전달, 사회 내의 권력 배분, 도덕 수호자, 예언자, 이야기 전달자와 신화 창조자, 질서의 척도 제공, 사회 통제자, 국가와 사회 건설 등 다양한 역할을 한다(Gans, 2004). 역사적으로 사회 개혁이나 변화를 이끈 인사, 유명한 문인 가운데는 기자 출신이 많다. 영국의 유명 정치인이면서 노벨문학상까지 받았던 윈스턴 처칠(Winston Churchill), 미국 건국의 아버지로 추앙받는 벤저민 프랭클린(Benjamin Franklin), 노벨문학상을 받은 소설가 어니스트 헤밍웨이(Ernest Hemingway), 공산주의 이론을 만든 카를 마르크스(Karl Marx) 등이 모두 기자로 활동한 경험이 있다.

기자가 뉴스를 만들고 사회의 중요의제를 설정하는 과정에는 여러 요인이 영향을 준다. 우선 기자마다 다른 스키마(*schema*)로 인해 같은 이슈라도 뉴스가 달라진다. 스키마는 사람이 어릴 때부터 배우는 사회적 학습을 대표하는 개념이다. 스키마는 어릴 때부터 교육, 외부 조건, 다른 사람의 행동 모방 등을 통해 얻어진다. 스키마는 개인의 직간접적인 경험, 사고과정을 통해 발전하기도 한다(Graber, 1988: 184). 스키마 이론은 개인이 사회의 여러 상황에서 태도와 적절한 행동을 결정하게 하는 '내적인 분류 메커니즘'(*internal categorization mechanism*)을 갖고 있다고 전제한다. 스키마는 정형화돼 있어 개인이 빠른 판단을 하게 해준다(Armstrong & Nelson, 2005). 기자의 스키마에 의해 성장 배경, 인종, 가치와 신념 등은 기사의 가치 판단에 영향을 준다. 예를 들어 사회에 대해 긍정적인 이미지를 가진 기자는 다른 기자보다 빈민 문제를 강조하고, 일반적으로 더 인도주의적이다. 또 기자는 그들의 개인 생활에서 중요하다고 생각하는 이슈를 중시하는 경향이 있다(Peiser, 2000).

기자가 된 후 학습하는 직업적 전문성과 윤리관도 기자의 뉴스 제작과정에 영향을 미친다. 기자의 스키마와 직업적 전문성, 윤리관 가운데 무엇이 기자의 뉴스 제작과정에 더 영향을 주는지에 대해서는 다양한 의견이 있다. 슈메이커와 리스(Shoemaker & Reese, 1996/1997: 180)는 기자가 생각하는 전문가적 역할과 윤리관이 개인적 가치관이나 신념보다 기사 내용에 더 영향을 준다고 했다. 반면, 프랫(Pratte, 2001)은 기자의 의제 선택과정에는 가족, 종교, 문화적 환경에 의해 형성된 개인적 가치의 영향이 더 크다고 했다.

기자는 언론과 기자의 역할에 대해 공중에게 빠르게 정보를 전달하는 것, 정부 감시, 분석 기능을 중시한다(Weaver & Wilhoit, 1997). 그러나 중시하는 구체적인 역할론에 관해서는 기자마다 차이가 있다. 이에 따라 기자의 뉴스 취재방식과 보도방식이 크게 달라진다. 코헨(Cohen, 1963: 22~47)은 기자가 중시하는 역할 유형을 중립적 기자와 참여적 기자로 구분했다. 중립적 기자는 기자의 역할로서 수용자가 진실하고 올바른 것을 스스로 결정하도록 만드는 정보 제공자의 역할을 중시한다. 그러나 참여적 기자는 진실은 저절로 드러나지 않으므로 기자는 진실을 탐구하고 발전시켜야 하며, 공공의 정책 결정자로 행동해야 한다고 생각한다. 국제뉴스의 생산과정에서 참여적 기자는 자신을 참여자 또는 공공 정책 수립 관여자로 생각하므로, 국제정치에 관해서 해석하고 정부 비판이나 정책 수립에 적극적으로 참여한다.

미국에서는 많은 기자가 참여적 기자보다는 중립적 기자를 더 바람직한 기자 유형으로 생각한다. 그래서 기자는 정당 활동이나 시민단체 활동을 하지 않는 것이 일반적인 관행이다. 기자가 지나치게 참여적인 행동을 하면 그의 의도와 관계없이 저널리즘이 정치적, 당파적으로 이용될 가능성이 있고, 심한 경우에는 특정 단체의 선전 도구로 전락할 가능성도 있기 때문이다(Kovach & Rosenstiel, 2001/2003). 한국의 지방신문기자 가운데 참여적 역할을 강조하는 기자는 국제뉴스를 많이 다루고 연성뉴스는 적게 보도해야 한다고 생각했으며, 언론의 해설보도 기능을 중시했다. 반면, 상업주의 지향성이 높은 기자는 국제뉴스를 적게 다루어야 하며, 지방신문의 역할은 독자 수준에 맞춰 보도하는 것이라고 생각했다(민정식, 2001).

기자가 중시하는 저널리즘 가치 유형에 따라서도 뉴스 제작 형태가 달라진다. 한국 신문기자의 저널리즘 가치 유형은 크게 세 가지로 분류된다(정윤서, 2012). 첫 번째는 해석적 저널리즘이다. 이 유형은 영향력이 있고 공리주의적 특성을 갖는 저널리즘 가치를 추구한다. 이들은 전통적·윤리적 가치관에 기본을 두며, 어느 정도는 흥미성을 추구하면서도 선정적 보도에 대해서는 매우 부정적이다. 이들은 언론은 신속성보다는 사실 확인에 더 많은 시간과 노력을 투자해 상세한 사실정보를 제공해야 한다고 강조한다. 사회적으로 의미가 있는 기사를 가치있게 생각하고, 점점 복잡해지는 세상에서 수용자에게 좀더 많은 배경지식을 제공하고 현상이나 사건을 해석해 주어야 한다고 생각한다.

두 번째는 시장 지향적·독자 중심적 저널리즘을 추구하는 유형이다. 이들은 첫 번째 유형을 유지하면서도, 그것이 기사 선택의 유일한 판단 기준이라고 생각하지 않는다. 이들은 수용자가 중시하는 뉴스가치를 판단해 기사에 반영해야 한다고 생각한다. 이들은 매체 환경과 수용자의 매체 이용 행태가 변화하고 있는 시대적 상황에 맞춰, 신문 산업이 위기에서 벗어나기 위해서는 수용자가 읽고 싶은 신문을 만들어야 한다고 강조한다.

세 번째는 뉴저널리즘적인 가치 유형이다. 이들은 앞에서 말한 두 유형과 마찬가지로 뉴스 생산과정에서 사실 확인, 사회적 통념과 규범에 어긋나지 않는 기사, 윤리 준수 등 전통적인 저널리즘 가치를 기본으로 한다. 그러나 수용자의 흥미와 관심을 끌기 위해서는 기사 형태를 변화해도 된다고 생각한다. 짧은 기사, 간단한 기사, 화려한 기사, 실용적 뉴스에 치중하는 보도양식 등이다. 이들은 앞의 두 유형과 달리, 선정성에도 뉴스가치를 부여해 수용자의 흥미를 끌 수 있는 스캔들기사나 가십기사, 선정적 보도를 선호한다.

기자의 뉴스 제작과정에서는 성, 인종, 전문 분야 등 개인적 차이도 반영된다. 여성 기자는 남성 기자보다 사회 또는 인본주의 이슈를 더 중시하는 반면, 구체적인 정치적 이슈나 제도 문제는 덜 중요하게 생각한다. 여성 에디터(간부기자)가 많은 신문은 긍정적인 뉴스를 많이 다루는 반면, 남성 에디터가 지배하는 신문은 갈등, 범죄 등 부정적 뉴스를 강조하는 전통적인 가치관을 중시했다(Craft & Wanta, 2004). 미국의 미디어는 주류인 백인이 주도하고 있다. 그러나 아시아계 미국인 기자가 많은 신문사는 아시아계 미국인에 관한 기사를 많이 다루고 있었다(Wu & Izard, 2008). 스포츠기자는 스포츠 분야를 더 중시하는 등 기자의 전문 분야에 따라서도 의제가 다르고, 나이에 따라서도 차이가 있다. 독일 기자는 나이가 많을수록 국가적 가치와 가정을 강조하는 반면, 이민과 다문화에 대해선 비판적이었다(Peiser, 2000).

(2) 한국의 기자

2017년 〈한국언론연감〉에 따르면 언론 산업에 종사하는 기자직 인원은 3만 647명이다(〈표 4-1〉 참조). 남성이 71.6%(2만 1,940명), 여성이 28.4%(8,707명)였다. 한국언론진흥재단이 2017년 8월부터 10월까지 전국 281개 언론사에 있는 기자 1,677명을 대상으로 조사한 〈한국의 언론인 의식조사〉에 따르면 한국 기자의 평균 연령은 38.6세, 언론계 경력은 12.2년이었다. 10년 전인 2007년에 비해 평균 나이는 37.7세에서 0.9세가 많아졌으며, 언론계 경력은 12년에서 0.2년이 늘었다.

기자들의 연봉은 5,031만 원으로, 2007년의 4,348만 원에서 683만 원이 증가했다. 그러나 언론사 종류에 따라서 연봉에 큰 차이가 있었다. 신문사는 4,420만 원, 방송사는 7,345만 원, 인터넷언론사는

〈표 4-1〉 한국 언론인의 특징

구분	2017년	2007년
성별(남)	72.6%	84.5%
평균 나이	38.6세	37.7세
언론계 경력	12.2년	12.0년
평균 연봉	5,031만 원	4,348만 원
결혼 상대	59.1%	68.6%
주당 기사 건수	22.4건	15.3건
직업 만족도(11점 척도)	5.99점	6.38점
언론 자유 제한 요인	광고주(74.2%)	광고주(51.3%)
최근 2년 이내 편집·보도국 사기 변화	저하했다(76.8%)	저하했다(52.0%)
언론 전반의 자유도 평가(5점 척도)	2.85점	3.35점

출처: 한국언론진흥재단(2017b). 〈한국의 언론인 2017: 제 13회 언론인 의식조사〉. 24쪽의 〈그림〉 수정.

3, 512만 원, 뉴스통신사는 6, 392만 원이었다.

최종 학력은 대학교(4년제) 졸업이 70. 1%였고, 대학원 석사(과정 포함) 22. 7%, 박사(과정 포함) 3. 6%이어서 고학력 직종인 것으로 나타났다. 2~3년제 대학 졸업자는 2. 6%, 고졸 이하는 1. 1%였다. 대학 졸업자의 전공에서는 인문학 계열(어문포함)이 28. 1%로 가장 많았으며, 단일계열로는 신문방송계열 전공자가 22. 9%로 가장 많았다.

온라인 업무 등으로 기자의 업무 분량은 많이 증가했다. 주당 쓰는

〈그림 4-4〉 언론인을 직업으로 선택한 이유

단위: %, 복수 응답, n = 1,677

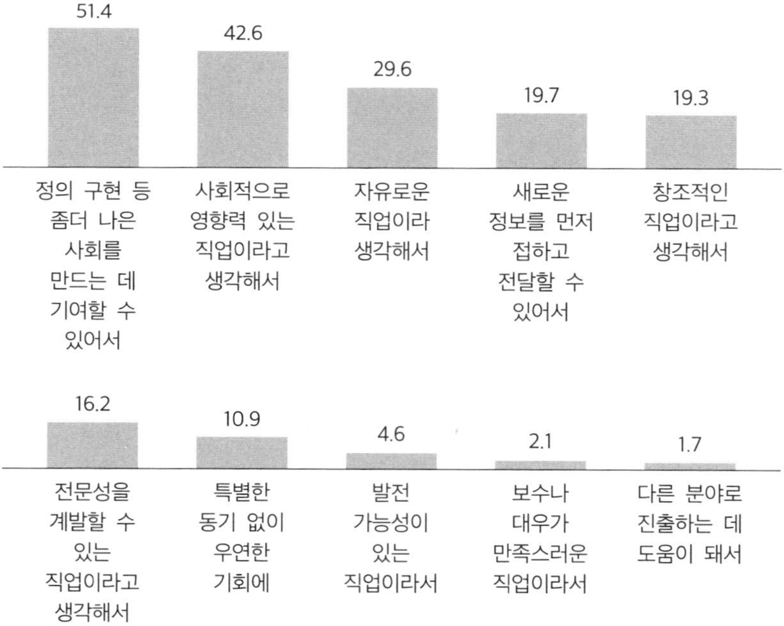

51.4	42.6	29.6	19.7	19.3
정의 구현 등 좀더 나은 사회를 만드는 데 기여할 수 있어서	사회적으로 영향력 있는 직업이라고 생각해서	자유로운 직업이라 생각해서	새로운 정보를 먼저 접하고 전달할 수 있어서	창조적인 직업이라고 생각해서

16.2	10.9	4.6	2.1	1.7
전문성을 계발할 수 있는 직업이라고 생각해서	특별한 동기 없이 우연한 기회에	발전 가능성이 있는 직업이라서	보수나 대우가 만족스러운 직업이라서	다른 분야로 진출하는 데 도움이 돼서

출처: 한국언론진흥재단(2017b). 〈한국의 언론인 2017: 제 13회 언론인 의식조사〉. 124쪽. '기타' 항목은 제외함.

기사 건수가 2007년에는 15.3건이었으나, 2017년에는 22.4건이었다. 전체의 94.5%가 하루 평균 근무시간이 8시간 이상이라고 응답했다(한국언론진흥재단, 2017b).

언론인을 직업으로 선택한 이유로는 '정의 구현 등 좀더 나은 사회를 만드는 데 기여할 수 있어서'(51.4%)가 가장 많았다. 다음으로는 '사회적으로 영향력 있는 직업이라고 생각해서'(42.6%), '자유로운 직업이라 생각해서'(29.6%), '새로운 정보를 먼저 접하고 전달할 수 있어서'(19.7%), '창조적인 직업이라고 생각해서'(19.3%) 등이었다. 이념적 성향은 '진보에 약간 가까운 중도'로 생각했다(〈그림 4-4〉 참조).

그러나 언론인 만족도와 사기는 최근 10년 이래 가장 낮았다. 직업 만족도(11점 척도 조사)는 2007년 6.38점, 2009년 6.27점, 2013년 6.97점, 2017년 5.99점으로 지속해서 하락했다. 기자의 사기는 2007년 2.52점, 2009년 2.38점, 2013년 2.36점, 2017년 2.03점으로 계속 떨어졌다.

사기가 낮아진 주요 이유는 복수 응답 결과, 언론인으로서의 비전 부재(54.1%), 낮은 임금과 복지(50.4%), 과중한 업무(38.4%) 등이었다. 직업 환경의 요인별 만족도(5점 척도)에서는 노후 준비(2.16점), 후생복지(2.51점), 직업의 발전 가능성(2.51점) 등에서 가장 낮았으며, 업무 자율성(3.34점), 국가·사회에 기여(3.12점) 등은 상대적으로 높았다.

2) 미디어 조직

(1) 미디어 관행

미디어 조직은 '미디어 내용을 제작하기 위해 미디어 종사자를 고용한 사회적, 공식적, 경제적인 실체'로 정의된다. 조직은 목표 지향적이며, 상호의존적이며, 관료적으로 구성되어 있다(Shoemaker & Reese, 1996/1997: 240~241). 미디어 조직의 기본목적은 수많은 이슈와 정보 가운데 중요하다고 판단하는 내용을 선택해서 제한된 시간과 공간 안에 뉴스로 만들어 수용자에게 전달하는 것이다. 미디어 조직은 뉴스망을 통해 수집된 많은 양의 정보를 어떻게든 일관된 리듬에 따라 보도하려고 한다(Tuchman, 1978/1995: 284).

미디어 조직은 이 목적을 효율적으로 수행하기 위해 뉴스 생산 관행을 갖고 있다. 미디어의 뉴스 제작 관행은 기자가 직무를 수행하기 위해서 이용하는 '정형화되고, 관행적이며, 반복되는 활동과 형식'이며(Shoemaker, 1991/2001), 미디어 조직이 뉴스 수집 방향을 정하고, 사실을 재구성해 뉴스를 만드는 방식이다(Tuchman, 1978/1995: 150). 뉴스 제작 관행은 기자 사회에서 오랫동안 유지된 집단적 행동양식으로서, 형식화되고 반복되는 뉴스의 취사선택방식, 취재방식, 뉴스의 구성방식이다(김경희, 2015). 기자의 뉴스가치 판단, 정보 수집, 기사 작성 등 뉴스 생산 전체 과정에서 기자가 공유하는 일상화된 취재 및 보도의 기술적, 규범적 절차를 의미한다(남재일, 2014). 전통적인 저널리즘에서 뉴스 생산 조직은 관행을 통해 효율적으로 기삿거리를 수집해 뉴스로 만들고, 언론의 배타적 체제를 유지했다(김송희 ·

윤석년, 2009).

미디어에서 뉴스 생산 관행이 필요한 가장 큰 이유는 시간과 공간의 제약으로 인해 효율적인 제작방식이 필요하기 때문이다. 마감시간에 맞춰 뉴스의 흐름을 정확하고 쉽게 처리하기 위해서는 어느 정도는 표준화된 생산 관행이 필요하다. 미디어 관행은 제작 기술, 마감시간, 전달 공간, 미디어 규범 등에 기초하고, 정보원으로부터 얻을 수 있는 정보, 수용자를 만족시킬 수 있는 정보, 미디어 조직이 만들 수 있는 뉴스 등을 생각해서 기사를 결정한다. 역피라미드형 기사 쓰기는 가장 지속적인 제작 관행 중의 하나이며, 미디어 조직과 수용자 모두의 필요에 의해 만들어진 것이다(Shoemaker & Reese, 1996/1997: 183~204).

미디어 관행은 미디어의 뉴스 내용에 영향을 주기 때문에 매우 중요하다. 그런데 미디어 관행은 종종 기자가 이슈를 다양한 관점에서 깊게 성찰해 보도하기보다는 편협한 고정관념으로 뉴스를 쉽게 제작하는 관습을 만들기도 한다(주재원, 2014). 언론사는 정부나 기관을 중심으로 출입처를 배치하고 기자는 같은 출입처를 취재하는 뉴스 생산 관행으로 인해, 언론사 간 뉴스의 차별화가 약화하고 뉴스의 표준화와 동질성이 형성되는 현상이 발생하기도 한다(김사승, 2012: 168).

게이트키핑(*gatekeeping*)은 가장 대표적인 뉴스 생산 관행이다. 게이트키핑은 미디어가 매일 수없이 발생하는 사건 가운데 중요하다고 판단하는 내용을 뉴스로 선택하고 재구성해서 제한된 시간과 공간 내에 수용자에게 전달하는 방식이며, 메시지의 선택, 취급, 통제의 모든 측면을 다루고 있다(Shoemaker, 1991/2001: 15~16). 게이트키핑은 넓은 의미에서는 기사가 만들어지는 전체 과정에서 발생한다고 할 수 있지만, 좁은 의미에서는 미디어 조직 내에서 기사를 선택하고 제작하는 과정을 의미한다. 일반적으로 게이트키핑은 수많은 사건 가운데 뉴스가 될 수 있는 사건을 걸러 내고 기사로 만들어 전달하는 과정이기 때문에 뉴스 소재가 정보원으로부터 기자, 에디터(간부기자)를 거치면서 뉴스로 선택되는 결정 포인트를 의미한다. 게이트키핑은 기자가 뉴스 소재를 인지하는 과정부터 시작해 최종적으로 뉴스로 선택되어 수용자에게 전달되는 과정까지 일어난다. 게이트키핑은 미디어에 도달한 수많은 메시지 가운데 일부가 제한된 시간 내에 뉴스로 만들어지는 과정인 것이다(Shoemaker, Vos, & Reese, 2008/2016).

미디어는 매일같이 벌어지는 수많은 사건 가운데 일부를 선택해 제한된 시간 내에 정해진 분량에 맞춰 뉴스로 만들어 내야 하기 때문에 매우 조직적으로 업무를 수행해야 한다. 그래서 미디어 내부의 조직문화는 매우 수직적이다(박종구 · 김영주 · 정재민, 2009). 게이트키핑은 미디어 조직 내에서 여러 과정을 거치는데, 직급이 높을수록 뉴스 내용과 보도량을 결정하는 힘을 갖고 있다. 미국에서는 '미스터 게이츠'(Mr. Gates)로 불리는 에디터가 기자보다 기사 선택에서 더 많은 영향력을 갖는다(Gans, 2004: 85). 미스터 게이츠는 자신의 주관적인 정치적, 사회적 믿음에 많이 의존해서 뉴스와 의제를 선택하기 때문에 그에 의해 의제가 상당히 달라지기도 한다(Craft & Wanta, 2004; Reese & Ballinger, 2001). 미국 신문에 실린 의회 법안 기사는 기자 개인보다는 조직 내부에 의해서 뉴스가치가 결정됐다(Shoemaker, Eichholz, Kim, & Wrigley, 2001).

한국 언론에서도 부장이나 에디터의 영향력이 기자보다 훨씬 크다. 신문에서 부장의 지시로 작성된 기사는 거의 보도되지만, 기자가 독자적으로 취재한 기사는 부장이 보도를 결정한다. 그래서 기자는 부장의 뉴스 선택 기준에 자신의 취재 방향을 맞추려고 노력한다(윤영철·홍성구, 1996). 한국 언론의 뉴스 생산과정에는 조직의 게이트키핑이 기자보다 더 큰 영향을 준다. 한국 신문의 정부기사 생산과정에서 조직의 게이트키핑은 명시적으로 영향을 주었지만, 기자와 미디어 외부의 영향력은 크지 않았다(김원용·이동훈, 2004). 한국 신문기사의 프레임은 기자보다 미디어 조직의 보도 방향에 좌우되었다(남효윤, 2006).

미디어의 게이트키핑 과정은 미디어 조직 규모나 뉴스 제작 문화에 따라 크게 달라진다. 규모가 큰 신문에서는 기자에 대한 게이트키핑이 신문사 자율규제 통제, 개인적 차원의 통제, 데스크 통제의 순으로 크게 작용했으나, 규모가 작은 신문의 기자에게는 경제적 통제, 소유주·경영진의 통제가 절대적이었다(남효윤, 2006). 인터넷매체에 비해 신문과 방송은 연공서열제 등 대규모 조직이 갖고 있는 관료적인 특성이 있으며, 인터넷매체 종사자는 신문, 방송사 종사자보다 조직과 상사의 창의성 격려와 지원을 더 높게 평가했다(박종구·김영주·정재민, 2009). 미국 CNN 방송은 조직이 유연하고 수평적이어서, 국제뉴스 선택과정이 단순하고 개인적이며 자율과 책임을 중시했다. 반면, 한국의 방송사는 조직이 수직적이고 관료적이어서, 많은 게이트키퍼가 국제뉴스 선택과정에 관여한다(Park, 1994).

(2) 미디어 경영과 조직 문화

미디어기업의 소유주는 미디어 콘텐츠에 결정적인 영향력을 행사할 수 있는 힘을 갖고 있다. 미디어기업의 기자는 언론 자유와 편집권 독립을 주장하면서 소유주가 뉴스 제작에 미치는 영향을 최소화하려고 한다. 그러나 신문의 소유주는 원한다면, 독자와 신뢰를 잃어버리는 위험을 감수하고라도 선전이나 자신의 목적을 위해 신문을 이용할 수 있다(McQuail, 2000/2003: 312~313). 이런 분위기로 인해 미디어기업 내부에서 간부나 기자가 소유주의 언론 정책이나 입맛에 맞는 뉴스를 만들기 위해 스스로 기사 내용을 통제하는 '자기 규제' 현상이 발생하기도 한다. 미국의 언론재벌인 뉴스 코퍼레이션(News Corporation)의 소유주 루퍼트 머독(Rupert Murdoch)이 인수한 미국 잡지 〈타임스〉(*The Times*)의 목표는 중국에서 사업을 진행하려는 머독의 사업상 이익에 맞추어져 있어, 중국 당국의 비위를 거스르는 일은 모두 피해야 했기 때문에 보도에 많은 어려움이 있었다. 〈타임스〉에서 해외특파원으로 11년간 일했던 카일리(Sam Kiley) 기자는 자신의 중동 분쟁 기사가 머독의 시각에 맞추어져 바뀐 것을 알고, 〈타임스〉를 사직했다(Harcup, 2009/2012: 31).

미디어 조직의 소유 형태도 제작과정에 많은 영향을 미친다. 국영 미디어는 공공성을, 민영 미디어는 상업성을 중시하는 경향이 있다. 공영 방송은 중요한 사회 이슈에 대해 중립적인 태도로 균형을 맞추어 보도해야 한다는 의무를 갖는다. 그러나 미디어기업이 직면한 상업적인 수익 문제는 미디어의 뉴스 생산과정에 큰 영향을 준다. 상업적 미디어 조직이 추구하는 가장 중요한 목표는 경제적인 이윤이다. 상업적 미디어 조직은 수용자에게 광고를 전달함으로써 돈을 벌기 때문에 미디어 내용은 광고주와 수용자에 의해 직·간접적으로 영향을 받는다. 한국의 기자들은 국내 신문사의 광고 특집, 캠페인 기사 등 광고 수익 개발전략이 사실의 정확한 전달과 공익에의 기여라는 저널리즘의 본질적 가치를 심각하게 훼손하고 있다고 생각하고 있었다(정동우, 2009). 중국에서는 신문, 잡지, TV, 라디오 등 모든 미디어가 직·간접적으로 정부 소유여서 정부의 미디어 규제가 뉴스 제작에 많은 영향을 준다(Shoemaker & Reese, 1996/1997: 318~322).

소유주가 추구하는 뉴스 미디어의 목표는 기업 이념에서 두드러지게 나타난다. 미디어기업은 자신이 추구하는 뉴스 제작 목표를 갖고 있으며, 그 목표에 따라 뉴스 제작과정과 뉴스 내용은 크게 달라진다. 대표적인 것이 종합지와 경제지의 차이다. 종합지와 경제지는 언론기업으로서 추구하는 이념과 목적이 다르다. 종합지는 사회 전체의 발전을, 경제지는 경제 발전을 표방한다. 미디어의 뉴스 생산과정에서 미디어 조직의 뉴스 생산 목적은 뉴스 내용에 많은 영향을 주기 때문에, 종합지와 경제지의 보도양상은 기업 이념 차이로 인해 달라진다(Kostadinova & Dimitrova, 2012). 종합지는 정치, 경제, 사회, 문화 등 다양한 주제를 고르게 보도하지만, 경제지는 지면 배분이나 기사 주제에서 기업·산업과 정부 정책 뉴스를 가장 많이 다룬다(이완수·배정근, 2013: 199).

종합지는 경제지보다 이슈의 넓이를 강조하고, 경제지는 종합지보다 이슈의 깊이를 중시한다. 종합지는 많은 주제를 다루고, 경제지는 경제 이슈에 집중한다. 그 결과 수용자의 뉴스 평가가 달라져서, 수용자는 종합지에서는 주관적으로 만족하는 뉴스가 많은 반면, 경제지에서는 뉴스의 유용성을 높게 평가한다(김사승, 2013b). 미디어 조직은 자신이 중시하는 수용자에 맞춰 뉴스 순위를 정하며 미디어 구성원은 미디어의 목표에 맞춰 특화된 기능을 해야 한다(Shoemaker, 1991/2001: 240~241). 종합지 수용자는 사회 이슈 전반에 관심을 두는 반면 경제지 수용자는 경제 이슈에 관한 전문적인 내용을 중시하기 때문에, 같은 이슈라 하더라도 종합지와 경제지는 목표 수용자에 맞춰 의제나 프레임 등을 달리한다.

경제지는 종합지에 비해 친기업적이고 산업적인 보도 태도를 보인다. 경제지는 종합지보다 대기업에 호의적인 기사를 많이 보도했고, 기업광고와 호의적인 기업기사 간 관계가 종합지보다 밀접했다(최인호 외, 2011). 경제지는 기업 중심적으로 보도하기 때문에 종합지보다 기업 정보원에 많이 의존하고, 종합지보다 긍정적으로 보도하는 뉴스가 많다. 그러나 경제지가 급증하고 경제지 시장이 포화 상태에 이르면서 경제지가 시민단체, 노조, 소비자 등 경제 이해관계자 집단의 관점을 다양하게 보여 주기보다는 기업 입장만을 대변하고 광고주의 영향을 너무 많이 받는다는 비판도 있다(이완수 · 배정근, 2013).

미디어마다 다른 조직문화도 뉴스 제작과정의 차이를 가져온다. 미디어의 조직문화는 사회화를 통해 기자에게 전달되기 때문에 의제설정 과정에서 기자 개인보다 더 영향을 미치기도 한다. 미디어의 조직문화가 시장 중심적(*market-oriented*) 모델인가, 전문가 중심(*professional-oriented*) 모델인가에 따라서도 뉴스 생산을 지배하는 가치, 규정, 관행 등이 다르다. 시장 중심적 모델인 미디어는 뉴스를 결정할 때 수용자의 수요나 선호를 중시하지만, 전문가 중심 모델은 수용자보다는 기자가 생각하는 전문가 정신에 따라 뉴스를 만든다(Beam, 2003).

3) 미디어 외부

(1) 정보원

어떤 기자든지 동시에 여러 곳에 있을 수는 없기 때문에 세상의 모든 일을 목격할 수 없다. 또 기자는 세상 모든 사안에 대해 전문가일 수 없다. 기자는 취재하려는 이슈나 사건에 대해 정보를 갖고 있거나 사실을 아는 정보원으로부터 정보를 얻을 수밖에 없다. 그래서 뉴스는 정보원이 제공하는 정보로 이뤄져 있으며, 정보원은 미디어 내용에 매우 큰 영향을 미친다(Shoemaker & Reese, 1996/1997: 216). 정보원은 '기자가 관찰하거나 인터뷰하는 주체, 배경정보나 이야기 단초를 제공하는 사람', '실명이나 익명 형태, 또는 직접 코멘트, 부분 코멘트, 문장방식으로 정보나 의견을 주는 개인', '메시지의 창출자' 등으로 정의된다(Gans, 2004: 80; Infante, Rancer, & Womack, 2003: 5; Sumpter & Braddock, 2002). 정보원은 미디어 보도에서 매우 중요하기 때문에, 미디어의 뉴스 제작과정에서 정보원과 관련된 문제는 정보원과 미디어의 상호작용이 어떻게 미디어의 의제설정과정에 영향을 미치는가에 초점을 맞춘다(Cassara, 1998).

미디어와 정보원의 관계에 관한 연구는 크게 사회학적 접근, 문화이론적 접근, 커뮤니케이션 혹은 의사소통행위 접근 등 세 개의 패러다임으로 구분된다. 세 패러다임은 각각 전략적 의도의 힘, 상징의 힘, 커뮤니케이션의 힘이 미디어와 정보원 관계에 미치는 영향력에 주목한다. 사회학적인 패러다임은 정보원이 어떻게 미디어에 접근해 조직의 이익을 실현했는가를 중심으로 미디어와 정보원의 관계를 살핀다. 사회지배 세력이 미디어를 통해 어떻게 기존의 힘을 유지하는가에 주목하는 것이다. 문화이론적 패러다임은 미디어 접근의 표상적인 성격에 관심을 두고 상징적인 힘을 강조하면서 의미의 공유를 통한 문화공동체 형성에 주목한다. 의사소통행위 패러다임은 의사소통행위를 통한 미디어와 정보원의 능동적인 관계 형성에 초점을 맞추면서 사회학적 접근과 문화이론적 접근의 통합을 통한 발전적인 협력관계 창출을 주문한다(김영욱, 2005).

① 정보원의 특징

정보원은 뉴스 제작과정에서 핵심적 역할을 하기 때문에 정보원의 숫자나 질에 의해 뉴스의 수준은 크게 달라진다. 기자가 특정한 이슈나 논쟁 사안에 대해 얼마나 수적으로 풍부하고 시각이 다양한 정보원을 확보하는가에 따라 이슈의 내용이나 성격 등이 달라진다(Fico, Ku, & Soffin, 1994). 충분한 정보원을 확보한 기자는 자신의 능력을 최고로 발휘해 본사에 매일 기사를 보낼 수 있으며 자신이 유능하다는 것을 보여 줄 수 있다. 정보원의 지위가 높고, 정보원의 업무 범위가 넓을수록 그런 정보원을 확보한 기자의 지위도 높아진다(Tuchman, 1978/1995: 104~105).

기자가 정보원을 평가할 때 가장 중시하는 것은 효율성이다. 기자는 시간적 제약이 많아 가능한 한 빨리, 적은 수의 정보원으로부터,

가장 적합한 정보를 얻기를 바란다. 미국의 언론학자 갠스(Gans, 2004: 128~131)는 기자가 정보원을 평가할 때 중시하는 요인을 여섯 가지로 정리했다. 첫째는 과거의 적합성이다. 기자는 과거에 기사가 되었던 정보를 제공한 정보원을 다시 선택할 가능성이 크다. 두 번째는 생산성이다. 기자는 최소한의 노력으로, 최대한의 정보를 얻을 수 있는 정보원을 선호한다. 세 번째는 신뢰성이다. 기자는 최소한의 정보 확인만 해도 되는, 믿을 수 있는 정보원을 바란다. 네 번째는 충성도이다. 기자는 정직하고 이기적이지 않은 정보원을 좋아한다. 다섯 번째는 권위이다. 기자는 다른 조건이 같다면, 권위가 있는 공직에서 근무하는 정보원을 더 선호한다. 그들은 공개적으로 거짓말을 할 수 없다는 이유만으로도 신뢰성이 있는 것으로 여겨지며, 논쟁이 생겼을 때 기자는 공직 정보원에 의존해 자신의 뉴스를 방어한다. 여섯 번째는 명료성이다. 기자는 말을 간결하고 명료하게, 그리고 인용하기 쉽게 표현하는 정보원을 선호한다.

정보원의 신뢰도는 매우 중요하다. 언론이 메시지를 전달하는 과정에서 정보원의 신뢰도에 따라 메시지가 수용자에게 미치는 효과가 달라진다. 어떤 분야에 대한 정보를 제공할 때 그 분야의 전문가가 메시지를 전달하는 것이 비전문가가 전달하는 것보다 더 효과적이다(Hovland & Weiss, 1951). 그래서 신뢰도가 높은 정보원일수록 미디어 보도에 자주 등장한다. 정보원은 전문가, 권력기관, 사회단체, 기업, 일반인 등의 순으로 신뢰도가 높다(이건호 · 고홍석, 2009). 기자는 자신이 선호하는 언론관이나 의제에 부합하는 정보원을 더 선호한다. 미디어의 역할에 관해 감시견(*watch dog*)이나 적대자(*adversary*)

모델을 중시하는 기자는 정부에 비판적인 정보원을 적극적으로 선택하는 반면, 협력적이거나 교환 모델을 중시하는 기자는 권력기관이나 사회 중심 세력의 입장을 반영하는 정보원을 많이 활용한다(Fico, Ku, & Soffin, 1994).

② 실명보도와 익명보도

기자가 뉴스에서 정보원을 제시하는 방법은 크게 실명과 익명 등 두 가지가 있다. 실명은 정보원의 이름과 신분을 공개하는 것이며, 익명은 공개하지 않고 두루뭉술하게 '관계자' 등으로 표현하는 방식이다. 뉴스는 실명보도를 해야 신뢰도가 높아지기 때문에 실명보도를 원칙으로 한다. 주요 언론사도 보도 강령에서 이를 밝히고 있다. 그러나 기자는 정보원에게 모든 정보를 밝히라고 강요할 수 없으며, 정보원의 신원이 밝혀지면 상당한 불이익을 받을 수 있기 때문에 실명으로 공개하지 못하는 정보도 있다. 모든 정보를 실명으로 공개해야 한다면 사회적으로 공개되는 중요한 정보가 줄어들어, 사회에 불이익이 되고 저널리즘의 역할이 위축될 수 있다. 이런 경우 기자가 부득이하게 정보원의 실명을 공개하지 않고 보도하는 것이 익명보도이다.

1974년 미국 닉슨 대통령을 사임하게 한 워터게이트 사건은 미국 신문 〈워싱턴포스트〉의 보도에서 시작되었다. 〈워싱턴포스트〉의 두 젊은 기자인 밥 우드워드(Bob Woodward)와 칼 번스틴(Carl Bernstein)은 여러 사람을 취재해 뉴스를 만들었지만, 두 기자가 특종 기사를 쓸 수 있었던 것은 그들에게 정보를 준 익명의 제보자가 있었기 때문이다. 익명의 제보자는 정부 고위 관계자였으며, '딥 스로트'(*deep throat*,

내부 고발자)로 불렸다. 〈워싱턴포스트〉는 딥 스로트의 신원을 계속 밝히지 않았다. 그러다 2005년, 전 FBI 부국장이었던 마크 펠트가 자신이 딥 스로트라고 밝히면서 처음 공개되었다.

이같이 익명보도는 공익적인 역할을 하기도 하지만, 익명보도가 지나치게 남발되면 기사의 신뢰도가 하락하는 문제가 생긴다. 정보원이 언론을 이용해 여론의 향배를 미리 알아보거나 자신의 반대파를 곤란하게 만들기 위해 기자에게 익명보도를 전제로 정보를 제공하는 경우도 있다. 정보원이 익명보도를 전제로 정보를 제공하는 경우, 자신의 발언에 대해 공개적으로 책임을 질 필요가 없다고 판단해 부정확하거나 심지어 날조된 정보를 흘릴 수도 있고 자신의 홍보를 위해 정보를 남발할 수도 있다. 기자도 익명보도에 대해서는 정보에 대한 책임감이 줄어 내용 검증을 소홀히 하는 문제가 생기기도 한다(이민웅, 2008: 347~348). 익명보도가 남발되면 기자 자신이 스스로 정보원이 되는 현상까지 발생한다. 예컨대 정부에 의견을 묻지도 않고 자신의 생각이나 의견을 마치 정부의 의견인 것처럼 속여서 쓰는 경우이다. 어떤 기자는 자기 스스로 정부 당국자나 전문가가 되기도 한다. 한 외교·안보 기자는 "한 전문가에 따르면"이라고 기사를 썼는데, 나중에 그 전문가는 자신이었다고 밝힌 적도 있다(강준만, 2009: 155~160).

그래서 세계의 유수한 언론사는 물론 한국의 대부분 언론사도 정보원의 안전이 위험에 처하지 않는 한 정보의 출처를 밝히는 것을 원칙으로 한다. 미국 전문직언론인협회 윤리 강령은 "가능한 한 언제나 정보원을 밝혀야 한다. 익명보도를 하기 전에는 반드시 정보 제공 동기를 물어야 한다"라고 규정한다. 미국의 〈뉴욕타임스〉(*The New York*

Times)는 익명보도를 윤리 강령에서 상세하게 다루고 있다. 〈뉴욕타임스〉는 "익명의 출처를 사용하는 것은 뉴스가치가 있으며 신뢰할 만한 정보를 익명 이외의 방법으로는 보도하기 힘든 상황에 한한다. 익명보도를 할 때는 정보원의 지위, 정보 제공 동기, 정보원이 1차적 정보 제공자라는 사실을 기사에서 드러낼 수 있도록 노력해야 한다"라고 규정하고 있다(김영욱, 2006).

그러나 한국언론진흥재단이 2006년 국내 10대 일간지의 지면을 분석하고 기자들을 조사한 결과에 따르면, 한국 신문에서는 익명 정보원이 남발되고 있다. 10개 신문의 지면에 나타난 정보원 가운데 익명 정보원은 기사당 평균 0.48명이었으며, 전체 기사에 등장하는 정보원의 24.3%이었다. 국내 기자의 80.5%는 한국 언론의 익명보도가 많은 편이라고 밝혔으며, 63%는 익명보도로 인해 기사의 신뢰성이 떨어진다고 밝혔다(조동시 · 양승혜, 2006). 기자들은 한국 언론에서 익명보도가 많은 이유에 대해 "개인의 명예훼손에 대한 법적 입장이 엄격해 사건기사의 경우 실명보도의 위험부담이 많다", "고발은 물론 미담기사도 익명을 요구하는 경우가 대부분이다. 누구를 도왔다고 하면 각종 관변단체나 사회단체가 서로 도와달라고 난리를 치기 때문이다"라고 설명한다. 한국에서는 실명 공개에 대한 문화적 저항이 큰 장애이다(강준만, 2009: 159).

익명보도와 관련된 용어로 '오프 더 레코드'(*off the record*)가 있다(윤석홍, 1999; 윤석홍 · 김춘옥, 2004: 88~105). 기자가 정보원의 이름을 밝히고 보도하면 취재가 불가능한 상황에서 정보원을 보호하고 공적으로는 알 수 없는 진실을 알아내기 위해 예외적으로 정보원과 사전

합의를 해서 기사화 여부를 정하는 것을 의미한다. 세부적으로는 학자에 따라 의미가 차이가 난다. 첫째로 가장 좁은 의미에서는 정보원이 제공한 정보를 미래를 전망하는 데 이용만 할 뿐 절대로 기사화하지 않는 것이다. 일본과 한국에서는 기자가 정보원의 승낙 없이는 보도하지 않는 것을 의미한다. 둘째로, 해설기사와 배경기사 등에서 뉴스의 정확성을 높이기 위해서만 이용하는 것이다. 셋째로, 익명으로 보도하는 것이다. 미국에서는 기자가 정보원을 밝히지 않고 익명으로 보도하는 것을 의미한다.

오프 더 레코드는 기자가 기사를 쓰는 데 필요한 정보를 더욱더 충실하게 수집할 수 있는 취재 기법이다. 기자가 정보를 당장 기사화하지는 못하지만 후일 보충취재를 통해 더 유용한 정보를 입수하는 데 도움이 된다. 같은 기사를 쓰더라도 오프 더 레코드로 배경 설명을 충분히 듣고 나중에 더욱 정확하고 풍부한 기사를 쓰는 것이 정황을 전혀 모르고 쓰는 것보다 더욱더 좋은 기사를 쓸 수 있다. 기자는 고급 정보원을 확보하기 위해 정보원의 오프 더 레코드 요구를 수용하기도 한다. 예를 들어 기자는 한국 정부의 고위 공무원이 중요한 남북회담의 준비를 위해 북한을 비밀 방문한 사실을 정부로부터 오프 더 레코드로 들을 수 있다. 당장 기사를 쓰지는 못하지만, 남북회담 준비 진행과정을 알 수 있고 실제로 회담이 열렸을 때 상세한 배경 이야기를 전달할 수 있다는 장점이 있다.

그러나 오프 더 레코드가 성립하기 위해서는 일정한 조건을 충족해야 한다. 첫 번째로 기자가 동의해야 한다. 정보원이 오프 더 레코드를 요구했더라도 기자는 거부할 수 있다. 두 번째로 오프 더 레코드는 특정한 사유에 의한 정보의 공개 유보를 의미하기 때문에 이미 알려진 사실이라면 오프 더 레코드가 성립하지 않는다. 기자뿐만 아니라 일반인도 있는 장소에서 정보원이 사실을 공개하고 오프 더 레코드를 요청하면 기자는 이를 받아들일 의무가 없다. 일반인을 통해 그 정보는 얼마든지 공개될 수 있기 때문이다. 세 번째로 오프 더 레코드는 특정한 사실에만 적용할 수 있기 때문에 광범위하게 분야를 정해 보도 유예를 요청하는 것은 오프 더 레코드가 성립되지 않는다. 이는 보도 통제와 같은 것으로 해석될 수 있다. 네 번째로 기자가 직접 목격하거나 다른 정보원을 통해 같은 사실을 확인하는 경우 오프 더 레코드의 대상이 될 수 없다. 이는 언론의 자유를 제한하려는 시도로 간주될 수 있다. 다섯 번째로 정보원이 먼저 기자에게 알려준 뒤에 뒤늦게 자신의 필요에 따라 오프 더 레코드를 설정하면 정보원이 여론을 관측하려는 의도로 해석될 수 있기 때문에 오프 더 레코드가 성립되지 않는다. 여섯 번째로 새로운 정보가 현저하게 공익을 해칠 우려가 있다고 판단되는 경우도 오프 더 레코드가 될 수 없다. 테러리스트가 기자에게 테러를 예고하면서 자신이 행동하기 전까지 보도하지 말아 달라고 요청할 경우 오프 더 레코드는 성립되지 않는다.

③ 정보원과 기자의 관계

미디어와 정보원의 관계는 서로의 필요에 의해 상대방에게 접근하기 때문에 '댄스'(*dance*)에 비유된다. 정보원은 미디어의 보도를 필요로 하고 기자와 미디어 조직은 정보를 제공하는 정보원이 필요하기 때문에 미디어와 정보원은 공생하는 관계다(Kaniss, 1991: 160~170). 그

〈그림 4-5〉 기자와 정보원의 관계

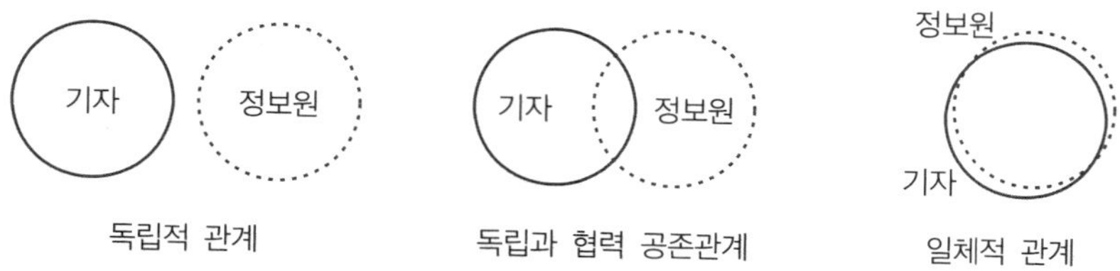

러나 정보원은 자신에게 유리한 방향으로 뉴스를 관리하려고 하는 반면, 기자는 원하는 정보를 얻기 위해 정보원을 관리하려고 하기 때문에 둘의 관계는 '줄다리기 싸움'이기도 하다(McCombs, 2004: 116).

정보원과 기자와의 관계에는 크게 세 가지 유형이 있다(〈그림 4-5〉 참조). 첫 번째 유형은 서로 독립적인 관계로 공식적인 형태를 띤다. 양자의 관계는 매우 공식적이며 접촉 빈도가 낮아 기사 수집과 처리가 독립적이다. 두 번째 유형은 일정 부분 공통된 부분과 독립적인 부분을 갖고 있어 비공식적인 관계다. 기자와 정보원이 서로 영향을 미치면서 동시에 각자의 목적과 역할을 수행하는 관계다. 기사 생산 이외의 개인적 관계도 존재하지만 필요시에만 서로 협조하는 관계이다. 서로의 역할을 수행하는 과정에서 가치관을 공유하기도 한다. 세 번째 유형은 기자와 정보원이 생각하는 역할과 가치가 완전히 일치하는 관계이다. 서로 독립적이지 않고, 한쪽이 다른 한쪽에 포섭된 형태를 의미한다. 기자가 특정 조직의 대변인 역할을 하거나, 정보원이 기자를 위해 종속적으로 정보를 제공하는 형태가 된다(박종민, 2012).

기자는 정보원으로부터 공식적인 정보 이외에도 비공식적인 정보를 많이 취득하는 능력을 갖추고 있어야 사실을 더욱 정확하게 파악할 수 있다. 그러나 첫 번째 유형에서는 기자의 정보 습득 능력에 많은 한계가 있다. 반대로 세 번째 유형과 같이 기자와 정보원이 지나치게 유착관계가 되면 기자의 독립성이 훼손될 가능성이 매우 크다. 그래서 가장 바람직한 관계는 두 번째 유형이다.

기자가 다양한 배경과 전문성, 의견을 가진 정보원들을 확보해 특정 이슈나 사건에 대해 다양한 의견을 전달하는 것은 균형 있는 보도를 위해 매우 중요하다. 그러나 미디어의 정보원 활용도는 효율성에 많이 좌우된다. 정보원의 정보는 개인의 불확실성을 줄이고 개인의 결정을 유도하는 능력으로 가치를 평가받는다(Gandy, 1982: 197~198). 미디어 조직은 정해진 시간에 가장 최신의 뉴스를 수용자에게 전달해야 하기 때문에 정보 취득과정이 매우 효율적이어야 한다. 효율성은 정보 취득 가격이 낮으면서 신뢰성이 높고, 빨리 정보를 취득할 수 있는지의 여부로 따질 수 있다(McCombs, 2004: 282~284).

이런 관점에서 기자는 공무원이나 보도자료에 많이 의존한다. 뉴스 가치가 있고, 신뢰할 만한 정보를 값싸고 손쉽게 구할 수 있기 때문이다. 우리나라의 경제지는 정부 정책을 매우 중시해서 정부 보도자료를 중요한 정보원으로 인식하고 신뢰하며, 적극적으로 참조해 중요하게 보도한다(서병호·김춘식, 2001). 미국 루이지애나에선 주정부가 8주 동안 8개 지역신문에 배포한 보도자료가 매일 신문에 절반 이상 반영되었고 공보팀이 제공한 의제가 보도에 영향을 주었다(Turk, 1991).

건강 분야를 담당하는 헬스기자는 전문성 부족으로 인해 뉴스 생산과정에서 의사와 병원에 지나치게 의존한다. 국내 신문의 헬스기사에서는 의사와 병원 정보원이 가장 많다. 기자는 특정 의사그룹과 네트워크를 형성하고 이들의 정보와 생각을 수용자에게 전달하기 때문에, 특정 의사그룹의 견해가 헬스뉴스의 의제나 프레임 형성에 큰 영향을 주었다(오대영 · 최믿음, 2016).

기자는 때때로 접근성과 친근성에 기초해 평소 알고 있는 정보원에 더 의존한다(Armstrong & Nelson, 2005). 뉴스의 다양성은 정보원과 아이디어의 다양성으로 구성된다. 그런데 기자가 특정 정보원과 너무 친밀한 관계를 맺으면, 뉴스에서 정보원이 편향되고 뉴스의 다양성이 떨어진다(심재철, 2003). 중요한 사회적 문제에 대해서는 상반된 의견이 대립하는 경우가 많다. 이와 같이 사회적으로 다양한 생각과 의견이 있는 중요한 이슈에 대해 미디어가 다양한 정보원을 균형 있게 활용해 여러 의견을 반영하지 않으면, 결국에는 한쪽 입장만 대변해 왜곡보도를 하는 현상까지 발생한다(Fair & Astroff, 1991; Sumpter & Braddock, 2002).

미국 미디어들은 남아프리카공화국의 인종차별주의 정책에 대해 비판하면서도 사회 변혁을 위해 노력하는 흑인 운동가보다는 백인 정권의 정보원에 더 의존함으로써 백인 정권 공보기관의 설명을 더욱 받아들였다. 그래서 남아프리카공화국의 폭력 문제가 흑인 대 흑인의 갈등 문제로 보도되는 등 미국 미디어는 흑인에 대해 자치 능력과 민주주의 능력이 없는 것으로 재구성하는 역할을 했다(Fair & Astroff, 1991). 1989년 미국 알래스카 해역에서 발생한 석유업체의 기름 유출 사고에 대해 미국 미디어들은 중동 위기, 미국의 석유 수입 증가와 무역 적자 등을 강조하는 미국 정부와 석유업계의 공식 정보원에 높은 비중을 두었다. 그 결과, 해저 수송 시스템과 대체 에너지 개발 등 환경 문제보다는 미국 석유업계의 입장을 옹호하는 역할을 했다(Daley & O'Neill, 1991).

특히, 기자가 정보원과 전문 네트워크를 형성할수록 네트워크는 기사 내용에 큰 영향을 미친다(McCluskey, 2008). 기자가 정보원에 매몰되어 정보를 검증하지 않고 왜곡보도를 하는 일도 생긴다. 황우석 교수의 줄기세포 사건의 경우, 언론이 사전에 진실을 검증하지 못한 이유는 과학 전문기자의 줄기세포 관련 지식이 부족했기 때문이 아니라 기자와 정보원의 관계가 정보원의 기자 흡수관계에 가까워 기자들이 사실관계 검증을 거부했기 때문이다(강명구 · 김낙호 · 김학재 · 이성민, 2007).

이미 사회적 계급과 같은 사회자본에 의해 상류층이 하류층보다 더 많은 정보를 가진 상황에서 미디어가 사회적 영향력이 큰 정보원에 지나치게 의존하면, 일반 국민이나 저소득층에 필요한 정보보다는 상류층 중심의 뉴스를 많이 보도해 사회 내 정보 격차가 더욱 확대된다(Viswanath & Emmons, 2006). 기자의 공식 정보원은 대부분 남성이어서 사회적으로 남성이 여성보다 훨씬 중요하다는 인식을 만들기도 한다(Armstrong & Nelson, 2005).

④ 정보원의 뉴스 제작 영향력

미디어가 뉴스를 만들고 의제를 설정해 가는 과정에서 기자나 뉴스 조직은 독단적으로 결정하지 않는다. 정보원은 기자나 언론에 단순히 정보만 전달하는 것이 아니라, 정보 제공이나 사실에 근거한 해석, 또는 기자와의 논의를 통해 기사에 많은 영향을 미친다(김성해 · 김경모,

2010; Chyi & McCombs, 2004; Sumpter & Braddock, 2002). 기자가 원하는 정보를 적절한 시점에 잘 전달하고, 기자에게 해석해 줄 능력이 있을 정도로 정보가 풍부하고, 조직화가 잘된 정보원은 손쉽게 기자에게 접근할 수 있는 능력이 있다. 이런 정보원은 권위가 있으며 효율적으로 업무를 처리한다(Gans, 2004: 116~122).

특히, 사회적 영향력이 큰 정보원이나 파워 엘리트는 자신이 중시하는 의제가 사회에서 채택되도록 하거나, 반대로 자신이 좋아하지 않는 이슈가 사회적 의제가 되는 것을 막기 위해서 노력한다(Cobb, Ross, & Ross, 1976; Kiousis, 2004). 미디어의 의제설정과정은 정치, 군사, 경제 등 사회의 주요 엘리트가 자신의 영향력을 행사하기 위해서 활용하는 파이프라인(*pipeline*)이며, 이런 엘리트가 자신에게 유리하도록 현상을 만들어 가는 파워 조정 포럼이기도 하다(Sumpter & Braddock, 2002). 영향력이 큰 정보원일수록 뉴스에 많이 등장하기 때문에 뉴스에 나타나는 주요 정보원을 분석하면 이슈의 특징을 이해하고 해석하는 데 도움이 된다(김성해 · 김경모, 2010).

미디어의 의제설정과정에 영향을 미치는 파워 엘리트 가운데 가장 중요한 사람은 대통령이다. 대통령은 국가 행정의 책임자이기 때문에 국내 뉴스에서 매일 쏟아지는 뉴스의 최대 생산자이다. 대통령이란 직책이 그의 발언에 신뢰성을 보장하기 때문에 대통령은 구체적으로 말하지 않고 단순히 언급하는 것만으로도 정책 문제에 대한 공중의 관심을 높일 수 있다. 대통령은 미디어와 공중의제에 영향을 미칠 수 있는 전략적 위치에 있으며, 이슈를 공중의제로 확대해 가는 과정에서 여론에 대한 리더십을 발휘한다. 대통령은 정책의 우선순위를 공개적으로 발표함으로써 미디어의제를 강화하거나 약화할 수 있다(Wanta, Golan, & Lee, 2004).

대통령은 상징적인 사건을 국가적으로 중요한 이슈로 만들기 위해 국민감정을 유발하거나 직접 국민과 접촉하는 전략을 쓰기도 한다. 대통령이 전통적인 정치 형태인 국회와의 협상 형식에서 벗어나, 직접 국민과 접촉해 공중의제를 만드는 것이다(Kernell, 1997). 1920년대 미국을 강타한 경제 대공황 속에서 1933년에 취임한 프랭클린 루스벨트(Franklin Roosevelt) 대통령은 미국 경제를 살리기 위해 새 경제 정책인 뉴딜(*new deal*) 정책을 시행할 때, 토론 형식의 라디오 프로그램에 출연해 국민과 소통하면서 여론을 자신에게 우호적으로 만들고 반대파를 설득했다. 루스벨트 대통령은 이 프로그램에서 마치 난롯가에서 사람들과 한담을 하듯 국정 현안과 새로운 정책에 관해 이야기했기 때문에 노변정담(*fireside chats*)이라는 이름이 붙었다. 비정기적으로 몇 달 동안 진행된 이 프로그램은 국민의 높은 호응을 얻었으며 뉴딜 정책에 부정적이던 국회와 언론을 설득하고 시행하는 데 큰 힘이 되었다. 한국에서도 대통령은 매년 연초가 되면 국회에서 시정연설을 하며, 시급한 중대 사안이 있는 경우 직접 국민을 대상으로 긴급 시정연설을 해서 자신의 정치적 의제를 설명하고 설득하곤 한다.

그러나 대통령이라고 언제나 의제를 주도하는 것은 아니다. 대통령은 정책을 놓고 언론과 대립하는 경우도 많다. 대통령의 업무 수행 능력이 떨어지면 대통령의 의제설정 능력은 약해진다. 미국의 지미 카터(Jimmy Carter) 대통령은 1978년 연두교서에서 인권, 중동 문제 등 8개 주요 주제를 발표했지만 발표 전후에 있었던 미디어 보도 내용이 대통령의 의제에 더 많이 반영되어 대통령이 미디어의제를 따라간 것으로 나타났다. 이는 카터 대통령이 국정의 의제를 주도하지 못하고 있었음을 시사한다(Gilberg, Eyal, McCombs, & Nicholas, 1991). 인기는 대통령의 발언에 신뢰와 무게를 실어주기 때문에 인기가 없는 대통령의 의제설정 능력은 인기가 높은 대통령보다 약하다(Cohen, 1995). 경제 분야와 같이 다른 정보원이 정확한 정보를 제공하는 분야에서는 대통령의 의제설정 능력이 제한적이다(Wanta & Foote, 1994).

기자는 일상적인 기사를 안정적으로 공급해 주는 공무원 정보원에게도 많이 의존하기 때문에 공무원 조직도 미디어의 의제설정에 상당한 영향력을 미친다(Armstrong & Nelson, 2005). 정부 정책 결정자는 공중에 비해 행정부, 로비스트, 이익단체, 법률자문가, 교수 등 다양한 정보원을 갖고 있어 이들의 입장은 언론에 반영되기 쉽다(Tan & Weaver, 2007). 미국 신문인 〈뉴욕타임스〉와 〈워싱턴포스트〉의 1면 기사를 분석한 결과, 약 1,200건 기사 가운데 58.2%가 공무원 정보원으로부터 나온 기사였다(Gans, 2004: 8~12).

유력 정치인도 자신이 중시하는 이슈를 의제화하고 싶을 때는 이슈를 미디어에 노출한다(Wanta & Foote, 1994). 캠페인 기간 중 후보자 발언(McCombs & Shaw, 1972), 의회(Tan & Weaver, 2007), 대법원의 판결(Baird, 2004)도 미디어의제를 변화시켰다.

기업도 미디어의 의제설정과정에 관여해 여론을 이끌 수 있다(Gandy, 1982: 204). 2000년 독일의 자동차 회사인 다임러-벤츠(Daimler-Benz)와 미국의 자동차 회사인 크라이슬러(Chrysler)의 합병 당시, 홍보실은 양사 회장이나 고위층을 신문에 등장시키는 등의 방법을 활용해서 합병에 대해 비판적이던 미디어의제를 '결혼', '탄생'이란 신화로 만드는 데 성공했다(Fursich, 2002). 스웨덴 언론의 경제뉴스 생산과정에서는 기업 홍보 담당자와 금융 애널리스트가 중요한 역할을 했으며 기자의 영향력은 제한적이었다(Grünberg & Pallas, 2012). 의학 분야에서 미국 헬스기업은 기자와의 관계 형성 등 다양한 방법으로 헬스기사에 영향을 주고 있었다(Morrell et al., 2014). 한국 병원의 홍보 전문가는 보도자료 배포, 의사 추천 등을 통해 기자의 헬스뉴스 생산과정에 적극적으로 관여하고 있다(오대영 · 최믿음, 2015).

사회적 영향력이 큰 사회단체는 정치 지도자보다 더 많은 정보원을 갖고 있거나 정치인에게 압력을 넣어 자신의 이슈를 의제화할 수 있다(Cobb & Elder, 1971). 자유무역협정(FTA)과 관련해 농민단체가 중요한 의제설정 능력을 갖추고 있듯, 이슈에 따라 많은 사회단체가 미디어의 의제설정과정에서 비중 있는 역할을 한다.

일반 시민은 언론이 관심을 가질 만한 중요한 정보를 가진 경우가 드물며, 갖고 있더라도 언론에 노출될 기회가 적기 때문에 주요 정보원으로 등장하는 경우는 많지 않다. 전통 미디어에서 지배적인 의제설정 그룹은 정부, 정치권, 기업 등의 지배집단이었고 시민사회단체와 일반 시민은 의제설정과정에서 소외되었다(김성태 · 이영환, 2006). 미국의 전통 언론에서 주요 정보원은 대부분 널리 알려진 사람(*known*)이었으며, 일반 시민(*unknown*)은 매우 적었다(Gans, 2004).

그러나 인터넷과 뉴미디어의 발달로 일반 시민의 의제설정 환경이 달라지고 있다. 인터넷은 상호작용이 가능한 개방적이고 탈(脫)중심적인 공간이며, 외부 규제가 적어 자유롭고 탈매개적인 상호작용이 가능하고, 시공의 제약을 초월해 동시적 혹은 비동시적으로 정보에 접근하거나 의견을 교환할 수 있다는 특징이 있다. 이 같은 인터넷의 발전으로 일반 시민이 이용할 수 있는 정보의 양은 크게 증가했다. 일반 시민도 과거 정부나 거대기업이 독점했던 정보 자원에 대해 매우 값싸게 접근할 수 있게 되면서 정치적 영향력에 대한 진입비용이 줄었다. 그 결과, 의제를 발제하는 주체가 비권력 계층이나 일반 개인으로 확대될 가능성이 커졌고(박은희 · 이수영, 2002), 뉴미디어에서의 의제가 전통 미디어의 의제에 상당한 영향을 미치게 됐다(이동근, 2004).

일반 시민과 정부 간의 쌍방향 대화가 가능해지면서 권력의 축이 뉴스 생산자 중심에서 소비자 중심으로 변했다. 블로그, 개인 홈페이지, 자유게시판, 온라인 토론장 등 다양한 인터넷 채널을 통해 제시된 일반 시민의 의제가 온라인 공중을 중심으로 중요한 의제로 확산하면서 기자의 일방적인 게이트키핑 관행도 쌍방향 게이트키핑으로 변화하고 있다(Singer, 2006).

개인이 인터넷을 통해 전통 미디어에 영향을 미치는 과정은 '인터넷을 통한 의제 파급'(*internet mediated agenda rippling*) 과정을 거쳐, 개인이 인터넷에 제시한 의제를 전통 미디어가 보도함으로써 전체 공중의 제로 확산되는 '인터넷을 통한 역의제설정'(*internet mediated reversed agenda setting*)으로 발전했다(김성태 · 이영환, 2006). 이슈가 만들어져서 사회의제로 형성되는 과정을 보면, 무명의 일반인 → 인터넷 → 인터넷언론 → 전통 미디어 → 공중의제 → 정책의제로 파급된 것이다(박주현, 2008). 성수 여중생 폭력사건(2000년 4월 12일 발생)도 피해자의 어머니가 인터넷에 쓴 개인적인 호소문이 온라인 미디어를 통해 전통 미디어로 전파된 후 공중의제가 됐다(박은희 · 이수영, 2002). 이명박 정부 초기인 2008년 봄에 한국의 정국을 강타했던 미국산 소고기 수입 반대시위 사태(일명 '광우병 파동')도 먼저 인터넷에서 미국산 소고기의 광우병 가능성이 제기된 후 언론과 정치권 등에서 이 문제를 제기하면서 본격적으로 시작되었다.

⑤ 출입처와 기자실 제도

언론의 취재 관행에는 출입처와 기자실 제도가 있다. 기자는 특정 분야를 담당하는데, 그 분야마다 중요한 기관이 있다. 대체로 정책을 담당하는 관공서, 또는 그 분야에서 중요한 업무를 담당하거나 영향력이 큰 기관이다. 이런 기관은 해당 분야의 정보가 많거나 중요한 일이 발생하는 빈도가 높기 때문에 특정 기자가 전담하며, 이를 출입처 제도라 한다. 출입처 제도는 기자나 언론이 신뢰도와 전문성이 높은 정보원을 쉽게 확보하고, 질 높은 뉴스를 만들 수 있는 정보를 안정적으로 취득하도록 하기 때문에 뉴스 생산과정에서 중요한 저널리즘의 관행이다. 출입처는 출입기자가 기사를 작성할 수 있는 공동의 장소를 제공하는데, 이곳을 기자실이라고 한다. 이들 기관은 기자의 취재를 지원한다는 취지에서 대변인실이나 공보실, 홍보실을 두고, 기자실을 운영한다. 기관 입장에서는 기자를 한꺼번에 모아 놓고 관리하면 편하며, 기자 입장에서는 기관의 정보를 쉽게 취득할 수 있다는 장점이 있다. 출입처와 기자실 제도는 뉴스정보 취득 효율성과 경비 절감 효과가 매우 크기 때문에 언론은 뉴스정보를 얻기 위한 뉴스 망으로서 기자실을 적극적으로 활용한다. 기자에게 있어 출입처는 뉴스를 취재하고 기사 아이디어를 내는 중요한 수단이다.

기자실에서 공식적으로 정보가 제공되는 대표적인 방법은 보도자료다. 보도자료는 인적 정보원이 기자회견이나 대변인 발표, 각종 집회, 회의 등의 내용을 언론사에 알리고 공표할 목적으로 작성된 것이다. 마감시간이라는 제한된 시간 구조 속에서 뉴스를 만들어야 하는 기자와 언론사 입장에서 보면 보도자료는 비교적 객관적이고 신뢰할 수 있는 각종 자료를 쉽게 확보하고, 좋은 정보와 기삿거리를 단시간에 얻을 수 있게 해준다. 국내외의 언론사나 기자가 보도자료에 크게 의존하고 있는 것이 언론의 현실이다. 그러나 기자가 현장을 취재해 뉴스를 만들기보다는 출입처에서 제공하는 정보에 지나치게 의존해 출입처 중심의 뉴스를 생산하고, 때로는 세밀하게 검토하지 않은 채 출입처의 홍보 선전에 동원되고 있다는 비판도 나온다(남효윤, 2005). 이런 현상을 '발표 저널리즘'이라고 한다.

기자실에서는 기자와 정보원 이외에 기자 간의 정보 교환도 활발하게 일어난다. 기자는 경쟁지 기자와 정보를 공유하지 말라는 본사의 지시에도 불구하고 동료 의식에 기초해 경쟁지의 기자와 정보를 교환하곤 한다. 그래서 기자실 제도는 미디어 보도 관행에 영향을 미친다(Tuchman, 1978/1995: 113). 기자가 뉴스 생산과정에서 다른 기자에게 의존하는 이유는 효율성이 높기 때문이다. 시간 제약과 정보의 불확실성 속에서 기사를 선택하고 결정해야 하는 기자에게 경쟁자의 선택과 보도를 거친 정보는 신뢰할 수 있기 때문에 정보 취득비용을 낮춰 준다(Reinemann, 2004). 기자는 기자실에서 다른 기자와의 정보 및 의견 교환을 통해 현안을 이해하고 기사의 프레임을 설정하는 데 도움을 받기도 한다. 기자는 이를 브레인스토밍(*brainstorming*)으로 생각하기도 한다.

그러나 이로 인해 기자가 차별적인 뉴스를 만들기보다는 뉴스 내용이 유사해지고, 취재 현장도 같이 다니면서 동질화되는 현상이 발생하면서 '떼거리 저널리즘' 또는 '팩 저널리즘'(*pack journalism*)이라는 비판도 나온다(장금미 · 박재영, 2016). 출입처 제도에서 기자와 정보원 간의 유착과 기자들 간의 담합, 자율검열 등의 부작용이 발생하는 것이다(유재천 · 이민웅, 1994). 심한 경우에는 기자가 다른 매체의 기사를 그대로 쓰는, 이른바 '베껴 쓰기' 현상도 발생한다.

기자실에서 자주 쓰이는 용어로 엠바고(*embargo*)가 있다. 엠바고는 언론사가 모두 알고 있는 뉴스 내용의 보도를 상호 합의 아래 정해진 시간까지 유보하는 것을 의미한다. 기관이 특정 내용을 기자에게 미리 알려 주는 대신 보도 시간을 유보하고, 기자는 이를 수용함으로써 엠바고가 이루어진다. 엠바고는 어차피 공개될 내용인 경우 기자들의 불필요한 취재 경쟁을 막으려는 편의적인 목적으로 이용되기도 한다. 대통령과 같은 매우 중요한 인사의 경호와 보안을 위해 기자에게 일정을 알려는 주되 보도하지 않기로 하는 경우, 경찰이 비공개로 수행 중인 중대한 사건사고일 때 피해자의 안전을 위해 특정 시점까지는 수사 내용을 보도하지 않는 경우, 연구기관이 곧 발표할 주요한 연구 결과 내용 등도 엠바고가 될 수 있다. 엠바고를 위반하는 기자는 출입 정지 등의 벌칙을 받는다.

그러나 때로는 기관이 보도를 통제하기 위한 수단으로 엠바고를 악용하기도 한다. 예를 들어 한 기자가 혼자서 미리 알게 된 내용이 먼저 언론에 공개되는 것을 막기 위한 수단으로 기관에서 엠바고를 요청하고 다른 기자들이 수용하는 경우다. 기관에서는 언론에 공개될 경우 자신에게 곤란해질 수 있는 내용에 대해 미리 기자에게 알려 주는 대신 보도하지 않는 조건을 걸기도 한다. 기자도 이를 받아들이면 담합 형태가 형성된다.

⑥ 매체 간 의제설정

미디어가 뉴스를 제작하는 과정에서는 다른 언론의 보도 내용이나 다른 언론이 설정한 의제도 매우 큰 영향을 미친다. 매체 간 의제설정(*intermedia agenda*)은 '서로 다른 미디어 조직의 뉴스의제가 서로에게 영향을 미치는 것', '한 미디어가 다른 미디어의 의제에 영향을 미치는 현상'으로 정의된다(이건호, 2006b). 뉴스통신사의 뉴스는 기본적으로 신문과 방송 등 다른 미디어에게 제공하기 위해 만들어지기 때문에 다른 미디어의 뉴스 제작과 의제설정과정에 큰 영향을 미친다.

한 미디어가 의제를 설정해 보도한 뉴스를 다른 미디어가 따라서 보도하거나, 특정 사건이 벌어졌을 때 한 미디어가 제시한 프레임을 다른 미디어가 그대로 받아들이는 경우가 있다. 한 사회에 여러 미디어가 있더라도 미디어에 따라 사회에 미치는 영향력이나 사회에서 인정받는 지명도가 다르다. 사회적 영향력이 유달리 커서 사회의 주요 의제를 주도하는 미디어를 '엘리트 미디어'라고 한다. 엘리트 미디어는 다른 미디어의 의제설정이나 프레임에 많은 영향을 미친다(Hester & Gibson, 2003; Kiousis, 2004; McCombs, 2004).

매체 간 의제설정 현상은 엘리트 미디어와는 다른 의제나 프레임으로 보도할 경우 자칫 신뢰도나 전문성에 타격을 입을 것을 우려해 다른 미디어가 따라가려는 '동조현상' 때문에 발생한다. 미국에서는 미디어의 편집장들이 기사에 대한 아이디어를 생각하기 전에 엘리트 미디어인 〈뉴욕타임스〉나 〈워싱턴포스트〉를 먼저 참고한다(Gans, 2004: 91). 1986년에 미디어와 의회에서 주요 의제가 됐던 코카인(*cocaine*) 문제에 대해선 〈뉴욕타임스〉가 압도적으로 다른 신문, 방송, 잡지의 의제를 주도했다(Reese & Danielian, 1991). 한국의 미디어들도 주요 사건에 대한 뉴스를 만들 때 다른 주요 매체가 정한 프레임이나 의제를 참고한다. 그래서 엘리트 미디어에서 실질적인 뉴스 선택 권한을 갖고 있는 미디어 내 실권자는 국가나 사회의 다른 엘리트가 여론을 형성하는 데 매우 큰 영향력을 미친다(Lichter, 1982). 뉴미디어의 발달로 전통 미디어와 뉴미디어가 서로 영향을 주는 현상도 확대되고 있다. 온라인신문은 전통신문의 웹사이트 의제에 영향을 주었다(이건호, 2006b).

그러나 매체 간 의제설정은 미디어에서 전하는 사상의 다양성을 위축시키고, 의제의 표준화나 동조화 현상을 가져올 수 있다(Reinemann, 2004). 미국의 지방미디어는 주요한 지역 언론, 〈AP〉, 전국 방송국, 뉴욕과 워싱턴의 엘리트신문을 체크하고, 다양한 뉴스 미디어의 의제를 합쳐서 보도하기 때문에 의제의 동질화 현상이 나타났다(McCombs, 2004: 116).

(2) 이데올로기

이데올로기는 인간, 사회, 세상을 인식하는 이념적인 방법이다. 세계관, 종교관, 가치관, 사상, 사고방식 등 다양한 신념이나 생각을 포함한다. 이데올로기는 인간 사회에 대한 가치 체계를 형성하고, 인간과 사회의 구성과 목표 등에 많은 영향을 준다. 따라서 개인의 믿음 체계가 아니라 사회적 현상이다.

미디어의 뉴스 제작방식은 기본적으로 미디어가 취하는 이데올로기에 큰 영향을 받는다. 가장 대표적인 이데올로기는 국가가 헌법에서 표방하는 정치적 이념이다. 한국은 〈헌법〉에서 자유민주주의 국가를 명시하고 있다. 한국의 언론은 정부를 매우 비판할 수는 있어도 자유민주주의를 부정하는 뉴스를 제작할 수는 없다. 자유민주주의 국가의 기본적인 경제 체제인 자본주의에 대해서도 마찬가지다. 미국에서 이데올로기의 기초는 자본주의 경제 체제, 사유재산, 이윤 추구, 자유시장에 대한 믿음이다. 이런 정치적 이데올로기는 자유민주주의를 근간으로 하며, 자유민주주의는 천부 인권을 전제로 한다. 이런 가치는 미디어를 통해 표현되고 확인된다(Shoemaker & Reese, 1996/1997).

같은 자유민주주의 국가 내에서도 보수와 진보와 같이 미디어가 추구하는 이념의 차이에 따라 의제나 프레임이 달라진다. 미디어가 어떤 사건을 선택해 강조하고 배제할지 결정하는 일은 뉴스 수집 관행이나 지배적인 정치문화와 연결된 이데올로기적 행위이다. 그 결과, 미디어가 특정 사안에 대해 뉴스 프레임을 어떻게 구성하느냐에 따라 동일한 사건이라도 성격과 의미가 달라진다(고영신, 2008). 미디어의 이데올로기는 미디어 내용으로 나타나고, 미디어 간의 당파성 투쟁으로 나타나기도 한다.

한국 신문은 정파성이 강해 보수지든 진보지든 이데올로기에 따라 명백하게 보도가 달랐다(김영욱 · 임유진, 2009). 김영삼, 김대중, 노무현 정권 당시 대통령의 친인척 비리에 대한 보도에선 신문의 이념적 성향과 특정 정권과의 친소관계가 미디어의 보도 태도와 프레임 구성에 영향을 미쳤다. 이념 성향이 다른 정권에 대해서는 동일 사건이라도 이념 성향이 같은 정권에 비해 강도 높게 비판했다(고영신, 2007). 한국 신문은 2008년 미국산 소고기 수입 파동을 보도할 때 자신의 이념성을 유지하기 위해 정보원을 선별적으로 사용했다(이건호·고홍석, 2009).

정부에서 발표하는 보도자료에 대해서도 언론의 이념에 따라 뉴스가치가 달라진다. 노무현 정부와 이명박 정부 시절 〈조선일보〉와 〈한겨레〉가 정부의 보도자료를 기사화한 보도 양상은 이념성에 따라 차이가 있었다. 진보 정부에서 보수 정부로 정권 성향이 바뀌자, 〈한겨레〉에서는 정부 보도자료의 기사 채택률이 감소했다. 〈조선일보〉의 경우 이명박 정부 때는 '갈등성' 뉴스가치를 담은 보도자료를 보도하는 정도가 노무현 정부 때보다 적어지고, '저명성' 뉴스가치를 담은 보도자료를 보도하는 정도는 증가했다(임현수·이준웅, 2011).

국가, 인종, 성에 대해 언론이나 기자가 가진 편견도 대표적인 이데올로기이다. 사회 엘리트는 기존 권력을 유지하기 위해 계급, 성별, 인종과 같은 사회의 기본적 요소에 기초해 이데올로기를 만들고 유지해 간다. 미디어는 사회적 편견에 기초한 이데올로기에 의해 인종차별주의, 성차별주의 등의 보도 행태를 보이는 경우가 종종 있다(van Dijk, 2008).

마르크스주의에 기초한 헤게모니 이론에서는 미디어의 내용이 권력을 가진 지배자의 지배 이데올로기에 의해 영향을 받는다고 비판한다. 헤게모니는 지배계급의 이데올로기를 뜻한다. 이 개념은 이탈리아의 공산당 창설자였던 안토니오 그람시(Antonio Gramsci)의 비판 이론에서 시작됐다. 헤게모니는 한 사회에 퍼져 있는 지배적 개념들의 연결이다. 헤게모니는 권력 질서를 자연스럽고 일상적인 것으로 보이게 만들며, 현재 상태에 대한 저항세력을 반체제나 일탈로 정의한다(McQuail, 2000/2003: 123). 이런 상황에서 경제 체계의 주요한 부분인 미디어는 경제권을 가진 사람들에 의해서 통제된다. 이런 미디어는 권위를 가진 사람들에게 미디어 접근권을 많이 부여하고 경제권을 가진 지배자의 이해관계와 부합하는 이데올로기를 유포하고 재생산함으로써, 사회의 현 상태를 유지하는 데 기여한다. 매스미디어는 잘못된 이데올로기를 만들고 유포해 현실을 왜곡해서 정의한다(Shoemaker & Reese, 1996/1997: 32). 독일 철학자인 하버마스는 이런 이유로 현대 세계에서 여론은 단순한 허구에 불과하고, 존재하지 않는다고 주장했다(Altschull, 1990/2007: 556).

미국의 언론인이자 언론학자였던 알철은 세계의 언론 체계를 연구한 결과, 언론은 어떤 체제 아래서든 경제적, 정치적, 사회적 힘을 갖는 사람들의 대리인으로 기능한다는 '대리인 이론'을 제시했다. 그는 "어느 사회에서나 언론은 정치·경제적 권력을 행사하는 지배층의 대행자적 역할을 수행한다. 언론은 잠재적으로 독립적인 힘을 발휘할 수 있는 능력을 갖추고는 있지만, 현실적으로는 독립적인 행위 주체로 존재하지 않는다"고 주장했다. 그는 또 "언론의 내용은 언론사의 재정을 담당하는 개인이나 집단의 이익을 반영한다. 모든 언론 제도는 '표현의 자유'라는 원칙에 기초하지만, 표현의 자유는 제각기 달리 정의된다"고 했다(Altschull, 1984/1993: 391~392).

(3) 문화와 기술발달

니스벳(Nisbett, 2003/2004)의 문화심리학 이론에 따르면 동양과 서양의 다른 문화적 배경은 사회구조와 개인의 상이한 사고 습관을 만들어낸다. 동양과 서양 간에는 문화적으로 많은 차이가 있다. 고대 그리스와 중국의 철학, 과학, 사회구조를 보면 동양은 도(道)와 관계를 중시했고 서양은 본질과 삼단논법을 중시했다. 자기 개념에서 동양은 더불어 살고, 서양은 홀로 산다. 세상을 지각하는 방법에서 동양은 전체를 보고, 서양은 부분을 본다. 인과론적 사고에서 동양은 상황론이고, 서양은 본성론이다. 세상을 바라볼 때 동양은 언어 가운데 동사를 통해 보기 때문에 관계를 중시하고, 서양은 명사를 통해 보기 때문에 규칙을 중시한다. 동양은 경험을 중시하고, 서양은 논리를 중시한다. 이에 따라 동양인은 집단 중심적인 종합적 사고를 하고, 서양인은 개인 중심적인 분석적 사고를 한다. 사건의 인과관계를 설명할 때도 동양인은 상황에 책임을 두고, 서양인은 개인에게 책임을 둔다.

이로 인해 같은 사건이라도 동양과 서양의 미디어는 종종 다르게 보도한다. 한국 신문 7개와 미국 신문 9개가 북한의 핵 위기, 미국 금융위기, 버지니아공대 총기사건 등 3개 이슈에 대해 보도한 의견기사를 비교 분석한 결과, 대체로 문화 심리학 이론에 상응했다. 예컨대 버지니아공대 총기사건의 경우, 한국 신문은 집단 정보원을 미국 신문보다 많이 사용하면서 정보원을 간접적으로 제시했고 개인 중심적 서술보다는 공동체 중심적 서술을 많이 이용했다(박재영 · 이완수 · 노성종, 2009).

대통령 취재기사 작성방식에서도 한국과 미국 신문의 보도방식은 달랐다. 한국 신문은 대통령의 언행이나 단편적인 이벤트에 주목했고, 미국 신문은 대통령 이외에도 야당과 전문가의 의견을 포함하는 종합적인 모습을 중시했다. 한국 신문은 하나의 사건을 여러 개의 기사로 별도로 작성해 전체 현실을 설명하는 '조합식 구성(*mosaic style*) 편집'을 선호하는 반면, 미국 언론은 다양한 관련 요소를 하나의 기사에 최대한 통합하고 포괄해서 제시하는 '통합적 기사(*integrated story*) 편집'을 선호했다(이재경, 2006).

이 같은 차이는 국내의 영자신문에서 근무하는 한국인 기자와 외국인 에디터들의 기사 선정과 편집과정에서도 나타났다. 〈코리아중앙데일리〉(*Korea JoongAng Daily*)의 편집회의에서 기사를 선택하는 과정을 참여관찰한 연구에서는 미국인 에디터와 한국 언론인이 상이한 뉴스가치를 기준으로 기사를 선택하는 경향을 보였다(홍병기, 2013). 미국인 에디터는 한국 언론인에 비해 부서별 균형을 중시해 다양한 기사를 선택하려는 경향이 강했다. 특정한 사회적 이벤트가 발생했을 때도 미국인 에디터들은 문제가 발생한 사회적 상황이나 시스템에 주목하는 한국 특유의 종합적 사고방식 대신, 개인적 차원에서 문제 해결을 중시하는 분석적 사고방식으로 뉴스를 생각했다.

국가에 따라서도 미디어의 제작 방침이나 기자의 보도 가치관 등이 다르다. 미국과 프랑스 언론인의 사상은 19세기 초부터 달랐다. 미국 언론은 신문의 가장 중요한 업무를 지역뉴스의 보도라고 생각하기 때문에 미국 신문은 광고와 간단한 정치정보, 지역에 관한 사소한 일화로 이루어진다. 반면 프랑스 신문은 전국적인 정치 문제를 열정적으로 보도한다(Altschull, 1990/2007: 398).

미국의 기자는 국가와 사회를 위한 의제설정 기능을 기자의 중요한 역할로 생각하지 않는다(Weaver & Wilhoit, 1997). 그러나 러시아 기자는 미국 기자보다 정치적 의제설정 역할을 매우 중시한다(Beaudoin & Thorson, 2001). 개인주의 성향이 강한 미국의 미디어는 빈곤에 대해 사회 시스템이나 국가보다는 개인의 책임에 더 중점을 두지만, 유럽의 사회복지국가에서는 반대였다(Semetko & Mandelli, 1997).

기술발달도 언론의 뉴스 생산과 의제설정과정에 많은 영향을 미치고 변화를 가져온다. 방송사는 중요한 사건의 영상을 빠르게 확보하기 위해 시청자의 제보 영상을 매우 중시하며, 수용자가 방송의 뉴스 생산과정에 참여하는 기회가 확대되고 수용자의 영향력이 커졌다. 방송기자는 시청자의 참여가 증대하면서 뉴스 생산방식과 방송뉴스의 가치 판단이 변화하고 뉴스 생산자와 시청자의 관계가 새롭게 정의되고 있다고 생각했다(허철 · 박관우 · 김성태, 2009). 온라인 환경에서는 뉴스 생산자와 수용자 사이에 상호작용이 증가하면서 수용자가 뉴스 생산과정에 미치는 영향이 커졌다(김경모, 2012). 미디어의 뉴스주제 선택에서 경성뉴스는 언론이 주도하지만, 연성뉴스에서는 개인이 활발하게 참여해 영향을 주고 있다(김은미 · 양정애 · 임영호, 2012).

5장 / 뉴스 내용분석

1. 내용분석의 의미

미디어는 뉴스를 통해 수용자에게 세상의 모습을 전달하며, 사람들은 미디어의 뉴스를 통해 세상을 바라본다. 그러나 미디어는 세상을 거울에 비추듯 그대로 보여 주는 것이 아니라 현실을 재구성해서 전달한다. 미디어의 뉴스는 사람들의 인식이나 여론 형성에 매우 큰 영향을 미치기 때문에 미디어가 특정 이슈나 사건을 어떻게 재현하는지를 알아보는 일은 매우 중요하다. 내용분석은 미디어가 어떤 사건이나 이슈에 대해 보도한 뉴스의 내용을 알아보는 방법이다. 미디어 내용은 미디어가 전달하는 양적, 질적 언어정보와 시각정보를 모두 포함한다(Shoemaker & Reese, 1996/1997: 27).

내용분석은 뉴스 이외에도 다양한 문헌정보를 알아보는 데 많이 활용되는 연구 방법이다. 오래 보존되는 자료를 통해 장기적인 연구가 가능하고, 계량화를 통해 많은 양의 정보와 자료를 숫자 형태로 줄여 분석할 수 있다는 장점이 있다. 미디어 연구에서 내용분석은 20세기 초 미국을 중심으로 시작된 신문기사 양적 분석에서 출발했으며 지금도 널리 쓰이는, 가장 오래된 미디어 연구 방법이다. 미디어의 내용은 미디어의 효과를 측정하는 기본이 되기 때문에 미디어 내용분석은 수용자에게 미치는 내용의 효과를 예측하게 한다. 미디어 내용에 따라 효과가 달라지므로 미디어 내용분석은 미디어의 내용을 만드는 사람이나 조직의 특성 혹은 조직적, 문화적 배경을 추론하게 해준다(Shoemaker & Reese, 1996/1997: 61~62).

2. 내용분석 방법

내용분석에는 양적 방법과 질적 방법이 있다. 양적 내용분석은 미디어 내용에 담긴 의미를 도출하기 위해 타당한 통계적 방법으로 커뮤니케이션 상징에 측정 수치를 부여해 분석하는, 체계적이고 반복 가능한 조사 방법이다(Riffe, Lacy, & Fico, 1998/2001). 구체적으로 말하면 뉴스에 등장한 뉴스의 종류, 뉴스가치, 의제, 프레임, 보도 태도, 정보원 등 분석유목을 통계적인 방법으로 분석해서 뉴스의 내용과 의미를 알아보는 방법이다. 양적 내용분석은 연구자가 미디어 내용의 표면적 의미를 계량화해서 측정할 수 있으며, 미디어 내용 안에 있는 단어와 같은 요소 간의 수적 균형 상태를 파악함으로써 전체 의미를 알 수 있다고 가정한다. 그러나 양적 내용분석은 미디어 텍스트 구조에 대해 지나치게 간소화된 방법으로 접근하고, 미디어 내용이 수용자에게 미치는 영향에 대해서는 추론을 거의 하지 않는다는 한계가 있다(Gunter, 2000/2004: 129~131).

양적 내용분석은 다음의 순서로 진행된다. 첫째, 분석 대상 콘텐츠의 전체 또는 표본을 정한다. 둘째, 연구 목적에 맞는 분석유목 틀을 정한다. 셋째, 단어, 문장, 사진 등 분석 단위를 정한다. 넷째, 선택한 분석 단위마다 유목 틀에 맞는 빈도수를 계산해 콘텐츠를 유목에 맞추어 체계화한다. 다섯째, 전체 또는 표본 차원에서의 분포를 유목 틀에 따른 발생 빈도로 정리하고 분석한다(McQuail, 2000/2003: 394~395).

양적 내용분석을 할 때 연구자는 연구 문제와 가설을 세운 후 연구하려는 모집단을 정의해야 한다. 모집단이 너무 크면 표본을 추출한다. 분석유목은 메시지 내용을 분류할 수 있도록 정의해야 하고, 표본의 내용은 객관적 원칙에 따라 코딩해야 한다. 코딩한 내용은 점수로 집계될 수 있도록 척도화하거나 세분화해야 한다. 모든 양적 조사처럼 이 점수들은 통계로 분석될 수 있어야 하며, 조사 결과는 검증된 개념이나 이론에 따라 해석될 수 있어야 한다(Severin & Tankard, 2001/2005: 64~66).

내용분석을 위해 표본을 모으는 방식에는 단순 무작위 표집, 체계적 표집, 유층 표집, 군집 표집 등 여러 방식이 있다. 일간신문이 1년 동안 보도한 내용을 분석하는 데 효율적인 표집 방법은 '모든 요일이 두 번씩 포함되도록 무작위로 요일을 추출해 만든 2주일 치' 기사다(Riffe, Lacy, & Fico, 1998/2001: 162~179).

질적 내용분석은 양적 내용분석과는 달리 인식론적 관점에서 미디어의 텍스트를 분석한다(Gunter, 2000/2004: 129~131). 질적 연구는 사회적 실체와 현상이 어떻게 경험되고, 생성되고, 해석되는가에 관심을 두는 해석주의적 접근을 통해 연구 대상인 다양한 자료가 창출하는 사회적 맥락에 대한 이해를 높이기 위해 사용된다. 이를 통해 구체적이고 세부적인 맥락 분석과 풍부하고 심층적인 조사가 가능해진다(Mason, 1996/2005: 18~21). 질적 연구는 언어뿐만 아니라 인간으로부터 파생된 모든 것이 언어적으로 이해될 수 있거나 재구성될 수 있다는 신념 아래, 외연적 구조 뒤에 숨겨진 진정한 의미를 파악하려 한다(이효선, 2005: 4~5).

질적 연구에서 자료 수집은 심층 인터뷰, 참여관찰, 자료 분석 등 세 가지로 할 수 있다. 심층 인터뷰의 자료는 피응답자에게 질문해서 얻은 그들의 경험담, 의견, 감정, 지식 등이다. 참여관찰의 자료는 피관찰자의 행동, 상호작용 등에 대한 구체적인 묘사로 구성된다. 자료 분석은 개인 일기, 공식 발간물 등 다양한 자료에서 발췌된 문장, 단어 등으로 이루어진다(Patton, 1990: 10).

중요한 질적 내용분석 방법인 담론분석은 담론이라고 불리는 언어 속에서 명쾌하고 시스템적인 의미를 찾아내는 것이 목적이다. 이런 의미들은 텍스트 영역과 사회맥락적 영역으로 구분된다. 텍스트 영역은 다양한 묘사에서 담론 구조를 찾아내지만, 사회맥락적 영역은 인식과정, 사회문화적 요인, 미디어 텍스트에 대한 규제 등과 같은 다양한 사회맥락적 요인과 관련이 있다(van Dijk, 1988: 24~25). 담론 분석을 통해 미디어가 재현하는 세상의 모습을 찾아낼 수 있다. 담론은 사회적으로 설정되며, 선택하는 체계이며, 이데올로기적이다. 담론 행위는 사회적 조건이 만들어지고 구축되는 데 결정적인 역할을 하고, 사회적 현상을 유지, 복원, 정당화, 영속화할 수 있다(Barker & Galasinski, 2001/2009: 101~102). 담론분석학자들은 주제나 소재는 텍스트가 무엇인지를 나타내 주기 때문에 기사를 구성하는 주요한 요소라고 본다(Sotirovic & Mcleod, 2004).

미디어 담론이 형성되는 과정에서는 제도적 맥락보다 더 넓은 사회문화적 맥락이 매우 중요하게 작용한다. 넓은 사회적 모체는 아주 중요한 방식으로 담화 관행을 형성하고 그 자체가 누적적으로 담화 관행에 의해 형성되기 때문에 중요한 관심의 대상이 된다(Fairclough, 1995/2004: 74). 그 결과, 담론분석은 미디어 텍스트를 더욱 명쾌하고 시스템적으로 이해하게 해주며, 더 넓은 사회경제적, 문화적인 틀 안에서 생각하게 만들어 준다(van Dijk, 1988: 175~176).

3. 양적 내용분석 사례: 중동 언론의 한류보도 양상

1) 연구 문제

한류 현상은 한국의 문화경제력이 매우 커졌다는 의미를 갖는다. 한류는 한국 문화의 해외 진출 서막이고, 세계 문화지도에서 한국 문화의 위상을 높인 하나의 역사적 사건으로 평가받는다. 일반적으로 한류는 1997년 중국 CCTV에서 방영한 드라마 〈사랑이 뭐길래〉가 중국인에게 폭발적인 인기를 얻으면서 시작된 것으로 알려진다. 한류의 역사는 통상 3단계로 구분된다(〈표 5-1〉 참조). 1기(1997년~2000년대 초)에

〈표 5-1〉 세계 속 한류의 발전 단계

구분	한류 1기	한류 2기	한류 3기
키워드	한류 생성	한류 심화	한류 다양화
기간	1997년~2000년대 초	2000년대 초~중반	2000년대 중반 이후
주요 분야	드라마, 음악	드라마, 음악, 영화, 게임	드라마, 음악, 영화, 게임, 만화, 캐릭터, 한식, 한글
주요 지역	중국, 대만, 베트남	중국, 일본, 대만, 동남아시아	중국, 일본, 대만, 동남아시아, 중앙아시아, 아프리카, 미국

출처: 한국문화산업교류재단(2009). 《한류, 아시아를 넘어 세계로》. 30쪽.

는 드라마, 음악을 중심으로 중국, 대만, 베트남에서 한류가 생겼으며, 한류 콘텐츠가 해외 소비자에게 강한 인상을 심어 주었다. 2기(2000년대 초~중반)는 한류 심화기다. 드라마 전성기이면서도 한류 분야가 영화, 온라인 게임 등으로 확산되어 디지털 한류가 탄생했다. 한류 지역도 중국, 일본, 대만, 동남아시아로 확대되었다. 3기(2000년대 중반 이후)에는 중국, 일본 등에서 혐한류와 반한류 분위기가 나타났으나 중앙아시아 등에서는 한류가 붐을 일으켜 도입기, 성장기에 접어들었다. 이후에는 미국, 유럽 등으로 한류가 확산되었다(한국문화산업교류재단, 2009: 27~30). 중동에서도 2003년에 한국 드라마가 방송되면서 한류가 시작되었고(강규상, 2012), 2011년에 K팝 약진 현상이 나타났다(한국문화산업교류재단, 2012: 545).

오대영(2014a)은 중동 언론에 보도된 한류 관련 뉴스를 분석해 중동 언론이 한류를 어떻게 평가하는가를 알아보았다. 구체적으로 중동에 있는 주요 국가별로, 2011년을 전후로 중동 언론의 한류보도 양상에 차이가 있는가를 알아보았다.

2) 연구 방법

중동에 있는 아랍, 페르시아, 튀르크, 유대 등 4개 민족을 대표하면서 한국과 교류가 많은 7개 국가에서의 한류에 대한 현지 언론보도를 분석했다. 인구가 가장 많은 아랍 민족에서는 사우디아라비아, 아랍에미리트, 이집트, 이라크 등 4개 국가를 선정했다. 그 밖에 페르시아, 튀르크, 유대 민족을 각각 대표하는 이란, 터키, 이스라엘이 분석 대상이 되었다.

한류 기사는 세계 각국의 언론사 명단을 소개하는 사이트(world-newspapers. com) 등에서 7개국 언론사를 찾은 후 모든 언론사의 홈페이지에서 검색했다. 서울 소재 대학의 대학원에서 아랍, 이란, 터키, 이스라엘을 전공하면서 해당 언어에 능통한 학생들이 국가별로 1명씩 2013년 7월 중에 검색하고, 연구자가 8월 초에 영어 뉴스 중심으로 더 검색해 분석 기사를 추가했다. 검색은 국가마다 영어와 현지어로 했다.

7개 국가에서 검색된 한류 관련 기사는 총 538개였다. 사우디아라비아는 3개 매체에서 88개, 아랍에미리트는 4개 매체에서 125개, 이집트는 9개 매체에서 63개, 이라크는 4개 매체에서 49개, 이란은 7개 매체에서 73개, 터키는 6개 매체에서 73개, 이스라엘은 11개 매체에서 67개의 기사가 검색되었다.

시기는 K팝이 약진한 2011년을 기준으로 그 이전은 한류 1기, 그 이후는 한류 2기로 규정했다. 한류 1기는 한류 도입기, 한류 2기는 한류 확산기라고 할 수 있다. 시기에 따라 538개 기사가 보도된 분포를 보면 1기에는 28.6%(154개), 2기에는 71.4%(384개)가 보도되었다.

연도별 기사량은 2010년까지는 연간 50개 미만이었으나, 2011년에는 68개로 늘고 2012년부터 연간 100개 이상으로 급증했다. 외국 언론의 한류 기사량은 한류의 인기와 비례하기 때문에(유세경 · 이석 · 정지인, 2012), 중동에서도 2011년 이후 한류의 인기가 높아진 것으로 해석할 수 있다.

3) 주요 연구 결과

(1) 장르

중동 언론이 보도한 한류 장르는 시기별로 어떻게 다른가를 분석했다. 538개 기사 가운데 489개 뉴스가 특정 장르에 관한 내용을 담고 있었다. 한류 1기에는 영화(24.6%), 스포츠(23.2%), 음악(8.0%), 드라마(6.5%)의 순으로 많이 보도되었으나, 한류 2기에는 음악(24.8%), 스포츠(16.0%), 영화(10.0%), 드라마(8.0%)의 순으로 바뀌어서 차이가 있었다($\chi^2 = 33.464$, $df = 7$, $p < .000$).

한류 1기에는 영화기사가 가장 많았으나, 한류 2기에 음악으로 바

〈표 5-2〉 7개 중동국가 언론의 시기별 한류 장르 기사 비교

단위: 개(%)

구분	한류 장르								합계
시기	드라마	영화	음악	음식	스포츠	관광	한국어	기타	
1기	9(6.5)	34(24.6)	11(8.0)	6(4.3)	32(23.2)	6(4.3)	2(1.4)	38(27.5)	138(100)
2기	28(8.0)	35(10.0)	87(24.8)	11(3.1)	56(16.0)	21(6.0)	6(1.7)	107(30.5)	351(100)
합계	37(7.6)	69(14.1)	98(20.0)	17(3.5)	88(18.0)	27(5.5)	8(1.6)	145(29.7)	489(100)

주: $\chi^2 = 33.464$, $df = 7$, $p < .000$.

뀐 것은 싸이의 '강남스타일' 열풍 등으로 K팝의 인기가 높아졌기 때문이었다. 한류 1기와 한류 2기에서 모두 스포츠기사가 두 번째로 많은 것은 중동에서 태권도의 인기가 높고, 축구 등의 분야에서 한국과의 교류가 많았기 때문이다. 한류 2기에는 관광기사가 늘어서 스크린 관광 등 한류 파급 효과가 생긴 것으로 나타났다(〈표 5-2〉 참조).

(2) 프레임

미디어의 프레임을 측정하는 방법은 다면적 개념, 미디어 패키지, 프레임 목록법 등 세 가지가 있다. 미디어 패키지 방법과 프레임 목록법은 특정 주요 어휘나 용어를 포함하는지를 분석해 뉴스가 특정 이슈를 어떻게 구성하는가를 알아본다(Tankard Jr., 2001/2007). 다면적 개념 측정방식에서는 뉴스가 강조하는 프레임이 주로 제목, 첫 문장, 끝 문장 등과 같은 핵심사실에서 전달된다고 본다. 이들 사실은 프레임 도구(*framing devices*) 라고 불린다(de Vreese, 2004). 이 연구는 다면적 개념방식으로 프레임을 분석했다.

유세경과 연구진(2012), 유세경, 이석, 정지인(2012) 등이 외국 언론의 한류 기사 분석을 위해 귀납적으로 만든 5개의 프레임(정책, 경제, 문화적 흥미, 부정적 경계, 비교 경쟁)을 일부 수정해 정책, 경제, 문화적 흥미, 성공, 비판, 문화 교류 등 6개의 프레임으로 분석했다. 프레임을 구성하는 내용이 프레임마다 2~3개 있어 프레임 구성 내용은 총 14개가 되었다. 정책 프레임은 중동 정부의 문화 정책, 한국 정부의 문화 정책 등 2개, 경제 프레임은 한류가 중동국가의 경제와 소비문화에 미친 영향, 한국 문화 산업 소개 등 2개, 문화적 흥미 프레임은 한류 콘텐츠, 한류 스타, 한류 행사 등 3개, 성공 프레임은 한류의 성공요인과 한국에 준 긍정적 효과 등 2개, 비판 프레임은 한류 콘텐츠 비판, 한류 산업 비판 등 2개, 문화 교류 프레임은 양국 간 교류 확대, 한국의 중동 내 문화 활동, 중동 국가의 한국 내 문화 활동 등 3개였다.

전체 분석기사는 538개였지만, 복수의 프레임을 가진 기사가 많아서 분석 대상 프레임은 642개가 되었다. 642개의 프레임 종류는 문화적 흥미 46.6%, 문화 교류 33.6%, 성공 6.9%, 정책 6.7%, 경제 4.5%, 비판 프레임 1.7%이었다. 7개국 언론은 한류 콘텐츠, 스타, 행사 등 흥미 위주로 많이 보도했다. 문화 교류 프레임도 많아서 한국과 중동국가 간에 문화 교류 활동이 활발한 것으로 나타났다. 한류의 성공 요인이나 효과, 한국과 중동국가의 문화 정책, 한류의 경제적인 측면에 대해서는 적어서 한류에 대해 정치, 경제, 사회적인 측면보다는 문화적인 측면에서 접근한 것으로 해석되었다. 비판 프레임이 매우 적어 한류에 대한 거부감은 매우 적었다.

프레임 구성 내용에서는 한류 콘텐츠(31.2%), 한국의 중동 내 문화 교류 활동(18.1%), 양국 간 교류와 이해 확대(10.4%), 한류 스타(8.6%), 한류 행사(6.9%), 한국 정부의 문화 정책 내용(6.1%) 등이 많았다(〈표 5-3〉 참조). 중동 언론은 문화적 흥미 프레임에서 한류 스타나 행사보다는 한류 콘텐츠 소개에 더 많은 관심을 보였다. 한국 정부, 민간기관 등은 중동에서 한류 확산과 문화 교류 확대를 위해 활발하게 활동하고 있었으며(18.1%), 중동의 한국 내 문화 교류 활동(5.1%)도 비교적 많아서 중동국가도 한국과의 문화 교류에 나서는 것으로 해석되었다. 그러나 한류의 성공 요인(3.4%), 한국 성공 효과(3.4%),

한국 문화 산업(2.3%), 한류가 중동 경제와 소비문화에 미친 영향(2.2%)에 관한 기사는 적어서 한류의 산업적 측면에 대한 관심이 낮고, 한류 파생 경제도 아직 초기 단계인 것으로 풀이되었다. 중동 정부의 문화 정책(0.6%)에 대한 기사는 매우 적어서 중동국가들의 대중문화 산업에 대한 인식이 아주 낮은 것으로 해석되었다.

〈표 5-3〉 7개 중동국가 언론의 프레임 구성 내용

단위: 개(%)

프레임		구성 내용	
정책	43(6.7)	중동 정부의 문화 정책 내용	4(0.6)
		한국 정부의 문화 정책 내용	39(6.1)
경제	29(4.5)	중동 경제와 소비문화에 미친 영향	14(2.2)
		한국 문화 산업 소개	15(2.3)
문화적 흥미	299(46.6)	한류 콘텐츠 소개	200(31.2)
		한류 스타 소개	55(8.6)
		한류 행사 소개	44(6.9)
성공	44(6.9)	성공 요인 소개	22(3.4)
		한국에 긍정적인 성공 효과	22(3.4)
비판	11(1.7)	한류에 대한 비판과 마찰	10(1.6)
		한국 문화 산업 비판	1(0.2)
문화 교류	216(33.6)	양국 간 교류와 이해 확대	67(10.4)
		한국의 중동 내 문화 교류 활동	116(18.1)
		중동의 한국 내 문화 교류 활동	33(5.1)

〈표 5-4〉 7개 중동국가 언론의 시기별 프레임 비교

단위: 개(%)

시기	프레임						합계
	정책	경제	문화적 흥미	성공	비판	문화 교류	
1기	15(8.5)	6(3.4)	78(44.3)	6(3.4)	2(1.1)	69(39.2)	176(100)
2기	28(6.0)	23(4.9)	221(47.4)	38(8.2)	9(1.9)	147(31.5)	466(100)
합계	43(6.7)	29(4.5)	299(46.6)	44(6.9)	11(1.7)	216(33.6)	642(100)

주: $\chi^2 = 9.026$, $df = 5$, $p > 0.05$.

시기적으로 프레임을 비교하면 한류 1기에는 문화적 흥미(44.3%), 문화 교류(39.2%), 정책(8.5%), 경제(3.4%), 성공(3.4%), 비판(1.1%)의 순으로 많았다. 한류 2기에는 문화적 흥미(47.4%), 문화 교류(31.5%), 성공(8.2%), 정책(6.0%), 경제(4.9%), 비판(1.9%)의 순으로 많았다. 2기에는 문화적 흥미, 성공, 경제, 정책, 비판 프레임이 조금씩 늘고 문화 교류 프레임이 줄었지만, 유의미한 차이는 없었다(〈표 5-4〉 참조).

(3) 보도 태도

보도 태도는 보도 논조를 뜻하며, 일반적으로 긍정, 부정, 중립 등 셋으로 분류한다(최원석 · 반현, 2006). 긍정적인 논조에서는 긍정적이거나 낙관적인 언어를 쓰며, 부정적인 논조에서는 비판적, 갈등적, 적대적, 공격적인 언어를 사용한다. 중립적인 논조에서는 가치 판단이나 감정적 평가를 하기보다는 객관적인 사실을 전달하는 데만 치중한다. 일반적으로 여러 논조가 섞여 있으면 경중에 따라 판단하며, 긍정과 부정적 논조가 비슷하면 중립으로 분류된다.

보도 태도 분석은 분석기사에 나타난 프레임에 대한 보도 태도를 분석했다(〈표 5-5〉 참조). 642개 프레임의 보도 태도는 중립 68.8%, 긍정 29.0%, 부정 2.2%이었다. 중립적인 논조가 매우 많았으며 부정적인 논조는 매우 적었다. 한류 1기에는 중립 78.4%, 긍정 21.0%, 부정 0.6%이었으나 한류 2기에는 중립 65.2%, 긍정 32.0%, 부정 2.8%로 비율이 달라졌으며 차이가 있었다($\chi^2 = 11.400$, $df = 2$, $p < .01$).

전반적으로 중동 언론은 한류에 대해 객관적인 사실 중심의 기사를

〈표 5-5〉 7개 중동국가 언론의 시기별 보도 태도 비교

단위: 개(%)

시기	보도 태도			합계
	긍정적	부정적	중립적	
1기	37(21.0)	1(0.6)	138(78.4)	176(100)
2기	149(32.0)	13(2.8)	304(65.2)	466(100)
합계	186(29.0)	14(2.2)	442(68.8)	642(100)

주: $\chi^2 = 11.400$, $df = 2$, $p < .01$.

많이 전달하면서도 긍정적인 태도를 보이고 있었다. 한류 2기에는 한류 1기보다 중립적인 보도 태도가 줄고, 긍정적인 보도 태도가 많이 늘어나서 중동 언론의 논조가 좋아진 것으로 나타났다. 한류에 대한 중동 언론의 분위기가 좋아지고 있는 것을 의미한다.

4. 질적 내용분석 사례: 중동 한류의 현황, 성공 요인, 효과, 문제점

1) 연구 문제

일반적으로 한류에 대한 평가는 현지에서의 한류 현상, 한류 성공 요인, 한류 효과, 한류에 대한 비판 내용 등 네 가지 영역으로 구분해서 이루어진다. 오대영(2014b)은 양적 분석에서 활용한 중동 언론의 한류보도 기사를 기초 자료로 해서 질적 분석 방법으로 중동에서의 한류 현상, 성공 이유, 성공 효과, 문제점 등 네 가지를 알아보았다.

선행연구들을 보면 한류의 성공 이유에 대해 문화 근접성론, 한국

문화 산업의 자유화와 정부의 문화 산업 육성 정책, 뉴미디어의 발달, 아시아 문화 산업의 변화 등이 제시되었다. 문화 근접성론 측면에서 보면 한국 드라마와 영화는 가족 간 이슈, 사랑, 부모에 대한 공경을 다루고, 유교의 전통적인 가치를 보강해 주고 있어 아시아의 수용자에게 호응을 받는다. 일본의 중년여성은 〈겨울연가〉의 성공 이유에 대해 순수한 사랑에 대한 따뜻한 묘사, 감성적이고 시적인 내용, 남녀에 대한 전통적인 일본적 가치를 느끼게 한 점, 어린 시절에 대한 향수 등을 언급했다(Hanaki, Singhal, Han, Kim, & Chitnis, 2007).

심(Shim, 2006)은 한류의 성공 이유를 한국 미디어의 자유화와 발전에 근거해 설명한다. 자유화로 미국, 일본의 방송 프로그램이 많이 유입되면서 한국 사람들이 한국 문화와 문화 산업의 발전이 중요하다는 점을 깨달았다는 것이다. 류(Ryoo, 2008)는 1980년대 후반 한국 정부가 고부가가치 미디어 산업을 21세기 국가 전략 산업으로 육성하기 위해 적극적으로 지원한 것이 성공 요인이라고 분석했다. 홍석경(2013)은 "인터넷을 통한 동아시아 외부에서의 한류 콘텐츠 소비와 팬 형성은 한국의 우수한 인터넷 속도와 디지털 문화에 의지하고 있다"라며 정보통신기술의 발전을 이유로 들었다. 이종임(2013)은 "미디어를 통해 문화를 공유하고 소통하면서 감성 네트워크를 형성한 수용자의 역할이 컸다"라고 밝혔다.

한류는 한국의 이미지와 지명도 상승, 문화 교류 확대, 문화상품과 일반상품 수출 증대 등 많은 긍정적인 효과를 가져왔다. 같은 대중문화를 소비한다는 점에서 아시아의 유대감을 만드는 데도 기여했다. 한류가 유행하기 전에는 아시아의 많은 사람이 한국을 모르거나 한국전쟁, 정치적 불안정, 극빈, 학생 시위 등 부정적인 이미지를 갖고 있었지만, 한국 드라마로 인해 매우 긍정적으로 변했다(Ryoo, 2009). 〈겨울연가〉를 본 일본 중년여성은 한국에 대한 인식이 좋아졌고, 지리적, 심리적으로 한국과 가까워졌으며 한국을 방문하거나 한국어를 공부하는 사람들도 있었다(Hanaki, Singhal, Han, Kim, & Chitnis, 2007). 한류의 유럽 진출로 한국의 국가브랜드 가치는 4.4% 상승했고, 파생된 국가 브랜드 자산 창출액은 6,656억 원에 달했다(대한무역투자진흥공사, 2013).

한국콘텐츠진흥원(2013)에 따르면 콘텐츠 산업은 2009년부터 수출액이 수입액보다 많아졌다. 2012년의 콘텐츠 산업 수출액은 48억 300만 달러로 2011년보다 11.6% 증가했다. 한국수출입은행(2012. 5. 29)에 따르면 문화상품 수출이 100달러 늘면 소비재 수출은 412달러씩 늘어났다. 관세청(2011. 6. 25)에 따르면 중동에서는 한국 드라마가 소개되기 시작한 2005년 이후 한국산 소비재 수출이 급증해 2010년에는 처음으로 수출액이 100억 달러를 돌파했다.

그러나 부실한 한류 콘텐츠, 정부의 과도한 주도로 민족주의 인상 제공, 한류 산업의 지나친 상품화와 무분별한 진출 등의 문제점도 제기되었다. 정부 주도 한류는 문화 침략 이미지를 주기 때문에 수용국에서 거부감이 생긴다(매일경제 한류본색 프로젝트팀, 2012). 미국의 시사잡지 〈포브스〉(*Forbes*)는 2013년 SM엔터테인먼트의 가수 양성과정을 합숙을 통한 트레이닝과 음악 생산라인을 도입하여 가수를 대량 생산하는 한국 제조업계에 비유하면서, 수익성은 높으나 경직성, 기획사의 통제, 음악의 상품화 등이 문제라고 지적했다(한국문화산업교류재단, 2013). 중국과 일본에서는 2000년대 중반부터 반한류, 혐한류가 나왔으며, 신한류가 확산되면서 재부상하고 있다. 중국의 항한류는 애정극 중심의 단순한 장르 등 한국 드라마와 영화의 한계성, 한국과 중국 간의 역사 문제, 문화 갈등 등의 사회문화적 환경에서 비롯되었다(강내영, 2008).

2) 연구 방법

사우디아라비아, 아랍에미리트, 이집트, 이란, 터키, 이스라엘 등 중동 6개 국가의 언론이 2000년부터 2013년 7월까지 보도한 한류 기사 489개 가운데 영어 기사나 영어로 번역된 현지 기사를 읽고, 중요한 주제나 소재가 있는 기사를 중심으로 담론 분석을 했다.

3) 주요 연구 결과

국가별로 분석을 했는데, 사우디아라비아에 관한 분석의 일부분을 소개한다.

(1) 한류 현상

사우디아라비아에서는 '강남스타일'로 대표되는 K팝이 한류 확산에 큰 역할을 하고 있었다. 사우디아라비아 청소년들이 '강남스타일'을 모방한 '사우디 강남스타일'을 유튜브에 올려 6일 만에 400만 건 이상 조회되었다. 태권도의 인기도 매우 높았다. 영화로는 〈점프 2009〉(〈국가 대표〉)가 리야드 국제영화제에 출품되었다. 그 밖에 경주 소개 등 관광, 한복, 한식 등의 기사도 있었다.

(2) 한류 성공 이유

사우디아라비아 언론은 한국의 문화 개방 정책, 우수한 콘텐츠, 문화적 근접성, 정보통신기술 발달 등 네 가지로 분석했다. 〈아샤르크 알 아우사트〉(*Asharq Al-awsat*)는 "2006년에 한국이 미국 영화에 대해 더 개방한 이후에 한국 영화의 경쟁력이 커지고 세계로 진출하는 계기가 되었다"라고 보도했다. 〈사우디 가제트〉(*Saudi Gazette*)에는 "매우 매력적인 콘텐츠 때문에 한류에 빠졌다. 감탄할 만한 스토리라인, 나를 몰두하게 만드는 액션, 목가적인 촬영 장소, 매우 뛰어난 사운드트랙, 정제된 카메라 촬영 등을 모두 갖췄다"라는 한국 드라마 팬의 발언이 나온다. 〈아랍 뉴스〉(*Arab News*)에는 "한국 드라마는 존경, 공손함, 인생에서의 진지함을 담고 있어 좋아한다"라는 내용이 있었다. 〈사우디 가제트〉는 "유튜브는 K팝에 대한 인식을 바꾸어 놓았다"라고 보도했다. 한국 정부도 '한국 방문의 해' 캠페인 등 한류 확산을 위해 많은 노력을 했다.

(3) 한류 성공 효과

사우디아라비아에서 한류는 한국의 지명도를 높이고 한국이 문화강국이라는 이미지를 심어주고 있었다. 특히, 한국이 20세기에 일제 식민지, 한국전쟁, 분단, 가난을 극복하고 경제발전을 한 뒤 문화강국으로 성장한 점을 높게 평가했다. 한류로 한국 문화 산업이 매우 발전된 점을 주목하면서 문화 산업과 수출을 상세히 소개했다. 한류로 한국어를 배우고, 한국 음식에 관심을 갖는 사람이 증가하고, 한국을 관광하고 싶다는 여성이 많아졌다. 한류는 사우디아라비아의 문화적 국제화에도 기여했다. 중동에는 그동안 서구 문화 콘텐츠가 지배적이었으나 동양, 특히 한국 문화의 인기가 높아지면서 동양에 대한 국민의 이미지가 좋아지고 문화의 다양성, 국제화가 진전되었다.

(4) 한류의 문제점

사우디아라비아의 〈아랍 뉴스〉는 배우이자 가수인 박용하 등 유명한 한국 연예인의 잇따르는 자살 사건을 부정적으로 보도했다.

(5) 결론

6개국 중동 언론뉴스에 대한 질적 분석을 통해서 다음과 같은 결론을 도출했다(〈표 5-6〉~〈표 5-9〉 참조). 중동의 한류도 다른 지역과 마찬가지로 K팝, 영화, 드라마가 주도하면서 관광, 한국어, 태권도, 음식 등 다른 장르로 확산되고 있었다. 한류의 성공 이유에 대해서는 한국 정부의 문화 개방과 육성 정책, 한국 문화 산업계의 치열한 경쟁, 문화적 근접성, 콘텐츠의 우수성, 정보통신기술 발달, 부족한 중동의 문화 콘텐츠 등 여섯 가지 요인이 분석되어 다른 지역의 성공 이유와 유사했다. 한류의 성공 효과는 한국 이미지가 긍정적으로 개선, 한국이 문화강국이라는 이미지 형성, 한국에 대한 관심 증가, 한국 경제발전에 기여, 중동 젊은이의 문화적 국제화 신장, 중동의 문화 산업 육성 필요성 인식 등 여섯 가지였다.

중동 언론에서는 한류에 관한 다른 선행연구들에서 나타난 한국 이미지 상승, 경제발전 등의 효과 이외에도 한국을 문화강국으로 인지하는 효과가 있었다. 그러나 중동에서 한류는 아직 경제적 효과로는 많이 이어지지 않아 한국 상품 구매 단계에는 못 미치고, 아직 한류 파생 상품 구매 단계인 것으로 해석되었다. 그럼에도 한류는 중동에 도움이 되는 것으로 평가되어 중동의 한류는 더욱 대중화되고 뿌리내릴 수 있음을 시사했다. 중동 언론에서는 비판적인 기사가 매우 적어서 혐한

〈표 5-6〉 중동 언론에 나타난 한류 현상

	한류 현상
사우디아라비아	K팝이 한류 확산에 큰 역할, 태권도 인기, 관광 · 한복 · 한식 등 다양하게 소개
아랍에미리트	K팝 인기 현장 상세 소개, 한복 · 한식 등 다양하게 소개
이집트	‘K팝 페스티벌’ 등 K팝 팬 동향 상세 소개, 한국 드라마 방송 현황 자세히 보도, 관광 · 한식 · 태권도 등 다양한 장르 보도
이란	한국 드라마 인기 열풍 상세히 소개, 태권도 관련 기사 다수
터키	‘K팝 대회’ 스케치 등 K팝 인기 현장 상세 소개, 한국 영화 다수 상영, 관광 · 한식 · 한복 등 다양한 장르 소개
이스라엘	한국 드라마 인기 현상 소개, K팝 방송 라디오 프로그램 등 K팝 인기 높아, ‘음식 한류’ 확산

〈표 5-7〉 중동 언론에 나타난 한류 성공 이유

	한국 정부 문화 개방 · 육성 정책	한국 문화 산업계 경쟁	문화적 근접성	콘텐츠 우수성	정보통신 기술 발달	부족한 중동 문화 콘텐츠
사우디아라비아	○		○	○	○	
아랍에미리트	○	○	○	○	○	
이집트	○	○	○	○	○	
이란	○		○	○		○
터키	○	○		○	○	
이스라엘	○	○	○	○	○	

류, 항한류의 분위기는 아직 없는 것으로 해석되었다. 그러나 일부 언론에 의해 제기된 한류 스타의 자살사건, K팝 가수 육성과정과 불평등계약, K팝 콘텐츠의 문제점 등은 개선되어야 할 것으로 나타났다.

일반적으로 외래문화는 수용자 문화의 '필요성'과 '적합성'에 입각해서 선택되고 수용된다. 중동에서 '필요성'은 국민이 즐길 수 있는 콘텐츠의 부족이며, '적합성'은 문화적으로 수용할 수 있는 근접성을 의미한다. 중동에서는 이슬람과 유대교 등 종교적 영향이 커서 다양한 문화 콘텐츠가 부족한 반면, 한류는 문화적으로 중동과 유사한 점이 많고 내용도 우수해서 새로운 문화로 수용되고 있는 것으로 해석할 수

〈표 5-8〉 중동 언론에 나타난 한류 성공 효과

	한국 이미지 향상	문화 강국 인식	한국어 · 관광 등 한국 관심 증가	한국 상품 수출 증대	중동의 문화적 국제화	중동의 문화 산업 중요성 인식
사우디아라비아	○	○	○	○	○	
아랍에미리트		○				○
이집트	○	○	○		○	
이란		○	○	○		
터키	○	○				
이스라엘	○	○	○	○	○	

〈표 5-9〉 중동 언론에 나타난 한류의 문제점

	한류 스타 자살	K팝 스타 양성 과정, 불공정 계약 논란	K팝 콘텐츠 진부함
사우디아라비아	○		
아랍에미리트	○		
이집트		○	○
터키			○
이스라엘	○	○	

있다. 정보통신기술의 발달은 한류가 빠르게 전달되는 데 크게 기여했다. 서구, 중국, 인도 등 여러 국가의 문화 콘텐츠가 경쟁하는 중동에서 한류가 더욱 지속적으로 발전하기 위해서는 중동 문화의 '필요성'과 '적합성'에 맞는 우수한 디지털 콘텐츠를 계속 제공하는 '틈새 전략'이 유효하다는 것을 시사한다.

2부

저널리즘의 현장

6장 / 정치 저널리즘

1. 민주주의에서 언론과 정부의 관계

1) 언론과 정부의 다양한 관계

민주주의 사회에서 언론과 정부의 관계에 대해서는 전통적으로 갈등 또는 적대적 관계가 민주주의를 위해 가장 이상적이거나 규범적이라고 여겨져 왔다. 그러나 일반적으로 언론과 정부가 항상 이런 관계에 있는 것은 아니다. 언론과 정부의 역학관계나 그 관계에 대한 관점에 따라 다양한 관계가 나타난다.

가장 대표적인 언론과 정부의 관계는 언론이 정부와 적대적 관계를 유지해 감시견으로서 권력을 감시하고 공익에 봉사해야 한다는 적대모형(*adversary model*)과 언론과 공직자가 상호의존적인 관계에 있는 공생모형(*symbiotic model*)을 들 수 있다. 적대모형은 본질적으로 규범적이다. 견제와 균형에 의거한 민주적 통치를 확립하기 위해서는 언론과 정부의 적대적 관계가 필수적이라고 본다. 그러나 현실적으로 언론과 정부의 관계는 반드시 적대적인 것만은 아니다. 외견으로 드러나는 긴장과 갈등에도 불구하고 언론인과 정치인・공무원 사이에는 지속적인 협력관계가 존재한다. 정치인이나 공무원은 자신의 생각이나 정책을 국민에게 알리기 위해 언론에 의존하지 않을 수 없고, 기자는 국민이 알아야 하는 공공 문제에 대한 정보를 얻기 위해 정치인이나 공무원에게 의존해야 하는 것이 현실이다. 그래서 적대모형이 규범적 차원에서는 의미가 있지만, 실제 현실을 제대로 설명하지 못한다고 보고 제기된 것이 공생모형이다(양승목, 2006).

실제로 언론과 정부는 서로에 대해서 대립적인 입장을 취하면서도 서로를 필요로 하기 때문에 공생관계에 있을 때가 많다. 민주주의 국가에서는 언론이 선거에서 유권자의 선택에 큰 영향을 주기 때문에 정치권력은 언론에 주의를 기울이지 않을 수 없다. 정권을 잡은 후에도 국민에게 정책을 홍보하고 설득해 안정적으로 국정을 운영하기 위해서는 언론과 우호적인 관계를 유지해야 한다. 한국에서 정부가 수립된 1948년부터 2008년까지 60년 동안 대통령과 언론의 관계를 분석한 결과, 한국 대통령들은 메시지 관리라는 순수한 공보 업무보다는 언론과의 관계를 관리하는 데 더 비중을 두었다(최영재, 2011).

정상적인 민주국가에서는 언론과 정부의 관계가 갈등과 공생관계 사이에 있지만, 정부의 힘이 지나치게 커져 독재와 같은 권위주의 정부가 등장하면 권위주의 체제 형태의 언론이 나타난다. 여러 독재 정권의 가장 특징적인 공통점 중 하나는 언론 탄압이다. 한국에서도 과거 권위주의 정부의 언론 탄압은 언론인 강제해직, 언론사 통폐합,

기사와 방송 프로그램의 검열, 유언비어 과잉단속 등 다양한 형태로 벌어졌다. 언론인 해직과 투옥은 커뮤니케이터(*communicator*) 통제, 언론사 통폐합은 미디어 통제, 뉴스와 프로그램의 검열은 메시지 통제, 유언비어 단속은 수용자 통제 형태이다(김재홍, 2012). 반대로 언론이 정부에 대한 감시 기능을 포기하고 결탁하는 권언유착 현상이 발생하면, 언론은 오히려 건전한 민주 사회의 적이 된다. 그러면 정부의 부정부패는 감춰지고 진실은 조작되어 왜곡된 여론이 만들어진다. 권언유착은 상당수의 민주 국가에서도 종종 발견되는 현상이다(이선필, 2009).

유재천과 이민웅(1994: 31~34)은 언론과 정부의 관계를 구성하는 요인으로 지배적인 사회세력(성격, 이념, 행위 등), 정부의 성격과 언론 통제방식(법률적·비공식적·경제적 통제, 정보 통제), 사회적 환경(국민의 지배세력 동의 수준), 언론의 성격(소유, 편집권, 언론인 태도, 직업윤리, 언론 관행, 매체 경쟁 등), 언론의 영향력(대 정부, 대 국민) 등 5개 범주를 들었다. 그리고 5개 범주의 조건에 따라 언론과 정부의 관계는 적대, 견제, 공생, 유착, 일체 등 5개 모형 사이에서 움직인다는 '진자운동 모형'을 제시했다(〈그림 6-1〉 참조).

일체관계는 언론이 통치기구의 일부가 되어 권력의 도구 역할을 수행하는 경우이다. 언론이 정부와 당의 선전선동 도구로 활동하는 공산주의 국가를 비롯해 대부분의 전체주의 국가에서 나타나는 언론과 정부의 관계다. 유착관계는 일체관계보다는 형식적으로는 언론의 자유가 보장되지만, 언론이 정부에 종속적이다. 일체와 유착관계는 비민주적인 국가의 언론과 정부 관계의 특징이다. 정부가 언론보다 힘

<그림 6-1> 정부-언론관계의 구성모형

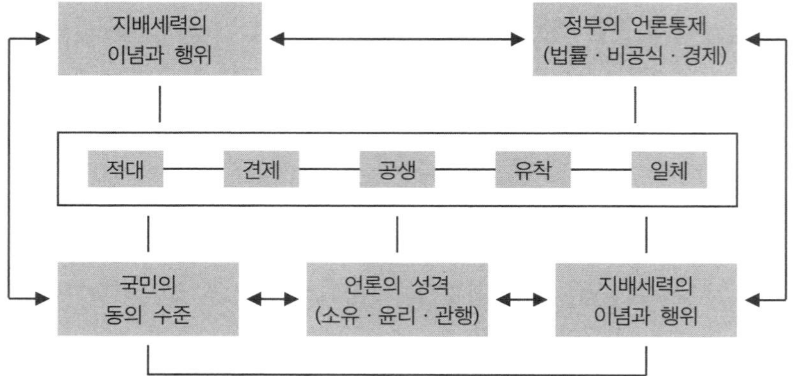

출처: 유재천 · 이민웅(1994). 《언론과 정부》. 34쪽.

의 우위에 있기 때문에 정보를 은폐하거나 왜곡하는 비윤리적인 메시지 통제까지 가능한 관계다(박동진 · 정연구, 2010).

민주주의 사회에서 정부와 언론은 그들이 수행하는 역할의 속성상 둘 사이에 갈등과 긴장이 존재한다. 외견상 그들은 서로가 상대방에게 중요하다는 것을 알기 때문에 미묘한 공생 또는 공조관계를 유지한다. 국민으로부터 권력을 위임받은 정부는 자신이 하는 일을 국민에게 알리고 여론의 지지를 얻어 내야 하는 반면, 언론은 국민의 알 권리를 대행하기 위해 공공 문제에 관해 정부의 정보에 의존해야 한다. 그럼에도 언론은 정부의 잘못을 감시해야 하고 정부는 언론을 관리하려고 하기 때문에, 둘의 관계는 항상 긴장과 견제 속에 놓인다. 따라서 민주주의 국가에서 언론과 정부 관계는 일반적으로 공생과 견제관계에 속한다. 적대관계는 언론과 정부 관계가 서로를 타도하려는 상태이다. 일반적으로 민주국가에서는 보기 어려우며, 혁명과 같이 정치 상황이 매우 비정상적인 경우에 생길 수 있다(양승목, 2006).

정부에 대한 언론의 역할은 개의 유형에 빗대서 다섯 가지로 분류되기도 한다. 첫째, 애완견(*lap dog*)은 언론이 정부나 권력기관의 요구에 순응하며, 때로는 자발적으로 정부가 원하는 것을 보도하는 종속적 언론을 표현한 말이다. 일반적으로 권위주의 언론이 애완견이다. 둘째, 보호견(*guard dog*)은 언론이 사회 전체의 이익이 아니라 권력을 가진 지배집단이나 그런 권력구조를 보호하는 역할을 수행한다. 언론은 체제와 지배집단의 이익을 반영한다. 한국에서는 1980년대 5공화국 시대의 언론이 애완견이나 보호견의 역할을 한 것으로 평가된다. 셋째, 안내견(*guide dog*)은 공중에게 공공 문제에 대한 정보를 제공하고 공중을 교육하는 언론의 역할을 중시하는 개념이다. 넷째, 감시견(*watch dog*)은 전통적인 자유주의 언론 철학의 기본개념으로, 언론은 제 4부로서 권력 남용을 감시하는 역할을 한다. 다섯째, 공격견(*attack dog*)은 정치인이나 정부에 대해 매우 비판적이고 공격적인 언론을 의미한다. 이런 언론은 정치에 매우 냉소적이며 정치인과 공무원을 부정적으로 표현하면서 스스로 정치적 주역이자 대변인 역할을 하려고 한다. 이로 인해 정치에 대한 대중의 불신과 냉소주의가 확대되는 부작용이 생긴다(양승목, 2006).

김동률(2009)은 노태우, 김영삼, 김대중, 노무현 4개 정부에 걸쳐 한국 언론이 어떻게 권력화되었는지를 개의 유형을 통해 알아보았다. 이 기간 중 〈조선일보〉, 〈중앙일보〉, 〈경향신문〉, 〈한겨레〉 등 4개 신문이 정부의 재벌 규제 정책에 관해 쓴 사설을 분석했다. 〈조선일보〉는 노태우 정부 때는 정부의 재벌 규제에 동조해 애완견과 감시견을 역할을 했으나, 김대중 정부부터 노무현 정부 때까지는 강하게 비판해 보호견과 공격견의 기능을 보였다. 〈중앙일보〉는 노태우 정부 때는 감시견과 애완견의 역할을 했으나 점차 재벌 규제에 반대해서 보호견과 공격권의 성격을 보였다. 〈경향신문〉은 한화그룹이 소유주였던 김영삼 정부 때는 재벌 규제를 반대하는 공격견이었다가, 한화가 신문 경영에서 손을 뗀 김대중 정부 때부터는 재벌 규제에 찬성해 감

〈그림 6-2〉 한국 신문의 정부 재벌 규제 정책 대응

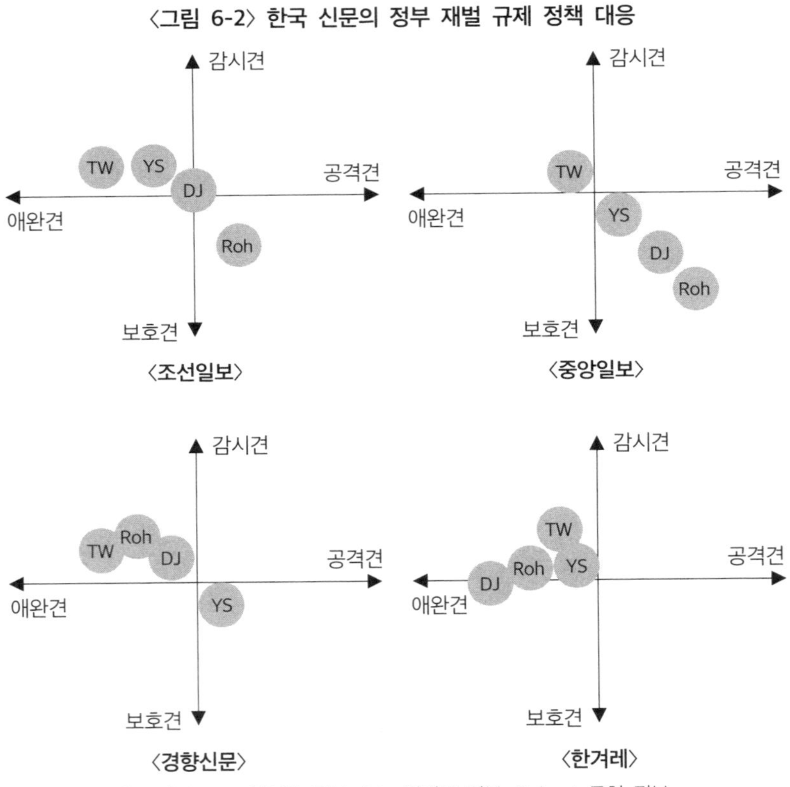

주: TW = 노태우 정부; YS = 김영삼 정부; DJ = 김대중 정부; Roh = 노무현 정부.
출처: 김동률(2009). "언론의 정치권력화: 재벌 정책 보도의 정권별 비교 연구".

시견과 애완견으로 변했다. 〈한겨레〉는 모든 정권에서 재벌 규제에 찬성해 감시견과 애완견의 역할을 했다.

2) 정파성

언론의 정파성은 언론이 지나치게 정치적 성향을 띠는 현상을 말한다. 사주나 언론사의 이념적 지향과 정파적 이해관계가 콘텐츠에 반영되는 정도이다(이정훈 · 이상기, 2016). 정파성은 좁은 의미로는 특정한 정치세력을 일방적으로 편들어서 공공 이익이 아닌 특수 이익을 추구하는 것을 의미하며, 넓은 관점에서는 담론을 생산하고 유통하는 데 있어 압도적인 우위를 가지는 특정 세력이 자신에게 유리한 의제, 관점, 분위기, 가치, 기억 등을 편파적으로 전달함으로써 '기득권'을 유지하고 강화하는 고차원적인 담론 전략을 뜻한다(김동윤 · 김성해 · 유용민, 2013).

정파성은 저널리즘의 초창기부터 나타났다. 19세기 초반 대부분 서양 국가의 뉴스 문화에서는 정파적 모델이 우세했다. 이 당시 나타난 저널리즘이라는 단어는 공적 문제에 대한 정파적 논쟁이라는 의미가 있었다. 이는 정치적 역기능의 상징으로 부정적인 의미를 함축하고 있었지만, 민주주의를 위한 정치 투쟁의 모습이 건강하게 해석되면서 정파적 저널리즘은 점점 긍정적으로 활용되기 시작했다(Barnhurst & Nerone, 2008/2016).

서구에서 민주주의가 태동하고 발전할 때 언론의 역할은 시민을 설득하는 무기이자 자유를 위한 운동의 선전자로 봉사하는 것이었으므로 언론의 정파성은 매우 중요한 '무기'로 인식되었다. 언론은 정부나 왕조의 불법 행위에 대해 정의의 분노를 표출하는 '국민의 목소리'로 받아들여졌다. 18~19세기 영국의 계몽주의, 공리주의 철학자였던 제임스 밀은 뉴스가 정치적 무기가 될 수 있다는 이론을 개발했다. 밀은 언론을 개혁의 도구로 사용했으며, 언론인이 대중 홍보 전문가의 역할을 해야 한다고 강조했다. 그에게 언론의 힘은 현실의 이미지를 창조하고 그 이미지를 널리 전파하는 데 있었다. 일반적으로 언론의 현실 재구성 역할은 뉴스 제작을 위해 이루어진다. 언론은 사건 발생 순서에 따라 뉴스를 제시하는 것이 아니라, 벌어진 여러 사건 가운데 일부는 포함하고 일부는 배제하는 방식으로 일부에 극적 요소와 순위를 부여하기 때문에 현실이 재구성된다. 그러나 밀에게 현실 재구성은 정치적 목적을 위해 이루어져야 했다. 일반인뿐만 아니라 의원까지 현실에 대한 어떤 이미지를 갖도록 하는 것이 언론의 목적이었다. 19세기 영국에서는 언론이 이같이 변혁의 대리인으로 기능해 혁명의 이미지를 의식적으로 만들어 냄으로써 사회를 대규모로 변혁시켰다(Altschull, 1990/2007: 297~303).

현대 저널리즘에서도 정파성은 일반적인 현상이다. 사회 현실을 재구성해서 보도하는 미디어의 속성상 정파성은 미디어의 특성이라고 할 수 있다. 같은 이슈나 사건이라도 미디어는 자신의 문화와 이데올로기에 근거해 현실을 재구성하기 때문에 정치적 사건에 대한 보도에서는 어느 정도 정파성이 불가피하게 나타난다. 같은 현상에 대해 여러 언론이 자신의 목소리를 내는 것은 사상의 자유시장, 공론장 형성, 정치적 다원주의에 기여하는 측면도 있다. 정치적 이념이 다른 언론들이 공공 정책이나 사회적 이슈에 관한 다양한 의견을 사회에 유통시켜 합리적이고 비판적인 토론이 이루어지는 장을 마련한다면 민주주의 실현에 이상적이라고 할 수 있다(송은지 · 이건호, 2014). 정치적 다원주의가 잘 이루어진 사회라면, 언론이 각자의 정치적 입장을 가지고 사회에서 자유롭게 경쟁하는 것은 사회의 다양한 생각과 의견이 최대한 대표되고 반영된다는 점에서 바람직하고 필요한 일이기도 하다(이정훈 · 이상기, 2016). 이것은 존 밀턴이 제시했던 사상의 자유시장 기능이기도 하다.

한국 언론의 정치뉴스는 매우 정파적이라는 평가를 받고 있다. 국내 신문에서는 정파성 기사가 많으며, 그런 경향은 더욱 확대되고 있다(박재영 · 안수찬 · 박성호, 2014; 박재영 · 이완수, 2010). 〈조선일보〉와 〈한겨레〉가 김영삼 정부 시절인 1996년의 북한 잠수함 침투 사건과 김대중 정부 시절인 1999년의 서해교전에 관해 보도한 뉴스를 비교 분석한 결과, 〈조선일보〉는 보수 강경파와, 〈한겨레〉는 대북 포용 정책파와 각각 병행관계에 있었다. 김영삼 정부에서 김대중 정부로 바뀌면서 신문이 자신의 정파와 동일한 정치적 지향을 갖는 특성은 더욱 뚜렷해졌다(윤영철, 2000).

한국 언론의 정파성은 1997년 김대중 정부 이후 민주화가 진행되면서 더욱 심해졌다. 보수와 진보 정당의 성향이 극단으로 벌어지면서 신문들도 이념적으로 더욱 갈라졌다(박성호, 2016). 한국 정치가 이념 갈등을 증폭했고 시민이 과잉 감정의 혼란 속에서 중요한 문제를 정치공학적으로 결정하게 되면서, 정치적으로 편향적인 일부 언론이 분노나 혐오와 같은 적대적 감정에 기반을 두고 존립한 결과 정파성은 확대되었다(이정훈·이상기, 2016).

한국 신문의 정파성이 심해지면서 신문이 정치적 이념이 같은 정당과 동일한 정치적 지향점을 추구하는 현상까지 벌어지고 있다. 이로 인해 한국 언론은 특정 정치세력에 기울고 정치적 독립성과는 더욱 거리가 멀어졌다. 한국의 정치적 민주화 과정에서 시민사회가 성숙하지 못한 상태에서 여론 정치가 중요해지자, 언론은 이를 주도하면서 '언론권력'이라는 말까지 나올 정도로 힘이 커졌다. 언론은 이를 이용해서 자신의 이익을 위해 정치권력과 밀착하는 권언유착 현상이 심화되었다. 13~17대 대통령 선거 기간에 주요 신문의 사설을 분석한 결과, 신문들은 정치적 입장에 따라 지지하지 않는 후보를 비판하는 등 지면을 통해 권력 창출과정에 적극적으로 개입했다(최진호·한동섭, 2012). 서구에서는 더 많은 독자를 확보하려는 상업주의가 강해지면서 신문의 정파성 현상이 약화하고 있는데, 한국에서는 오히려 거꾸로 진행되고 있다. 한국에서는 '신문과 정당의 정치적 유착'을 뜻하는 '신문-정당 병행관계'(*press-party parallelism*) 현상이 벌어지고 있다(박성호, 2016).

그 과정에서 한국 언론의 정치적 편향성과 선정성은 강화되고 한국 민주주의의 위기는 악화되는 심각한 문제를 보이고 있다(이정훈·이상기, 2016). 언론이 보수와 진보라는 이념에 편향되어 현실의 특정 부분을 지나치게 강조하거나 배제함으로써 현실에 대한 객관적인 사실도 정확하게 전달하지 않는 문제까지 등장했다(원만해·채백, 2007). 이는 다양한 의견이 자유롭게 경쟁해 '건강한 공론'과 '진실의 발견'이 실현되어야 한다는 민주주의 기본원칙과 정면으로 배치된다(김동윤·

김성해 · 유용민, 2013).

언론의 정파성이 심해지면 수용자의 저널리즘에 대한 평가가 떨어진다. 수용자는 자신의 정치적 성향을 떠나서, 정확하게 보도하는 뉴스가 공정하다고 평가하기 때문이다(이종혁, 2015). 지나친 정파성은 공정성을 해치며, 이는 언론뉴스 이용을 저해한다. 신문과 TV뉴스에 대한 수용자의 공정성 평가는 뉴스 활용과 이용 증감의 결정요인으로 작용해, 공정성이 의심되면 활용도와 이용 시간의 감소로 이어진다(배선영 · 이봉규 · 이상우, 2010). 한국 언론은 1987년 민주화 이후 언론 자유를 획득했으나 그 자유를 민주주의라는 공익적 목적에 사용하지 못했으며, 오히려 언론이 상업적 · 정파적 도구가 되고 사주와 광고주의 언론 간섭과 통제가 만연하게 된 것이 한국 저널리즘 위기의 본질이라는 비판까지 나왔다(정태철, 2005).

2. 언론과 선거

1) 언론의 선거보도

민주 사회에서 언론과 선거는 불가분의 관계에 있다. 언론은 국민에게 정치정보를 전달하고, 의제설정과 프레이밍 등의 방법으로 여론 형성, 정치의식 제고, 정치 사회화, 정치 참여 확대 등의 매우 중요한 역할을 한다. 이런 역할은 선거 때가 되면 더욱 중요해진다. 민주 사회에서 뉴스 미디어의 주요 기능은 선거 때 유권자에게 정보를 제공하는 것이다. 유권자는 선거 기간에는 정치정보 습득을 위해 뉴스 미디어를 더 많이 이용하기 때문에 선거 후보자와 캠페인 전문가는 선거 현실을 구성하는 미디어의 능력을 유리하게 활용하기 위해서 노력한다(김춘식, 2009; 최민재 · 이홍천 · 김위근, 2012). 미디어를 통한 정치는 더욱 확대되어 뉴스 미디어는 정치과정과 선거에서 가장 영향력이 있는 정보매체가 되었다(송종길 · 박상호, 2005).

언론의 선거보도는 후보자와 정당에 대한 정보를 전달해서 공론장을 형성하고, 선거 이슈에 대한 다양한 관점을 제공하며, 정치인과 정부의 활동을 비판하는 감시견 역할을 한다. 그래서 선거보도는 매우 중요하다. 바람직한 선거보도방식은 유권자에게 필요한 이슈와 정책을 분석해 해설하는 보도, 후보 간의 공약과 정책을 비교 분석하는 보도, 후보의 공식적인 발언 · 공약 · 정책 등에 관한 사실을 검증하는 보도, 언론의 선거보도 자체를 점검하는 보도, 부정적 캠페인을 비판하는 보도, 선거와 참여의 의의 등을 강조하는 보도 등이다. 바람직하지 않은 보도 형태로는 부정적 캠페인의 대변인 노릇을 하는 보도, '진지 구축'과 같은 군사 전략적 용어를 남발하는 보도, 근거 없는 추측성 보도, 기자의 평가나 감정으로 기사를 주관적으로 윤색한 보도, 선거 무관심이나 불법 선거운동을 방조하는 듯한 보도, 운세나 사주와 같이 비과학적 설명을 제시하는 보도, 지역감정을 자극하는 보도 등을 들 수 있다.

일반적으로 언론이 제공하는 선거정보에 대해서는 많은 비판이 있다. 언론은 선거 캠페인의 본질적인 이슈보다는 전략, 전술, 여론조사 결과, 당선 가능성 등에 더 많은 초점을 맞춘다. 그래서 선거와 정치 캠페인을 경쟁과 게임이라는 틀 속에서 다루며, 경마 또는 스포츠

경기를 중계하듯이 보도한다는 것이다.

우리나라 유권자가 한국 언론의 선거보도에 대해 가진 불만은 크게 두 가지다. 첫 번째는 불공정 보도, 보도의 편파성이다. 두 번째는 유권자가 필요로 하는 후보의 자질, 정책이나 이슈 등 본질적인 정보보다는 피상적이고 흥미 위주로 보도한다는 점이다. 우리나라 언론의 선거보도 문제점은 선거 과열 조장보도, 가십과 스케치 기사의 강조·편파보도, 경마식 보도, 인색한 이슈 보도, 정당수뇌부 중심 보도, 부정주의 보도, 지역감정 보도, 부정확한 여론조사 보도 등을 들 수 있다. 언론의 과잉 선거보도는 후보의 사전 선거운동을 촉발하고 불법 선거를 조장하는 결과를 가져온다. 후보의 재담이나 상대방 비방 등 자극적인 내용이나 쓸모없는 말장난 등 흥미 위주로 보도하는 경우도 많다. 특히, 불법 부정선거, 흑색선거, 선거 무관심에 관한 내용이 많으며 이는 유권자의 선거 냉소주의와 혐오감을 유발해 민주주의에도 위험하다(권혁남, 2006). 그 밖에 전략과 게임 중심의 선거보도, 지나치게 승부중심적인 보도, 경마식 보도, 사실 중심의 보도보다는 기자의 생각을 많이 전달하는 해석적 선거 저널리즘 등도 문제다(김춘식, 2010).

2) 언론의 선거 여론조사 보도

선거 때의 여론조사는 여론을 탐색하는 중요한 방법 중 하나이다. 그래서 중요한 선거 때는 여론조사 전문기관이 실시한 여론조사 결과가 언론에 많이 보도된다. 언론사가 직접 여론조사를 실시해 보도하기도 한다. 언론의 여론조사 결과보도는 투표에 큰 영향을 주기 때문에 정확하고 과학적인 조사 방법과 보도가 생명이다. 여론조사기관이나 언론사는 여론조사를 할 때 조사하려는 문항을 충실하게 만들고, 전체 모집단을 대표할 수 있는 수준의 충분한 표본을 대상으로 진행해야 한다. 그리고 결과를 보도할 때는 정확성, 객관성, 신뢰성을 충족한 과학적인 방법으로 해석해야 하며, 자의적으로 해석해서는 안 된다. 보도할 때도 여론조사 결과를 속보 경쟁하듯이 보도하기보다는 정확하고 심층적으로 보도해야 한다.

그러나 한국 언론의 선거 여론조사 보도에서는 이런 기본적인 원칙에서 벗어나는 경우가 적지 않다. 우선, 언론사가 직접 여론조사를 주관할 때 발생하는 조사 방법과 표본 등의 문제가 있다. 시의성과 속보성을 중시하는 언론사의 관행 때문에 1~2일 이내에 여론조사를 하는 경우가 많아 표본의 대표성에 문제가 많다. 여론조사 결과를 해석하거나 보도할 때 표집오차를 고려하지 않는 보도 관행으로 인해 왜곡보도를 하는 경우도 있다. 통계적으로 차이에 의미가 없는데도 '오차범위 내에서 1, 2위를 차지했다'는 식으로 보도하고 심지어 기사 제목에 인용하기도 한다(김춘식, 2010).

2016년 4월 13일에 실시된 제 20대 국회의원 선거 때는 자격 미달인 여론조사 업체가 난립하면서 수준 낮은 조사가 많아졌으며, 여론조사 보도의 일반 원칙을 지키지 못한 언론의 보도 행태까지 더욱 심해져 심각한 문제로 지적되었다. 그래서 2017년 대통령 선거를 앞두고 2016년 12월 언론계에서는 처음으로 한국기자협회, 한국신문협회, 한국방송협회, 한국신문방송편집인협회, 한국인터넷신문협회 등 5개 단체가 "선거여론조사 보도준칙"을 만들었다. "선거여론조사 보도준칙"은 28개 조문으로 구성되었다. 주요 내용은 다음과 같다(〈한국일보〉, 2016. 12. 8).

- 제 14조(인용의 제한) : 특정 정당 또는 후보자, 산하・연계 조직이 의뢰하여 실시한 조사, 질문 내용이 응답을 편향되게 몰아가는 경우, 조사 대상자의 선택이 조사기관에 의해 무작위로 이루어지지 않은 경우, 개별 응답자의 기본적인 인구구성학적 특성을 확인할 수 없는 여론조사의 경우에는 조사 결과를 인용하지 않는다.

- 제 16조(오차범위 내 결과의 보도) : ① 미디어는 후보자나 정당의 지지율 또는 선호도를 신뢰구간에 따른 표본오차를 감안해 보도해야 한다. ② 지지율 또는 선호도가 오차범위 안에 있을 경우, 순위를 매기거나 서열화하지 않고 "경합" 또는 "오차범위 내에 있다"라고 보도한다. ③ 위 경우 "오차범위 내에서 1, 2위를 차지했다"거나 "오차범위 내에서 조금 앞섰다" 등의 표현은 사용하지 않는다. ④ 위 경우 수치만을 나열하여 제목을 선정하지 않는다.

- 제 17조(조사 결과의 비교) : ③ 지지율의 상승과 하락에 대해 표현할 경우에도 주의해야 한다. 특정 후보의 지지율이 '상승했다' 또는 '하락했다'고 평가하기 위해서는 기존 여론조사 결과의 추세, 최대 표본오차, 표본 수 등을 종합적으로 고려해 신중하게 보도해야 한다.

- 제 18조(항목 무응답의 고려) : 찬성과 반대의 의견을 묻는 조사의 경우

'무응답자' 및 '모르겠다'라고 응답한 사람의 비율에 특히 주의해야 한다. 미디어는 전체 조사 대상자 가운데 몇 퍼센트의 응답자가 실제로 응답했는지 확인해야 한다. 만일 전체 조사 대상자의 상당수가 특정 문항에 대하여는 응답하지 않았거나 '모르겠다'라고 응답했다면, 실제로 조사 대상자의 다수는 그 안건에 찬성하지 않은 것일 수도 있음을 고려해야 한다.

- 제 19조(주관적 표현 자제) : 조사 결과에 대해 "의외의", "예상을 넘는", "기대에 못 미치는" 등 주관적일 수 있는 표현은 가급적 자제한다. 여론조사 결과를 자의적으로 해석하여 주관적인 견해나 판단을 보도하는 것을 자제해야 한다.

- 제 20조(인포그래픽 제작 주의) : ① 후보자나 정당 간 지지율 또는 선호도의 차이가 오차한계 내에 있을 경우 그래프, 그림, 표 등은 동등한 크기와 조건으로 제작해야 한다.

- 제 21조(전문용어에 대한 해설) : 미디어는 여론조사 보도 시 신뢰수준, 표본오차, 오차범위, 응답률, 가중값 등 전문용어를 매체 이용자가 쉽게 이해할 수 있도록 보도해야 한다.

- 제 22조(순위 일변도 보도 지양) : ① 미디어는 선거 기간 중 정당이나 후보자의 지지율과 선호도에만 집중할 것이 아니라 정책 및 공약에 충분한 관심을 기울여 보도해야 한다.

- 제 23조(하위표본 분석 주의) : 여론조사 결과를 성별, 연령별, 지역별 등 하위표본으로 나누어 추가 분석한 결과를 보도할 때 통계적으로 의미 없는 차이를 부각하지 말아야 한다. 특히, 하위표본 분석의 경우 비율 수치와 함께 하위표본 분석에 사용된 사례 수를 제시해야 한다. 극히 적은 하위표본의 결과치를 비율로 환산해 퍼센트로 제시할 때 유권자에게 왜곡된 정보를 제공할 수 있다는 점을 유의해야 한다.

3. 정치뉴스 이용이 유권자의 투표에 미치는 영향

미디어가 수용자에게 미치는 정치적 영향력의 목표는 궁극적으로 수용자의 정치적 참여를 증대하는 데 있다(이준한, 2014). 신문, TV, 뉴미디어 등 미디어의 정치적 이용은 수용자에게 긍정적인 또는 부정적인 영향을 준다. 신문, 방송, 소셜미디어, 정치인 웹사이트 등을 통한 정치뉴스와 정보의 이용은 대체로 정치지식, 효능감, 참여와 긍정적인 관련성을 갖는다(금희조 · 조재호, 2015).

미디어의 정치정보 이용이 수용자의 정치적 행동에 미치는 경로는 다양하다. 우선, 정치정보가 정치적 행동에 직접적인 영향을 주는 경우다. 2011년 서울시장 보궐선거 당시 SNS를 통해 선거뉴스나 정보, 의견을 많이 보고 전달한 유권자는 투표에 참여하고 후보자를 선택할 때 SNS 메시지의 영향을 많이 받았다(최민재 · 이홍천 · 김위근, 2012). 뉴미디어가 정치적 영향력을 갖는 이유에 대해서는 일반 시민의 정치적 관심을 비약적으로 증대해 정치적 참여를 혁명적으로 확산시킨다는 동원 이론, 개인의 평소 생각과 신념을 공고히 한다는 강화 이론, 두 이론을 절충한 이론 등 세 이론이 있다(이준한, 2014).

미디어의 정치정보 이용은 정치적 행동에 직접 영향을 주기보다는 다른 경로를 거쳐서 영향을 준다는 연구도 많다. 가장 중요한 경로는 정치효능감(*political efficacy*)이다. 효능감은 개인이 결과를 얻는 데 필요한 행동을 성공적으로 수행할 수 있는 기술에 대한 신념이다(Bandura, 1977). 정치효능감은 자신의 정치적 행동이 정치과정에 영향을 미칠 수 있다고 생각하는 것이다(권혁남, 2012). 정치효능감은 자신이 정치 결정을 이해하고 효과적으로 기여할 수 있는 능력을 갖고 있다고 믿는 내적 정치효능감(*internal political efficacy*)과 정부는 시민의 요구에 잘 반응하며 시민이 참여하면 외부적으로 성취할 수 있다고 믿는 외적 정치효능감(*external political efficacy*)으로 분류된다(Lassen & Serritzlew, 2011).

미디어의 정치뉴스 이용은 수용자의 정치효능감 지각에 영향을 주고, 정치효능감은 투표 참가에 긍정적인 영향을 준다. 미디어에서 정치정보를 이용하면 정치효능감이 커지고, 선거에서 정치효능감은 투표 의지와 투표 행위에 가장 긍정적인 영향을 주었다(김관규, 2008). 수용자의 미디어와 정보에 대한 인식에 따라 미디어 정치정보 이용이 수용자의 정치효능감에 미치는 영향이 달라지기도 한다. 수용자가 언론의 역할을 긍정적으로 평가할수록 정치효능감 수준은 높아진다(김춘식, 2009).

그런데 정치지식이 늘수록 정치효능감이 줄어드는 경우가 있다. 신문기사 이용이 많아질수록 정치지식은 늘었는데 정치효능감은 줄었다

(김관규, 2008). 텔레비전 뉴스 이용은 TV 토론 시청을 증대시켰지만 정치효능감은 감소시켰다(권혁남, 2011). 수용자가 정치에 관해 많이 알수록 오히려 정치에 대한 부정적 인식과 냉소주의가 커지기 때문이다. 2008년 미국 대통령 선거 당시 유튜브에서 정치인의 캠페인을 본 수용자는 정치 시스템에 대해 많이 알게 되었지만, 미국 정부에 대해서는 더 냉소적으로 변했다(Towner & Dulio, 2011).

정치관심도가 정치효능감을 포함한 어떤 요인보다도 투표 참여에 훨씬 강력한 영향을 미친다는 연구도 있다(권혁남, 2012). 정치관심도는 사람들이 정치 관련 기사나 뉴스, 타인의 의견과 태도, 정치적 이슈와 정보를 찾아보면서 정치나 정책에 대해 갖는 관심의 정도이다(전소연 · 고일선 · 이지현, 2015). 대학생의 정치관심도, 정치효능감, SNS 네트워크가 많을수록 정치참여도가 높았다(전소연 · 고일선 · 이지현, 2015). 한국에서 17대 총선 당시 TV와 신문의 정치뉴스 이용은 정치관여도를 통해 정치효능감에 영향을 주었다. 미디어의 정치적 영향력은 인구통계학적 변인에 의해 차이가 나기도 한다. 여성보다는 남성에게서 정치뉴스 이용과 정치관여도의 상관관계가 높았다(송종길 · 박상호, 2005).

4. 정치뉴스의 연성화

저널리즘은 민주주의와 함께 발전해 왔다. 그래서 저널리즘의 가장 기본분야는 정치였다. 정치뉴스는 저널리즘의 기본역할인 환경 감시와 상호 연결 역할을 하는 영역이었다. 정치뉴스는 사람들의 삶에 매우 중요한 영향을 미치는 내용을 다루기 때문에 전통적으로 정치뉴스에서는 연성뉴스보다는 경성뉴스가 압도적으로 많았다. 그런데 인터넷 등 미디어 환경의 변화, 여성의 지위 상승과 고령화 등 인구 사회적인 변화, 경제 성장에 따른 수용자의 관심 다양화, 미디어 경쟁의 심화 등으로 뉴스의 연성화 현상이 확산되면서 정치뉴스에서도 연성화 현상이 심화되고 있다.

미국에서는 기자가 정치뉴스를 만드는 과정에서 정치인의 활동을 가장 잘 전달해야 한다는 '전문가적 이상주의'와 상업적 차원에서 공중의 관심을 끌기 위해 흥미와 드라마적인 요소가 많이 포함되어야 한다는 경제적 문제가 절충하면서 언론의 정치뉴스가 인포테인먼트(*infortainment*)로 변화하고 있다(Bennett, 1997). 인포테인먼트는 정보(*information*)와 엔터테인먼트(*entertainment*)가 합쳐진 말로, 정보를 전달할 때 오락성을 가미하는 것을 의미한다.

정치뉴스의 연성화, 엔터테인먼트 현상은 방송에서 두드러지게 나타나고 있다. 한국에서는 2011년 등장한 정치 팟캐스트의 인기를 시작으로 2012년 18대 대통령 선거 기간에는 정치 엔터테인먼트 장르가 TV 방송에까지 확산되었다. 엔터테인먼트 포맷 위에 정치 메시지를 얹어 오락성이 강해진 프로그램은 수용자의 동일시와 몰입 수준을 높이면서 인기를 끌었다(권오주 · 민영, 2015). 특히, 유튜브의 발전은 정치 동영상의 엔터테인먼트화를 촉발했다. 2008년 미국 대선 당시 유튜브에서는 엔터테인먼트, 코미디, 패러디 등이 혼합된 정치 콘텐츠를 만들어 새로운 장르의 정치정보를 제공했다. 당시 전통적인 뉴스 동영상은 인기가 가장 낮았으며, 정치와 선거를 풍자하는 등 흥미롭게 만든 엔터테인먼트성 동영상의 인기가 매우 높았다(Hussain, 2011).

정치인과 정치 현실을 풍자한 엔터테인먼트성 정치 동영상은 정치 규제가 많은 권위주의 사회의 선거에서 큰 영향력을 발휘했다. 2014년 인도에서 실시된 선거에서 유튜브의 정치 풍자 동영상은 계급차별, 성차별, 종교적 민족주의 등 오랜 정치적 이슈와 선거를 연결해 주는 고리가 되었고, 정치에 대한 시민의 관심과 참여를 유도해 공중의 신뢰가 크게 떨어진 저널리즘의 역할을 대신했다. 유튜브 동영상은 미디어와 정치의 관계를 엔터테인먼트로 전환시켜 '오락 정치'(*entertaining politics*) 라는 말도 만들었다(Punathambekar, 2015).

그러나 정치 저널리즘의 상품화는 정치적 인포테인먼트, 정치 영역에서의 선정성과 드라마화에 초점을 맞추면서 공중에 대한 민주정치의 표현을 가벼운 연속극처럼 다루기도 한다. 정치 저널리즘이 정치, 경제, 외교나 기타 핵심적인 문제를 다루기보다는 정치인의 연애와 같이 수준 낮은 내용이나 사소한 내용에 초점을 맞춰 보도함으로써 국민을 바보로 만드는 '우매화'(愚昧化, *dumbing down*) 기능을 한다는 비판도 받는다(McNair, 2008/2016).

7장 / 국제 저널리즘

1. 국제뉴스의 특징

1) 국가 운명도 좌우하는 뉴스 효과

2008년 9월 미국의 서브프라임 모기지(*subprime mortgage*, 비우량 주택 담보대출) 부실 사태로 세계적인 금융위기가 발생하면서 많은 국가의 경제 상황이 나빠졌다. 당시 유력한 외국 언론들이 한국 경제가 실제 이상으로 나쁘다고 보도해 한국 경제가 상당한 어려움을 겪은 경험이 있다. 영국의 〈파이낸셜타임스〉(*Financial Times*)는 2008년 10월 6일 "한국은 아시아에서 금융위기의 감염 가능성이 가장 큰 국가"라고 보도했고, 같은 달 14일에는 "가라앉는 느낌"(Sinking Feeling)이란 기사에서 한국 경제가 위기에 처했다고 보도했다. 미국의 〈월 스트리트 저널〉(*The Wall Street Journal*)은 2008년 10월 23일 국제통화기금(IMF)이 새로운 긴급 지원 시스템을 구상하고 있으며 그 대상에 한국이 포함되었다는 기사까지 내보냈다. 〈뉴욕타임스〉는 2008년 10월 24일 "많은 한국인은 10년 전 외환위기 때의 악몽이 되살아나는 느낌을 받고 있다"라고 보도했다.

외국 금융기관을 비롯해 한국에 투자한 외국인들이 자금을 인출하기 시작했으며, 한국이 1997년의 외환위기와 같은 상황에 빠질 것이라는 이야기가 나돌았다. 한국 정부는 외신 기자를 대상으로 긴급 기자회견을 열고 한국의 경제 상황을 설명하는 등 진화 작업에 나섰다. 한국 정부가 지속적으로 외신 기자에게 한국의 경제 상황에 관한 정확한 자료를 배포하고 설명하자, 외국 언론의 보도 내용이 달라지면서 국제사회의 한국 경제에 대한 인식이 달라지고 한국은 위기에서 벗어날 수 있었다. 많은 수용자는 국제뉴스보다는 정치, 경제, 사회 등의 뉴스를 더 중시하는 경향이 있지만, 국제뉴스는 이같이 한 국가에 대한 이미지를 형성하고 국제사회의 여론을 형성함으로써 한 국가에 매우 심대한 영향을 준다.

국제뉴스는 자국의 영토 밖에서 벌어진 사건이나 이슈를 다루는 뉴스를 의미한다. 자국 영토 밖에서 벌어진 이슈나 사건이라도 자국과 관련된 것이라면 국제뉴스보다는 국내뉴스에 속한다. 국내 문제와 국외 문제가 섞여 있는 뉴스인 경우 국제문제를 중심으로 다루거나 비슷하게 다룬 뉴스는 국제뉴스라고 할 수 있다(김영욱 · 장호순, 2002).

국제뉴스는 국제사회를 다루기 때문에 뉴스의 생산, 유통, 효과 측면에서 다른 분야의 뉴스와는 차별되는 특징이 있다. 수용자는 경제 상황과 같이 일상에서 피부로 느끼는 사안에 대해선 가능한 한 자신의 경험에 근거해 평가하지만, 물리적 또는 시간적으로 경험할 수 없는 이슈에 대해선 미디어에 의존해 평가한다(Hester & Gibson, 2003; Soroka, 2002). 그래서 미디어가 공중의제를 형성하는 이슈의 대부분은 간접 경험적이다(McCombs, Einsiedel, & Weaver, 1991/1995: 22). 간접 경험의 대표적인 것은 국제적인 사건이다. 국제적인 사건에 관한 한 대부분 사람에게는 미디어가 유일한 정보원이어서 미디어의 국제뉴스 보도는 중요한 의제설정 역할을 한다. 1946~2004년 미국의 국제, 국방, 정부 등의 여러 분야에서 미디어, 공중, 의회의제가 서로 미친 영향력의 관계를 분석한 결과, 국제뉴스에서만 유일하게 미디어가 공중과 정부, 의회에 영향을 주었다(Tan & Weaver, 2007).

국제뉴스는 수용자에게 국제사회와 특정 국가에 대한 이미지를 심어 주는 데 큰 영향을 준다(Boyd-Barrett, 2000). 미국에서 공중은 미디어 보도에 많이 등장하는 국가를 미국에 더 중요한 국가라고 생각했고, 부정적인 뉴스가 많이 보도되는 국가는 부정적으로 생각했다(Wanta, Golan, & Lee, 2004). 국제뉴스는 수용자에게 국제사회에 관한 많은 지식을 제공하기 때문에 수용자는 미디어 보도를 통해 국제사회에 관한 지식 체계를 구축한다. 국제뉴스는 보도를 접한 국가의 외교 정책에도 상당한 영향을 미치며 수용자를 정부의 대외 정책에 대한 잠재적 지지자로 교육시킨다(김성해, 2007). 나아가 신문이나 텔레비전은 뉴스 전달자, 해석자, 참여자로서 정부의 외교 정책에 관여한다(Cohen, 1963; Larson, 1982). 미국의 정치인, 학자, 기자는 미디어가 미국 외교 정책에 대한 공중의 지지 여론을 만들어 내고 유지하는 데 꼭 필요한 존재라고 인정했고, 엘리트 미디어는 미국의 외교 정책과정에서 필수적 요소로 인식되어 왔다(Chang, 1989).

미국 대통령 조지 부시는 1991년 중동의 걸프만에서 군대를 철수시켰으나, 이라크에서 쿠르드족에 대한 인종 학살이 벌어지고 있다는 뉴스가 보도되자 군대를 쿠르드로 보냈다. 미국은 소말리아에서 기아 문제가 심각하다는 보도가 나온 후 인도주의적 차원에서 개입했지만, 미군의 시체가 길거리에서 끌려 다니는 장면이 보도되자 빌 클린턴 대통령은 군대를 소말리아에서 철수시켰다(Schorr, 1997).

2) 자국과 민족 중심 보도

민족국가는 약 300년 동안 세계 정치를 지배해 왔고, 신문, 잡지, 방송, 라디오 등 현대 미디어는 어느 국가에서든 민족국가를 통합하는 데 기여해 왔다(Shaw & Hamm, 1997). 그래서 미디어는 기본적으로 민족과 국가 중심적이다. 1967년에 미국 방송과 잡지의 국제뉴스에 보도된 주제를 분석한 결과, 외국에서 미국의 활동, 미국인과 미국 정책에 영향을 미치는 외국의 활동, 공산주의 국가의 활동, 외국 국가의 선거와 평화적 정권 교체, 외국의 정치적 갈등과 시위, 재난, 과도한 독재 등 7가지 주제가 대부분이었고 외국뉴스는 미국인과 미국의 이익과 관련된 주제를 다루고 있었다(Gans, 2004: 31~52).

특히, 국가의 안보적 위기나 국가 이익은 국민의 생활과 직결되므로 국가 중심주의는 외신 보도에서 매우 중요한 가치가 된다. 미국의 텔레비전은 존슨(Lyndon Johnson), 닉슨(Richard Nixon), 포드(Gerald Ford) 대통령의 동남아시아 외교 정책에 반대하기보다는 지지했다(Entman & Paletz, 1982). 미국 방송인 CNN은 마셜 매클루언이 말한

전자적 지구촌(*global village*)의 창조자임을 내세우면서 24시간 지구촌 텔레비전 네트워크를 표방했지만, 미국의 시각에서 뉴스를 담아 보내 BBC 등 다른 경쟁자로부터 '지방주의'(*parochialism*)라는 비판을 받았다(Auletta, 1997).

가장 뚜렷한 국가 중심주의는 전쟁보도에서 자주 나타난다. 미국 미디어는 걸프사태에 대해 텔레비전을 본 수용자가 외교적, 경제적인 해결보다는 미국 정부가 원하는 응징적(군사적) 방법을 더 선호하게 만들었다(Iyengar & Simon, 1993). 1979년 소련의 아프가니스탄 침공에 맞서 미국이 1980년 모스크바 올림픽을 보이콧했을 때, 미국 방송은 모두 미국 중심적인 입장에서 소련의 반응을 매우 적게 보도했다(Barton, 1982). 미국 방송은 1970년대 남미 정부가 호전적이고 전제주의적이라며, 남미 국가에는 가난, 실업, 병, 재난이 많은 것으로 묘사하는 등 미국의 국가 안보라는 시각에서 계속 보도했다(Morales, 1982).

같은 사건이라도 각국의 입장에 따라 뉴스 내용은 큰 차이가 난다. 2003년 미국이 이라크를 침공한 전쟁에 관해 미국 신문인 〈뉴욕타임스〉는 미국의 전쟁 노력을 강조한 반면, 〈아랍 뉴스〉, 〈중동타임스〉 등 2개의 아랍 신문은 전쟁에 반대하는 목소리를 많이 전달했다(이창호, 2004). 그래서 국제적 사건에 대해 여러 국가의 미디어가 보도한 내용을 비교 분석하는 것은 국제적 사건이나 이슈에 대한 여러 국가의 특성을 알게 해준다(김수정 · 조은희, 2005).

2. 국제뉴스의 생산과 유통

1) 선진국 미디어가 주도하는 국제뉴스

세계의 국제뉴스는 수많은 미디어 네트워크를 통해 전달되지만 모든 지역의 뉴스가 균형 있게 보도되는 것은 아니다. 국가 간의 역학관계에 따라 국제뉴스의 생산과 유통에는 많은 불균형이 있다(김영욱 · 장호순, 2002: 29). 국제뉴스에서 세계는 국제적인 주요 기관이 몰린 워싱턴, 런던, 파리와 같은 중심부와 그렇지 않은 주변부로 분류된다. 서구를 중심으로 한 중심부의 지리적 규모는 작지만, 국제뉴스는 중심부에서 아시아, 아프리카와 같은 주변 지역으로 흘러가는 것이 일반적이다. 매우 넓은 지역임에도 주변부에 관한 뉴스는 거의 보도되지 않는다(Ginneken, 1998: 130~131).

주변부는 중심부와의 불평등한 정보 교류에 의해 지배당하고 국제뉴스에서 소외당한다. 중심부에 사는 사람들에 관한 뉴스는 주변부에 사는 사람들보다 글로벌 뉴스 미디어에 의해 더 중요하게 여겨지며, 같은 사망 사건이라고 하더라도 주변부의 사망자 1만 명은 중심부의 1천 명이나 100명과 같은 뉴스가치를 갖기도 한다(Ginneken, 1998: 22~24). 그 결과, 저개발국가에 대한 뉴스는 선진국에 비해 뉴스가치가 적고, 저개발국가의 뉴스가 전달된다고 하더라도 미디어의 보도 태도는 매우 부정적이며 내용도 갈등이나 재난에 큰 비중을 둔다(Franks, 2010). 이는 글로벌 미디어가 주변부에 대해서는 비즈니스나 문화적인 측면보다는 사건과 사고 측면에서만 접근한다는 것을 의미한다(Barry, 2012).

국제뉴스의 생산과 유통구조가 이런 특징을 갖고 있는 이유는 기본적으로 미국과 서유럽에 있는 국가가 국제사회에 미치는 정치, 경제적 영향력이 매우 크기 때문이다. 서구에서 만들어진 국제뉴스통신사를 비롯한 유력 언론이 국제뉴스의 생산과 유통을 오랜 기간 지배해 왔다. 국제뉴스통신사는 19세기 서구 국가들이 식민지 침략과 무역 등을 목적으로 외국으로 활발하게 진출할 때 국제정보를 빠르게 다루기 위해 설립되었다. 본국의 미디어가 외국의 뉴스를 수집하기 위해 단독으로 외국에 지국을 설립하기에는 큰 비용이 들어가기 때문에 공동으로 투자해 뉴스를 전달하는 미디어인 국제뉴스통신사를 설립했다. 뉴스통신사는 일반 수용자가 아니라 신문이나 방송 등 미디어에게 돈을 받고 뉴스를 제공하는 매체이다. 1835년에 프랑스의 〈아바스〉(*Havas Agency*, 〈AFP〉의 전신), 1849년에 독일의 〈볼프〉(*Wolff*), 1851년에 영국의 〈로이터〉(*Reuters*)가 설립됐다. 미국 뉴스통신사인 〈AP〉(*Associated Press*)는 1848년에 설립됐다(Thussu, 2006/2009: 44).

세계에는 수많은 국제뉴스통신사가 있지만 미국의 〈AP〉, 영국의 〈로이터〉, 프랑스의 〈AFP〉가 세계 3대 뉴스통신사로 인정받는다. 2018년 5월 말 현재 〈AP〉는 전 세계의 263곳에서 매일 2천 건의 기사를 만들어 전 세계의 미디어에 전달한다. 연간 보도하는 사진 뉴스는 100만 건, 비디오는 7만 개에 이른다. 〈AP〉의 뉴스는 미국에서 1,700개의 일간·주간신문과 5천 개 이상의 텔레비전·라디오에 전달되며, 121개국의 미디어와 550개 국제 방송국에도 제공된다.[1] 〈AFP〉의 경우 151개 국가에 있는 201개의 뉴스룸에서 1,500여 명의

〈그림 7-1〉 세계 3대 뉴스통신사의 뉴스 제작 현황

〈AP〉	〈AFP〉	〈로이터〉

세계 263개 뉴스룸에서 매일 2천 건의 뉴스를 만든다.	세계 151개국의 201개 뉴스룸에서 80개 국적의 기자 1,513명과 스태프 2,296명이 뉴스를 만든다.	세계 200개 뉴스룸에서 기자 2,500명과 사진기자 600명이 연간 250만 건의 기사를 만든다.

기자가 일하고 있다. 이 기자들의 국적은 80여 개여서 지구촌 언론이라고 할 수 있다. 〈AFP〉는 매일 뉴스 5천 건, 사진 3천 건, 비디오 뉴스 250건을 만들어 영어, 프랑스어, 스페인어, 포르투갈어, 독일어, 아랍어 등 6개 언어로 전 세계에 배포한다.[2] 〈로이터〉는 전 세계 200곳에 있는 뉴스룸에서 2,500명의 기자와 600명의 사진기자가 활동하면서 연간 250만 건 이상의 뉴스, 70만 건 이상의 사진과 동영상뉴스, 100건 이상의 탐사보도를 만들어 세계에 전달한다(〈그림 7-1〉 참조).[3]

국제뉴스통신사는 세계 구석구석에서 서구 중심으로 뉴스를 만들어 세계에 유통한다. 〈AP〉와 〈로이터〉는 3개 선진국에서 열린 국제행사와 이슈에 대해선 긍정적인 보도를 많이 하고 부정적인 보도는 적게 했지만, 3개 개발도상국에서 열린 국제 행사에 대해선 부정적인 보도가 많았다. 이는 서구 뉴스통신사가 지배하는 국제뉴스에서 나타나는 일

1 http://www.ap.org.
2 http://www.afp.com/afpcom/en.
3 https://www.reuters.com.

반적인 민족주의적인 보도 성향과 일치한다(Giffard & Rivenburgh, 2000). 서구 뉴스통신사는 이같이 세계의 여러 사건 가운데 특정 이슈나 사건을 뉴스로 선정하고, 서구의 관점을 뉴스에 반영함으로써 국제정보 질서에 많은 영향력을 행사한다. 반면, 많은 약소국은 국제뉴스를 일방적으로 전달받고 자국이 보도대상이 될 때조차 스스로의 의지와 관점을 적극적으로 반영할 수 없는 이중적 딜레마에 빠진다(김성해 · 유용민 · 심영섭, 2011).

국제뉴스통신사 이외에도 미국의 CNN, 〈뉴욕타임스〉, 〈워싱턴포스트〉, 〈월 스트리트 저널〉, 〈블룸버그 통신〉, 영국의 BBC방송이나 〈이코노미스트〉 등 세계에 많은 영향을 미치는 주요 언론사는 대부분 서구에 있다. 이들은 서구나 자국을 중심으로 보도한다. 미국 미디어의 국제뉴스는 종종 자국의 관점에서 보도되며, 미국 정부의 외교 정책을 추종하는 경향이 있다(Gans, 2004: 8~38). 미국 CNN의 국제뉴스 제작자는 아프리카에 대해 약자 보호, 평화 증진 등의 좋은 의도를 갖고 프로그램을 제작하지만, 그들의 시각에서 만들기 때문에 결과적으로는 아프리카에 대해 잘못된 정보를 세계에 전달하게 된다(Kalyango, 2011).

2) 국제정보 주도 경쟁

국제 커뮤니케이션에서는 서방 미디어의 역할에 관해 크게 두 개념이 대립해 왔다. 2차 세계대전 이후 서구는 정보의 자유로운 유통 이론과 근대화 이론을 주장해 왔다. 정보의 자유로운 유통 이론을 지지하는 사람들은 국제 커뮤니케이션의 1차적 기능이 민주주의와 표현의 자유, 시장 촉진에 있다고 강조했다. 이 이론에는 권위주의 국가가 미디어를 규제 또는 검열하거나 공산주의자가 선전에 이용하는 것에 대한 서방, 특히 미국의 반감이 반영돼 있다. 근대화 이론은 국제 커뮤니케이션이 제3세계의 근대화와 발전의 열쇠라고 인식하면서, 남반구의 신생 독립국에게 근대화에 관한 서구의 발전된 메시지를 전파하고 서구의 선진적인 경제적, 정치적 모델을 이전할 수 있다고 생각했다.

이에 비판적인 사람들은 서방 미디어의 역할을 미디어와 미디어 산업의 소유권과 생산 유형, 그리고 국가와 초국가적 계급에 관한 이해에 기반을 둔 사회경제적 권력관계 속에서 분석했다. 서구적 시각에 비판적인 종속 이론은 문화제국주의론의 입장에서 미국의 대규모 초국가적 기업이 상업적 이익을 위해 서방의 군사적, 정치적 이해관계자와 결탁해서 제3세계의 문화 자주성을 훼손하고, 미디어 전반에서 개발도상국의 미국에 대한 종속을 가져온다고 비판했다. 헤게모니 이론은 미디어가 사회의 지배 이데올로기를 정당화하는 대리인 역할을 한다고 비판한다(Thussu, 2006/2009: 93~114).

1970년대에는 세계 곳곳에 네트워크를 갖춘 서방 미디어들에 대한 비판 여론이 제3세계 국가 사이에서 본격적으로 형성되었다. 2차 세계대전 이후 세계에는 미국 중심의 자본주의 국가(제1세계)와 구소련 중심의 공산주의 국가(제2세계)가 대립하는 냉전 체제가 형성되었다. 제3세계는 두 체제를 따르지 않고 독자적인 비동맹 외교 노선을 지키는 나라를 지칭하는 용어이다. 대부분 2차 세계대전 이후 식민지에서 독립한 아시아, 아프리카, 라틴아메리카, 중동 지역의 신생국이었다. 이들은 서구 미디어가 국제뉴스를 자국 문화나 이데올로기 중심으로 다루면서 제3세계에 대한 부정적인 뉴스를 국제사회에 일방적으로 전달해, 자국에 대해 국제여론이 불리하게 작용하고 자국 내의 정치적 불안정이 가속화되어 궁극적으로 서방에 대한 문화적 종속이 강화된다고 주장했다(김성해, 2007). 국제적으로 이런 여론이 확산되면서 제3세계에서는 새로운 국제정보 질서를 수립해야 한다는 의견이 강하게 제기되었다. 서구 중심적인 뉴스 생산과 유통 구조를 개선하는 방법으로 새로운 커뮤니케이션 기술, 전달되는 정보량, 커뮤니케이션 산업 소유권, 기자의 책임과 권리, 서로 다른 커뮤니케이션의 문화적 영향 등이 논의되었다(Larson, 1982).

이런 움직임은 유엔 기구인 유네스코가 국제적인 정보 교환에서의 공정과 평등, 국가와 민족의 문화적 독립성을 강조하는 '신세계 정보 커뮤니케이션 질서'(New World Information & Communication Order: NWICO) 운동을 주창하면서 더욱 구체화되었다. 이는 1980년 8월 옛 유고연방의 베오그라드에서 열린 제21차 유네스코 총회 기간에 발표된 맥브라이드 위원회(MacBride Commission)의 보고서로 절정에 달했다. 이 보고서는 《세계 속의 다양한 목소리: 보다 공정하고 효율적인 새로운 국제정보 질서를 위하여》(*Many Voices One World: Towards a New More Just and More Efficient World Information and Communication Order*, 1980)라는 책으로 출간되었다. 맥브라이드 위원회는 유네스코에서 국가 간의 뉴스 교류에 관한 업무를 담당하던 위원회였다. 자본주의, 공산주의, 제3세계 등 당시 국제사회를 지배하던 여러 이념을 대표하는 미국, 프랑스, 소련, 튀니지 등 여러 국가의 정치인, 언론인 16명이 대표로 참여했다. 숀 맥브라이드(Sean MacBride)는 자본주의 국가를 대표하는 6명의 위원 중 한 명이었다. 맥브라이드 위원회는 국가의 경제력에 따라 불평등하게 이루어지는 뉴스와 정보 교류 문제를 시정할 것을 강력하게 주장했다.

맥브라이드 위원회는 국제정보의 불균형은 경제의 불균형과 밀접한 관계가 있다고 진단했다. 정보 유통의 불균형은 불공평한 경제 질서의 산물이므로 근본적인 문제가 해결되기 위해 더욱 광범위한 구조개혁이 필요하다고 주장했다. 그러면서 정보 유통의 불균형을 시정하기 위해 자금과 기술의 원조에만 의존하는 정책으로는 부적합하며 다음의 세 가지 사항이 이행되어야 한다고 강조했다.

첫째, 커뮤니케이트 권리는 언론, 정부 또는 권력집단뿐만 아니라 모든 시민에게 속하는 개인의 민주적 권리라는 점이 인식되어야 한다. 둘째, 세계 전역에 걸친 뉴스와 정보 유통의 불균형 현상은 반드시 시정되어야 한다. 셋째, 뉴스의 내용은 모든 사람의 인권을 보장하고, 폭력을 감소시키고, 전쟁의 공포로부터 해방하는 데 공헌하도록 수정되어야 한다.

맥브라이드 위원회는 뉴스 유통의 불균형뿐만 아니라 고도화된 정보기술을 통해 전달되는 모든 정보의 유통이 불균형하다는 점도 지적했다. 미디어 다국적 기업은 '문화 발전의 수단'을 세계에 공급하는 긍정적인 역할을 했지만, 동시에 뉴스, 문화상품, 서적, 영화 등 문화 콘텐츠의 유통을 통제함으로써 자본주의 문화를 확산하고 제 3세계의 문화적 소외감을 심화시키는 문화제국주의를 행사하면서 세계적으로 문화상품의 다양성이 사라지고 획일화되고 있다고 비판했다(Altschull, 1984/1993: 324~331).

'신세계 정보 커뮤니케이션 질서' 운동의 영향으로, 서방 뉴스통신사의 정보 독점에 대항하기 위해 〈IPS〉(*Inter Press Service*), 〈알자지라〉(*Al-Jazeera*) 등과 같은 대안 뉴스통신사가 탄생했다. 〈IPS〉[4]는 서방의 시민단체 등이 1964년 자금을 모아 선진국의 자본과 기술을 가난한 남반구로 재분배하고 정보 흐름의 불균형을 시정한다는 취지에서 설립한 비영리 뉴스통신사다. 이탈리아 로마에 본부가 있고 41개국에 지국이 있다. 〈IPS〉의 보도 방향은 개발도상국 간의 정보 교환을 촉진하고 남반구의 뉴스를 선진국 독자에게 전달하는 데 있다. 재정적인 어려움이 있지만 세계 6대 뉴스통신사가 됐다(Rauch, 2003). 〈알자지라〉[5]는 1996년 카타르 국왕이 1억 4천만 달러를 제공해 설립된 아랍 뉴스통신사다. 아랍어로 '섬'이란 뜻이다. 서방 미디어와는 다른 시각으로 중동에 관한 뉴스와 시사 프로그램을 전달한다(Thussu, 2006/2009: 331~334).

대안 뉴스통신사는 같은 현안에 대해 서방 뉴스통신사와 다른 의제와 프레임으로 보도하면서 개발도상국의 입장을 세계에 전달한다. 1995년 베이징에서 열린 4차 세계 여성 콘퍼런스에 대한 보도에서 〈AP〉와 〈로이터〉는 언론 자유와 서구식 인권을 주요 의제로 삼았지만, 〈IPS〉는 제 3세계의 발전과 빈부격차 해소 문제에 더 중점을 두었

---

4 http://www.ipsnews.net.

5 https://www.aljazeera.com, http://www.aljazeera.net/portal.

다(Giffard, 1999). 2000년 쿠바에서 열린 G77회의에 대해 〈AP〉는 그들의 분열, 무관심, 논쟁을 의제로 삼은 반면, 〈IPS〉는 남반구 국가들의 협력, 업적, 목표를 강조했다(Rauch, 2003).

세계 강국으로 부상한 중국, 인도 등의 국가도 자국의 국제적인 위상을 높이고 서구 중심의 국제정보 질서에서 벗어나 의제 형성 역량을 강화하기 위해 많은 노력을 한다.

국제뉴스는 외국에서 한 국가에 대한 이미지를 형성하고 국제적인 의제를 형성하는 데 매우 중요한 역할을 한다. 그래서 국제사회에서 국제뉴스 영향력을 갖는 것은 매우 중요한 소프트파워이다.

한 국가가 국제사회에서 자신의 국가 이익을 지키기 위해 사용할 수 있는 힘은 크게 하드파워(*hard power*), 소프트파워(*soft power*), 스마트파워(*smart power*)로 구분된다. 하드파워는 다른 국가를 자신의 뜻대로 행동하도록 강제하기 위해 사용하는 군사적 개입, 강압적 외교, 경제 제재 등 강압적인 힘이다. 소프트파워는 이와 반대로 상대방이 자신이 원하는 대로 하도록 설득하는 능력이다. 핵무기 확산으로 군사적 충돌의 위험성이 매우 커지면서 상대적으로 소프트파워의 영향력이 더 중요해졌다. 1990년 이를 처음 제시한 조지프 나이(Joseph Nye)는 소프트파워를 강제가 아닌 설득과 유인을 통해 원하는 것을 얻는 능력으로 정의했다. 스마트파워는 하드파워와 소프트파워를 효과적으로 결합해 활용하는 능력이다(Wilson, 2008).

소프트파워는 상대방에게 매력적인 문화, 타국이 모범으로 삼을 만한 정치적 가치, 도덕적 가치를 지닌 외교 정책 등 세 가지 자원에 의존한다. 많은 국가의 사람이 매력을 느끼는 문화와 정치적 가치를 가진 국가는 상당한 소프트파워를 갖게 된다. 미국, 프랑스 등 서구 국가는 일찍부터 외국에 자국 문화원을 설립해 자신의 언어와 문화를 외국에 수출하는 등 소프트파워를 키우기 위해 많은 노력을 했다. 국가 이미지를 개선하기 위하여 외국 국민을 상대로 국가 홍보 활동을 전개하는 공공외교도 중요한 소프트파워의 하나이다. 공공외교는 방송, 문화 수출, 교류 등을 통해 외국 국민이 자국에 대한 매력을 느끼게 한다(Nye Jr., 2008). 미국 정부의 라디오 방송인 〈미국의 소리〉(*Voice of America*)와 같이 국영방송을 통해 세계의 외국인에게 자국 문화와 정책을 소개하고, 자국 이미지를 높이는 커뮤니케이션 전략도 중요한 공공외교이다.

세계적인 경제대국으로 발돋움한 중국은 국영 뉴스통신사인 〈신화통신사〉(新華通訊社)를 통해 중국에 유리한 뉴스를 세계에 전달하는 데 많은 노력을 하고 있다. 1931년에 설립된 〈신화통신사〉는 중국 국무원 소속으로, 31개 국내 지사와 180여 개 해외 지사를 운영하고 있다. 1997년 11월에는 온라인 뉴스포털인 〈신화망〉(新華網, *Xinhuanet*)을 만들었다. 중국에 관한 뉴스를 중국어, 영어, 프랑스어, 러시아어, 스페인어, 아랍어, 포르투갈어 등 7개 언어로 만들어 세계의 가입자에게 문자, 이미지, 그래픽, 음성, 영상, 휴대폰 메시지 등 다양한 형태로 각종 뉴스와 경제정보를 전달한다. 하루 평균 제작되는 뉴스는 1만 1천 건에 이른다. 중국 주변에 있는 국가를 상대로 한 뉴스정보 전달력과 영향력을 높이기 위해 일본어, 위구르어, 티베트어 채널을 운영하며, 2015년에는 '신화망 한국채널'을 개국했다(〈신화망〉, 2018. 4. 1 인출).

국제사회에서 미국의 영향력이 과거보다는 쇠퇴했고 중국이 세계의 강대국으로 부상하는 등 군사와 경제의 헤게모니가 분화되고, 자본 집중과 자본 수출, 세계 무역 증가로 정보와 미디어가 금융 자본과 석유 자본의 아래로 들어감에 따라 미디어와 정보 제국주의가 약화됐다는 지적도 있다(Fuchs, 2010). 그러나 개발도상국은 아직도 국제뉴스의 상당 부분을 서구 국제뉴스통신사에 의존한다. 미국은 경제, 군사뿐만 아니라 문화적으로도 강대국이다. 디즈니랜드, 할리우드의 상품뿐만 아니라 선진화된 미국의 스포츠 미디어 상품이 각 나라에서 소비되면서 미국은 세계 미디어 시장에서 슈퍼스타적인 지위에 있다(Wu, 2003). 개발도상국의 지도자는 세계의 정보 분배 시스템이 여전히 〈AP〉와 〈로이터〉 등과 같은 선진국 미디어에 의해 통제되고 있다고 비판한다(Shaw & Hamm, 1997).

3. 한국 언론 국제뉴스의 특징

외국에 대한 국제뉴스 소비가 많아지면 지식이 넓어지고, 이들 국가에 긍정적인 태도를 갖는다. 그런데 한국 신문의 국제뉴스는 오래전부터 미국, 중국, 일본 등 주요 지역에 편중되어 보도하고 있어 세계화와 국제화에 부응하지 못한다는 비판을 받아 왔다. 한국 신문에서는 개발도상국에 대한 보도량이 매우 적고 선진국에 대한 보도량이 많으며, 외국 신문에 비해 미국과 동북아시아의 주요 국가에 편중되어 있다. 한국 언론에서 아시아에 대한 보도량이 적은 것은 아시아에 대한 무관심과 무지를 더욱 강화하는 반면, 보도량이 많은 서구에 대한 의존도를 높일 수 있다(구교태 · 김세철, 2004).

한국 신문이 보도한 국제뉴스의 주제에서도 서구 중심 경향이 두드러져 경제, 과학기술, 문화예술 등 긍정적 주제에 대해서는 서구 관련 뉴스가 많지만, 사건 · 사고와 정치적 갈등 뉴스에 대해서는 중동, 아프리카 등 개발도상국 관련 뉴스가 많았다(김영욱 · 장호순, 2002). 한국 신문은 주제 선택에도 아시아보다 서구에 대해 다양하고 폭넓게 보도하고, 훨씬 긍정적인 보도태도를 갖고 있었다. 한국 언론의 국제뉴스가 서구 미디어의 정보에 많이 의존해 보도되기 때문이었다(오대영, 2013).

언론에 등장하는 주요 정보원은 그 사회의 주요 입장을 반영하고, 미디어의 보도 프레임을 만드는 데 중요한 역할을 한다. 정보원의 다양성은 기사의 완성도와 신뢰도를 높이는 주요한 요인이다. 그런데 한국 언론은 외국 언론에 비해 많은 기사를 국제뉴스통신사를 비롯한 서구 미디어에 의존한다(김성해 · 유용민 · 심영섭, 2011). 한국 언론의 국제뉴스 취재 능력이 약하기 때문이다.

전통적으로 언론이 국제뉴스를 수집하고 생산하는 방법은 기자를 직접 파견하거나 국제뉴스통신사의 뉴스를 이용하는 것이 대표적이다. 많은 언론사는 세계적으로 중요한 뉴스가 많이 발생하는 핵심지역, 즉 워싱턴, 뉴욕, 베이징과 같이 세계의 정치, 경제에서 중요한 지역에는 상주하는 기자를 파견한다. 이런 기자를 특파원이라고 한다. 그러나 특파원을 파견해 유지하는 비용이 많이 들기 때문에 모든 언론사가 특파원을 보내지는 못한다. 한국의 많은 언론사 가운데 특파원을 파견하는 언론사는 주요 방송사와 신문사 10여 곳에 불과하다. 그나마 이들 언론사가 특파원을 파견한 지역도 미국의 워싱턴과 뉴욕, 영국의 런던, 프랑스의 파리, 독일의 베를린, 러시아의 모스크바, 중국의 베이징과 상하이, 일본의 도쿄 등 극히 일부 지역에 그치고 있다. 그래서 대부분 언론사는 뉴스통신사와 이용계약을 맺고 국제뉴스를 공급받아 제작에 활용한다.

한국에서 국제뉴스를 제공하는 대표적인 뉴스통신사는 〈연합뉴스〉다. 〈연합뉴스〉는 2003년에 제정된 〈뉴스통신 진흥에 관한 법률〉에 의해 국가기간 뉴스통신사로 지정되었다. 〈연합뉴스〉의 해외 취재망은 2018년 5월 말 현재 미국, 중국, 일본 등 세계 25개국의 33개 지역에서 활동하는 60여 명의 취재진이다. 그러나 〈연합뉴스〉의 국제뉴스 취재 역량은 세계 263개 지역에 뉴스룸이 있는 〈AP〉, 201개 지역에 뉴스룸이 있는 〈AFP〉, 200개 지역에 뉴스룸이 있는 〈로이터〉 등 서구 뉴스통신사는 물론 중국의 〈신화사〉, 일본의 〈교도통신〉[共同通信]에 비해서도 매우 약하다. 〈신화사〉는 세계 107개 지역에 약 500명을 파견하고 있으며, 〈교도통신〉은 36개국 45개 지역에 해외 취재인력 120명이 있다(〈연합뉴스〉 홈페이지, 2018. 10. 18 인출). 그렇기 때문에 한국 언론사는 서구 뉴스통신사가 제공하는 국제뉴스에 상당히 의존하며, 서구 뉴스통신사는 한국 언론사의 국제뉴스의제에 큰 영향을 준다.

4. 한국 언론 국제뉴스의 영향

1) 한국 사회의 아시아에 대한 인식

21세기 세계화 시대의 특징은 국제결혼, 취업 등의 형태로 국제적인 인구 이동이 급증했다는 점이다. 한국 사회도 21세기 들어 외국에서 온 결혼이민자와 노동자 등이 크게 늘어 다문화 사회가 되었다. 행정안전부에 따르면 한국에 거주하는 외국인 주민(귀화 외국인과 자녀 포함) 수는 계속 증가해 2016년 11월에는 전체 인구의 3.4%인 176만 4,664명까지 늘었다. 외국인 주민 수는 처음 조사했던 2006년의 53만 6,627명에서 11년 만에 3배 이상으로 늘었다. 귀화해서 한국 국적을 취득한 외국인은 15만 9,447명으로 1년 전에 비해 9,696명이 늘었다. 귀화하지 않고 장기 체류하는 외국인 141만 3,758명 가운데 91.1%인 128만 8,512명은 중국(48.9%), 베트남(9.4%), 태국(5.8%), 필리핀(3.7%) 등 아시아 출신이었다. 결혼, 이민, 귀화 등으로 형성된 다문화 가정 구성원도 96만 3,174명에 이른다(행정안전부, 2017. 11. 15).

그러나 한국 문화는 역사적으로 정, 가족주의, 동류의식, 연줄 등의 특성을 갖고 있어 집단주의적인 성향이 강하다. '단일민족'이라는 순혈주의 개념으로 인해 외국에 대해 배타적이고 혼혈인에 대한 차별의식이 강해 지금도 많은 국민이 외국인을 한국 사회의 주체로 받아들이는 데 인색하다. 그런데 같은 외국인이더라도 서구인과 아시아인을 대하는 태도가 다르다. 한국 사람은 미국과 영국 등 서구 선진국 국민

<그림 7-2> 우리나라의 외국인 현황

외국인주민 증가 추이

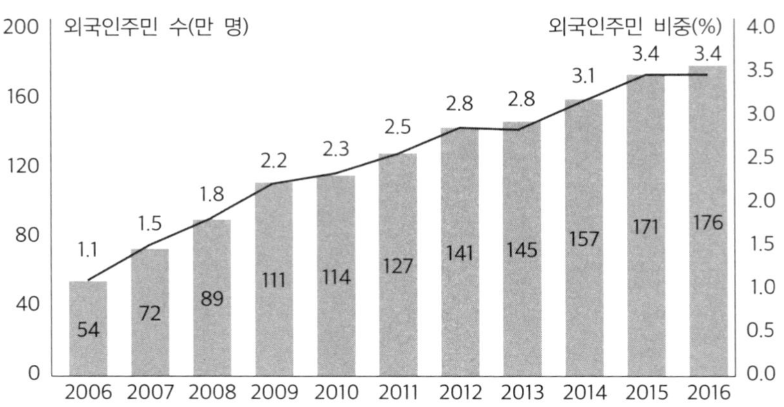

한국국적을 가지지 않은 자의 대륙별 현황

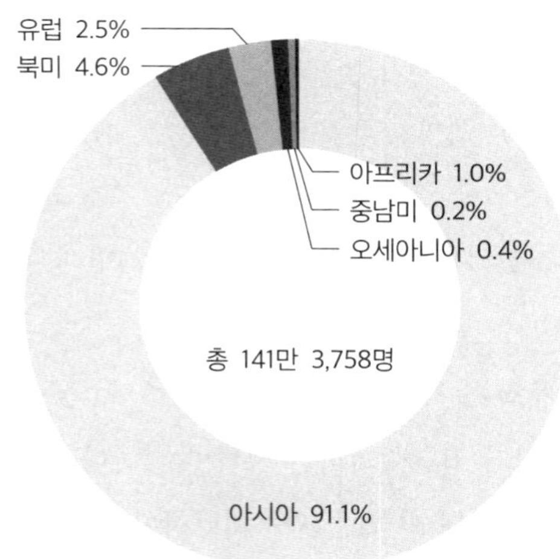

출처: 행정안전부(2017. 11. 15). "외국인주민 수 176만 명, 총인구 대비 3.4%".

에 대해서는 호의적인 태도를 보이는 반면, 동남아시아와 같은 저개발 국가의 국민은 무시하는 이중성을 띠고 있다(정의철 · 이창호, 2007).

외국인에 대한 이중적인 차별 의식은 한국에 이주한 외국인을 대하는 태도에서도 뚜렷하게 나타난다. 권미경(2009: 161~163)은 "한국에서 러시아인은 서양 사람의 외모를 하고 있어 차별을 받지 않지만, 중국인이나 동남아시아 출신 외국인은 많은 차별을 받는다"고 지적했다. 한국에 이주한 네팔인 근로자들은 "한국인은 우리가 못사는 나라에서 온 사람이라는 오만과 편견을 갖고 함부로 무시하며 욕하고 때린다"고 밝히기도 했다(정현숙, 2004). 동남아시아 국가 출신의 어머니를 둔 아이는 혼혈과 가난한 나라 출신이라는 이중적인 차별의 시선으로 더 고통을 받기도 한다(허영식, 2011: 85).

한국인의 이 같은 차별인식은 미디어에 의해 더욱 조장된다는 비판이 많다. 한국의 미디어가 서구 중심적인 태도를 갖고 있어 한국에 있는 외국 이주민에 대해 잘 사는 서구와 못사는 아시아 출신이라는 이중 잣대를 갖고 차별적으로 보도한다는 것이다. 한국 사회가 서구와 아시아에 대한 차별적인 이미지를 갖고 있는 데는 한국 미디어의 책임도 클 것이다.

2) 한국 대학생의 아시아와 서구에 대한 인식과 국제뉴스의 영향

오대영(2012)은 한국의 수도권에 있는 대학에 재학하는 학생들을 설문조사해서 대학생의 아시아 · 서구에 대한 인식 차이를 알아보았다. 정치, 경제, 사회, 외교안보, 문화 · 스포츠 등 5개 주제에서 20개의 조사항목을 정해 한국 대학생 323명을 대상으로 아시아와 서구에 대한 인식 차이를 비교했다. 20개 항목에서 아시아와 서구에 대한 학생들의 인식을 각각 리커트 5점 척도로 조사했다.

(1) 대학생의 서구와 아시아에 대한 인식

전체적으로 대학생들은 20개 항목 모두에서 아시아보다 서구에 대해 긍정적으로 인식했다.

아시아와 서구에 대한 긍정, 부정적 평가항목을 정리하면 아시아에 대해서는 민주주의, 정치 안정, 인권 보장, 부정부패 없다, 경제적 부유, 노동 환경, 경제 원조국, 배울 점 많다, 사회적 안정, 자연재해 안전, 치안 안전, 복지 발달, 군사력, 스포츠 강국 등 14개 항목에서 부정적 평가를 내렸고, 신기술 발전, 산업 발전, 외교적 중요역할, 외교적 협력, 관광 발전, 문화예술 발전 등 6개 항목에서 긍정적 평가를

〈표 7-1〉 한국 대학생의 아시아 · 서구에 대한 긍정, 부정 평가항목

지역	부정	긍정	매우 긍정
아시아	민주주의, 정치 안정, 인권 보장, 부정부패 없다, 경제적 부유, 노동 환경, 경제 원조국, 배울 점 많다, 사회적 안정, 자연재해 안전, 치안 안전, 복지 발달, 군사력, 스포츠(14개 항목)	신기술 발전, 산업 발전, 외교적 중요역할, 외교적 협력, 관광 발전, 문화예술 발전(6개 항목)	
서구	부정부패 없다, 사회적 안정, 치안 안전(3개 항목)	민주주의, 정치 안정, 인권 보장, 경제적 부유, 노동 환경, 경제 원조국, 배울 점 많다, 자연재해 안전, 복지 발달, 외교적 협력(10개 항목).	신기술 발전, 산업 발전, 외교적 중요역할, 군사력, 관광 발전, 문화예술 발전, 스포츠 강국(7개 항목)

했다. 그러나 서구에 대해서는 부정부패 없다, 사회적 안정, 치안 안전 등 3개 항목에서만 부정적 평가를 하고, 민주주의, 정치 안정, 인권 보장, 경제적 부유, 노동 환경, 경제 원조국, 배울 점 많다, 자연재해 안전, 복지 발달, 외교적 협력 등 10개 항목에서는 긍정적 평가를, 신기술 발전, 산업 발전, 외교적 중요역할, 군사력, 관광 발전, 문화예술 발전, 스포츠 강국 등 7개 항목에서는 매우 긍정적인 평가를 했다(〈표 7-1〉 참조).

(2) 한국 미디어의 아시아와 서구 보도에 대한 대학생의 인식

한국 미디어의 아시아와 서구에 대한 보도 태도를 학생들이 어떻게 인식하는가를 5개 주제별로 알아보았다. 대학생들은 20개 항목 가운데 '경제 성장'을 제외한 19개 항목에서 한국 미디어가 아시아보다 서구에 대해 긍정적으로 보도하고 있다고 생각했다.

아시아와 서구 뉴스에 대한 긍정, 부정적 평가항목을 정리하면 아시아에 대해서는 민주주의, 정치 안정, 인권 보장, 부정부패 없다, 경제적 부유, 노동 환경, 경제 원조국, 시민의식, 사회적 안정, 자연재해 안전, 치안 안전, 복지 발달, 외교적 중요역할, 군사력, 스포츠 강국 등 15개 항목에서 부정적으로 보도한다고 인식하고 있었고, 신기술 발전, 경제 성장, 외교적 협력, 관광 발전, 문화예술 발전 등 5개 항목에서는 긍정적으로 보도한다고 평가했다. 그러나 서구에 대해서는 민주주의, 정치 안정, 인권 보장, 부정부패 없다, 경제적 부유, 신기술 발전, 경제 성장, 노동 환경, 시민의식, 사회적 안정, 자연재해 안전, 치안 안전, 복지 발달, 외교적 중요역할, 외교적 협력 등 15개

〈표 7-2〉 한국 대학생의 한국 미디어 아시아 · 서구 뉴스 평가

지역	부정	긍정	매우 긍정
아시아	민주주의, 정치 안정, 인권 보장, 부정부패 없다, 경제적 부유, 노동 환경, 경제 원조국, 시민의식, 사회적 안정, 자연재해 안전, 치안 안전, 복지 발달, 외교적 중요역할, 군사력, 스포츠 강국(15개 항목)	신기술 발전, 경제 성장, 외교적 협력, 관광 발전, 문화예술 발전(5개 항목)	
서구		민주주의, 정치 안정, 인권 보장, 부정부패 없다, 경제적 부유, 신기술 발전, 경제 성장, 노동 환경, 시민의식, 사회적 안정, 자연재해 안전, 치안 안전, 복지 발달, 외교적 중요역할, 외교적 협력(15개 항목)	경제 원조국, 군사력, 관광 발전, 문화예술 발전, 스포츠 강국(5개 항목)

항목에서는 긍정적으로 보도하는 것으로 보았고, 경제 원조국, 군사력, 관광 발전, 문화예술 발전, 스포츠 강국 등 5개 항목에서는 매우 긍정적으로 보도하는 것으로 인식했다. 서구에 대해서는 부정적으로 보도하고 있다고 생각한 항목이 없었다(〈표 7-2〉 참조).

(3) 국제뉴스 보도가 대학생의 국제사회 인식에 미치는 영향

한국 미디어의 아시아와 서구에 대한 보도 내용이 학생들의 아시아와 서구에 대한 인식에 영향을 주는가를 알아보았다.

20개 항목별로 아시아와 서구에 대한 개인적 인식과 한국 미디어의 보도 내용에 대한 인식 간의 상관관계를 분석한 결과, 아시아에 대해

서는 '부정부패 없다', '경제 성장' 등 2개 항목을 제외한 18개 항목에서 통계적으로 유의미한 관계가 있었다. 서구에 대해서는 '정치 안정', '경제 성장', '배울 점 많다' 등 3개 항목을 제외한 17개 항목에서 통계적으로 유의미한 관계가 있었다(〈표 7-3〉 참조). 결과적으로 아시아와 서구 뉴스는 대학생의 개인적인 인식에 상당히 영향을 주는 것으로 나타났다.

〈표 7-3〉 한국 대학생의 아시아 · 서구 인식과 한국 미디어 국제뉴스 평가 간 관계

주제	항목	아시아(상관계수)	서구(상관계수)
정치	민주주의	.354***	.176**
	정치 안정	.279***	.073
	인권 보장	.396***	.133
	부정부패 없다	-.019	.112*
경제	경제적 부유	.191**	.263***
	신기술 발달	.347***	.131*
	경제 성장	-.013	.024
	노동 환경	.183**	.437***
	경제 원조국	.437***	.131*
사회	배울 점 많다	.190**	.082
	사회적 안정	.286***	.119*
	자연재해 안전	.424***	.445***
	치안 안전	.381***	.395***
	복지 발달	.366***	.291***
외교 안보	외교적 중요역할	.163**	.243***
	외교적 협력	.383***	.249***
	군사력	.186**	.158**
문화 · 스포츠	관광 발전	.523***	.281***
	문화예술 발전	.418***	.305***
	스포츠 강국	.425***	.403***

*$p < .05$, **$p < .01$, ***$p < .001$.

(4) 결론

우리나라가 다문화 사회로 진입한 것은 우리 사회에서 매우 중요한 역사적인 사건이다. 다문화 사회가 되면 문화 다양성의 증가, 노동력 및 인구 부족 해소, 경제 성장, 이중언어 역량 강화, 우수인력 확보 등의 긍정적 효과가 있을 수 있다. 그러나 국민국가에 대한 혼란, 이민자와 2세에 대한 차별, 이민자의 소외, 언어와 문화적 이질감, 빈곤화, 인종 및 종교 간 갈등, 사회적 응집력 약화, 사회 통합비용 증가 등의 문제가 발생할 수 있다(한승준 외, 2009: 3). 이 같은 부정적인 문제를 해결하기 위해, 여러 문화의 다양성을 존중하고 수용하는 것이 문화 간 충돌을 최소화하고 사회통합을 이루는 전제이자 기본원리이다(박주현 · 최덕경, 2011).

다문화 사회가 된 국내 현실과 지역 통합이 활발해지고 있는 세계적 변화에 맞춰 우리나라도 동남아시아 등 아시아의 여러 국가와의 유기적인 관계를 강화하는 것이 필요하다. 이를 위해서는 무엇보다 아시아에 대한 잘못된 편견을 버리고 올바르게 이해하려는 자세와 노력이 중요하다. 정부나 개인 모두가 노력해야 하지만, 미디어가 외국에 대한 국민의 생각에 많은 영향을 미치고 있는 점을 감안하면 미디어의 서구와 아시아에 대한 보도 태도는 매우 중요하다. 한국 미디어가 아시아를 경시하고 서구 중심적으로 국제뉴스를 전달하는 보도 태도를 갖고 있는 점은 개선되어야 한다. 한국 미디어가 아시아의 부정적인 측면만을 강조할 것이 아니라 여러 모습을 보다 충실하게 보도하고, 긍정과 부정적인 측면을 균형 있게 보도하는 자세가 필요하다.

8장 / 헬스 저널리즘

1. 헬스 저널리즘 현황

세계적으로 인간 수명이 대폭 연장되고 100세 장수 시대가 열리면서 '호모 헌드레드'(*homo-hundred*) 라는 말도 나왔다. 한국 역시 고령화 시대로 접어들었다. 한국인의 기대수명은 2008년 79.6세에서 계속 늘어나고 있다(〈조선비즈〉, 2018. 7. 12). 기대수명은 출생아가 살 것으로 기대되는 연수이다. 경제협력개발기구(OECD)의 2018년 보건통계에 따르면 우리나라의 기대수명은 2016년을 기준으로 82.4세이다. 경제협력개발기구 회원국 평균(80.8년) 보다 1.6년 길다. 전체 인구 가운데 65세 인구비율도 2014년 12.7%에서 2030년에는 24.3%, 2040년에는 32.3%로 늘어날 것으로 전망된다(통계청, 2015. 3. 19).

국민의 건강에 대한 관심도 매우 높아졌다. 한국언론진흥재단이 매년 국민 5천여 명을 대상으로 실시하는 언론수용자 의식조사에 따르면 19개 뉴스 분야 가운데 건강 분야에 대한 관심도가 정치, 경제, 사회 등 다른 분야를 모두 제치고 가장 높았다(한국언론진흥재단, 2014; 2015).

헬스 저널리즘은 헬스 커뮤니케이션의 한 분야이다. 공공 캠페인, 광고, 미디어 등이 건강에 미치는 영향을 연구하는 헬스 커뮤니케이션은 오래된 연구 영역이지만, 미디어 보도와 건강 간의 관계를 연구하는 헬스 저널리즘은 비교적 새로운 영역이다. 그러나 건강에 대한 사람들의 관심이 급증하면서 헬스 저널리즘은 매우 중요한 영역이 되었다. 미국 등 선진국에서는 2000년대 들어 헬스 저널리즘에 관한 연구가 활발하게 진행되어 뉴스에 대한 내용분석은 물론, 언론의 건강뉴스 제작과정, 언론 보도의 효과 영역으로 확대되고 있다. 건강 문제가 사회적으로 더욱 중요해지면서 건강 문제를 사회적, 문화적인 문제로 접근하고 있다(Francis et al., 2004).

국내에서는 신문, TV 등 각종 미디어가 제공하는 건강 관련 뉴스나 프로그램이 증가하고 있다. 신문들은 일상적으로 발생하는 각종 건강 관련 이슈나 사건을 일반 뉴스로 전달하는 한편, 주 1회나 격주로 건강 섹션을 제작해 건강 정보를 제공하고 있다. KBS, MBC, SBS 등 지상파 방송과 주요 종합편성채널은 매주 1~2회 건강 프로그램을 방영하고 있다.

건강 전문지는 신문과 달리 주 1회, 월 1~2회 잡지 형식으로 발간된다. 〈보건신문〉, 〈메디칼업저버〉, 〈약업신문〉, 〈약국신문〉 등 대부분의 의학지와 제약지는 주 1회 발행되고 있다. 건강 전문지는 충분한 지면을 활용하여 단순 기사보다 심층적인 소재를 다루며, 단순 질병에 대한 소개부터 질병 치료 방법, 신약 개발, 학술정보 등 다양한 정보를 제공한다.

건강 전문 TV 채널은 건강과 관련된 프로그램만을 집중적으로 편성하는 전문채널이다. 생활건강TV, 메디컬TV, 한방건강TV, 헬스메디TV, 쿠키건강TV 등이 있다. 건강 정보를 전문적으로 제공하는 인터넷매체는 〈메디칼타임즈〉, 〈데일리메디〉, 〈코리아메디케어〉, 〈중앙일보 헬스미디어〉, 〈매경헬스〉, 〈메디컬월드뉴스〉 등 다양하다. 인터넷신문은 건강 관련 단순사건이나 뉴스 이외에도 심층적이고 세부적인 의료정보를 제공한다.

2. 헬스 저널리즘의 사회적 역할

헬스 저널리즘은 의제설정, 프레이밍 등 다양한 방법을 통해서 개인과 공중에 많은 영향을 미친다. 헬스뉴스는 정보를 전달할 뿐만 아니라 건강과 의약에 관한 정보가 전달되는 프레임과 서술 형식을 구성하는 데 관여하기 때문에 중요하다(Hodgetts & Chamberlain, 2006). 미디어는 건강과 관련된 인식의 변화와 지식 제공에 효과적이며, 공중이 건강 이슈에 대한 지식과 믿음을 형성하고 태도를 내면화해서 행동패턴을 만들도록 유도하는 기능을 한다(정의철, 2013: 64~66).

건강과 보건이 현대의 중요한 뉴스의제 분야가 되면서 뉴스 미디어가 공공 건강 증진에 미치는 영향력은 매우 커졌다. 미디어는 광범위한 공중에게 정보를 제공해 수용자의 행동에 영향을 미치고, 지식을 향상하며, 공중의제를 만들어 사회적으로 건강에 대한 관심을 증대시키는 역할을 한다(Corcoran, 2007/2009: 132~133).

미디어의 헬스뉴스는 공공의제와 정책의제를 만드는 데도 중요한 역할을 한다. 정책 수립자를 포함해 사람들은 건강 관련 정보의 대부분을 뉴스 미디어에서 얻기 때문에 건강뉴스는 정부의 보건 정책에도 많은 영향을 준다. 미디어는 사회 질병에 대한 사회적 관심을 높이고, 엘리트 그룹과 정책 결정자가 질병 퇴치를 위한 행동을 하도록 만드는 데 주도적인 역할을 한다. 아프리카 남부의 국가에서 5개 전염병이 유행했을 때 현지 언론은 에이즈와 말라리아에 대해서만 비중 있게 보도하고, 한센병, 홍역, 결핵에 대해서는 오랫동안 방치했다. 이 같은 언론 보도 태도는 이들 국가의 전염병 예방 대책에 큰 영향을 미쳤다(Pratt, Ha, & Pratt, 2002).

건강과 질병에 대한 미디어의 재현은 이에 관한 사회적 태도와 의견을 정의하고 형성하는 것은 물론, 개인에게도 폭넓게 영향을 미친다(Lyons, 2000). 미디어는 개인적인 병에 관련된 문제점을 사회적 담론으로 만들어 내기도 한다. 미국 주요 신문의 자폐증 환자 기사에서는 시간이 지날수록 과학적 프레임은 줄어들고 정책 프레임이 증가해 자폐증 문제를 사회적 문제로 접근했다(McKeever, 2013).

헬스기사는 그 밖에도 설득 커뮤니케이션, 문화개발 이론, 제 3자 효과 등 다양한 미디어 효과방식을 통해 수용자의 위험 지각, 태도, 행동에 영향을 주었다. 많은 연구에서 수용자의 비만, 당뇨, 흡연에 대한 인식을 바꾸거나 흡연율 감소, 비만 예방, 암 예방, 콜레스테롤 질병 예방 등 각종 질병을 예방하는 데 큰 효과가 있었다.

미디어의 헬스뉴스가 공중의 위험지각에 미치는 효과는 대인 커뮤니케이션의 효과와 다르게 나타나기도 한다. 대인 커뮤니케이션은 사회적 위험 지각에는 영향을 미치지 못하고 개인적 위험 지각에만 영향을 미치는 반면, 매스 커뮤니케이션은 개인적 위험 지각에는 영향을 주지 못하고 사회적 위험 지각에만 영향을 미친다. 이를 '비개인적 영향력 가설'이라고 한다(차동필, 2010). 예컨대 독감이 유행한다고 미디어가 보도하면 수용자는 독감이 심각한 사회문제라고 인식하면서도 자신이 독감에 걸릴 위험에 대해서는 생각하지 않는다. 반면, 친구가 수용자에게 독감이 유행이라고 말하면 수용자는 독감을 조심해야겠다고 생각하면서도 독감이 사회적으로 유행할 것이라고는 생각하지 않는 현상이다.

연령에 따라 헬스뉴스의 효과는 큰 차이가 있다. 건강에 자신이 있는 젊은 층은 언론의 건강 정보를 많이 찾지 않지만, 건강이 약해지는 중년층 이상의 연령대는 언론에서 건강 정보를 즐겨 찾고 영향을 크게 받는 경향이 있다. 유방암에 걸릴 확률이 적은 젊은 여성은 언론뉴스보다는 친구 등 사람들과의 대화를 비롯한 대인 커뮤니케이션을 통해 정보를 얻지만, 유방암에 걸릴 확률이 높은 중년 여성은 언론을 통해 적극적으로 정보를 찾고 언론이 설정하는 의제의 영향을 받았다(Jones, Denham, & Springston, 2006).

3. 헬스 저널리즘의 주요 보도방식과 효과

1) 정보원

미디어가 건강 메시지를 전달하는 과정에서 정보원은 중요한 역할을 한다. 수용자에게 메시지를 전달하는 정보원에 따라 메시지의 효과가 달라진다. 일반적으로 신뢰도가 높은 정보원은 신뢰도가 낮은 정보원보다 상대적으로 더 많은 변화를 이끌어낸다(Hovland & Weiss, 1951). 의약품 판매 문제에서 의학전문 저널의 기사를 본 수용자는 일반적인 대중 화보잡지의 기사를 본 수용자보다 더 많이 생각을 바꿨다. 전문가를 이용하면 전문가가 갖고 있는 신뢰도와 전문성이 수용자의 메시지에 대한 태도와 행동에 더 큰 영향을 미친다(조삼섭 · 한규훈, 2009).

건강, 질병, 보건 문제는 개인이나 사회에 매우 중요한 정보이기 때문에 기자는 신뢰성이 높은 정보원을 선호한다. 상당수 기자는 의사와 같은 헬스 전문가에 의존하며, 전문가는 기사 내용에 자주 영향을 준다(Tanner, 2004). 정부의 보건 정책, 질병 대책 등 정책에 관한 뉴스에서는 이 분야를 직접 다루는 공무원이 매우 중요한 정보원이 된다(이귀옥 · 박조원, 2006; 정의철, 2008). 한국 언론의 헬스기사는 다른 정보원보다는 공무원과 의사 정보원을 매우 중요하게 생각했다(Logan, Park, & Shin, 2004). 헬스 산업 기사에서는 기업이 중요한 정보원이다(김은이 · 반현, 2012; 이귀옥 · 박조원, 2006).

연예인이나 스포츠 스타와 같이 일반인에게 널리 알려진 유명인도 건강 문제에 대한 수용자의 주목을 끌고, 특정 메시지의 경쟁적 우위를 확보하는 데 기여하며, 잘 알려지지 않은 건강 문제에 대한 인지도를 높인다. 유명인이 수용자와 같은 질환으로 고통받는 경험을 공유하면 수용자의 행동 변화를 이끌어내는 데 더욱 효과적이다. 지금은 고인이 된 유명 코디미언 이주일이 “담배 맛있습니까? 그거 독약입니다”라고 말한 금연광고는 그가 폐암으로 사망한 직후 ‘이주일 신드롬’이라는 금연 열풍을 대한민국에 몰고 왔다(백혜진 · 이혜규, 2013: 159~180).

유명인의 정보 전달 효과가 일반인보다 더 큰 것은 정보원의 전문성과 신뢰성 이외에도 정보원의 매력과 호감도가 중요한 효과 요인이기 때문이다(김영석, 2013: 233~235). 유명인이 가진 후광 효과도 발생한다. 후광 효과는 개인이나 대상이 가진 하나의 현저한 특성에 대한 평가가 그 사람이나 대상의 덜 현저한 특성에 대한 평가에 영향을 미치는 현상이다. 기업의 이미지나 제품, 브랜드는 그 기업이 속한 국가 이미지를 결정하기도 한다(이제영 · 최영근, 2007). 광고 분야에서는 광고 모델의 친숙도가 광고 효과에 영향을 미친다. 이는 그 대상에 대한 친숙도의 증가가 대상에 대한 호감을 증가시킨다는 단순 노출 이론으로 설명할 수 있다(황인석 · 김문용, 2011).

헬스 관련 뉴스나 공공 캠페인, 광고에서 유명인이 등장하면 효과가 크다는 연구 결과는 많다. 유명한 스포츠 스타가 모델로 나온 금연광고는 일반인이 모델로 나온 금연광고보다 광고에 대한 태도, 흡연 걱정, 금연 의도 등에서 모두 긍정적 효과가 있었다(허철무 · 안상현, 2013). 학교폭력 예방 캠페인에서는 연예인 모델이 전달한 메시지가 일반인 모델의 메시지보다 중학생에게 더 호의적인 태도를 유발했다

(이은지 · 나은영, 2013). 유명인 광고 모델이 가지고 있는 신뢰성과 명성은 수용자의 광고 및 메시지에 대한 주목도를 높이고 유명인 모델의 속성인 신뢰성과 매력을 광고 메시지에 전이시켜 긍정적인 효과를 이끌어 낸다(최은수, 2008).

2) 프레임

사회적으로 중요한 건강, 보건, 의료 이슈나 사건이 있을 때마다 미디어는 특정 의제나 프레임으로 많은 보도를 한다. 미디어가 보도하는 헬스뉴스의 프레임은 이슈나 사건에 따라 다양하게 나타난다. 한국의 3개 신문에 보도된 에이즈 기사에 나타난 주요 프레임은 지원 감동, 사건사고, 인권, 위기, 교육 예방, 생의학, 사회경제 역사, 정책 등 8개 프레임이었으며, 이 가운데 지원 감동, 사건사고, 인권, 위기 프레임이 많았다. 에이즈 문제는 엘리트 그룹의 관여도가 떨어지는 주변 이슈여서 맥락에 대한 분석보다는 극적이고 선정적인 흥미 중심으로 보도되었다(정의철, 2008). 2005년 시판되는 김치에 납과 기생충 알이 들어 있다는 사실이 밝혀지면서 시작된 김치 파동에 대한 한국 언론의 보도에서는 경제적 결과, 대책, 책임 프레임이 많았다(이귀옥 · 박조원, 2006).

2008년 중국산 분유에서 시작된 멜라민 함유 식품 파동에 대한 한국 언론의 보도에서는 정책적 중요성을 다루는 공중의제 중심 프레임과 공중보건상의 위기 상황을 다루는 위기 인식 프레임이 많았다(김은이 · 반현, 2012). 1989~2005년에 발생했던 삼양라면 우지사건, 김치

기생충 알 검출사건 등 11개 식품 안전사고에 대한 언론 보도에서는 위기 확산, 책임 소재, 갈등 프레임이 많았다(박성희, 2006).

3) 메시지 프레이밍

메시지 프레이밍은 미디어 프레이밍과 구별된다. 미디어 프레이밍은 뉴스의제의 특정 측면을 부각하거나 배제함으로써 사회적 이슈를 바라보는 인식의 틀을 제공하는 것이지만, 메시지 프레이밍은 메시지의 표현방식에 관한 것이다(백혜진·이혜규, 2013: 26~28). 메시지 프레이밍은 동일한 내용이라도 메시지의 특정 요소를 선택하고 두드러지게 만드는 과정으로, 메시지를 긍정적 또는 부정적으로 구성하는 형식이다. 메시지 프레이밍은 같은 내용이라도 메시지를 어떻게 전달하느냐에 따라 메시지의 효과가 달라진다고 본다(이명천·나정희·김지혜, 2006). 예컨대 일을 절반 정도 했을 때 "벌써 절반을 했다"라고 할 수도 있고, "아직 절반이 남았다"라고 표현할 수 있다. 표현방식에 따라 수용자의 이해와 반응이 다르다.

헬스 커뮤니케이션에서는 주로 이익 프레임과 손실 프레임으로 분류된다. 이익 프레임은 권고 행동을 채택할 경우 얻을 수 있는 신체적, 심리적인 이익을 강조하는 형식이다. 손실 프레임은 권고 행동을 따르지 않을 경우 나타날 수 있는 신체적, 심리적인 손실을 강조한다(백혜진·이혜규, 2013: 26~28). 건강 검진을 받으면 병을 조기 진단하고 건강을 지킬 수 있다는 장점을 강조하는 것이 이익 프레임이며, 건강 검진을 받지 않으면 건강에 대한 걱정이 많아지고 자칫 건강을 잃을 수도 있다고 경고하는 것이 손실 프레임이다.

메시지 프레이밍은 경제학의 기대효용 이론(*expected utility theory*)에 기초해 위험 속에서의 결정 모델을 제시한 전망 이론(*prospect theory*)에 근거한다. 기대효용 이론은 사람은 항상 규범적인 원리와 일치하는 완벽하고 합리적인 의사 결정을 하며, 무한히 존재할 수 있는 모든 대안을 비교 검토하여 기대효용이 가장 큰 대안을 선택한다는 가정에 기반을 둔다(이세영 · 박현순, 2009). 전망 이론에 따르면 사람들은 이익보다는 손실에 더 민감하며, 불확실한 결과보다는 확실한 결과를 선호한다. 사람들은 이익이 확실하면 이익이 적더라도 손실을 회피하는 선택을 한다(Kahneman & Tversky, 1979).

이 이론에 근거한 메시지 프레이밍에서 사람들은 일반적으로 손실을 회피하려는 경향이 있기 때문에 이익 프레이밍보다는 손실 프레이밍이 설득에 더 효과적일 것으로 예상한다. 이익 메시지에 대해서는 확실한 이익을 취하기 위해 위험을 회피하는 방향으로 선택할 가능성이 커지고, 손실 메시지에 대해서는 이를 피하기 위한 방법을 선택할 가능성이 커진다(이은지 · 나은영, 2013). 공공 이슈 PR에서 손실 프레이밍 메시지는 이익 프레이밍 메시지보다 공공 이슈에 대한 공중의 동의를 이끌어내는 데 효과적이었다(이세영 · 박현순, 2009). 그러나 이익 프레이밍과 손실 프레이밍의 효과는 상황과 대상에 따라 달라질 수 있다. 금연광고에서 흡연자에게는 이익 프레이밍의 광고 효과가 더 컸으며, 비흡연자에게는 손실 프레이밍의 광고 효과가 더 컸다(이명천 · 나정희 · 김지혜, 2006).

수용자를 설득하는 표현 수단에는 메시지 소구가 있다. 메시지 소구는 이성 소구와 감성 소구로 분류된다(백혜진 · 이혜규, 2013). 이성 소구는 경제성과 합리성을 기반으로 두어, 수용자가 이성적인 행동을 하면 얻을 수 있는 경제성과 가치를 사실적으로 전달해 따르도록 하는 방법이다. 감성 소구는 수용자가 특정한 감정을 갖도록 유도하여 그 감정에 대응하기 위해 특정한 행동을 하도록 유도하는 방식이다. 감성 소구 가운데는 공포 소구가 가장 널리 쓰인다. 공포 소구는 특정한 행동을 하지 않음으로써 발생하는 부정적인 결과를 메시지 속에 제시하여 수용자의 공포를 유발하고, 수용자는 그 공포를 제거하기 위해 어떤 행동을 할 것이라고 전제한다.

4. 헬스 저널리즘의 품질

건강 분야는 매우 전문적이며 개인은 물론 정부의 보건 · 의료 정책에도 매우 중요하기 때문에 헬스기사에서는 매우 높은 수준의 정확성, 전문성, 공공성이 요구된다. 그래서 미국 대부분의 TV 매체는 의사를 중요한 의학기자로 활용하며, 한국의 주요 방송과 신문에서도 여러 의사가 기자로 활동하고 있다.

그러나 건강뉴스는 중요한 이슈에 대해 깊이 있고, 정확하게 보도하지 않는다는 비판을 받기도 한다. 미국의 과학자와 의사들은 건강뉴스의 문제점으로 선정주의, 편향성과 이해 충돌, 후속보도 부족, 보도량 부족 등 네 가지를 지적했다(Shuchman & Wilkes, 1997). 미디어가 약물의 효능, 위험, 비용에 관해 충분하고 완전한 정보를 제공하지 않는다는 비판도 있다(Moynihan et al., 2000). 한국 신문과 방송에서 헬스기사를 쓰는 기자를 대상으로 한 인터뷰 조사에서, 일반기자는 의학 전문용어를 이해하고 기사를 작성하는 데 많은 어려움이 있었으며 내용을 정확하게 알지 못한 채 기사를 쓰는 경우도 있었다(오대영 · 최믿음, 2015).

미디어기업이 경영상의 문제로 수준 높은 헬스기사의 보도 분량을 줄이고 있는 점도 문제이다. 미국의 지방신문은 뉴스 질보다는 수익을 먼저 생각해 헬스기자의 수를 줄이고, 헬스기사를 직접 취재하기보다는 뉴스통신사가 제공하는 기사에 의존한다. 지역신문에서는 헬스뉴스가 줄어들거나 가장 값싼 기사인 범죄기사로 대체되고 있다. 헬스뉴스는 복지에 영향을 주는 사회적, 환경적인 요인을 전달하지 못하고 있으며 사람들의 건강 증진과 예방, 자기효능감 증진에 기여하지 못하고 있다(Thorson, 2006).

언론의 광고 수입을 위해 헬스기사가 건강 관련 기업에 큰 영향을 받는 점도 헬스 저널리즘의 품질을 떨어뜨리는 큰 요인이다. 미국의 건강 관련 기업은 기자들과 직접적인 관계를 형성해 미디어의 헬스뉴스 생산과정에 영향을 주고 있다. 헬스뉴스는 수용자에게 비판적이고 정확한 정보를 제공해 공공 이익에 공헌해야 하는데도, 미디어가 헬스상품 판촉과 기업 중심으로 보도해 기사가 왜곡되는 경우도 많아졌다(Morrel et al., 2014). 미국에서는 제약업체가 소비자나 정부보다 더 두드러지게 뉴스에 등장하는 현상도 발생하고 있다(Hartley & Coleman, 2007). 광고주의 압력도 헬스뉴스의 품질을 떨어뜨리는 주요 요인이다. 미국에서는 1970년대부터 광고주가 미디어의 헬스기사에 부적절한 압력을 넣기 시작했다. 그래서 미디어가 수용자보다는 기업 중심으로 보도하는 경우가 증가했다(An & Bergen, 2007).

한국 신문의 헬스기사에서도 상업적인 뉴스가 증가해 지나친 건강염려증과 과다 진료·검사를 초래했다. 헬스기사는 검증되지 않은 치료 방법을 검증해 잘못된 점을 비판하지 못했으며, 대형병원 중심으로 보도해 대형병원으로 환자가 몰리는 원인을 제공했다(장정헌, 2015). 국내 10대 일간지 암 관련 기사의 18%에서는 필수정보가 누락되었고, 19.8%에서는 내용이 과장되었다(박정의·이상규, 2002). 인터넷언론의 의료정보는 활용하기 어렵고 내용이 이해하기 어려우며 신뢰하기 어렵다는 평가도 있다(박종혁·이진석·장혜정·김윤, 2008).

한국 수용자는 전반적으로 한국 신문, TV, 인터넷매체의 건강 정보 품질을 높게 평가하지 않았다. 한국 수용자는 건강뉴스의 신뢰도, 용이성, 독이성에 대해 보통 수준으로 평가했으며, 언론의 건강기사에 홍보와 광고 등 상업성 정보가 비교적 많다고 인식했다(오대영·최믿음, 2016). 헬스뉴스의 품질이 낮아지면 수용자의 뉴스 신뢰도가 낮아지고, 수용자의 헬스뉴스 이용이 줄어든다.

5. 한국 신문의 헬스기사 보도양상

오대영과 최믿음(2015)은 전국 종합지 가운데 발행 부수, 이념성(보수, 진보), 종류(전국지, 경제지)를 고려해 〈조선일보〉, 〈중앙일보〉, 〈경향신문〉, 〈한겨레〉 등 4개 종합지와 〈매일경제신문〉, 〈한국경제신문〉 등 2개 경제신문이 2014년에 보도한 헬스기사 가운데 1,227개를 분석했다. 종합지 기사가 764개(62.3%), 경제지 기사가 463개(37.7%)였다. 신문사별로는 〈조선일보〉 208개(17.0%), 〈중앙일보〉 235개(19.2%), 〈경향신문〉 194개(15.8%), 〈한겨레〉 127개(10.4%), 〈매일경제신문〉 348개(28.4%), 〈한국경제신문〉 115개(9.4%)였다.

1) 보도 분야

이슈별로 보면 한국 신문의 헬스기사에서는 질병과 건강관리, 보건 정책, 건강상품과 산업에 관한 기사가 많았고, 사건사고, 인물, 신기술, 노인 문제에 관한 기사는 적었다. 한국 신문은 건강, 정책, 경제 문제를 가장 중시하고 있었다. 종합지와 경제지에서 모두 질병에 관한 기사가 가장 많았다. 그러나 종합지는 경제지보다 정책 문제(17.3%)를 더 보도해 거시적인 측면에서 사회의 헬스문제를 다루었고, 경제지는 종합지보다 건강 상품·산업 기사(32.0%)를 많이 보도해 경제적인 측면을 더 중시했다.

의료 분야에서는 내과, 신경·정신, 암에 관한 기사가 많았다. 간, 폐 등 내과 관련 질병이 많아지고 이에 대한 사람들의 걱정이 늘어남에 따라 한국 신문들도 이에 대한 기사를 많이 보도했다. 신경·정신 관련 병과 암에 관한 기사가 많은 것은 치매 등 노인성 신경질환과 암에 관한 관심이 높아진 우리 사회의 현상을 반영했기 때문이었다. 그러나 성형, 이비인후과, 안과, 산부인과, 치과, 가정의학, 외과에 대

〈표 8-1〉 헬스기사의 이슈 분류

분야	구체적인 내용
질병	에볼라, 암, 당뇨 등 각종 병, 비만과 노인 관련 병 등
건강관리	일반적인 건강관리, 미모관리 등
보건 정책	담뱃값 인상, 의료 민영화, 건강보험제도 등 헬스 관련 정부 정책이나 정치권 움직임, 질병에 대한 국내외 정부나 국제기구의 대책 등
사건사고	의료 사고, 법적 분쟁, 사회적 사고, 의사 파업 등
건강 상품 · 산업	건강 관련 상품이나 병원 경영, 의료 관광, 제약회사 · 의료기기회사 등 의료 분야의 경제 · 산업적 측면
신기술	의학계, 학계, 기업 등의 헬스 관련 새로운 연구, 신기술 발표
인물	의사, 간호사 등 헬스 분야 인물의 흥미로운 이야기
기타	위의 내용을 제외한 행사, 학술토론회, 봉사활동 등

한 보도량은 적어서 한국 신문의 헬스기사 다양성은 낮았다. 특히, 한의학 관련 기사는 거의 없어서 한의학에 관한 국내 신문의 관심이 매우 적었다. 종합지는 의료 중심의 헬스기사를 많이 보도한 반면, 경제지는 건강 산업이나 건강식품 등 비의료 분야의 헬스 관련 기사를 많이 보도했다.

2) 정보원과 보도 태도

정보원 종류에서는 의사와 병원, 정부 정보원의 비중이 67.5%이고, 환자, 시민 등 다른 정보원은 적었다. 국내 신문의 헬스기사는 의사와 병원, 정부 정보원에 지나치게 의존하고 있었다. 종합지에서는 경제지보다 정부 공무원과 정치인 정보원의 비중이 크고, 경제지에서는 경제계 정보원의 비중이 컸다. 종합지는 경제지보다 정책적 이슈를 많이 보도하고, 경제지는 헬스 산업 관련 기사를 많이 보도했기 때문이었다.

전체 1,227개 기사의 보도 태도를 보면 긍정 266개(21.7%), 부정 230개(18.7%), 중립 731개(59.6%)였다. 중립적 태도의 기사가 매우 많아서, 헬스기사에서는 객관적인 사실 전달에 중점을 둔 기사의 비중이 컸다. 전체적으로는 긍정적 태도의 기사가 부정적 태도의 기사보다 약간 많았다. 그러나 종합지에서는 경제지보다 부정적 태도의 기사가 많았으며, 경제지에서는 종합지보다 긍정적 태도의 기사가 훨씬 많았다. 종합지는 경제지보다 거시적인 측면에서 정책 문제를 더 많이 보도했기 때문에 비판적인 논조의 기사가 많은 반면, 경제지는 종합지보다 산업과 기업에 우호적인 경제기사를 많이 보도했기 때문이었다.

3) 뉴스가치

헬스뉴스가 중시하는 뉴스가치를 저널리즘의 전통적인 뉴스가치인 시의성, 근접성, 저명성, 영향성, 인간적 흥미, 갈등성, 유용성, 신기성, 일탈성을 기준으로 조사했다(〈표 8-2〉 참조). 유용성은 건강지식과 같이 수용자에게 도움을 주는 내용이며, 흥미성은 재미있는 사실이나 흥미를 유발하는 내용이다. 일탈성은 비리, 사건과 같이 도덕과 규범에서 벗어나거나 사회질서를 위협하는 내용이다. 시의성은 속보와 같이 시간적인 측면에서 중요한 이슈이다. 신기성은 새로운 기술과 연구 등에 관한 것이며, 갈등성은 의사 파업이나 정책 논란과 같이 다양한 주체가 다투거나 서로 비판하고 비난하는 경우이다. 영향성은

〈표 8-2〉 헬스기사의 뉴스가치 분류

종류	구체적인 내용
유용성	의료계의 중요 정보, 건강 지식 등 수용자의 건강에 도움을 주는 정보
흥미성	인물 · 책 · 상품 소개, 화제, 행사 등 재미있는 사실이나 흥미를 유발하는 내용
일탈성	의료 비리 등 사회 질서를 위협하거나 도덕 · 규범에서 벗어난 사건
시의성	에볼라 확산 속보 등 시간적 측면에서 최근에 발생한 이슈를 중시
신기성	새로운 지식이나 사실
갈등성	의사 파업, 정책 논란, 법적 분쟁 등 여러 주체 간의 마찰, 비판
영향성	보건 정책 등 일상생활에 미치는 영향력이 큰 이슈
저명성	유명인사에 대한 보도

주요 보건 정책과 같이 정보와 이슈가 미치는 영향력이 큰 경우이다. 저명성은 유명가수의 의료 사망사고와 같이 유명인사에 관한 뉴스이다. 한 기사에는 여러 뉴스가치가 있는 경우도 많지만, 여러 뉴스가치의 중요성에는 경중이 있기 때문에 가장 비중 있게 나타난 뉴스가치를 중심으로 분석했다.

전체 기사 1,227개에서 나타난 뉴스가치는 유용성 32.5%, 흥미성 25.3%, 일탈성 13.4%, 시의성 10.8%, 신기성 6.0%, 영향성 4.2%, 갈등성 4.2%, 저명성 3.5%의 순으로 많았다. 유용성과 흥미성이 많았으며 일탈성, 시의성, 영향성은 상대적으로 적었다. 시의적절하고, 영향력이 크고, 사회적 일탈성이 큰 이슈일수록 뉴스가치가 큰 것으로 인식되는 일반적인 뉴스가치 기준과 많은 차이가 있었다. 헬스기사에서는 많은 사람의 건강에 유용한 정보가 가장 중요한 뉴스라는 것을 의미한다. 외국의 헬스기자도 과학적 지식보다 실용적인 내용이 더 중요하다고 생각했다(Chew, Mandelbaum-Schmid & Gao, 2006). 수용자의 관심을 끄는 흥미 있는 화젯거리 뉴스도 건강관리에 도움이 되기 때문에 중요한 뉴스가치가 있었다.

종합지와 경제지에서는 다소 차이가 있었다. 종합지 기사에서 많이 나타난 뉴스가치는 유용성(33.6%), 흥미성(19.8%), 일탈성(16.9%), 시의성(12.0%) 등이었다. 경제지 기사에서 많은 뉴스가치는 흥미성(34.3%), 유용성(30.7%), 신기성(8.9%) 등이었다. 종합지에서는 유용성이, 경제지에서는 흥미성이 가장 중요한 뉴스가치였다. 종합지는 경제지보다 건강 정보 전달을 중시했고, 경제지는 수용자에게 다양한 화젯거리를 제공하려고 했다. 화젯거리에는 헬스기업과 상품의 정보가 많이 포함되어 있다. 종합지는 경제지보다 정부 정책이나 사회문제를 더 많이 다루려고 했기 때문에 종합지에서는 일탈성이 많은 반면, 경제지에서는 적었다. 경제지는 종합지보다 새로운 산업, 상품, 기술 문제를 더 중요한 뉴스가치로 생각했기 때문에 종합지보다 신기성을 더 중시했다.

4) 내용 프레임

헬스뉴스에서 많이 나타난 프레임을 귀납적 방식으로 알아본 결과, 사전 예방, 사후 처방, 위기, 갈등, 비판, 칭찬, 경제, 인간적 흥미 등 8개의 내용 프레임이 있었다(〈표 8-3〉 참조). 사전 예방은 건강관리, 질병 예방, 위기 대처 등을 위해 사전에 해야 하는 내용을 중심으로 보도한 프레임이다. 사후 처방은 건강 악화, 질병 발생 등 사건이 발생한 후에 잘 해결하기 위해 해야 하는 방안을 중심으로 보도한 내용이다. 위기는 위험 상황의 발생, 문제를 잘 해결하지 못할 경우 예

〈표 8-3〉 헬스기사 내용의 프레임 분류

프레임	주요 내용
사전 예방	건강관리, 질병 예방, 위기 대처 등을 위해 사전에 해야 하는 내용
사후 처방	건강 악화, 질병 발생 등 사건이 발생한 후에 잘 해결하기 위해 해야 하는 방안을 강조
위기	위험 상황의 발생 등 어려움에 부딪치는 상황을 강조
갈등	사건사고, 법적 분쟁, 정책적 논란 등 의견과 이해관계의 차이로 여러 주체가 충돌한 내용을 강조
비판	정책, 행동, 기술 등의 잘못된 점을 비난하는 것을 강조
칭찬	정책, 기술, 상품 등의 좋고 잘된 점을 강조
경제	헬스 산업계와 경제적 동향, 상품 소개 등 경제적 측면을 중심으로 보도
인간적 흥미	화제성, 단순한 정보 등 흥미를 유발하는 내용

상되는 문제 등 어려움에 부딪히는 상황을 중심으로 보도한 내용이다. 갈등은 사건사고, 법적 분쟁, 정책적 논란 등 의견과 이해관계의 차이로 여러 주체가 충돌하는 것을 강조한 프레임이다. 비판은 정책, 행동, 기술 등의 잘못된 점을 비난하는 것을 중심으로 보도한 내용이다. 칭찬은 정책, 기술, 상품 등의 좋고 잘된 점을 강조한 프레임이다. 경제는 헬스 산업계와 경제적 동향, 상품 소개 등 경제적 측면을 중심으로 보도한 것이다. 인간적 흥미는 화제성, 단순한 정보 등 흥미를 유발하는 내용을 중심으로 한 내용이다.

1,227개 기사의 프레임은 인간적 흥미 25.0%, 사전예방 18.3%, 칭찬 16.5%, 사후처방 11.4%, 비판 10.1%, 위기 7.8%, 경제 6.1%, 갈등 4.6%의 순으로 많았다. 헬스기사에는 수용자에게 흥미를 제공하는 화제성 기사가 가장 많았다. 잘한 내용을 보도하는 기사, 건강관리에 도움을 주는 기사의 비중도 컸다. 그러나 비판, 위기, 갈등과 같은 부정적 내용의 기사 비중은 작았다. 헬스기사들은 부정적

인 프레임보다는 긍정적이고, 흥미를 유발하고, 수용자에게 유용한 내용을 많이 전달하고 있었다.

종합지와 경제지를 비교하면, 종합지 기사에서는 인간적 흥미(27.1%), 사전예방(18.2%), 갈등(18.2%) 프레임이 많았다. 경제지 기사에서는 칭찬(24.6%), 인간적 흥미(21.6%), 사전예방 (18.6%) 프레임이 많았다. 종합지와 경제지에서 모두 인간적 흥미와 사전 예방 프레임의 비중이 컸다. 그러나 종합지에서는 경제지보다 인간적 흥미와 갈등 프레임이 많고, 경제지에서는 칭찬 프레임이 가장 많았다. 경제지가 종합지보다 칭찬 프레임을 많이 활용한 것은 친기업적인 기사가 많았기 때문이다. 종합지는 경제지보다 정책 문제를 많이 보도해 비판 프레임이 많았다.

9장 / 탐사 저널리즘

1. 탐사 저널리즘의 정의

리처드 닉슨 미국 대통령을 1974년 하야하게 만든 미국 신문 〈워싱턴 포스트〉의 워터게이트 사건 기사, 다나카 가쿠에이〔田中角榮〕 일본 총리의 정치자금 비리를 폭로해 1974년 내각 총사퇴를 이끌어낸 일본 잡지 〈분게이슌주〉〔文藝春秋〕의 보도, 영국의 탐사 저널리스트인 스티븐 그레이(Stephen Grey)가 2003년 보도한 미국 CIA의 테러용의자 비밀 수송과 비밀 수용소, 고문 등에 관한 기사, 국제탐사보도언론인협회(ICIJ) 등이 2016년 중남미의 파나마에서 벌어지고 있는 국제적인 탈세 현상을 폭로한 '파나마 페이퍼스'(Panama Papers) 프로젝트.

이들 기사의 공통점은 막강한 권력과 힘을 가진 정치 지도자나 정부, 사회적 유명인사의 숨겨진 비리를 파헤쳐 사회의 변화와 발전에 크게 기여했다는 점이다.

저널리즘의 역할은 환경 감시, 상호 연결, 문화 전달, 오락 등 다양하지만, 가장 기본은 사회를 감시하고 잘못을 바로잡아 사회를 유지하고 발전시키는 데 있다. 그래서 언론에는 공중의 합법적인 이익을 지키는 충실한 감시견으로서의 역할을 해야 한다는 특별한 책임이 있다. 현대의 미국 저널리즘은 언론을 '민주주의의 방파제'(*bulwark of democracy*)로 간주한다. 방파제 이론에 따르면 언론은 시민에게 정보를 제공함으로써 시민이 정치에 참여하게 하고, 정치적 대표를 선출하게 하고, 정치적 대표가 어떻게 활동해야 하는지를 알게 해준다. 언론은 사회의 민주적 결정에 필요한 정보를 제공하고, 사회를 부패로부터 보호하고, 공중이 관심을 갖는 이슈를 다루어야 한다. 언론인들은 뉴스를 보도해서 시민에게 정보를 제공하고, 시민이 사회적 이슈 논의에 참여하게 하는 것이 민주주의를 위해 매우 중요하다고 강조한다(Gans, 2010).

탐사 저널리즘은 저널리즘의 역할 가운데 사회의 숨겨진 비리를 파헤쳐서 사회에 공개하는 감시견 역할을 매우 중시한다는 점에서 일반 저널리즘과 큰 차이가 있다. 탐사를 뜻하는 영어 단어 'investigative'는 '발자국'(*footprint*) 또는 '추적하다'(*track*)를 뜻하는 라틴어 'vetigium'에서 유래했다(Williams, 1978: 6). 미국에서 탐사 저널리즘은 자유민주주의 사회에서 비대해진 권력을 감시하는 역할을 한다고 인식된다(Carson, 2014). 탐사보도 전문가인 로웰 버그먼(Lowell Bergman)은 탐사 저널리즘에 대해 "모든 것을 보도하는 것이지만, 특히 그 가운데서도 사람들이 모르는, 또 누군가 남에게 알리기를 원치 않는 정보를 발굴하는 것이며, 새로운 사실을 갖고 공공선을 위해 폭로하는 보도"라고 규정했다(이용주, 2015). 그래서 탐사 저널리즘은 "사회정의 실현을 위해 여론을 환기하며 국민의 공분을 일으킬 수 있는 폭로 저널리즘"으로 규정된다(심재철 · 이경숙, 1999).

미국 저널리즘 역사에서 탐사 저널리즘의 핵심은 시민의 입장에서 정부, 정치계, 경제계, 종교계 등 사회적 권력집단의 권력 남용에 반대하고 이런 권력에 도전해 정보를 모으고 사실을 밝히는 것으로 정의되어 왔다. 탐사 저널리즘은 단순한 흥미를 위한 폭로보도가 아니라 도덕적 분노를 불러오는 비리에 관한 기사를 쓰고 상당한 공적 중요성을 지닌, 시스템적인 문제를 부각시키는 것을 목적으로 한다. 탐사 저널리즘은 지금까지 알려지지 않았거나 은폐되었던 정보를 폭로하며 상당한 공적 중요성을 지닌 문제를 보도하는 저널리즘이다(Aucoin, 2005/2007: 9~10).

탐사 저널리즘은 이와 같은 사회적 역할을 하기 때문에 적대 저널리즘(*adversarial journalism*), 옹호 저널리즘(*advocacy reporting*), 공공 서비스 저널리즘(*public service journalism*), 폭로보도(*exposé reporting*) 등으로 불리기도 한다(Feldstein, 2006).

탐사 저널리즘은 17세기 미국에서 태동해서 발전된 언론사조이다. 20세기 후반, 탐사 저널리즘이 확산되면서 1975년에는 미국탐사보도협회(IRE)가 설립되었으며, 1989년에는 아시아 최초의 탐사보도 전문기관인 필리핀탐사저널리즘센터(PCIJ)가 탄생했다. 1997년에는 국제탐사보도언론인협회(ICIJ)도 설립되었다. 많은 국가에서 탐사 저널리즘 매체가 증가하면서 브라질탐사기자협회, 아프리카탐사보도네트워크센터, 아랍탐사보도기자협회 등 탐사보도 관련 기관이 세계 곳곳에서 설립되었고, 100개국에서 5천 명 이상의 탐사기자가 활동하고 있다(GIJN).

우리나라의 탐사 저널리즘은 1960~1970년대 방송국의 보도국 기자들이 제작한 시사 프로그램에서 시도되었다(김상균·한희정, 2014). 1990년대에는 제작국 PD들이 자유로운 형식으로 현장감을 살려 제작한 탐사보도 프로그램이 각 방송사의 주요 장르로 등장해 'PD 저널리즘'으로 불리면서 주목을 끌었다. 본격적인 탐사보도는 1990년대 초반 신문사와 방송사들이 탐사보도 조직을 신설하는 등 탐사보도에 관심을 보이면서 시작되었다. 2012년에는 비영리 독립언론인 〈뉴스타파〉가 설립되어 탐사 저널리즘의 영역을 확장했다.

2. 탐사 저널리즘의 특징

1) 탐사 저널리즘과 일반 저널리즘의 차이

탐사 저널리즘은 일반적인 저널리즘과 비교할 때 주제, 취재 방법, 취재 기간, 보도 방법 등에서 많은 차이가 있다.

첫 번째로, 가치지향적인 측면에서 일반적인 저널리즘은 정보원이나 보도 대상에 과도하게 의존하고 객관성을 강조하는 데 반해, 탐사 저널리즘은 독립적인 시각으로 사건이나 현상을 파고들어 깊이 있게 보도하는 지향성을 지닌다(강형철, 2007). 탐사기자의 뉴스 접근방식은 일반기자와 전혀 달라서, 사회의 잘못된 점을 고발하기 위해 객관성을 포기하고 도덕적인 판단을 중시하는 경향이 있다(Abdenour &

Riffe, 2016). 그래서 탐사보도는 '정의로운 분노'(*righteous indignation*)로 표현되기도 한다(심재철 · 이경숙, 1999). 기자의 역할에 대한 인식에서도 탐사기자는 참여 지향적인 성향이 매우 강하다.

두 번째로, 탐사보도는 매일 제작되어 보도되는 일반 뉴스보다 매우 심층적으로 이슈를 보도한다. 탐사보도는 속보를 중시하는 뉴스와 달리, 사회의 모든 분야에서 시사성이 높은 정보를 심층적으로 취재해 전달한다. 탐사기사는 장기간에 걸쳐서 취재되며, 보도 분량이 많고, 보도 기간이 긴 경우가 많다. 텔레비전의 탐사보도 프로그램은 소수의 정제된 이슈를 비교적 장기간에 걸쳐 기획하고 취재하기 때문에 프로그램의 심층성과 완성도 측면에서 여타의 저널리즘과 차별적이다(이승선, 2005). 탐사보도 프로그램은 특정 사건이나 문제를 심층적으로 취재해 증거를 바탕으로 그 배경과 경위, 분위기 등을 포함한 전반적인 측면을 보도함으로써 원인과 진실을 규명하고 대안을 모색하려 한다(설진아, 2009).

세 번째로, 탐사 저널리즘이 중시하는 정보원은 일반적인 저널리즘과 다르다. 탐사보도는 뉴스 정보원이나 보도 대상에 의존하기보다는 독립적인 시각과 관점으로 사실을 파고들어 정확하게 보도하려고 한다(설진아, 2009). 탐사보도에서는 출입처나 대변인 등 일상적인 뉴스원이 전달하는 정보에 근거한 취재를 탈피하고 기자 스스로 발굴한 아이디어를 활용하는 독창성, 그리고 단순한 현상 설명 수준에서 벗어나 사회적 맥락에서 상황이 갖는 의미를 설명하고 대안을 찾아 보도하는 심층성 등의 두 요소가 매우 중요한 특성이다(이민정 · 이건호, 2014). 물론, 탐사보도라고 해서 정보원에 완전히 의존하지 않는 것은 아니다. 사실, 정보원이 없는 뉴스는 불가능하다. 미국에서 1976년부터 2012년까지 탐사보도 수상작 후보로 오른 보도기사 가운데 757개 기사를 분석한 결과, 취재의 단초는 중요한 정보원의 정보로부터 시작되었다. 그러나 취재가 시작된 이후에는 다양한 정보원을 다룬 탐사보도일수록 의제설정 효과가 크고 정책적 결과가 가시적으로 나타났다 (Lanosga & Martin, 2017). 탐사보도는 일반적인 취재 관행과 달리 특정 출입처를 근간으로 하지 않기 때문에, 정보원과 언론의 유착으로 인한 폐해를 막고 제3자적 입장에서 객관적이고 통합적으로 관련 쟁점을 규명할 수 있다는 장점이 있다(이승선, 2005).

네 번째로, 언론사 공동 취재이다. 언론사는 다른 언론사와 보도 경쟁을 하기 때문에 취재·보도는 개별적으로 하는 것이 일반적이다. 그런데 외국의 탐사보도에서는 여러 언론사가 공동으로 취재하고 보도하는 일이 종종 벌어진다. 취재 대상과 이슈가 너무 광범위해서 언론사 단독으로 하기 어려울 경우에는 언론사가 비리 추적과 보도라는 감시견 역할을 충실하게 수행하기 위해 협업하는 것이다.

국제탐사보도언론인협회(ICIJ)는 2016년 4월, 중미 파나마에 있는 로펌회사의 내부 자료를 분석한 '파나마 페이퍼스'를 공개했다. 자료는 독일 일간지 〈쥐트도이체 차이퉁〉(*Süddeutsche Zeitung*)이 처음 입수한 후, ICIJ와 함께 분석했다. 이 분석 프로젝트에는 영국 BBC, 〈가디언〉(*Guardian*), 프랑스 〈르몽드〉(*Le Monde*), 일본 〈아사히신문〉과 한국의 인터넷언론 〈뉴스타파〉 등 세계의 100여 개 언론사가 참여했으며, 이들은 협력해서 이 자료를 분석하고 뉴스로 만들어서 일제히 보도했다.

뉴스 내용은 세계의 유명인사들이 금융 비밀이 보장되고 소득세가 매우 낮은 이 지역의 금융기관을 이용해 탈세를 한다는 것이었다. 공개된 자료에는 각국의 정·재계 인사들과 축구선수, 영화배우 등 유명인의 명단이 포함되어 있었다. 한국인도 195명이 있었다. 이름이 실린 정치지도자는 사퇴압력을 받고, 유명인에 대해서는 정부가 세무조사를 하겠다고 밝히는 등 세계적으로 많은 국가에서 난리가 났다.

2) 좋은 탐사 저널리즘의 조건

심재철과 이경숙(1999)은 탐사 저널리즘의 조건으로 거대한 재벌기업, 강력한 정치집단, 사회 비리세력 등과 같은 폭로 대상이 있어야 하고, 사회적으로 힘없고 가난하며 무기력한 소수집단과 같은 피해자가 있어야 하며, 여론을 환기해 피해자를 보호하기 위한 공공의제를 형성해야 하고, 사회개혁의 실마리를 제공해야 한다고 밝혔다. 김외현(2012)은 탐사 저널리즘이 성공하기 위해서는 다양한 경로로 수집한 기존 자료를 토대로 주요 정보원을 만나 새로운 정보를 얻어야 하며 의혹을 제기하고 실체 규명과 사실 확인을 위한 검증이 필수라고 했다. 제기된 이슈의 참신성과 중요성, 심층 분석, 난관을 극복한 탐사, 비밀과 비행의 목표, 스토리의 도덕성, 개혁 추구, 행동과 변화(Lublinski et al., 2016), 원천 자료 활용, 체계적인 연구 디자인, 열정적인 조사 방법 도입, 새로운 지식 창출에 공헌, 저명한 국내외 기관의 인정(Chua, 2015)도 중요한 탐사 저널리즘의 조건이다.

다지마 야스히코와 연구진(田島泰彦·山本博·原壽雄, 2011/2014:

55)은 "탐사보도는 언론이 독자적으로 취재해 스스로의 책임으로 보도하는 기사이다. 취재 대상은 정치인, 고위 공무원, 자치단체장, 대기업 경영자 등 권력, 통치기관, 대기업과 관련된 공적 존재여야 한다. 또 지금 보도하지 않으면 역사의 물결에 휩쓸려 사라져 버릴 내용을 파헤치는 것이다"라고 했다. 카슨(Carson, 2014)은 호주 언론의 탐사보도 기사를 분석해 탐사기사의 조건을 10가지로 정리했다. 의제설정을 했는가, 능동적 저널리즘인가, 시간을 들여 조사했는가, 내용이 탐사적인가, 내용이 정치와 관련이 있거나 공적 영역에 영향을 주는가, 피해자나 악인을 명시화했는가, 공적 신뢰를 파괴하는 것을 탐사하는가, 억압된 진실을 추적하는가, 도덕적 기준이 포함되어 있는가, 호주에 관한 이야기인가 등이다.

탐사 저널리즘에서는 기자 또는 내용의 전문성이 매우 중요하다. 전문성이 부족하면 기사가 사회에 미치는 영향력이 낮아지고 탐사보도의 역할이 약해진다. 2008년 스페인 항공기 사고에 대한 스페인 언론의 탐사보도 뉴스에서는 항공사고에 대한 전문지식을 가진 기자가 거의 없어 언론들이 핵심정보원에 접근하지 못했으며, 자료와 통계 등 2차 자료가 매우 부족한 상태에서 보도되었다. 기자들은 정부 공무원을 주요 정보원으로 선호했고 전문가 정보원을 거의 이용하지 않았다. 서로 다른 정보원의 정보에 대해 제대로 검증하지 않았으며, 사실보다는 검증되지 않은 정보와 가설을 보도하는 경향이 많았다. 기자의 전문성이 부족하면 특정 정보원에 의존하고, 탐사보도의 기본취지가 훼손된다는 것을 보여 준다(García-Santamaría, 2010).

3. 탐사 저널리즘의 사회적 역할

탐사 저널리즘은 장기간의 심층취재를 통해 권력자의 비리와 불법 활동을 폭로하고, 책임을 묻는 역할을 수행한다(김상균 · 한희정, 2014). 민주주의에서 탐사 저널리즘은 미디어의 감시견 역할에 관한 규범으로 인정받는다(Lanosga & Martin, 2017). 미국의 탐사보도 기자 165명을 대상으로 하여 TV 탐사보도의 역할을 조사한 연구에서는 사회 중요이슈에 대한 해석자, 감시자, 동기유발자, 엔터테인먼트 제공자, 전통적 저널리즘 등 5개의 역할을 하는 것으로 분석되었다(Abdenour & Riffe, 2016).

탐사 저널리즘의 매우 중요한 역할은 의제설정이다. 한국에서 TV 탐사보도 프로그램은 지역 내에서 환경 감시, 의제설정과 이슈 공론화, 지역 현안 해결, 사회적 약자의 관점 반영, 공익성 실현 등의 역할을 하고 있었다(김진영 · 성민규, 2016). 아프리카의 남부 사하라 지역에서 보도된 12개의 탐사보도는 과학적 해결책을 제시하거나 논쟁을 불러일으켜 정부 정책과 행정부의 결정에 영향을 주었다(Lublinski et al., 2016).

미국에서는 1980년대에 학자들이 탐사 저널리즘이 공중의 태도와 정책의제에 미치는 영향을 알아보기 위해 의제설정 이론에 기초해 4건의 연구를 수행했다. 첫 번째 연구에서 연방정부의 지원을 받는 가정의료보험제도의 부정과 비리 문제를 파헤친 TV의 탐사보도는 공중과 정부 정책 수립자에게 큰 영향을 주었다(Cook et al., 1983). 두 번째 연구(Protess et al., 1985)는 시카고 지역 정부가 이 지역에서 발생하는 여성 성폭행 사건을 처리하는 과정에서 노출된 문제점에 대해 시카고 지역신문이 보도한 탐사기사가 공중과 정책 결정자에게 미치는 영향에 관한 것이었다. 다른 미디어의 관심과 보도량이 많이 증가해 매체 간 의제설정 효과가 큰 것으로 나타났다. 세 번째 연구는 시카고 경찰의 무자비하고 야만적인 폭력 행동에 대한 TV 탐사보도의 영향을 다뤘다. 이 보도는 경찰의 난폭성에 대한 수용자의 인식에 큰 영향을 주었고 시카고 경찰국 내에서 중요한 정책의 변화를 이끌어냈다(Leff, Protess, & Brooks, 1986). 네 번째 연구는 미국 시카고 대학 내 건물 아래에 보관된 해로운 독성물질과 방사능 폐기물에 대한 미국 NBC방송의 탐사보도였다. 이 뉴스는 일반 시민에게는 제한적인 효과만 주었지만, 정책 결정자의 태도 변화에는 큰 영향을 주었다. 뉴스에 의한 정책 변화는 기자와 정부 공무원의 협력으로 가능했다(Protess et al., 1987). 네 건의 연구 결과, 가정 의료보험제도 문제와 경찰 폭력 문제는 독성물질 보도와 성폭력 문제보다 더 큰 영향력을 주었다. 이는 태도 변화를 가져올 수 있는 탐사보도의 힘이 새로운 이슈를 명확하게 보여 주는 능력에 달려 있다는 것을 의미한다.

4건의 연구를 수행했던 프로테스(Protess) 등의 연구자들은 탐사보도의 사회적 역할에 대해 합의 모형(*consensus model*)을 제안했다. 의제설정 이론은 언론이 어떤 이슈를 제기하고 보도하면 여론을 자극하고, 그것이 공직자에게 압력을 가해 사회적 문제에 대응하게 만든다는 동원 모델(*mobilization model*)로 설명된다. 그러나 합의 모형은 탐사보도 기자가 국민의 행동을 자극하려고 시도하지 않으며, 공무원과 기자의 협력으로 정책 변화가 이루어진다는 것이 핵심이다. 탐사보도

기자는 이슈를 확인하기 위한 조사의 출발점부터 공공 정책 입안자나 특별 이익집단과 빈번히 제휴해 활동한다. 그리고 자신의 보도에 대해 공공 정책이 대응하도록 유도한다. 이런 방식으로 탐사보도가 미국 사회에서 공공 정책에 직접적인 영향을 미친다는 것이 합의 모형이다(Aucoin, 2005/2007: 15).

언론의 역할에서 권력의 부정부패를 폭로하는 것은 매우 중요한 일이지만, 그보다 더 중요한 것은 폭로에 그치지 않고 권력이 부정부패 사실을 공식적으로 인정하게 만드는 것이다(田島泰彦·山本博·原壽雄, 2011/2014: 24). 이는 정부나 권력기관이 언론의 비판적인 폭로 내용을 인정하고 실질적인 변화가 이루어질 때 탐사보도가 사회적 역할을 충실하게 수행한다는 것을 시사한다.

미디어의 탐사보도는 다른 미디어를 비롯한 다양한 사회주체의 행동을 유발해 사회적인 변화를 가져오기도 한다. 특히, 다른 미디어의 반응(*media echo*)은 광범위한 사회적 논의를 불러온다(Lublinski et al., 2016). 〈뉴욕타임스〉는 2012년 3월 25일부터 9월 22일까지 미국의 경마에서 벌어지는 약물 투입, 말의 신경쇠약 등 동물학대 실태에 대해 17개의 뉴스로 구성된 탐사뉴스를 보도했다. 이 기사는 〈워싱턴포스트〉, 〈LA타임스〉 등 다른 유력 신문과 시사잡지에 영향을 주어 매체 간 의제설정 효과가 발생했다. 이 보도는 사회적 의제를 형성했으며 뉴멕시코 주지사는 경마에 대해 조사했다(Denham, 2014). 탐사 저널리즘은 이같이 매체 간 의제설정 기능을 통해 사회의 중요한 의제를 형성하는 역할을 한다(김진영·성민규, 2016; 심재철·이경숙, 1999).

4. 탐사보도와 취재윤리

언론사나 기자라 하더라도, 권력층이나 기관의 숨겨진 비리에 접근해 사실을 확인하고 진리를 파헤치는 일은 쉽지 않다. 그래서 언론은 역사적으로 권력층의 비리 폭로나 사회적 고발을 위해 비밀취재(*undercover technique*)를 많이 동원해 왔다. 19세기 후반 미국, 〈뉴욕월드〉의 기자였던 넬리 블라이(Nellie Bly)는 비밀취재를 탐사기자의 중요한 무기의 하나로 정착시켰다. 그는 신경쇠약에 걸린 노숙자로 위장해 블랙웰(Blackwell) 섬에 있던 여성 정신병자 수용소에 잠입했다. 수용소 직원들의 인권 침해적인 행동과 잔혹행위 실태를 취재한 후, 1887년 폭로기사를 썼다. 이 기사는 정신병원에 대대적인 변화를 가져왔다. 그는 또 사기성 직업소개소, 열악한 공장의 작업 조건, 의원에 대한 로비 뇌물, 여성 감방의 가혹한 실태를 비밀리에 취재해 보도했다. 그의 보도 이후 비밀 탐사보도는 악행과 부정을 고발하기 위한 취재에서 공인된 방법이 되었다(Aucoin, 2005/2007: 42~44).

탐사보도는 취재 대상의 비리·부정을 추적하고 고발·폭로하는 기능을 수행하므로, 불법이나 비리 내용을 뒷받침하고 법적 분쟁에서 방어할 증거물을 확보하기 위해 몰래카메라와 같은 비밀스러운 취재 기술이 탐사보도의 도구로 자주 활용되어 왔다. 그러나 언론의 무리한 취재 방법은 종종 개인의 사생활을 침해했고, 윤리적인 논란이 제기되었다(Goddard, 2006).

취재가 어려울수록 국민의 알 권리 충족과 취재 방법의 도덕성이 충돌할 때가 많다. 목적이 좋다면 수단에 문제가 있더라도 모두 허용해야 하는가에 관한 논란이 발생한다. 탐사기자가 대형 음식점이나 병원 정신병동의 안에서 벌어지는 진실을 알기 위해 직원이나 환자로 가장해 그 내부로 들어갔다고 하자. 기자의 행동은 규정 위반일 수 있지만 언론의 직업 기준으로 보면 어디까지 문제일까 하는 논란이 생긴다. 언론의 환경 감시 책임과 국민의 알 권리 충족이라는 높은 목적을 위해 때로는 언론이나 기자의 비밀스러운 취재 방법을 인정해야 한다는 주장도 있다.

워터게이트 사건을 취재했던 〈워싱턴포스트〉의 두 기자, 밥 우드워드와 칼 번스틴의 취재 방법에 대해서도 훗날 도덕적 의문이 제기되기도 했다. 두 기자가 취재를 위해 인터뷰 대상자들에게 허위정보를 제공했고, 전화 통화에서는 다른 사람으로 가장했으며, 다른 방식으로는 결코 얻지 못할 사실의 확증을 받아내기 위해 그들의 주요 정보원인 '딥 스로트'에게 거짓말을 했다는 것이다(Altschull, 1990/2007: 655~659). 그러나 미국의 최대 권력자인 대통령과 정부의 비리를 파헤치는 매우 힘든 취재였고, 보도 결과는 닉슨 대통령의 하야라는 엄청난 파문을 가져왔기 때문에 두 사람의 취재방식에 대한 윤리 문제는 제기되지 않았다.

그러나 너무 지나친 보도 경쟁, 선정성 기사 작성, 취재 편의 등을 이유로 언론이나 기자가 과도한 취재를 하는 경우가 많아지면서 취재 방법에서도 윤리성이 강화되고 있다. 미국에서 탐사기자의 비밀취재 기법은 1997년 1월 노스캐롤라이나 법원재판에서 12명의 배심원이 ABC방송에 대해 푸드 라이온(Food Lion) 슈퍼마켓 체인에 550만 달러의 손해배상을 하도록 판결하면서 본격적으로 제약받기 시작했다.

사건의 발단은 ABC방송의 기자들이 푸드 라이온의 일부 체인점에서 상한 고기를 할인하여 판매하는 것을 밝히기 위해 종업원으로 가장하고 잠입한 후, 몰래카메라로 촬영한 데서 시작되었다. 푸드 라이온은 ABC를 중상모략으로 고소하지는 않았지만, 기자들이 푸드 라이온의 정육 담당 파트에 취업하기 위해 거짓 이력서를 쓰고 그곳에서 촬영하기 위해 몰래카메라를 사용한 것은 사기라고 비난했다. 이전까지 많은 기자는 몰래카메라 등의 비밀취재 기법은 공공 정책이나 건강 등 중요 이슈의 문제를 밝히는 데 필수적인 보도 기법이라고 주장해 왔다. ABC방송이 사용한 몰래카메라 촬영도 그동안 미국의 방송이 활용해온 전형적인 방식이었다. 그러나 일부 미디어 비평가는 TV 제작자들이 과장된 뉴스쇼를 만들고 시청률을 높이기 위해 몰래카메라를 남용한다고 비난했다. 노스캐롤라이나 법원의 배심원들은 기자들의 취재방법이 법을 위반한 것이며, 사기에 해당한다고 판결했다(Willnat & Weaver, 1998).

한국에서도 일부 스포츠연예신문이나 TV 프로그램 등이 탐사기법을 남용하면서 사생활 침해, 명예훼손 등의 부작용을 낳았고, 몰래카메라나 도청, 강제 인터뷰 등에 대한 사회의 인식은 갈수록 나빠졌다(이규연, 2002). 특히, 취재원을 기만하기 위한 신분 위장과 사칭, 분별없이 사용하는 몰래카메라, 사적 영역 침입, 무단 초상 이용, 반론기회 미제공 등은 언론윤리 강령원칙과 취재보도준칙을 벗어난 행위로 받아들여진다. 그래서 비윤리적이고 비원칙적인 취재보도 행위에 대해 법적 제재와 책임이 잇따라 가해지고 있다(이승선, 2005).

취재윤리에 관한 기자의 인식도 많이 달라졌다. 조이스와 연구진

(Joyce et al., 2017)은 남미와 카리브해에 있는 20개국의 탐사보도 기자와 언론 전공 학생 등을 대상으로 탐사 저널리즘에서 정보를 구하기 위해 사용되는 수단 가운데 논란이 되는 7개 방법을 제시하고 수용 여부를 조사했다. 7개 방법은 침묵하는 정보원을 협박하거나 압력 넣기, 정보원의 신원 노출, 정보 취득을 위해 금품 제공, 허가 없이 타인의 편지・사진 등 자료 이용, 타인으로 위장 취재, 허가 없이 비밀문서 사용, 숨겨진 카메라나 녹음기 사용 등이었다. 기자 대부분은 취재와 보도윤리를 준수해야 한다는 의무감을 갖고 있었으며, 탐사보도 기법의 하나로 인정되는 가벼운 거짓말(*soft-lie*)도 거부했다.

일반 수용자도 탐사보도를 포함한 모든 취재에서 윤리 준수를 중시한다. 미국에서 1981년과 1997년에 실시된 수용자 조사에서는 80% 이상이 정부와 기업의 부정과 비리를 폭로하는 언론보도를 지지하면서도, 비윤리적인 탐사보도 기법에 대해서는 상당수가 인정하지 않았다. 기자가 비밀취재를 하거나 돈을 주고 정보를 사는 것에 대해서도 절반 이상이 인정하지 않았다. 많은 수용자는 언론이 감시견 역할을 충실히 수행하기를 바랐지만, 가능한 한 투명한 방법을 기대했다(Willnat & Weaver, 1998).

기자는 정보 취득을 위해 전문 웹사이트에 글 남기기, 관련된 메일 리스트에 접촉하기, 관련 조직과 접촉하기, 관련 단체나 네트워크에 가입하기 등의 방법으로 해커를 이용하기도 한다(Gray, Bounegru, & Chanmbers, 2012/2015: 66~67). 그러나 미국, 유럽 등 18개국의 탐사보도 전・현직 기자 48명을 조사한 결과, 기자는 정보를 찾기 위해

〈표 9-1〉 탐사보도 취재 방법 허용 정도

단위: 점, 5점 척도

취재 방법	평균
몰래카메라, 녹음기 이용	3.08
타인으로 위장 취재	2.95
허가 없이 정부, 기업 비밀문서 이용	2.71
해커 도움을 받아 비밀자료 유출	2.47
정보원 신원 노출	2.40
취재원을 협박하거나 압력을 넣어서 말하도록 하기	2.33
정보 취득을 위해 금품 제공	2.28
허가 없이 개인의 편지, 사진 등 자료 이용	2.25

출처: 오대영 · 남재일 · 박재영(2017). 〈한국 언론의 탐사보도 품질 제고와 발전방안 연구〉. 160쪽.

해커와 공공연하게 협력하는 것에 거부감을 갖고 있었다(Mills & Sarikakis, 2016).

한국의 수용자도 탐사보도에서 윤리 준수를 중시했다. 수용자를 대상으로 윤리적으로 논란이 될 수 있는 탐사보도 취재 방법 8개의 사례를 제시하고 허용 여부를 리커트 5점 척도로 조사한 결과, 수용자들은 대부분 비윤리적인 방법에 대해서 부정적이었다(오대영 · 남재일 · 박재영, 2017: 159~160). '몰래카메라, 녹음기 이용'(3.08점)에 대해서는 '취재를 위해 부득이하면 허용할 수 있다'는 입장이었지만, '타인으로 위장 취재'(2.95점), '허가 없이 정부, 기업 비밀문서 이용'(2.71점), '해커 도움을 받아 비밀자료 유출'(2.47점), '정보원 신원 노출'(2.40점), '취재원을 협박하거나 압력을 넣어서 말하도록 하기'(2.33점), '정보 취득을 위해 금품 제공'(2.28점), '허가 없이 개인의 편지, 사진 등 자료 이용'(2.25점)에 대해서는 대체로 부정적이었다(〈표 9-1〉 참조).

5. 탐사보도와 정보공개 제도

1) 정보공개 제도의 의미

탐사보도에서는 1차 자료를 입수하는 것이 매우 중요하다. 1차 자료는 현장 취재, 데이터 추출, 르포 등을 통해 기자가 직접 취재해 독창적인 기사를 완성하는 데 필요하다. 탐사 저널리즘은 비리 등 사회권력층이나 정부의 문제점을 집중적으로 폭로하는 것을 목적으로 하기 때문에 1차 자료를 입수하기가 쉽지 않다. 이런 경우, 정부기관에 데이터와 기록의 공개를 요청해 획득하는 정보공개 제도는 취재에 매우 유용한 도구이다. 정보공개 제도를 취재에 활용하려면 스스로 어떤 문제에 대한 가설을 세운 후, 자료를 취합해 그 가설을 검증하면 된다(전진한, 2013).

정보공개 제도는 공공기관이 보유·관리하는 정보를 국민에게 적극적으로 공개함으로써 국민의 알 권리를 보장하고 국민의 국정 참여와 국정운영의 투명성을 확보하는 데 목적이 있다(〈그림 9-1〉 참조). 현대 지식정보화 사회에서 정보는 복지, 교육, 안전 등 사회 전 분야에서 자본과 기술 이상의 중요한 가치를 갖는 무형의 재화로 인식되기 때문에 정보공개 제도는 더욱 중요해지고 있다. 우리나라의 정보공개 제도는 1996년 12월 31일 〈공공기관의 정보공개에 관한 법률〉이 제정·공포된 후 1998년 1월 1일부터 시행되었다. 아시아에서는 처음이었고, 세계적으로도 13번째였다. 2017년 말 현재 세계적으로 약 70개 국가가 '정보공개법'을 시행한다. 아시아에서 일본은 1999년, 중국은

〈그림 9-1〉 정보공개 제도의 의미

출처: 행정안전부(2017). 〈2016 정보공개연차보고서〉. 3쪽. 그림 수정.

2007년에 법을 제정했다. 한국 정부는 이후 국민의 정보접근권을 확대하기 위해 정보공개시스템(www. open. go. kr)을 구축해 국민이 온라인으로 정보공개 청구를 할 수 있도록 했다. 2004년에는 정보공개 결정 기간을 15일에서 10일로 단축했다(행정안전부, 2017).

2) 한국의 정보공개 제도 운영 현황

행정안전부가 2017년에 발표한 〈2016 정보공개연차보고서〉에 따르면, 정보공개 신청은 처음 시행된 1998년에는 2만 6, 338건이었으며, 2016년에는 75만 6, 342건으로 약 29배 증가했다(〈그림 9-2〉 참조). 2016년의 정보공개 청구 건수를 기관별로 보면 지방자치단체가 43만 4, 618건(57%)으로 가장 많았고, 중앙행정기관 17만 9, 288건(24%), 공공기관 11만 4, 411건(15%), 교육청 2만 8, 025건(3%) 등의 순이었다. 〈정보공개청구법〉은 직접 방문, 우편, 팩스, 정보통신망 등 다양하게 인정된다. 2016년에는 온라인 청구가 전체의 75%이었으며,

〈그림 9-2〉 연도별 정보공개 접수 현황

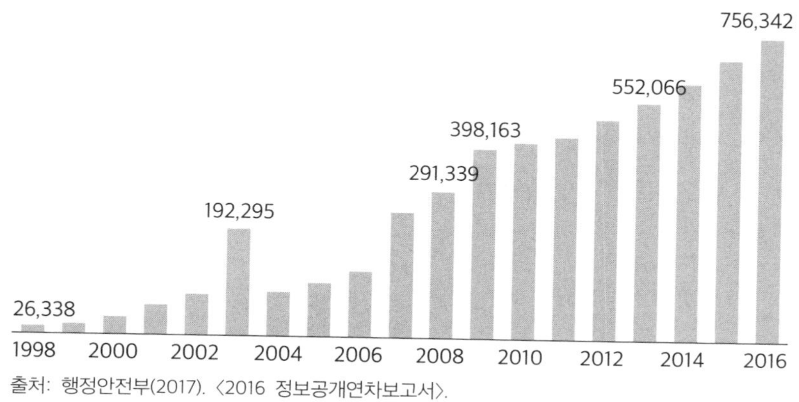

출처: 행정안전부(2017). 〈2016 정보공개연차보고서〉.

그 밖에 직접 방문 18%, 팩스 5%, 우편 2% 등이었다.

공공기관은 법에 따라 정보공개 청구를 받은 날로부터 10일 이내에 공개 여부를 결정하고, 부득이한 경우에 한해 10일 이내에서 기간을 연장할 수 있다. 정보공개율은 2012년 이후 95% 이상이다. 2016년에는 85%가 전부 공개되었고, 11%는 부분 공개되었다. 4%는 비공개로 결정되었다. 정부는 특별한 사정이 없는 한 열람 및 시청, 사본・출력물, 전자파일, 복제・인화물 등 청구인이 원하는 방법으로 공개해야 한다. 정보공개 방법으로는 주로 전자파일, 사본・출력물의 교부 등이 이용되고 있다. 2016년에는 전자파일 66%, 사본・출력물 31%, 열람・시청 3%이었다.

공공기관이 보유・관리하는 정보는 공개 대상이 되지만, 다음 조건에 해당하는 정보는 공개하지 않아도 된다. 다른 법률로 비밀이나 비공개 사항으로 규정된 정보, 국가안전・국방・통일・외교관계 등에 관한 사항으로서 국가의 중대한 이익을 현저히 해칠 우려가 있는 정보, 국민의 생명・신체・재산 보호에 현저한 지장을 초래할 우려가 있는 정보, 개인의 사생활 관련 정보, 법인・단체・개인의 경영상・영업상 비밀에 관한 사항으로 정당한 이익을 현저히 해칠 우려가 있는 정보 등이다(〈정보공개법〉 9조 참조). 2016년에는 청구 건수의 약 4%인 2만 2,335건에 대해 비공개 결정이 있었다. 주된 이유는 개인의 사생활 비밀 침해 우려(28%), 법령상 비밀 또는 비공개 정보(25%), 공정한 업무 수행에 지장을 주는 정보(17%) 등이었다. 정부의 전부 비공개 또는 부분 공개 결정에 대해서는 이의 신청, 행정심판, 행정소송 등 불복신청을 할 수 있다. 2016년에는 3,910건의 이의 신청이 있었다.

6. 탐사 저널리즘 제약 요인

1) 미디어 내부와 정치적 제약

정서린(2010: 160~165)은 한국 언론에서 탐사보도 활동을 위축시키는 제약 요인을 편집국 조직 내부, 미디어 관행, 미디어 조직 외부 등 세 차원에서 분석해 9가지 요인으로 정리했다.

첫 번째로, 조직 내부 차원에서 보면 언론사에서 전통적으로 중요 부서로 인정된 정치・경제・사회부를 거친 기자가 편집국에서 인정받고 출세 코스를 밟는 폐단이 탐사보도 활동을 저해했다. 편집국 간부진의 낮은 인식도 주된 제약요인이었다. 취재 시간, 인력, 비용 및 지면 할당량, 지면 게재방식 등 물리적 지원이 충분히 이뤄지지 못하거나 데스크진과 현장기자 간의 신뢰와 이해가 부족해 자율성과 독립성을 근간으로 하는 탐사보도 활동이 위축되었다.

두 번째로, 미디어 관행 차원에서는 기자실・출입처 제도가 탐사보도팀 기자의 취재를 제한하는 1차적 장벽으로 작용했다. 탐사보도 취재 방법이나 경험을 공유하고 정보를 축적하는 문화가 없는 언론 환경도 제약요인이었다.

세 번째로, 미디어 조직 외부 차원에서는 미디어 외부 조직의 압력이 기자를 심리적으로 위축시키고 자기 검열을 하게 만드는 요인이었다. 소송과 같은 법제적 압력은 언론사에 재정적 부담을 주고 기자의 뉴스 제작에 혼란을 가져오며 신문의 신뢰도까지 위협하기 때문에 탐사보도 기자가 가장 우려하는 제약요인 중 하나였다.

세 요인 가운데 가장 큰 제약 요인은 외부 압력이다. 탐사보도는 정부, 정치, 경제 등 사회 권력층의 비리나 문제점을 파헤치는 보도를 많이 하기 때문에 정보에 접근하기가 어렵고, 정부의 미디어 통제와 이로 인한 미디어의 자체검열 등이 제약 요인으로 작용하는 경우가 많다.

특히, 한국 방송은 정권의 지역적 기반에 따라 정치인과 기자가 인접하는 경향이 명확해서 신문에 비해 정치적 영향력을 더욱 많이 받는 지배 구조의 특성을 갖고 있다(권장원, 2014). 박인규(2010)는 한동안 한국 사회의 문제를 정면으로 다루던 KBS 시사 프로그램이 드러난 권력의 문제점에 대해 침묵하고 사회적으로 중요한 문제를 회피하는 등 기조가 바뀐 이유는 경영진의 통제 때문이라고 밝혔다. 경영진이 인사권과 편성권 등을 동원해 시사 프로그램을 축소·폐지해 왔고, 제작진 통제를 통해 정권에 불리하거나 정권이 불편해할 내용을 원천적으로 봉쇄했다는 것이다.

2010년 3월 발생한 천안함 침몰 원인에 관해 여러 TV 방송이 탐사보도를 제작하다가 그해 11월 이후 중단한 이유는 군의 정보 독점, 방송통신위원회의 〈추적 60분〉(KBS) '경고' 조치와 같은 국가 권력의 지속적인 미디어 통제, 지상파 방송 내부에서 자율적 제작을 주장한 제작진을 강제 인사조치하는 등의 자기검열 조치 등 때문이었다(김상균·한희정, 2014).

일본에서는 언론이 권력의 부정을 폭로하기 위해 권력과 정면충돌하는 탐사보도를 할 때, 조직 내부의 반대와 부딪치는 일이 자주 발생한다(田島泰彦·山本博·原壽雄, 2011/2014). 러시아에서는 러시아의 체첸전쟁과 푸틴(Vladimir Putin) 대통령에 반대하던 저명한 탐사 저널리스트 안나 폴리트콥스카야(Anna Politkovskaya)가 2006년 10월 모스크바에서 살해당하는 등 2000년 이후 최소 5명 이상의 탐사보도 기자가 살해당했다(〈연합뉴스〉, 2009. 6. 8). 중국의 탐사 저널리즘은 공산당의 통제 안에서 이루어진다.

2) 경제적 제약

탐사 저널리즘은 경제적 상황에 많은 영향을 받는다. 중부와 동부 유럽 9개국에서는 경제 위기가 계속될 때는 탐사 저널리즘이 위축되고, 미디어 시장이 안정적이고 발전되면 탐사 저널리즘은 자율성과 효과 측면에서 발전했다(Stetka & Ornebring, 2013). 호주에서는 디지털 시대를 맞아 탐사 저널리즘이 많아졌지만 광고와 판매 수익이 줄면서 경제 분야의 탐사 저널리즘은 위축되었다. 2012년 세계적인 국제 금융위기 이후 광고 수입과 판매 수익이 감소하고 기자 수가 줄면서 기업과 금융 부분에 대한 탐사보도가 줄었다(Carson, 2014). 상업화된 미디어 시스템은 더 많은 연성뉴스를 만들게 하고 생산 경비가 많이 들어가는 정보 지향적인 콘텐츠의 생산은 줄여서 탐사 저널리즘을 위축시키고 있다(Nord, 2007). 한국의 신문에서 탐사보도를 담당하는 기자는 정치권력의 통제보다 자본권력에 대한 언론의 눈치 보기, 언론사 경영 악화로 인한 상업성에 대한 부담과 압박, 기자의 언론인으로서의 소명의식과 전문성 부족 등을 더 중요한 장애 요인으로 꼽았다(오대영·남재일·박재영, 2017).

한국 지상파 방송의 3개 주요 탐사보도 프로그램이 9년간 방영한 주제의 다양성을 분석한 결과, 한국의 주요 탐사보도 프로그램은 경성 주제의 뉴스보다는 연성 주제의 뉴스를 압도적으로 많이 방영했으며 상업주의적 성향을 띠었다. 연성화는 뉴스 스토리가 내용과 표현양식의 측면에서 모두 오락화되는 것을 의미한다. 탐사보도의 상업주의적 성향은 구체적으로 선정주의와 관련이 있었다(강형철, 2007). 탐사보도에서는 기업 등 경제적 권력의 비리나 잘못된 점도 중요한 보도 대상이다. 그런데 경제적 상황이 나빠질수록 광고주의 영향력이 커져 언론이 기업의 잘못된 점을 보도하지 못하는 경우가 많아진다.

3) 편파성 논란

탐사 저널리즘은 정확성뿐만 아니라 공정성과 중요성을 동시에 만족시켜야 한다(이규연, 2002). 그러나 탐사 저널리즘은 전통 저널리즘의 문제점으로 지적된 기계적 중립성 또는 객관성을 극복하는 과정에서 제작진의 주장을 강하게 내세우는 경우가 있기 때문에 종종 논란을 불러오며, 제작진의 주장을 편파적이라고 생각하는 수용자가 항상 존재한다(설진아, 2009). 때로는 기자와 언론사가 탐사보도를 위해 정보를 얻기 위해 정치 영역으로 들어가 공공연하게 정치적 행동을 하기도 한다(Erickson, 2014). 탐사 저널리즘에서 가장 중요한 것은 탐사보도기업과 기자의 독립성인데, 미국에서는 종종 탐사보도 기자가 자신의 정보원이 주장하는 의제를 전달하는 도구가 되기도 한다(Ettema & Glasser, 2007).

10장 / # 데이터 저널리즘

1. 데이터 저널리즘의 정의

데이터 저널리즘은 저널리즘 행위로 만든 창조물을 뒷받침하기 위해 데이터를 수집, 갈무리, 조직, 분석, 시각화, 출간하는 행위이다. 저널리즘에 데이터 과학을 적용하는 것이다. 데이터 저널리즘은 기본적으로 데이터를 정보원으로 취급하면서 데이터를 수집하고 확증하는 행위, 데이터를 탐문하기 위해 통계를 적용하는 행위, 데이터를 보여주기 위해 시각화하는 행위를 포함한다(Howard, 2014/2015: 18~19).

데이터는 추론과 추정을 가능하게 하는 사실이다. 데이터는 형태에 따라 언어·문자 등으로 기술되는 정성 데이터(*qualitative data*)와 수치·기호·도형으로 표시되는 정량 데이터(*quantitative data*)로 구분된다. 데이터 저널리즘에서 주로 활용하는 데이터는 정량 데이터이다. 데이터에서 유용한 정보와 지식을 창출하는 과정은 'DIKW 피라미드'(*date, information, knowledge, wisdom hierarchy*)라는 4단계 계층

〈그림 10-1〉 지식의 피라미드

지혜
근본 원리에 대한 깊은 이해를 바탕으로 도출되는 창의적 아이디어
예) A 마트의 다른 상품도 B 마트보다 쌀 것이라고 판단
지식
상호 연결된 정보 패턴을 이해하여 이를 토대로 예측한 결과물
예) 상대적으로 저렴한 A 마트에서 연필을 사기로 결정
정보
데이터의 가공 및 상관관계 간 이해를 통해
패턴을 인식하고 그 의미를 부여한 데이터
예) A 마트의 연필 가격이 더 싸다
데이터
존재 형식을 불문하고, 타 데이터와의 상관관계가
없는, 가공하기 전의 순수한 수치나 기호를 의미
예) A 마트는 100원, B 마트는 200원에 연필을 판매

출처: 한국데이터진흥원(2017). 《데이터 분석 전문가 가이드》. 16쪽.

구조로 설명된다(〈그림 10-1〉 참조). 개별 데이터는 특별한 의미가 없는 객관적 사실에 불과하다. 데이터를 가공·처리해 데이터 간의 연관관계를 분석하면 데이터들이 갖고 있는 정보(*information*)가 도출된다. 모든 정보가 유용한 의미를 가진 것은 아니기 때문에, 데이터를 통해 도출된 다양한 정보를 구조화해서 유의미한 정보를 분류하고 개인적인 경험을 결합해 지식(*knowledge*)을 만든다. 그리고 지식과 아이디어가 결합하면 특정 사실을 근거로 추론과 추정이 가능한 지혜(*wisdom*) 단계에 이른다(한국데이터진흥원, 2017: 14~16).

데이터 저널리즘은 텍스트로 이루어진 이야기와 사진 등을 바탕으로 하는 전통 저널리즘과는 다르게, 사회과학적 접근방식과 수량적 자료를 중요시하는 새로운 저널리즘을 강조하며, 전형적인 사회과학적 가설 검증에 근접한 저널리즘 방식을 제안한다. 데이터 저널리즘은 사건과 사고에 대한 개별 관찰을 중시하는 것이 아니라, 다양한 지표나 자료를 분석함으로써 전반적인 경향이나 역사적 변화를 파악하는 것을 중시하고, 수집된 양적 자료의 분석을 통해 제시된 가설이나 추정을 확인하고 검증하는 역할을 한다(이정훈, 2016: 4~12).

데이터 저널리즘의 역할은 새로운 정보 창출과 기존 사실의 보완 및 강화 등 크게 두 가지다. 우선, 데이터 저널리즘은 컴퓨팅 기술을 적용해 복잡한 정보 더미 속에서 유용한 정보를 찾아 의미를 만들고 제공하는 것을 목표로 한다. 예를 들어 빅데이터의 활용은 저널리즘에서 사실을 수집하고 사회적 실체를 제공하는 새로운 방식을 제공한다. 빅데이터를 이용한 이야기 구성은 뉴스 취재과정 초기에 어떤 사회적 실체에 대한 특정한 가설이나 주장이 없는 상태에서 많은 양의 정보 수집과 분석을 진행해 사회적 실체를 구성하게 해 준다(이정훈, 2016: 18). 기자가 뉴스가 될 만한 사건을 발견하고 관련 자료를 모아 사실관계를 확인하는 취재과정에서 데이터는 기사의 근거와 논리를 제공하는 도구로 사용된다(김동환·이준환, 2015).

2. 데이터 저널리즘의 역사

대중에게 구조화된 정보를 전달하기 위한 데이터 사용은 오랜 역사를 갖고 있다. 데이터 저널리즘의 첫 사례는 영국 신문 〈가디언〉이 1821년 맨체스터의 각 학교에 등록된 학생 숫자와 출석자 수, 그리고 개별 학교의 비용에 대해 도표를 만들어 보도한 기사이다. 현대의 데이터 저널리즘과 직접 관련이 있는 것은 컴퓨터 활용보도(Computer

Assisted Reporting: CAR)이다. 컴퓨터 활용보도는 뉴스를 향상시키기 위해 데이터를 수집하고 분석하는 데 컴퓨터를 사용하는 시스템적 접근에서 처음 시작되었다.

CAR라는 말은 1952년 미국 CBS방송이 미국 대통령 선거 결과를 예측하는 보도를 하면서 처음 사용했다(Gray, Bounegru, & Chanmbers, 2012/2015: 28~32). CBS방송은 미국 대통령 선거 개표방송에서 에니박(Enivac)이라는 초창기 대형컴퓨터를 활용해 민주당의 스티븐슨 후보와 공화당의 아이젠하워 후보 간의 승부를 족집게처럼 예측했다. 선거 전 대부분 여론조사에서는 스티븐슨이 앞섰지만, 컴퓨터는 거꾸로 아이젠하워의 낙승을 예상했다. 선거는 39개 주를 석권한 아이젠하워의 압도적 승리로 끝났다. 1956년 대선보도부터는 경쟁사인 NBC와 ABC도 개표방송에서 컴퓨터 예측보도를 도입하기 시작했다(함형건, 2015a: 33).

1960년대 이후 미국을 중심으로 한 탐사보도에서 기자들은 공공 기록에 대한 데이터베이스를 과학적인 방법으로 분석하며 권력을 독립적으로 감시하는 방안을 모색했다. '공공 서비스 저널리즘'으로 알려진 이 취재 기법은 컴퓨터 활용보도 기술에 대한 옹호자들이 트렌드를 밝혀내고, 널리 알려진 지식의 허점을 폭로하고, 정부와 사기업이 저지르는 불의를 폭로하기 위해 추구했다(Gray, Bounegru, & Chanmbers, 2012/2015: 28~29).

이를 위해 컴퓨터 활용보도가 취재 현장에서 접목되기 시작했다. 선구적인 사례가 미국 디트로이트 일간신문의 기자였던 필립 메이어(Philip Meyer)의 1967년 보도이다. 그는 지역의 흑인 폭동에 참가한 사람들의 출신 지역과 학력 등을 설문조사한 뒤 냉장고 크기의 IBM 360 대형컴퓨터를 동원해 기초 통계기법인 교차분석으로 분석했다. 그 결과, 고교 중퇴자와 남부 출신 이주자 때문에 폭동이 일어났다는 세간의 통념은 근거가 없다는 것을 밝혀냈다. 폭동 참가자 중에는 대졸자와 고교 중퇴자가 거의 같은 비율이었다. 그는 일자리 부족과 열악한 주거 여건, 경찰권 남용 등과 같은 전반적인 사회문제가 소요의 근원이었다고 보도했다. 이 보도는 그해 퓰리처상을 받았으며 사회적으로 큰 파장을 불러왔다.

그는 1973년에 쓴 저작 《정밀 저널리즘》(*The Precision Journalism*) 에서, 사회과학의 정량분석 기법을 뉴스 취재와 제작에 적용해 객관성과 정확성을 높인 보도방식을 '정밀 저널리즘'이라고 이름 붙였다(함형건, 2015a: 33~34). 정밀 저널리즘은 저널리즘의 실천 방법에 사회학과 행동과학 연구 방법론을 적용한 것이다. 메이어는 객관적 진실의 추구라는 저널리즘의 목표를 위해서는 문학적 기법 대신 데이터 수집과 분석이라는 과학적 기법이 중요하다고 강조했다.

정밀 저널리즘은 보도자료에 의존하는 취재 행태에 비판적인 태도를 취한다. 1980년대 빌 데드먼(Bill Dedman) 은 은행 대출 데이터를 분석해 작성한 "돈의 색깔"(The Color of Money) 이라는 기사에서 주요 금융기관의 대출 정책에는 시스템적으로 인종차별이 있음을 폭로했다. 이러한 데이터 지향적인 보도는 공익적 기여를 했으며 기자들은 유명한 상을 많이 받았다(Gray, Bounegru, & Chanmbers, 2012/2015: 29~30). 미국에서 컴퓨터 활용보도 전통은 기자가 컴퓨터 데이터를 활용해 탐사보도를 하도록 유인했으며, 1990년대부터는 미국 신문들이 탐사보도에서 데이터를 활용하는 것이 일반화되었다. 1990년대 중반에는 데이터베이스에 기반을 둔 보도 조직이 작은 미디어 조직으로 확대되었다(Parasie & Dagiral, 2012).

한국에서 데이터 저널리즘의 선도적 역할을 해온 매체는 〈뉴스타파〉이다. 2012년 〈뉴스타파〉의 대통령 선거 트위터 관련 보도는 탐사보도 기법으로 데이터 활용의 가치를 일깨워준 대표적인 사례였다. 〈뉴스타파〉는 2012년 대선 당시의 트위터 글을 재수집하고 분석해 국가정보원이 운영하는 것으로 추정되는 트위터 계정 640여 개가 10개의 그룹으로 나뉘어 조직적인 여론 조작을 했다는 의혹을 제기했으며, 이것은 후에 사실로 확인되었다.

〈한겨레〉의 데이터 블로그는 우리나라 노인의 자살률과 빈곤율 등 각종 사회 현안에 대한 통계 차트지도를 인터넷 콘텐츠로 특화해 보도해 왔다. 〈한겨레〉 데이터 블로그는 베테랑 취재기자 출신인 데이터 저널리스트가 컴퓨터 프로그래밍과 다양한 도구를 활용해 데이터 수집과 분석, 시각화 작업을 소화해낸 흔치 않은 사례이다. KBS 데이터 저널리즘팀이 초보 운전자의 야간 사망사고 위험성에 대해 보도한 기사는 도로교통공단 데이터를 분석해 교통안전 문제에 관한 통계와 매핑(*mapping*)을 효과적으로 연계해서 전달한 사례다(함형건, 2015b).

3. 데이터 저널리즘의 특징

데이터 저널리즘은 컴퓨터 활용보도(CAR)에 기초하지만 차이가 있다. 컴퓨터 활용보도는 보도를 강화하기 위해 데이터를 수집하고 분석하는 것인 반면, 데이터 저널리즘은 모든 저널리즘 업무에서 데이터에 관심을 둔다는 점에서 다르다(Gray, Bounegru, & Chanmbers, 2012/2015: 32). 데이터 뉴스는 뉴스 제작에서 전통적인 컴퓨터 활용보도나 정밀 저널리즘이 추구하는 과학적 분석기법을 사용하면서도, 공공 데이터나 민간 데이터 활용과 직접 조사를 병행하며 CSV, XML, HTML, PDF 등 다양한 데이터 양식을 분석한다. 컴퓨터 활용보도는 텍스트로 이루어진 뉴스를 보완하는 수단으로 데이터를 활용하는 반면, 데이터 저널리즘은 데이터가 별도의 뉴스가 되는 새로운 저널리즘이다.

뉴스 전달방식 차이의 핵심은 시각화의 정도에도 있다. 저널리즘에서 그래프나 표와 같은 시각화 자료는 통계기사의 독이성을 높이기 위해 많이 이용되어 왔다. 독이성은 수용자가 이해하기 쉽게 정보를 전달하는 방식에 관한 것이다. 경제기사에는 숫자가 많고 어려운 내용이 많아 수용자가 이해하기 어렵다. 그래서 사진, 삽화, 일러스트, 그래픽, 표와 같은 시각적 요소를 많이 이용하면 복잡한 내용을 한눈에 이해할 수 있어 기사의 전달성이 높아진다. 그러나 데이터 저널리즘에서는 시각화 자료가 보완적 자료 수준을 넘어 별도의 뉴스가 된다는 점에서 다르다. 데이터 저널리즘에서 시각화 형식은 상호작용식 도표나 그래프로 불리는 상호작용형 정보 그래프(*interactive informative graph*)이다. 상호작용식 정보는 컴퓨터를 활용해서 복잡하고 어려운 대량의 자료를 분석하고 한눈에 알기 쉽게 정리해서 전달한다는 장점이 있다(이정훈, 2016). 데이터 저널리즘의 시각화 뉴스는 그래픽과 차트, 뉴스 애플리케이션, 상호작용의 지도를 가장 많이 사용하며 동영상, 표, 사진, 원자료 등도 소개한다. 뉴스 애플리케이션, 상호작용의 지도, 원자료 공개는 컴퓨터 활용보도에는 없는 시각화 유형이다(김진희 · 임종섭, 2016).

디지털과 웹 기술의 발전, 데이터 정보의 확산으로 데이터를 활용한 저널리즘 기법이 더욱 다양해졌고, 데이터 저널리즘이 탐사보도 취재 기법에서 차지하는 비중도 매우 커졌다. G8 정상이 2013년 〈오픈 데이터 헌장〉(*G8 Open Data Charter and Technical Annex*)을 발표하는 등 데이터 공개가 세계적인 흐름이 되면서 심층적이고 분석적인 보도가 가능해졌다. 과거에는 컴퓨터 활용보도를 통해 부족한 데이터를 찾는 것이 급선무였다면, 이제는 풍부한 정보가 넘쳐흐르면서 이를 분석하고 가공해 의미 있는 정보를 만들어 내는 작업이 더 중요해졌다(Gray, Bounegru, & Chanmbers, 2012/2015: 33).

컴퓨터 프로그래머가 뉴스 생산에 참여하는 현상도 생겨났다. 프로그래머 저널리스트(*programmer journalist*)로 불리는 이들은 웹 애플리케이션, 프로그램 언어와 같은 컴퓨터 기술로 언론인과 함께 데이터 뉴스 분석방식을 개발함으로써 뉴스 조직과 민주주의 발전에 기여한다(Parasie & Dagiral, 2012).

학자들은 정부가 방대한 양의 데이터를 공개하는 시대가 되면서 현대의 데이터 저널리즘은 저널리즘이 민주주의 발전에 기여하는 방법을 다음과 같이 향상시켰다고 주장한다. 첫 번째는 저널리즘의 객관성 강화이다. 기자는 더 이상 사람들과의 대화에서 정보를 얻을 필요가 없으며, 데이터를 분석할 수 있는 기기만 갖추면 된다. 두 번째는 정부의 책무성을 강화시킬 수 있는 새로운 도구를 뉴스 조직에 제공한 것이다. 그런 도구를 통해서 뉴스룸은 더 값싸게 심층적인 탐사보도를 할 수 있게 되었다. 세 번째는 시민들이 스스로 데이터를 생산하고 분석함으로써 정치에 참여하는 기회가 많아졌다는 것이다.

데이터 저널리즘은 탐사보도와 스토리텔링에서 새로운 기법으로 등장했다. 누군가가 숨기려고 하는 비밀을 밝히고, 사회에 매우 중요한 이슈에 관한 정보를 만드는 데는 큰 비용이 든다. 이런 정보를 만드는 과정은 정보 발굴비용, 생산 동기, 영향에 대한 평가, 정보화 억제를 극복하는 힘 등의 여러 요인에 의해 결정된다. 그러나 인터넷의 발전과 데이터 가공비용의 하락, 비영리 미디어의 발전은 탐사보도가 발전될 수 있는 길을 확대했다(Hamilton, 2016: 32~33).

엑셀, 액세스, 지리정보시스템(GIS), 사회연결망분석(SNA) 등 다양한 데이터 저널리즘 분석 기법이 탐사보도에서 활용된다. 탐사기자를 대상으로 이 같은 분석기법 이용 방법에 관한 교육이 국제적으로 실시되고 있다. 2015년 미국 필라델피아에서 열린 미국탐사보도협회 콘퍼런스에서 핵심내용은 매핑, 엑셀, 지리정보시스템 등 각종 탐사보도 취재 방법과 분야별 중견기자의 취재 노하우 전수였다(최경영, 2015).

4. 데이터 분석 유형

1) 공공 데이터 활용

미국의 비영리 독립 언론사인 〈프로퍼블리카〉(*ProPublica*)는 2013년 미국 의료보험이 적용된 처방전 11억 건가량을 1년 동안 분석해 16만여 명의 의사가 내린 처방 행태를 "약 처방자"(The Prescribers)란 이름으로 보도했다. 913명의 의사가 의약품을 과다 처방해 연간 3억 달러의 세금이 낭비됐으며 의사가 제약회사로부터 리베이트(*rebate*)를 받은 사실이 드러났다. 〈프로퍼블리카〉는 '처방 확인'(Prescription Check-up)이라는 뉴스 애플리케이션을 만들어, 의사의 이름을 입력하면 그 의사가 효과가 비슷한 약품보다 유명 브랜드의 약품을 얼마나 처방했는가를 확인할 수 있게 했다(김진희 · 임종섭, 2016). 이 데이터를 기반으로 한 독립기사가 수백 건이나 만들어졌으며, 제약회사와 의과대학들이 심사 정책 등을 다시 점검하게 했다(Howard, 2014/2015: 81).

2) 언론사가 자체 조사한 데이터 활용

영국 BBC방송은 16만여 명의 영국 주민을 설문조사한 후 프랑스 사회학자 피에르 부르디외(Pierre Bourdieu)의 이론을 빌려 계층을 7개 유형으로 분류하고, 뉴스 이용자가 자신이 속한 계층을 확인할 수 있도록 했다. 이것은 데이터 분석으로 사회계층의 새 모델을 제시했다는 데 의미가 있다(김진희 · 임종섭, 2016).

3) 비정형 데이터 분석

〈뉴스타파〉의 데이터 저널리즘 연구소는 외부 프로그래머의 도움으로 웹크롤러 프로그램을 만들어 트위터를 긁어모은 뒤, 사회관계망 분석 등을 해서 '국정원 트위터 분석'을 보도했다. 영국 신문 〈가디언〉은 2011년 런던 폭동 기간에 트위터에 실린 글 260여만 건을 분석해 당시 퍼진 소문을 7가지 유형으로 분류했다. 이 보도는 상호작용 그래픽을 이용해 시간대별로 소문의 확산을 보여 주고, 소문의 확산 정도를 도형으로 표현했으며, 각각의 도형에 마우스를 대면 해당 트위터 글을 확인할 수 있게 했다. 영국 정부는 이 폭동의 원인에 대해 "도덕의 붕괴와 범죄 집단"이라고 주장했지만 〈가디언〉은 트위터 분석으로 "경찰에 대한 불신과 반감"이라고 밝혔다(김진희 · 임종섭, 2016).

3부

저널리즘의 과제

11장 / 저널리즘의 위기

1. 저널리즘 위기 현황

미디어의 뉴스 이용량이 매년 줄고 있어 저널리즘이 위기를 맞았다는 이야기가 심각하게 나온다. 수용자의 하루 평균 뉴스 이용시간을 보면 신문은 2004년의 34.3분, 2011년의 17.5분에서 2017년에는 4.9분으로 크게 줄었다. TV뉴스 이용시간도 2011년의 52.3분에서 2017년에는 41.5분으로 상당히 줄었다(한국언론진흥재단, 2017a: 24).

특정 미디어의 이용량이 감소하는 이유는 여러 학설로 설명된다. 미디어 대체 가설은 새로 등장한 미디어는 구조적으로 유사한 기존 미디어의 이용을 대체해 기존 미디어의 이용 시간을 줄인다고 가정한다. 이 학설에 의하면 기존의 신문과 방송 이외에 케이블, 위성, 인터넷, DMB 등 다양한 미디어가 등장하면서 수용자의 미디어 이용 패턴이 변화하고 매체 간 보완과 대체 현상이 발생한다(심미선 · 김은실 · 하예린, 2009). 시간 재할당 가설은 수용자가 다른 미디어를 이용하는 것은 기존 미디어와 유사한 충족을 얻으려는 기능적 대체 행위가 아니라, 새로운 서비스를 이용하기 위해 기존의 생활시간 배분방식을 변경하는 시간적 차원의 대체라고 설명한다(김병선, 2004). 특정 서비스를 얻기 위해 여러 활동에 투입하는 시간을 조정하는 과정에서 기존 미디어의 이용 시간이 줄었다는 것이다.

저널리즘 측면에서 신문과 TV뉴스의 이용량이 줄어든 데 대해서는 뉴스의 공정성이 하락하면서 이용량이 줄었다는 공정성 위기 가설이 제기되어 왔다. 신문의 공정성과 신뢰성에 대한 수용자의 평가는 신문 뉴스 이용에 긍정 또는 부정적인 효과를 준다. 언론이 불공정하고 믿을 수 없다고 생각하는 수용자는 그렇게 판단하는 매체를 이용하지 않는다(이준웅·최영재, 2005). 신문 이용 감소의 이유에 대해서는 저가치 제공 가설도 있다. 수용자는 다른 매체에서는 얻을 수 없는 예외적 정보, 고급 논평, 통합된 관점 등을 신문에서 보고 싶어 한다. 그런데 신문 뉴스의 품질이 포털이나 무가지 등에서 제공되는 정보에 비해 높지 않으면 수용자는 신문 뉴스를 외면한다(이준웅, 2010).

수용자가 한국 신문의 전문성까지 의심하면서 저널리즘의 위기는 더욱 심해지고 있다. 2014년 4월 16일 세월호 참사가 발생한 초기, 한국 언론들은 '학생 전원 구조'라는 초대형 오보를 해서 국민을 크게 실망시켰다. 이후에도 언론의 오보와 선정성 보도가 남발하면서 기자를 쓰레기에 빗댄 '기레기'라는 말까지 성행했다. '기레기'는 '기자'와 '쓰레기'의 합성어다. 이슈가 되는 보도라면 전문성 및 신뢰성을 고려하지 않고 자극적이고 선정적인 문구로 보도해 사람들의 이목을 끄는 데만 집중하는 기자의 보도 행태를 비하하는 말이다(다음백과, 2017. 4.

7 인출). 수용자는 한국 언론의 전문성을 의심하면서 비전문성이 문제라고 인식하기 시작했으며, 언론뉴스 이용에 부정적 영향을 주었다. 오대영(2017a)은 이를 전문성 위기 가설이라고 제시했다.

저널리즘의 공정성과 전문성 하락은 한국신문윤리위원회가 신문윤리 강령을 위반한 혐의로 심의하고 제재한 일간지와 뉴스통신사의 기사 건수가 2013년부터 급증한 데서도 실증적으로 알 수 있다. 심의 건수는 2002년 339건, 2009년 479건에서 2013년 814건, 2016년에는 913건으로 크게 늘었다. 심의기사 중 취소나 기각된 건수는 매년 4건 이하이고 나머지는 모두 주의나 경고를 받았다(한국신문윤리위원회, 2017. 4. 3 인출).

2. 저널리즘의 품질과 신뢰도

1) 저널리즘 품질

저널리즘의 기본적인 역할은 시민이 자유롭게 생활하고 자치를 누리는 데 필요한 정보를 제공함으로써 공동체 사회를 확립하고 시민권과 민주주의를 수호하는 데 있다(Kovach & Rosenstiel, 2001/2003: 16~17). 그런데 뉴스에 대한 불신 등 여러 이유로 수용자가 뉴스를 외면하거나 신뢰하지 않는다면 저널리즘은 본연의 역할을 하지 못한다. 이는 저널리즘의 품질과 밀접한 관계가 있다.

저널리즘 품질은 저널리즘이 본연의 역할을 수행하기 위해 갖추어야 하는 속성을 의미한다. 기자와 수용자는 좋은 신문의 조건으로 통합성, 불편부당성, 편집권 독립, 지역에의 관심, 정확성, 잘 쓴 기사 등과 같은 전통적인 저널리즘 가치들을 제시했다(Gladney, 1996). 김영욱과 진민정, 그리고 강신규(2014: 16~17)는 선행연구들을 토대로 저널리즘의 좋은 품질에 대해 '사회적으로 중요한 사안을 선택해서(중요성) 그 사안과 관련해 중요한 사안을 빠뜨리지 않고(완전성) 틀리지 않게(정확성) 사람들이 잘 이해할 수 있는 방법으로(독이성) 전달해야 한다'고 정의했다.

저널리즘 품질은 뉴스 평가가치와 관련된다. 뉴스 평가가치는 기자가 뉴스로 선택하는 기준을 의미하는 뉴스가치와 달리, 뉴스의 좋고 나쁨을 평가하는 기준이다. 뉴스가치는 무엇이 뉴스인가에 관한 것이며, 뉴스 평가가치는 뉴스가 얼마나 좋은 뉴스인가에 관한 것이다. 메릴(Merill)은 좋은 뉴스의 기준으로 TUFF를 제시했다. TUFF는 진실성(*truthfulness*), 불편부당성(*unbiasedness*), 공정성(*fairness*), 완전성(*fullness*) 등 네 글자의 영어단어에서 첫 자만 따서 만든 말이다(심재철, 2003).

저널리즘 품질에 대한 수용자의 인식은 이용량, 지속 이용 의도, 충성도, 매체 브랜드에 많은 영향을 준다(루홍위 · 이효성, 2015; 배선영 · 이봉규 · 이상우, 2010; 성동규 · 박상호, 2005; 심미선 · 김은미 · 이준웅, 2004). 지상파 방송뉴스 공정성에 관한 수용자의 품질 평가는 채널 브랜드 자산, 채널 충성도, 이용량에 긍정적인 영향을 주었다(양문희 · 문성철, 2009).

그런데 한국에서는 매체의 증가로 뉴스 정보량은 상당히 증가했지

〈그림 11-1〉 한국 언론인들의 한국 언론 품질 평가 추이

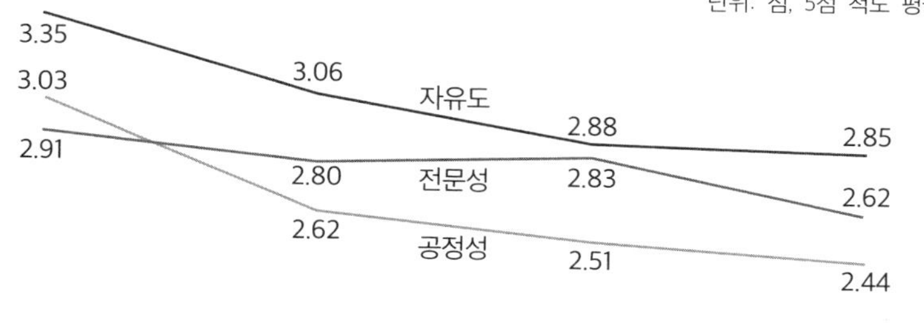

주: 2007년 n = 967; 2009년 n = 1,040; 2013년 n = 1,527; 2017년 n = 1,677.
출처: 한국언론진흥재단(2017b). 〈한국의 언론인 2017: 제 13회 언론인 의식조사〉. 72쪽.

만 뉴스 품질은 하락했다는 분석이 많다. 박재영과 이완수(2010)는 신문기사에서 고급기사는 매우 드물고, 정파성 기사가 많았다고 평가했다. 박재영과 안수찬, 박성호(2014)는 다섯 차례의 대통령 선거기사에 관한 품질을 분석한 결과, 갈수록 고급기사의 비중이 급락하고 정파성이 강해졌다고 했다. 마동훈과 오택섭, 김선혁(2013)은 한국 언론보도의 정파성은 공정성에 영향을 주어 언론 신뢰도 하락의 주요 이유가 되었다고 밝혔다. 한국 언론의 경제기사는 정보가 파편화되어 현실과 동떨어져 있고, 지나치게 친기업적이며, 경제 현상을 피상적으로 접근하는 등 함량 미달이었다(이완수 · 박재영, 2008).

한국언론진흥재단이 2017년 전국 281개 언론사의 기자 1,677명을 대상으로 조사한 〈한국의 언론인 의식조사〉에 따르면 언론의 공정성, 전문성, 자유도에 대한 기자들의 평가는 2007년 이후 계속 하락하는 추세다(〈그림 11-1〉 참조). 언론인이 평가한 전문성(5점 척도)은 2007

년 2.91점에서 2009년 2.80점, 2013년 2.83점, 2017년에는 2.62점이었다. 공정성은 2007년 3.03점에서 2009년 2.62점, 2013년 2.51점, 2017년은 2.44점이었다. 자유도는 2007년 3.35점에서 2009년 3.06점, 2013년 2.88점, 2017년에는 2.85점이었다(한국언론진흥재단, 2017b: 72).

2) 신뢰도

언론에서 신뢰도는 뉴스가 현실을 잘 반영하는지에 관한 것이다(박정의, 2001). 신뢰도는 설득 이론에서 나온 개념이다. 설득은 정보원이 어떤 목적을 달성하기 위해 메시지를 통하여 수용자의 의도된 행동을 유발하는 역동적인 커뮤니케이션 과정이다(지주호, 2003). 설득은 수용자에게 설득 메시지가 전달되어 태도를 변화시키고, 최종적으로 생각이나 행동의 변화가 일어나는 것을 목적으로 한다(김영석, 2013: 203~210). 설득 이론은 2,500년 전 그리스 시대부터 발전해 왔으며, 설득에서 정보원 신뢰도는 중요한 것으로 간주되어 왔다. 정보원이 수용자의 태도에 영향을 미치는 과정에서 수용자의 정보원 신뢰도는 많은 영향을 준다고 보았다(Infante, Rancer, & Womack, 2003: 114).

신뢰도는 수용자가 주관적으로 지각하는 것이며, 주관성은 수용한 메시지에 대한 개별적 반응에 영향을 주는 중요한 요인이다(유현경·윤유식, 2011). 언론과 뉴스는 수용자에게 중요한 정보를 전달하는 정보원이다. 따라서 언론과 뉴스라는 정보원에 대한 수용자의 신뢰도는 수용자의 뉴스에 대한 태도에 많은 영향을 준다. 언론 신뢰도는 수용자의 위기 지각과 정보 처리를 위한 뉴스 사용 정도에 결정적인 영향을 주었다(양성관 · 양성운, 2003). 공정성, 정확성 등 신뢰도 평가는 방송뉴스의 이용에 긍정적인 영향을 주었다(성동규 · 박상호, 2005).

《저널리즘의 기본요소》의 저자인 로젠스틸은 미디어의 변화로 신뢰도가 더욱 중요해졌다고 강조한다. 로젠스틸에 따르면 과거 소수의 언론이 정보를 전달할 때는 저널리즘의 슬로건이 "나를 믿어라"(*trust me*)였다. 기자가 중심이고, 기자는 독자에게 "나는 당신에게 진실만을 전하니, 나를 믿으시오"라고 주장했다. 그러나 이제는 시대가 바뀌어서 독자는 수많은 미디어를 통해 정보를 접한다. 기자가 정보의 게이트키핑을 독점하던 시대는 지났으며, 독자가 정보를 통제하는 시대가 되었다. 그래서 독자가 기자에게 "내게 보여 달라"(*show me*)라고 말하는 시대로 변했다. 독자는 더 이상 기자가 전하는 뉴스를 그대로 신뢰하지 않는다는 뜻이다. 독자가 기자에게 "내가 왜 당신의 기사를 믿어야 하는지를 납득할 수 있도록 설명하라"라는 것이 '보여 달라'(*show me*) 시대의 의미이다(이재경, 2012).

일반적으로 신뢰도는 다원적이고, 다차원적인 요소로 구성된다. 신뢰도 구성요인에 대해 처음으로 체계적인 연구를 했던 호블랜드와 바이스(Hovland & Weiss, 1951)는 신뢰도가 전문성과 진실성으로 구성된다고 했다. 전문성은 정보원이 일을 수행하는 능력에 관한 것이며, 진실성은 정보원이 수용자의 태도나 행동을 특정 방향으로 유도하기 위해 거짓정보를 흘릴 가능성이 있느냐의 문제이다(송종길, 2006). 정보원이 정확한 지식을 갖고 있다고 인식되면 전문성에 대한 신뢰가 높아지고, 정보원이 순수한 동기에서 생각이나 의견을 솔직하게 제시하고 있다고 받아들여지면 진실성에 대한 신뢰가 높아진다(김영석, 2013: 226~227). 저널리즘에서 전문성은 언론이 뉴스를 전문적으로 취재하고 보도하는가에 관한 것이며, 진실성은 미디어가 사회적 역할을 잘하고 있는가에 관한 것이다(박정의, 2001).

가지아노와 맥그래스(Gaziano & McGrath, 1986)는 언론의 신뢰도 구성요소를 더욱 세분화해서 공정성, 편향성, 완전성, 정확성, 사생활 존중, 수용자 흥미에 대한 관심, 지역사회 복지에 대한 관심, 의견과 사실의 분리, 믿음, 공중의 흥미에 대한 관심, 사실에 근거하는지의 여부, 기자 훈련 수준 등 12개 항목으로 구성된다고 했다. 메이어(Meyer, 1988)는 12개 항목을 믿음과 공동체 친화라는 2개의 하부개념으로 분류했다. 인판테(Infante, 1980)는 신뢰도 구성요소를 진실성, 전문적 지식, 역동성 등 세 개로 보았다. 국내 연구에서 언론 신뢰도는 대체로 호블랜드와 바이스(Hovland & Weiss, 1951)의 분류방식을 따라 전문성과 진실성으로 구성되는 것으로 본다(오대영 · 최믿음, 2016). 그러나 언론 종류에 따라 신뢰도 구성요인을 달리 보기도 한다. 송종길(2006)은 TV 신뢰도 구성요인으로는 전문성과 진실성을, 신문과 인터넷 신뢰도의 구성요인으로는 공정성, 진실성, 뉴스가치성을 제시했다. 반현(2003)은 전통 언론의 신뢰도는 공공성과 상업성이지만, 인터넷 뉴스의 신뢰도는 더 다양해서 뉴스가치성, 공공성, 선정성, 공정성으로 구성된다고 했다.

언론 신뢰도는 수용자의 성별, 연령, 교육 수준 등 인구 사회적 변인에 의해 달라지기도 한다. 교육 수준이 높고 나이가 많을수록 언론에 비판적인 반면, 교육 수준이 낮고 젊을수록 언론을 더 신뢰했다(Robinson

& Levy, 1996).

한국언론진흥재단이 1984년부터 실시해온 언론수용자 의식조사에서는 국내 언론의 신뢰도가 1987년 이후 꾸준히 상승하다가 1993~1994년을 정점으로 내려오고 있다(송종길, 2006). 2000년대 들어서도 수용자의 언론 신뢰도는 높지 않은 수준이다. 한국언론진흥재단에 따르면 한국 수용자의 뉴스 미디어 신뢰도는 2012~2015년 사이 매년 소폭으로 등락을 했지만, 3점대 중반(5점 만점)을 기록하고 있다. 2012년 3.26점, 2013년 3.40점, 2014년 3.28점, 2015년에는 3.51점이었다(한국언론진흥재단, 2015: 41).

미국에서도 수용자의 미디어 신뢰도는 1990년대부터 급격히 떨어지면서 주목을 받기 시작했다. 미국 여론조사기관 갤럽이 매년 조사하는 미국인의 언론뉴스 신뢰도는 1976년 가장 높은 72%를 기록한 이후 매년 하락했다. 2007년 이후에는 50% 아래로 떨어졌으며, 2015년에는 40%를 기록했다. 2016년 설문조사에서는 '언론뉴스가 완전하고 정확하고 공정한가'라는 질문에 '그렇다'고 응답한 비율이 32%에 불과해 1972년 처음 조사를 한 이후 최저를 기록했다. 정치지도자 신뢰도(42%)보다 낮아서 사회적으로 큰 충격을 주었다(〈연합뉴스〉, 2016. 9. 24).

3. 신뢰도 하락 원인

1) 전문성 하락

언론인은 단순히 뉴스를 제작하는 기능적 측면뿐만 아니라 사회 여론을 형성하는 역할을 한다는 점에서 전문지식과 능력을 갖춘 전문인으로서 평가된다(김연식, 2014). 그러나 한국언론진흥재단이 매년 수용자 5천여 명을 대상으로 수행하는 〈언론수용자 의식조사〉의 자료를 분석한 결과, 수용자의 언론인에 대한 평가는 계속 하락하고 있으며, 전문성 평가는 위험수위에 이르렀다(오대영, 2017a).

언론인 평가는 도덕성, 전문성, 사회적 영향력, 사회 기여도, 신뢰성 등 5개 변인에서 5점 척도로 조사되었다. 5개 척도의 평균 점수는 2010년 3.38점, 2012년 3.17점, 2014년 3.06점으로 계속 낮아졌다. 5개 변인의 개별 점수도 계속 하락했다. 도덕성은 3.06점에서 2.75점으로, 신뢰성은 3.12점에서 2.65점으로, 전문성은 3.63점에서 3.28점으로, 사회적 영향력은 3.71점에서 3.53점으로, 사회 기여도는 3.35점에서 3.07점으로 각각 떨어졌다. 전문성, 사회적 영향력, 사회 기여도는 보통 수준인 3점대를 유지했으나, 도덕성과 신뢰도는 2012년 이후 '대체로 아니다'라는 수준까지 낮아져서 도덕성과 신뢰도 평가는 위기 수준에 이르렀다(〈표 11-1〉 참조).[1]

---

1 〈언론수용자 의식조사〉는 직업별 신뢰성에 대해 언론인 이외에도 정치인, 고위 공직자, 경제인(기업인, CEO), 법조인(변호사·판검사), 교육자(교수, 교사 등), 종교인 등을 조사했다. 평균 점수를 보면 2010년에는 교육자(3.34), 종교인(3.18),

〈표 11-1〉 연도별 언론인 평가

단위: 점, 5점 척도

구분	2010년		2012년		2014년	
	평균	표준편차	평균	표준편차	평균	표준편차
도덕성	3.06	.914	2.89	.756	2.75	.752
전문성	3.63	.833	3.38	.817	3.28	.813
사회적 영향력	3.71	.820	3.56	.873	3.53	.889
사회 기여도	3.35	.814	3.20	.839	3.07	.878
신뢰성	3.12	.890	2.82	.861	2.65	.815
평균	3.38	.618	3.17	.601	3.06	.589

출처: 한국언론진흥재단의 2010, 2012, 2014년 〈언론수용자 의식조사〉.

언론과 언론인의 전문성, 도덕성, 윤리성을 향상시키는 문제는 오래전부터 한국 언론계의 중요한 숙제였다. 그러나 국내 언론사들은 기자의 전문성이 중요하다는 인식이 낮고, 전문성 확보에 필요한 인프라가 언론사 내외에 매우 빈약해서 기자의 전문성 문제는 쉽게 해결되지 않고 있다(오대영 · 최믿음, 2015: 310).

이런 상황에서 언론사의 급증과 경쟁 확대로 기자들이 정확한 사실 확인보다는 무책임한 속보 경쟁과 선정성 보도를 남발하고 있으며 영향력이 비대해진 광고주에 의해 언론 기사가 좌우되면서 기자의 자율성과 전문성은 약화되고 있다(임봉수 · 이완수 · 이민규, 2014). 한국 언

언론인(3.12), 법조인(3.07), 경제인(2.95), 고위 공직자(2.45), 정치인(2.16)의 순서로 높았다. 2012년에는 교육자(3.13), 언론인(2.82), 종교인(2.81), 법조인(2.76), 경제인(2.67), 고위 공직자(2.30), 정치인(2.05)의 순이었다. 2014년에는 교육자(3.05), 종교인(2.74), 언론인(2.65), 법조인(2.62), 경제인(2.58), 고위 공직자(2.08), 정치인(1.80)의 순으로 높았다. 교육자가 가장 높고, 종교인과 언론인이 다음으로 높았으며, 정치인이 가장 낮았다. 그러나 우리 국민은 전반적으로 사회 지도층의 신뢰성을 높게 평가하지 않았으며, 매년 평가가 나빠지고 있다.

론의 뉴스 제작과정에서 아직도 많이 남아 있는 비전문가적인 관행도 문제다. 한국 신문기사에는 국문법에 맞지 않는 문장이 많고, 특정 외국인 이름이나 지명의 통일된 표기법이 없는 경우도 많다. 수동형 문장으로 정보원을 감추는 기사 작성 관행도 성행한다. 스트레이트 기사마다 의견도 넘쳐난다. 한국 언론은 문법이나 의견·사실의 구분과 같은 언론의 기본을 깊게 고민해본 적이 없다는 비판도 있다(정태철, 2005).

한국 언론뉴스의 전문성에 관한 문제점은 여러 분야에서 지적되었다. 국내 신문들의 암 관련 기사에서는 필수정보가 누락되거나 내용이 과장된 기사가 적지 않았다(박정의·이상규, 2002). 2000~2014년 3개 지상파의 저녁 종합뉴스에 보도된 법조뉴스에서는 실명 정보원 활용이 부족했고, 술어 표현방식에서 정확성이 미흡했다. 내용의 깊이가 없고, 다양한 목소리를 전달하지 않아 심층성 측면에서도 부실했다. 보도 시점, 취재원 활용, 기사 논조에서 모두 검찰에 유리하게 보도되어 불편부당성의 기준에 못 미쳤다(박성호·윤영민, 2016). 그 결과 언론의 전문성에 대한 수용자의 불신이 더욱 높아져 신문뉴스의 심각한 문제로 인식되었고, 신뢰도와 뉴스 이용에 나쁜 영향을 주면서 저널리즘의 위기를 가속하고 있다.

2) 상업성

언론사는 기본적으로 이윤을 창출해야 하는 기업이다. 언론사의 수입은 크게 광고 수입과 콘텐츠 매출 수입으로 구성된다. 미디어의 비즈니스 모델 측면에서 보면 신문의 주요 역할은 광고를 전달하는 것이다. 그러나 기자와 광고주의 관계는 복잡하다. 광고주는 광고가 뉴스 제작에 필요한 경비를 제공하고 더 좋은 장비를 살 수 있게 함으로써 신문의 질을 향상했다고 주장한다. 그러나 기자는 광고의 필요성은 인정하면서도 편집국이 언론사의 중심이라고 생각한다.

기자가 중시하는 가치와 광고주의 이해가 다르기 때문에 항상 갈등이 존재한다. 소비자는 광고와 달리 미디어의 보도나 추천 내용은 중립적이고 신뢰할 수 있다고 믿는 경향이 있다. 소비자의 상품 선택은 미디어가 보도한 기사나 여러 미디어에서 노출된 추천 내용에 매우 큰 영향을 받기 때문에 광고주는 기사를 많이 이용하려고 한다(Rinallo & Basuroy, 2009). 광고주는 자신의 경제적 이익이 보호받기를 원하며, 신문에 대해 광고주에게 유리한 기사를 쓰고 불리한 기사는 쓰지 못하도록 할 권리가 있다고 생각한다. 반면, 기자는 독자에게 봉사하는 것이 자신의 의무이므로 외부 압력을 거부해야 한다고 생각한다(DeLorme & Fedler, 2005).

신문 산업에서 광고의 비중이 커진 시기는 경제가 초고속으로 발전하고 광고 산업이 비약적으로 성장하던 20세기 말이다. 이 당시 신문 산업은 매우 안정적이었고 고소득을 올리는 산업이었다. 그런데 20세기 후반 인터넷을 중심으로 시작된 급격한 미디어 환경 변화로 수용자의 미디어 이용 행태가 달라지기 시작했다. 수용자는 신문, TV, 라디오, 잡지, 인터넷 등 다양한 미디어 가운데 선택하기 시작했으며, 신문 구독자는 감소했다. 미국에서 1950년에는 1천 명 가운데 356명이 신문을 구독했으나, 2000년에는 198명으로 줄었다. 이는 광고에도 영향을 주어 광고 수입이 줄기 시작했다(Berte & de Bens, 2008).

세계적으로 젊은 층의 신문 구독률 하락, 다양한 뉴미디어의 등장은 다수의 신문기업을 한계 상황으로 몰아가고 있다. 한정된 광고시장의 물량을 놓고 새로운 매체들과 경쟁하다 보니 신문사의 수익은 갈수록 감소하고 있으며, 뉴미디어의 확산으로 신문과 같은 전통 미디어의 영향력은 해마다 줄어들고 있다(김진국 · 김영환, 2012; 정동우, 2010). 21세기 들어 등장한 모바일 미디어, 디지털 TV 등 새로운 미디어는 신문 시장에 더 큰 타격을 주고 있다. 신문은 기존의 미디어 이외에도 구글, 야후, MSN 등 새로운 다국적 기업과 경쟁해야 하는 상황이다. 새로운 다국적 기업은 인터넷기업으로서 전적으로 광고 수입에 의존하며, 그들의 주요 목적은 더 많은 수용자를 끌어들여서 국제적인 대형 광고주를 유치하는 데 있다. 이 목적을 달성하기 위한 주요 전략은 그들의 웹사이트에 뉴스와 같은 매력적인 콘텐츠를 제공하는 것이다(Berte & de Bens, 2008).

언론사들은 이런 위기를 타개하기 위해 다양한 노력을 하고 있다. 한국의 언론기업들은 1990년대 후반, 즉 외환위기 이후부터 인쇄와 출판, 뉴미디어 분야로의 진출을 시도하는 한편, 프랜차이즈 사업, 교육 사업, 부동산 사업 등 다양한 사업 다각화를 통해 생존과 발전 방안을 마련하고 있다(장윤희, 2008). 신문사 간부도 종이신문이 생존하려면 신문사 수익모델을 광고와 판매 이외에 다양한 사업으로 확장하는 새로운 경영전략을 마련해야 한다고 생각하고 있다(김진국 · 김영환, 2012).

그러나 미디어 환경 변화로 인해 언론의 광고 의존도는 날로 높아지고 있다. 미국과 유럽의 많은 국가의 미디어에서 콘텐츠의 3분의 2는 광고이며, 신문 평균 수입의 75~85%는 광고에서 나온다. 신문은 광고에 전적으로 의존하고 있으며 광고 수입의 변화는 고용 구조와 수입 등에 영향을 준다(Picard, 2008).

광고 가격과 기사 내용은 언론사와 광고주 간 교섭력으로 결정되기 때문에 광고주가 광고할 수 있는 언론매체가 많아지면 광고주의 힘이 세져 언론 보도에서 왜곡 현상이 발생한다. 한국에서도 1987년 이전까지는 대기업 광고주의 영향력이 제한적이었지만, 2000년 이후 광고 물량이 감소세로 돌아서고 언론매체가 증가하면서 언론이 대기업 광고주에 집중하는 현상이 심해졌다. 신문사가 대기업 광고주에게 일방적으로 의존하는 관계가 되었고, 광고주 영향력이 극대화하는 상황이 되었다(배정근, 2012a).

광고의 영향력이 커지면서 기사가 광고주에 의해 좌우되는 현상도 벌어지고 있다. 국내 신문에서는 전반적으로 광고가 많은 기업일수록 관련 기사의 수가 많았으며, 광고주인 기업에 대한 보도는 부정적인 경우보다 긍정적인 경우가 많았다. 이러한 보도 태도는 기업에 우호적인 보수신문은 물론 기업에 비판적인 태도를 보이는 진보신문에서도 비슷했다(임봉수 · 이완수 · 이민규, 2014).

국내 신문의 높은 광고 의존도와 신문 광고의 급감 추세, 신문사 간 경쟁 격화로 광고주의 영향력이 극대화되면서 국내 종합일간지가 기사를 광고 수주 수단으로 활용하는 도구화 현상까지 나타났다. 거의 모든 신문사가 회사 수익을 높이기 위해 광고주에게 우호적인 특집과 기획기사를 양산하고 있다. 주기적으로 광고성 특집을 발행하고, 협찬 명목으로 기업으로부터 거액을 지원받는 방식의 기획기사나 시리

즈를 신문사마다 경쟁적으로 보도하고 있다. 이런 기사는 기획 단계부터 편집국 간부나 기자가 참여하고, 광고 수주에도 적극적으로 관여한다. 기사와 광고를 교환하고, 기사를 광고 수주의 도구로 활용하는 것이다. 신문과 광고주의 역학관계는 외환위기 이전까지만 해도 신문사가 이른바 '갑'의 입장이었다면, 이후에는 광고주가 확실한 '갑'의 위치로 역전되었다. 경제지와 소규모 신문사 기자의 경우 대기업 광고주와의 관계를 '종속' 또는 '예속'이라고 표현할 만큼 광고주의 절대적 영향력을 실감하고 있다(배정근, 2010).

외국에서는 이 같은 현상이 한국보다 빨리 나타났다. 미국 미디어는 상업적 기업이어서 경영층은 수익을 중시하고, 광고주는 뉴스를 검열하는 역할도 한다. 지역신문에 대한 지역기업의 상업적 압력으로 인해 신문은 비즈니스를 위한 의제를 정하고 도시와 지역 경제 발전에 관한 뉴스를 많이 보도한다(Kaniss, 1991: 46~71). 대기업은 1970년대부터 광고를 통해 언론에 영향을 미쳤다. 1976년 〈뉴욕타임스〉가 의료업계의 잘못된 관행을 다룬 시리즈 기사를 보도한 후 제약회사들은 〈뉴욕타임스〉의 자회사인 모던 메디슨(Modern Medicine)에 광고를 싣지 않겠다고 협박했다. 그로 인해 〈뉴욕타임스〉는 모던 메디슨을 매각해야 했다(An & Bergen, 2007).

2002~2003년에 미국, 영국, 독일, 프랑스, 이탈리아의 123개 신문과 잡지에 실린 291개 이탈리아 패션 업체의 광고량과 이들 언론이 패션업체에 대해 보도한 기사를 분석한 결과, 기사에 대한 광고의 영향력이 매우 강했다. 광고 수입을 위해 특정 산업에 의존하는 언론일수록 그 산업의 광고주로부터 더 많은 영향을 받고 있었다(Rinallo &

Basuroy, 2009). 광고 담당 책임자가 편집 책임자와 함께 전략 위원회에 참석해 독자가 원하는 것과 광고주를 유치하는 방안에 대해 논의할 정도다.

루마니아에서 가장 큰 일간신문은 두 가지 형태의 광고를 한다. 하나는 일반적인 광고면으로 값이 싸지만, 다른 하나는 기사 형태의 광고로 매우 비싸다. 광고주로부터 돈을 받고 광고를 기사 형태로 만들어 보도하는 이른바 '프로모션(*promotion*) 기사'이다. 슬로베니아의 언론들도 기자 윤리, 광고 윤리, 광고 규정을 위반하고 있다. 슬로베니아의 기자들은 광고주가 주도하는 이벤트 행사에 관해 돈을 받고 기사를 쓴다. 그들은 광고주가 제공한 콘텐츠를 중심으로 기사를 작성한다(Erjavec & Kovačič, 2010). 한국의 많은 기자도 광고 특집과 캠페인기사 등을 통해 자사의 광고 영업이나 수익 사업에 개입했던 경험이 있다고 밝혔다(정동우, 2009). 한국의 헬스 저널리즘에서도 언론사가 대형병원의 협찬을 받고 기사를 쓰는 프로모션 기사가 일상화되어 있었다(오대영 · 최믿음, 2015).

많은 언론학자는 매스미디어가 광고 수입을 추구하는 것은 미디어의 기업 의존도를 높이고 뉴스 콘텐츠에 제약을 가져온다고 지적한다. 한국의 기자들도 신문사의 광고 수익 개발전략이 저널리즘적 가치를 심각하게 훼손하고 있다고 인정했으며, 저널리즘적 가치 준수와 회사 경영에 대한 고려 사이에서 갈등을 겪고 있었다. 편집 영역과 경영 영역의 혼재, 광고 특집, 협찬 수입을 목적으로 한 캠페인기사 등은 필연적으로 광고주와의 유착을 가져오고, 언론의 환경 감시 기능을 약화시킨다. 언론이 소비자와 관련된 기업의 잘못을 비판하는 것마저

주저한다면 소비자와 사회에 피해를 준다(정동우, 2009). 광고주와의 타협을 통해 광고 수주를 늘리는 전략은 단기적으로 재정에 도움이 될 수는 있어도, 신문에 대한 독자의 불신을 가중해 신문의 몰락을 재촉한다(배정근, 2010). 독자와 사회에 봉사하고, 권력을 감시하기보다는 광고주의 이해를 대변하기 때문이다(배정근, 2012b).

최근 20년간 신자유주의적 세계화가 가속화되면서 세계적인 자본의 지배가 정치권으로의 진입 또는 유착을 넘어 언론 장악으로 확대되고 있다. 자본의 입장에서 보면 언론은 대중을 자기편으로 만들거나 최소한 적이 되지 않도록 하는 가장 강력한 수단이기 때문이다. 그 결과, 언론이 권력을 감시하고 비판하는 핵심적 기능을 점점 상실하고 있어 '제 4부'의 의미까지 의심받고 있다. 이탈리아의 총리였던 베를루스코니(Silvio Berlusconi)는 2005년 이탈리아 최고의 갑부이면서 이탈리아 최대의 미디어그룹 미디어셋(Mediaset)의 소유주였다. 그는 공영방송 관련법까지 개정해 전체 방송 시장의 90%를 점유했다. 방송 장악은 그가 2008년 총선에서 승리하는 데 결정적인 역할을 했다. 프랑스에서도 2000년대 들어 신문의 판매 부수가 떨어지고 광고 수입이 줄어들면서 신문사와 잡지사가 소수 대기업의 손에 넘어가고 있고, 그 기업들은 서로 연합을 맺으며 언론 산업의 다양성을 위협하고 있다(이기라, 2012).

미국을 대표하는 신문인 〈뉴욕타임스〉와 〈워싱턴포스트〉 중 〈워싱턴포스트〉는 워터게이트 사건을 보도해 닉슨 대통령을 사임하게 만든 신문으로도 유명하다. 그런데 〈워싱턴포스트〉도 판매 부진으로 경영난에 허덕이다가 2013년 8월 아마존 창업자인 제프 베조스(Jeff

Bezos)에 인수되었다. 이후 온라인 콘텐츠가 대폭 강화된 디지털기업으로 변신하고 있다. 미국의 신문 시장에서는 사유화와 개인기업화 흐름이 등장하고 있다. 나이트리더(Knight Ridder)와 같은 신문 체인이 매각되면서 나타나는 현상이다. 헤지펀드와 같은 투기자본이 이익을 극대화할 목적으로 신문사를 사들이거나, 지역사회의 뜻있는 자본가가 사들이는 두 가지 유형이 나타나고 있다(이재경, 2012). 후자의 경우는 저널리즘 발전에 크게 기여하지만, 전자가 많아지면 저널리즘까지 투기자본의 손아귀에 들어가는 상황이 된다. 미디어 환경이 급변하면서 저널리즘은 회생과 몰락이라는 두 갈래 길 앞에 서 있다.

한국언론진흥재단이 지난 2017년 국내 281개 언론사의 기자 1,677명을 조사한 결과, 기자는 언론의 자유를 직·간접적으로 제한하는 요인에 대해 광고주(74.2%), 편집·보도국 간부(58.4%), 사주·사장(57.2%) 순으로 응답했다(〈그림 11-2〉 참조). 광고주라는 응답은 2007년 조사의 61.3%에 비해 10%p 이상 증가했다. 정부나 정치권(30.3%)이라는 응답 비율은 과거보다 줄었지만, 독자나 시청자, 네티즌(17.4%), 이익단체(15.1%), 시민단체(7.4%) 등은 상대적으로 증가했다. 주목을 끄는 점은 기자가 광고주를 부정적으로 생각하면서도, 광고·홍보 목적의 협찬기사에 대해서는 "필요하다"고 인식하는 언론인(42.8%)이 "필요하지 않다"는 언론인(28.6%)보다 많았다는 점이다(한국언론진흥재단, 2017b: 92). 헬스기사를 쓰는 기자 사이에서도 병원 등의 협찬을 받고 광고성 기사를 쓰는 것에 대해 "언론사의 수익을 위해서 어쩔 수 없다"는 반응이 의외로 많았다(오대영·최민음, 2015). 한국 언론의 경제 상황이 매우 어려워지면서 기자의 저널리즘

〈그림 11-2〉 기자들이 생각하는 언론 자유 제한 요인

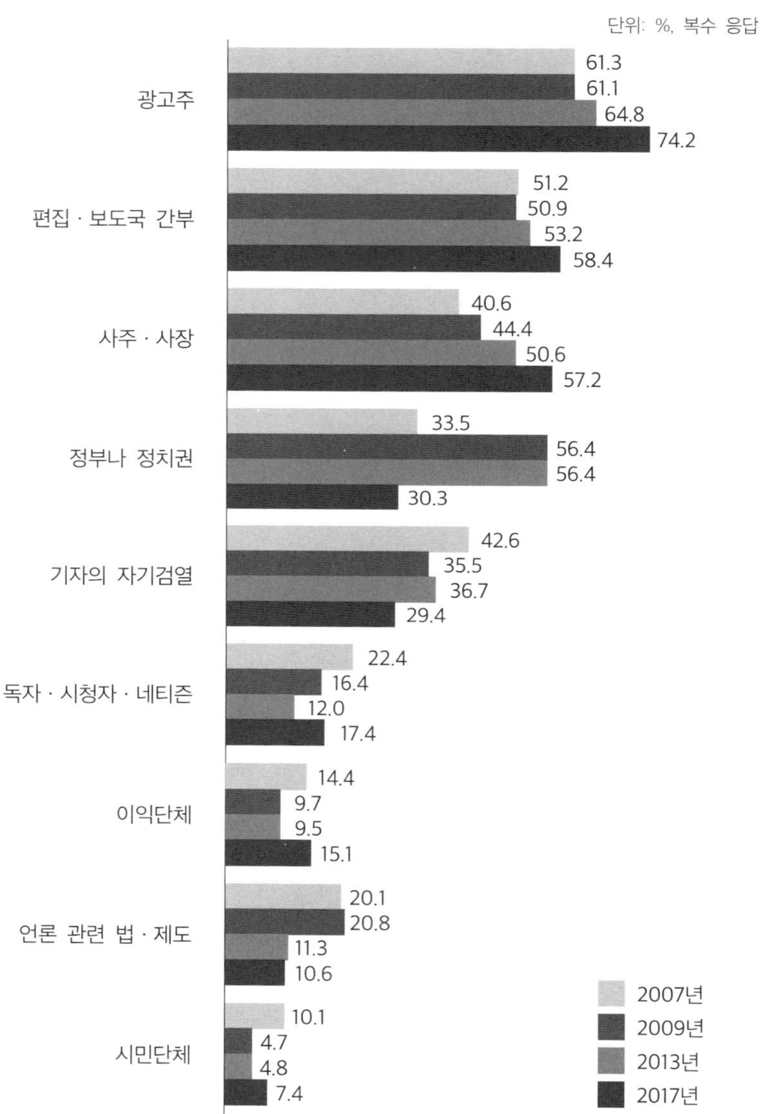

주: 2007년 n = 967; 2009년 n = 1,040; 2013년 n = 1,527; 2017년 n = 1,677.
출처: 한국언론진흥재단(2017b). 〈한국의 언론인 2017: 제 13회 언론인 의식조사〉. 82쪽.

에 대한 인식이 변화하고, 저널리즘의 사명감이 약해졌음을 의미한다. 이는 저널리즘의 신뢰성을 떨어뜨리고, 저널리즘의 위기를 가속할 것으로 우려된다.

3) 선정주의

상업주의는 선정주의(*sensationalism*)로 흐르기도 한다. 선정주의는 사건을 보도할 때 특정 의미를 극도로 강조하거나 독자의 도덕적, 심미적 감성을 자극하여 실제보다 흥미롭고 중대한 것처럼 윤색하여 보도하는 경향을 말한다(하승태·박범길·이정교, 2010).

선정주의는 1890년대 미국 대중신문 시대의 황색언론(*yellow journalism*)에서 유래되었다. 19세기 미국에서는 산업혁명, 도시화, 교육의 확대, 이민 증대 등으로 신문 산업이 발전했다. 신문들은 독자 확보를 위해 치열한 발행 부수 증대 경쟁을 했으며, 선정적 보도와 흥미 위주의 제작으로 말초신경을 자극해 독자를 확보했다(김선남·장해순·정현욱, 2003). 황색언론은 19세기 후반 미국의 대표적 두 신문의 발행인, 조지프 퓰리처(Joseph Pulitzer)와 윌리엄 랜돌프 허스트(William Randolph Hearst)가 주도했다. 퓰리처가 발행한 신문인 〈뉴욕월드〉에 실린 만화의 주인공 '노란 옷을 입은 아이'를 상징하는 황색꼬마(*yellow kid*)의 인기가 높아 황색언론(*yellow journalism*)이라는 이름이 생겼다(Altschull, 1990/2007: 491). 당시 이들 신문의 색깔이 노란색이어서 황색언론이라는 말이 붙여졌다는 설도 있다.

황색언론들은 미국에서 부정과 부패가 있으면 즉시 폭로하는 것을 목표로 삼았다. 황색언론들은 힘이 있는 자의 추악한 권력으로부터 '목소리 없는 대중'을 보호함으로써 그들에게 봉사한다고 주장하면서 지성보다는 감성에 호소하고 선정적으로 보도했다. 황색언론의 최초 전성기였던 1880년과 1890년 사이에는 구독률과 발행 부수가 치솟았다(Altschull, 1990/2007: 488~492).

그러나 선정주의는 유익한 정보 전달과 여론 형성이라는 본연의 역할에 충실하기보다는 극단적인 과장보도와 추측보도 위주로 한탕주의를 선호하게 만든다(김선남 · 장해순 · 정현욱, 2003). 언론이 사회적 환경 감시 기능을 충실하게 하지 못하고, 수용자의 현실 인식을 왜곡시킬 우려도 있다. 미국에서도 이런 문제점에 대한 인식이 확산하면서 20세기 초부터 황색언론에 대한 사회적 비판이 높아지자, 퓰리처의 〈뉴욕월드〉를 비롯한 미국 신문들도 선정주의적 보도에서 벗어나기 시작했다.

한국신문윤리위원회는 신문보도의 선정성을 예방하기 위해 신문윤리실천요강에서 명예와 신용 존중, 사생활 보호 등에 관한 규정을 정해 두었으며, 이를 위반할 경우 심의를 통해 신문사에 대해 주의, 경고, 정정, 사과 요구 등의 조치를 한다. 방송통신심의위원회의 심의규정은 선정성과 관련해 인명 경시, 비인간 행위, 과도한 노출과 성적인 신체 접촉, 과도한 폭력 내용과 자세한 묘사 등을 금지하고 있다(이창훈, 2012).

그러나 한국에서는 언론의 시청률 경쟁, 독자 확보 경쟁이 치열해지면서 선정주의가 심해지고 있다. 국내 연예기사에서는 뉴스가치보다는 단순히 흥미를 유발하는 소재, 사생활이나 신변잡기 중심의 선정적인 소재가 많다(남재일 · 박재영, 2013: 147). 스포츠신문의 인기 연예인 마약 복용사건 기사는 매우 선정적이었다(김선남 · 장해순 · 정현욱, 2003). 동물학대, 폭행 등의 잔인한 내용을 담은 CCTV 영상이 TV에서 많이 사용되는 등 선정적인 영상물도 자주 보도되고 있다(이창훈, 2012).

특히, 1990년대 중반 이후 형성된 다매체, 다채널 방송 환경으로 인해 방송의 시청률 경쟁이 더욱 치열해지면서 방송 프로그램의 선정성과 폭력성은 갈수록 심해지고 있다. 연예오락 프로그램의 지나친 가학적 폭력, 여성 연예인과 출연자의 벗기기 경쟁, 연예인의 사생활에 대한 오락적 탐색과 들춰보기, 언어의 선정성은 지속적인 문제로 지적되고 있다. TV뉴스조차 상업주의 논리에 밀려 시청률 경쟁에 나서면서 시청자의 알 권리 충족과 사회적 환경 감시라는 저널리즘 본연의 기능을 다 하지 못하고 선정적 보도 행태를 보이고 있다(유홍식, 2003).

2014년 세월호 참사 보도에서도 한국 방송들은 실종자 구조, 침몰 원인, 책임 규명, 정부의 재난 관리 문제점 등과 같이 진실을 찾는 구조적인 심층보도보다는 단편적이고 흥미 중심의 선정적 보도를 많이 했다. 정확성도 매우 떨어져서 탑승자 · 실종자 · 구조자 수가 오락가락했고, 철저한 검증보도를 하지 않아 유언비어의 발생과 확산을 촉진했다. 자극적 영상과 무분별한 사진, 선정적 어휘 사용, 신중하지 못한 취재 인터뷰도 있었다(임연희, 2014).

그러나 때로는 언론정보의 선정성이 수용자의 정보 이용에 긍정적인 영향을 주기도 하기 때문에 언론은 선정성의 유혹에서 벗어나지 못한다. 온라인신문에서 선정성 제목은 수용자가 기사 내용을 더 선호하게 만들었다(조수선, 2005). 모바일뉴스 콘텐츠 사용자는 미디어 정보에서 유희성도 원하기 때문에 재미있고 호기심을 자극하는 정보를 이용할 때 만족도가 높아졌다(루홍위 · 이효성, 2015).

4) 정확성과 오보

(1) 오보의 정의

오보는 언론의 해명, 정정, 취소, 사과, 반론보도 등이 요구되는 틀린 기사이다. 오보는 사실을 잘못 보도한 것이지만, 처음부터 사실을 날조하는 가짜뉴스와는 다르다. 언론의 공신력은 정확한 보도에 있기 때문에 오보는 오보를 당한 당사자에게 피해를 주는 것은 물론, 언론에 대한 신뢰를 실추시키고 때로는 심각한 사회적 혼란과 갈등을 야기한다(김영욱 · 신호창 · 임유진, 2007).

정걸진(1997)은 오보의 종류를 사실 미확인 보도, 사실무근 보도, 편파보도, 일방적 보도, 부정확한 자료 인용, 취재기자의 독단적인 왜곡보도, 과장보도, 날조보도 등으로 구분했다. 서정우(2000)는 부정확한 보도, 불공정한 보도, 주관적 보도로 분류했다. 부정확한 보도는 사실이 정확하지 않은 보도이며, 불공정한 보도는 보도의 균형감각이 상실된 보도이고, 주관적 보도는 보도자의 주관성이 너무 많이 개입된 보도이다.

오보가 발생하는 이유는 특종과 속보 경쟁, 전문성 결여(김영욱 · 임유진, 2012), 언론사의 기획된 의도, 선정보도를 위한 의도적 왜곡, 속보 경쟁(임유진 · 김영욱, 2011) 등에 있다. 언론사의 뉴스 제작 특성인 시간과 공간의 제약으로 인해, 기자의 사실 확인에 대한 집착도가 떨어지는 점도 오보의 원인이다(우병동, 1996). 기자는 항상 다른 기자와 치열한 속보 경쟁을 하면서 기사를 쓴다. 기자는 새로운 뉴스를 다른 언론보다 먼저 보도해야 '유능한 기자'로 인정받는 환경에서 일하기 때문에 종종 확인을 제대로 하지 못하고 기사를 쓰는 경우가 발생한다. 이런 일이 많아지면 부실한 취재로 이어지고, 오보가 발생한다.

(2) 오보 사례 분석

오보를 하지 않고 정확한 기사를 보도하기 위해서는 기사 작성의 기본 원칙에 충실해야 한다. 기사 작성의 기본은 육하원칙(5W1H)에 있다. 누가(*who*), 언제(*when*), 어디서(*where*), 왜(*why*), 무엇을(*what*), 어떻게(*how*) 가운데 하나가 불충분하면 부실한 기사가 되며, 잘못된 내용이 실리면 오보가 된다. 따라서 육하원칙을 충실하게 확인하는 것이 오보를 최소화하는 방법이다. 그러나 실제로 기사를 쓰다 보면 의외의 곳에서 오보를 하는 경우가 발생한다. 잘못된 내용은 기자가 처음 쓴 이후 차장, 부장, 편집 등 여러 게이트키핑 과정을 거치며 바로잡히는 경우가 많지만, 이 과정에서도 통과되어 그대로 보도되면 오보가 된다.

한국언론진흥재단이 2017년 국내 281개 언론사의 기자 1,677명을 대상으로 조사한 결과, 기자의 33.7%가 지난 1년간 오보를 낸 적이 있다고 응답했다(한국언론진흥재단, 2017b: 85). 오보의 발생 원인으로 '기자의 사실 미확인 또는 불충분한 취재'(91.5%)가 가장 많았으며, '정보원 측의 부정확한 정보 제공'(57.4%), '기자의 단순 실수'(39.4%)

〈그림 11-3〉 기자가 생각하는 오보 발생 원인

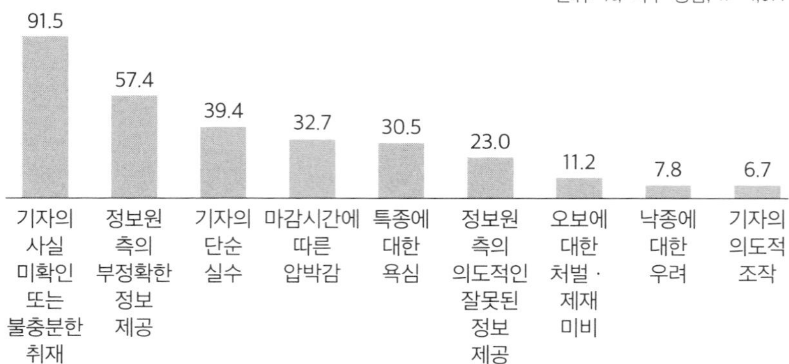

출처: 한국언론진흥재단(2017b). 〈한국의 언론인 2017: 제 13회 언론인 의식조사〉. 85쪽.

도 중요한 원인이었다(〈그림 11-3〉 참조).

다음으로, 실제 발생했던 신문의 오보 사례를 통해 오보가 어떻게 발생했는가를 알아본다. 신문이 오보였다는 것을 공식적으로 인정하고 정확한 사실을 밝힌 내용들이다. 신문 이름은 밝히지 않는다.

① 정보원의 잘못된 정보를 사실 확인하지 않고 그대로 보도

기사는 정보원이 제공하는 정보로 구성된다. 그러나 기자는 정보원이 제공하는 정보를 그대로 믿어서는 안 된다. 정보원은 의도했든, 아니면 의도하지 않았든 종종 잘못된 정보를 전달하는 경우가 있다. 부정확한 정보를 마치 정확한 것처럼 말하거나 과장해서 말하는 경우다. 특히, 자신의 이해관계가 얽혀 있을 때 그렇다. 대표적인 사례가 자신이 만든 제품이나 업적이 국내 최초, 심지어 세계 최초라고 말하는 경우다. 이런 경우에는 반드시 확인해서 보도해야만 한다.

한 신문은 “한글학자 이극로의 독일어판 일제 규탄문 첫 발굴”이라는 기사에서 이극로의 독일어로 된 독립운동 출판물 3점의 원본을 입수한 수집가의 제보 내용을 보도하면서, 원본 발견은 이번이 처음이라고 보도했다. 그러나 이 보도가 나간 후 이극로의 자료 중 1927년에 출간된 《일본 제국주의에 대항한 한국의 독립투쟁》은 조준희 국학인물연구소장이 처음 발굴한 것으로 밝혀져 이 신문은 정정보도를 해야 했다.

특히, 정보원이 남을 비판하는 정보는 일방적으로 자기주장을 하는 경우가 많아 더욱 신중하게 확인해야 한다. 국내의 많은 신문이 충청남도의 한 편의점 주인이 아르바이트생이 지각하면 급여를 삭감하고 욕설을 한 업주라고 보도했다. 그러나 이는 사실이 아닌 것으로 밝혀져 신문들은 정정보도를 했다. 편의점 주인은 아르바이트생이 근무기간에 지각하거나 예정에 없던 무단결근을 반복하는 경우가 발생하자 경각심을 주기 위해 지각과 무단결근 시에는 급여에서 일정 금액을 공제하겠다고 했을 뿐 실제로는 급여를 삭감하거나 욕설과 폭언은 하지 않았음이 확인되었다.

한 인터넷신문은 “‘15년 외도’ 아내 몰래 증거 녹음한 60대 남편, 법·배심원 ‘집유’로 선처”라는 기사를 잘못 보도해서 정정보도를 해야 했다. 아내의 항의를 받은 이 신문이 사실관계와 이혼소송 판결문을 확인한 결과, 아내가 15년간 외도를 했다는 것은 60대 남성의 일방적인 거짓 주장이었음이 밝혀졌다. 혼인관계가 파탄에 이른 이유도 아내의 외도 때문이 아니라 결혼 기간 동안 이유 없이 아내의 남자관계를 의심한 60대 남성의 의처증과 아내에 대한 폭언과 폭행 때문이었다.

정보는 뉴스의 단초가 될 수 있지만, 부정확한 경우가 상당히 많다. 그래서 기자는 정보원이 제공하는 정보를 판단할 때 냉정하고 객관적으로 사실을 확인해야 한다. 기자와 언론을 이용해 자신에게 유리한 뉴스를 만들려는 정보원이 적지 않다는 사실을 항상 명심해야 한다. 그러나 기자는 종종 '기사를 만들고 싶다'는 직무 욕구에 빠져 철저하게 사실 확인을 하지 않는 경우가 생긴다. 이런 유혹에서 벗어나는 것이 오보를 피하는 길이다.

공신력이 있는 기관에서 발표하는 보도자료에서도 이런 일이 벌어지기도 한다. 정부가 발표하는 정책이라도 기자가 그대로 받아쓰기만 하면 자칫 정부의 홍보기관으로 전락할 수 있다. 정부는 항상 정책의 유리한 점만 강조하기 때문이다. 기자는 자신에게 주어진 정보에 대해서 항상 의심하고 사실을 확인하려는 자세를 갖춰야 한다. 정부의 발표라도 그대로 믿어서는 안 되며, 관련 전문가 등을 통해 검증해서 객관적인 관점에서 사실을 보도해야 한다. 어떤 이슈나 사건에 관해 사안 판단을 잘못하거나 제대로 평가하지 못하는 것도 일종의 오보이다.

② 다른 언론의 잘못된 보도를 사실 확인 없이 그대로 인용보도

다른 언론이 보도한 내용을 확인하지 않고 그대로 인용보도를 했다가 오보를 하는 경우가 의외로 많다. 2000년 미국 대선에서는 일부 신문이 한 방송의 잘못된 후보별 득표 전망 조사보도를 그대로 인용 보도해 오보를 했다(Sumpter & Braddock, 2002). 특히, 문제가 되는 경우는 신문, 방송, 인터넷매체 등 언론에 뉴스를 제공하기 위해 설립된

미디어인 뉴스통신사가 오보하는 경우이다. 언론은 뉴스통신사가 제공했다는 사실을 밝히고 기사를 그대로 쓰기도 하지만, 오보인 경우에는 그것을 보도한 언론에게도 책임이 있다. 그래서 언론은 뉴스통신사가 제공한 뉴스라도 사실 여부를 명확하게 확인하고 보도 여부를 결정해야 한다.

2002년 불거진 '북한의 일본인 납치 사건' 당시 일본 언론들은 일본의 한 뉴스통신사의 오보를 그대로 보도했다가 큰 낭패를 보았다. 북한은 냉전 당시, 남한에 보낼 간첩을 일본인 신분으로 위장하기 위해 그들에게 일본어 교육을 시킬 교관을 확보할 목적으로 일본인들을 납치했다. 북한은 이를 부인해 오다가 2002년 이를 시인했다. 이 문제로 당시 고이즈미 준이치로(小泉純一郎) 일본 총리가 그해 9월 17일 평양을 방문해 김정일 북한 국방위원장과 회담을 가졌다. 그날 아침 이 뉴스통신사는 일본 정부 소식통을 인용해 북한이 납치해간 일본인 중 일부가 평양에서 살고 있으며, 고이즈미 총리가 귀국할 때 데리고 올 것이라고 보도했다. 이 사건은 많은 일본인이 관심을 가졌기에 일본의 신문과 방송은 이 뉴스를 매우 크게 보도했다. 그런데 그날 저녁 회담이 끝났을 때 결과는 전혀 다르게 나타났다. 북한에 납치된 일본인은 모두 숨진 것으로 밝혀졌다. 일본인들은 매우 실망했으며 오보에 몹시 분노했다. 이 뉴스통신사의 편집간부들은 문책 인사를 당했으며 납치 피해자 가족들이 낸 피해소송에서 이 뉴스통신사는 물론, 보도를 받아서 그대로 쓴 다른 신문과 방송사들도 패소해 손해배상을 해야 했다. 당시 법원은 판결문에서 언론사가 뉴스통신사의 뉴스를 받아서 쓸 때 오보를 확인하지 않은 것은 잘못된 일이라고 밝혔다.

다른 언론의 보도를 확인하지 않고 그대로 보도했다가 오보를 내는 일은 인터넷매체와 온라인뉴스가 증가하면서 과거보다 자주 발생하고 있다. 한 신문은 박근혜 전 대통령의 삼성동 자택을 매수한 사람에 대해 다른 언론 보도를 인용해 보도했다가, 오보를 정정보도했다.

③ 잘못된 외부 자료 인용

한 신문은 지방선거 예비후보자에 대한 여론조사기관의 잘못된 조사자료를 그대로 인용해 보도했다가 정정보도를 했다. 선거 여론조사는 전체 유권자를 조사할 수 없는 한계를 보완하기 위해 일정 범위에서 연령대별 가중치를 두도록 하고, 이를 벗어난 가중치는 적용하지 못하도록 하고 있다. 그런데 이 여론조사기관은 30대 연령대에 가중치를 과도하게 적용한 것으로 밝혀졌다.

④ 부주의에 의한 오보

경제기사에서는 수치나 단위를 착각해 잘못 보도하는 경우가 종종 있다. 돈에 관한 수치는 모두 적지 않고, 1천 원 또는 100만 원 등 기준단위를 적어 두고 금액을 표시할 때가 많다. 그런데 단위를 잘못 읽고, 예컨대 10억 원으로 해야 할 것을 1천만 원으로 보도하는 경우다. 한 신문은 "트럼프 통상 압박 '셰일'로 막는다"라는 제목으로 '가스공사가 매년 280만 톤씩 20년간 들여오기로 한 미국 셰일가스의 연간 수입액은 117억 달러'라고 보도했다가 나중에 금액을 '11억 6,400만 달러'로 정정보도를 했다. 한 신문은 '문재인 대통령 보수 2억 5,476만 원'이라는 기사를 썼다가 "대통령 보수는 2억 5,476만 원이 아니라 2억 6,476만 원"이라고 정정보도를 했다. 지성(至誠)이면 감천(感天)이라고 써야 하는데, '지성'(至聖)이라고 한문을 잘못 쓴 경우도 있었다.

⑤ 단순 사실의 오보

이름: 기사에서 사람의 이름을 잘못 쓰는 경우가 종종 발생하기 때문에 이름을 쓸 때는 꼼꼼하게 확인해야 한다. 특히, 사진에 실린 사람의 이름은 확인하기 쉽지 않기 때문에 오보가 자주 발생한다.

직위: 한 신문은 평창 동계올림픽 특집 사진 설명에서 한 은행의 전무를 상무로 보도했다가 정정보도를 했다. 현역 의원을 전 의원이라고 보도하는 경우도 있다. 이같이 특정 인사의 소속 기관과 직위를 쓸 때는 이직을 했거나 직위가 변동되었을 수 있기 때문에 항상 기관 이름과 전직·현직인지를 확인해야 한다. 외국 직함의 경우 직함을 정확히 알지 못하거나 번역을 잘못해 실수하기도 한다.

인맥관계: 사람과 사람, 조직과 조직의 관계를 정확하게 파악하지 못해 오보하는 경우도 있다. 형제인데 쌍둥이라고 하거나, 형제가 아닌데 형제라고 하는 경우다.

사실관계: 한 신문은 "대통령 1호 농업공약 사라졌다"는 제목으로 문재인 대통령 직속 농어업특별기구가 빠졌다는 보도를 했다. 그러나

대통령 직속 농어업특별기구 설치는 문재인 정부 국정운영 5개년 계획 중 '83번 과제: 지속가능한 농식품 산업 기반 조성'에 포함돼 있었다. 이 신문은 이를 확인하지 않고 보도를 했다가 오보를 했다.

한 신문은 "부산 고령 운전자 사고 느는데 면허증 반납은 0.5%뿐"이라는 제목의 기사에서 "면허증 반납 희망자는 1천여 명으로 운전면허 소지자 대비 0.5%에 그친다"라고 보도했다. 이 기사는 부산시가 고령자에 의한 운전 사고를 줄이기 위해 운전면허증을 자진 반납하는 고령자에게 인센티브를 주는 제도를 시행했지만 면허증을 반납한 고령자는 매우 적다는 사실을 보도한 기사였다. 그러나 이 기사가 보도될 당시 이 제도는 아직 시행되지 않았으며 그해 하반기에 시행될 예정이었다. 이 신문은 이 사실을 정확하게 취재하지 않은 채 이미 시행된 것처럼 보도했다가 정정보도를 했다.

(3) 언론의 바람직한 오보 대응 방법

언론은 오보를 해서는 안 되지만, 뉴스 제작 특성상 오보를 전혀 하지 않는 언론은 없다. 문제는 오보를 했을 때 언론이 취하는 대응 태도다. 언론이 빠르게 정확한 내용을 담은 정정보도를 하면 언론에 대한 독자의 불신을 줄이면서 뉴스의 품질을 개선할 수 있다. 그러나 한국 신문은 오보에 대한 소명과 사후 처리에 적극적이지 않다. 기자의 주관이나 정황 등에 대한 오류보다는 이름, 숫자, 장소 등 단순 사실에 관한 오류에 대해 정정보도를 많이 한다. 정정보도에서 오보 발생 원인, 정정보도 게재 사유, 사과를 밝히는 비율은 10% 미만에 불과하다(윤지희 · 이건호, 2011). 한국 언론사가 정정보도에 인색한 것은 오보를 심각한 공신력의 실추라고 생각하고, 정정보도가 언론사의 신뢰성을 떨어뜨린다고 생각하기 때문이다(임양준, 2007).

국내 언론들은 2006년 북한의 핵무기 개발과 관련해서 '북한 강석주 오보 사건'으로 불리는 매우 심각한 오보를 한 적이 있다. 칼린(Robert Carlin) 전 미국 국무부 관리가 2006년 9월 한반도 관련 싱크탱크인 노틸러스연구소 홈페이지에 올린 가상 에세이를 〈연합뉴스〉와 전국 10개 종합일간지가 강석주 북한 외무성 제 1부상의 핵무기 보유 발언으로 잘못 보도한 사건이다. 24일 밤 〈연합뉴스〉의 첫 보도로 시작되었으며, 25일 일부 신문은 "북 핵무기 최소 5~6기 보유" 등의 제목으로 3개 면에 걸쳐 보도했다(〈미디어오늘〉, 2006. 9. 29). 한국 언론들은 이 오보에 대해서도 진정성 있는 사과를 통해 신뢰를 회복하려고 하기보다는 위기 상황을 표면적으로 타개하는 전략에 초점을 두어, 오보 원인을 외부에 돌리는 '희생양 만들기' 등의 변명 전략과 정당화하려는 태도를 보였다(김영욱·임유진, 2012). 반면, 미국 일간지는 한국 일간지에 비해서 정정보도를 많이 하고 사과나 유감을 표시하는 비율도 높으며 다양한 방식을 이용해 정정보도에 더 적극적이었다(임양준, 2007).

(4) 오보 피해자 구제 방법

오보 등 잘못된 언론 보도로 피해를 입은 당사자는 직접 언론사에 정정보도를 요청할 수 있다. 그러나 언론이 이를 잘 수용하지 않으면 언론중재위원회에 중재 요청을 할 수 있다. 언론중재위원회는 잘못된 보도의 유형으로 10가지 사례를 든다. 인명이나 지명, 통계 수치 등을 잘못 기록한 보도, 기사 내용과 관련 없는 사진을 보도해 피해를 준 경우, 사실을 그릇되게 과장한 보도, 한쪽의 주장만을 전달한 편파보도, 승낙 또는 정당한 이유 없이 개인의 초상, 음성, 사생활, 성명을 보도한 경우, 거짓을 사실인 것처럼 꾸민 허위보도, 필자의 허락을 받지 않고 글을 고쳐 필자의 의도와 다르게 표현된 보도, 전체 사실 중 일부분만을 부각하여 나쁜 인상을 심어준 왜곡·과장보도, 범죄혐의자나 범인으로 보도되었으나 수사 결과 혐의가 없는 것으로 밝혀진 경우, 개인의 사회적 평가를 저하하는 명예훼손 보도 등이다.

언론중재위원회는 잘못된 보도로 인한 피해 유형으로 6가지 사례를 든다. 명예훼손(사회적 평가를 저하하는 구체적인 사실을 적시한 경우), 초상권 침해(얼굴이나 신체적 특징을 동의 없이 촬영, 보도한 경우), 음성권 침해(동의 없이 음성을 비밀로 녹음해 보도한 경우), 성명권 침해(익명 처리해야 하는 개인의 성명을 동의 없이 실명으로 보도한 경우), 사생활 침해(사적 영역에서 이루어지는 생활을 본인의 의사에 반해 무단 공개한 경우), 재산권 침해(보도로 인해 개인이나 회사 등의 재산상 손해가 발생한 경우) 등이다.

보도로 피해를 입은 당사자는 언론중재위원회에 정정보도나 반론보도, 추후보도, 손해배상 등을 요청하는 조정 및 중재신청을 할 수 있다. 정정보도 청구는 언론사가 스스로 기사 내용이 잘못되었음을 밝히는 정정기사를 게재하거나 방송해 줄 것을 요구하는 권리이다. 반론보도 청구는 언론보도로 인해 피해를 입은 사람이 언론보도 내용에 대한 자신의 입장을 보도해 달라고 요구하는 권리이다. 추후보도 청구는 언론에 의하여 범죄혐의가 있거나 형사상의 조치를 받았다고 보도된 이후 무죄판결을 받는 등 혐의가 없는 것으로 밝혀진 경우에는 해당 언론사에게 자신이 무죄라는 취지의 내용을 게재하거나 방송해 줄 것을 요구하는 권리이다. 손해배상 청구는 언론보도로 인해 피해가 발생한 경우 피해에 대한 금전적인 배상을 요구하는 권리이다.

피해 회복은 조정과 중재과정을 거쳐서 이루어진다. 조정은 언론보도 등으로 피해를 입은 사람과 언론사 사이에 제3자인 언론중재위원회가 객관적, 법률적 입장에서 개입해, 이해와 화해를 이끌어내서 분쟁을 해결하는 것이다. 중재는 언론보도로 피해를 입은 사람과 언론사가 정정보도, 반론보도, 추후보도, 손해배상에 관한 분쟁을 언론중재위원회의 최종 결정에 따라 해결하는 것을 말한다.

한 신문의 인터넷매체는 언론중재위원회의 조정을 받아들여 "〔정정보도문〕'여주 ㄱ고교 ㄴ씨 교사 성추행 사실' 몰랐던 것으로 밝혀져"라는 제목으로 다음과 같은 내용의 기사를 실었다.

> 지난 12월 11일 자 홈페이지 사회면 초기 화면에 '여학생 70여 명 성추행 여주 고교 교사 2명 파면'이라는 제목으로 2015년부터 이미 가해 교사 중 한 명의 성추행 사실을 알고 있던 ㄴ씨에 대해 견책 처분이 내려졌다고 보도했습니다. 그러나 사실 확인 결과, 관리자 ㄴ씨는 2015년에 교사의 성추행 사실을 알고 있지 않았음이 밝혀져 이를 바로잡습니다. 이 보도는 언론중재위원회의 조정에 따른 것입니다.

조정과 중재가 모두 이루어지지 않으면 피해자는 법원에 소송을 제기해 해결할 수 있다.

4. 가짜뉴스

1) 가짜뉴스의 정의

디지털 환경이 저널리즘에 가져온 중대한 폐해는 가짜뉴스(*fake news*)이다. 가짜뉴스는 '정치적 · 경제적 목적으로 뉴스 형식을 차용해 만들어낸 허위 및 거짓정보'로 정의된다(김균미, 2018). 일반적으로 가짜뉴스는 정파적 또는 경제적 이익을 목적으로 사실이 아닌 내용과 정보를 사실처럼 가장하기 위해 기사 형식으로 만든 후 의도적으로 배포한 것을 말한다(오세욱 · 박아란, 2017). 가짜뉴스는 형식적 측면에서는 실제 뉴스와 유사한 구조와 양식을 갖고 있지만, 내용적 측면에서는 사실과 다른 정보를 전달한다는 점에서 '잘못된 정보'이다. 일부러 거짓 정보를 유통하려는 의도가 없는 오보와 달리, 가짜뉴스에는 다른 사람을 기만하려는 의도가 담겨 있다(정세훈, 2018). 가짜뉴스와 유사한 형태로는 유언비어가 있지만 가짜뉴스는 외형상 뉴스 형태를 취한다는 점에서 유언비어와 다르다.

서구에서는 만우절(4월 1일)이면 일부 언론이 재미를 위해 유머형 가짜뉴스를 게재하는 경우가 있다. 그러나 기만형 가짜뉴스는 정치적, 사회적 파급 효과를 얻기 위해 만들어진다는 점에서 유머형 가짜뉴스와 다르다. 기만형 가짜뉴스는 2016년 세계적으로 중요선거를 앞두고 많이 유통되면서 심각한 문제로 등장했다. 공화당의 도널드 트럼프(Donald Trump) 후보와 민주당의 힐러리 클린턴(Hillary Clinton)이 경쟁했던 2016년 미국 대통령 선거에서는 "프란치스코 교황이 도널드 트럼프를 지지한다", "힐러리 클린턴이 테러단체 이슬람국가에 무기를 판매했다" 등의 가짜뉴스가 소셜미디어 등에서 집중적으로 유통되면서 선거 결과에 영향을 미친 것으로 분석되고 있다(오세욱·박아란, 2017).

2) 가짜뉴스의 문제점

정치적, 사회적 영향력을 행사하기 위해 만들어지는 가짜뉴스는 올바른 정보의 유통을 방해하고 언론의 가치를 심각하게 훼손한다. 가짜뉴스는 선거에서 유권자의 결정에 영향을 끼쳐 민주주의를 위태롭게 한다. 상업적 이익을 위해서 만들어지는 가짜뉴스는 건전한 시장 경제를 위협한다. 가상화폐 이더리움(Ethereum)의 창시자 비탈리크 부테린(Vitalik Buterin)이 자동차 사고로 사망했다는 가짜뉴스는 시장에 큰 영향을 주었다(김균미, 2018).

미국의 온라인매체 〈버즈피드〉(*Buzzfeed*)는 2016년 11월 미국 대선 당시 세계에서 가장 많은 이용자를 보유한 소셜 네트워크 서비스(SNS)인 페이스북에서 가짜뉴스의 영향력이 진짜뉴스를 능가했다고 보도했다. "교황이 도널드 트럼프를 지지했다"는 기사가 거짓으로 밝혀진 것은 이미 96만 명에 가까운 페이스북 이용자가 그 기사를 본 뒤였다. 2017년에 선거가 실시된 한국, 프랑스, 독일 등의 국가에서도 가짜뉴스가 유권자의 올바른 선택에 미치는 영향에 대한 논란이 뜨거웠다(오세욱·정세훈·박아란, 2017).

가짜뉴스의 문제가 심각한 것은 미디어 기술의 비약적인 발달로 누구든지 손쉽게 가짜뉴스를 생산해 유통할 수 있는 환경이 구축되었기 때문이다. 약간의 컴퓨터 지식만 있으면 누구나 쉽게 뉴스의 틀을 복제해서 개인 웹사이트를 언론사처럼 꾸미고 뉴스를 유통하는 것이 가능해졌다(정세훈, 2018). 디지털 기술의 발전으로 누구든지 디지털 뉴스 콘텐츠를 다양한 형태로 가공하고 조합해서 유통하는 것이 가능해지면서 콘텐츠의 원본을 식별하는 것도 어려워졌다. 이런 상황에서 콘텐츠를 만든 주체를 아는 것조차 힘들어졌다. 과거 신문과 방송 시대에는 유통되는 뉴스의 수가 적어 뉴스의 사실 여부를 검증하는 것이 어렵지 않았으나, 디지털 미디어와 뉴스 콘텐츠가 비약적으로 증가하면서 사실 여부를 확인하기 어려운 상황이 되었다. 2017년 10월 말 기준으로 문화체육관광부에 등록된 정기간행물의 수는 인터넷신문(약 7천 개)을 포함해 1만 9,603개이다. 이들이 하루 평균 생산하는 뉴스는 약 6만 건으로 추산된다. 6만 건의 뉴스 속에 섞여 있는 가짜뉴스를 찾아내고, 사실을 확인하는 것은 사실상 불가능하다(오세욱 · 정세훈 · 박아란, 2017).

스마트폰 보급률이 90% 이상이 되면서 가짜뉴스가 유통되는 방법이 매우 쉬워진 점도 큰 문제다. 한국언론진흥재단이 20~50대 성인남녀 1,084명을 조사한 결과, 가짜뉴스를 직접 접해본 응답자는 대부분 모바일 메신저와 소셜 플랫폼을 중심으로 가짜뉴스를 접하고 있었다(오세욱 · 박아란, 2017). 사람들은 자기가 보고 싶은 것만 보고 의견이 비슷한 뉴스를 소비하려는 '확증편향'을 갖고 있기 때문에 가짜뉴스인지 알면서도 소비하는 경향이 강하다. 이런 점도 가짜뉴스의 폐해를 확대한다. 미국 여론조사기관인 퓨 리서치 센터(Pew Research Center)가

2016년 7,600만 명의 페이스북 사용자가 900여 개의 뉴스매체와 상호작용하는 과정을 분석한 결과, 사람들은 뉴스의 사실 여부를 따지는 대신 자신의 견해와 일치하는 뉴스를 찾는 경향이 있었다(김균미, 2018). 이는 가짜뉴스가 수용자에게 큰 영향을 줄 수 있음을 의미한다.

데이터 저널리즘의 발전으로 사람이 아니라 로봇을 통해 가짜뉴스를 만드는 상황까지 벌어지면서 가짜뉴스가 현실에 미치는 영향은 더욱 커지고 있다. 러시아 정부는 2016년 미국 대선 기간 동안 2,700개의 봇(*bot*)을 운영하면서 도널드 트럼프를 지지하는 트위터 계정을 만드는 등 선거와 관련한 트위터 글 140만 개를 자동으로 만들었다. 봇들이 자동으로 가짜뉴스를 작성해서 전파한 것이다. 봇은 주변 환경을 인식해 그에 맞는 행위를 수행하는 인공지능 소프트웨어다(오세욱 · 정세훈 · 박아란, 2017).

3) 가짜뉴스 대응 방법

가짜뉴스가 전 세계의 민주주의를 심각하게 위협할 수 있는 것으로 우려되면서 세계적으로 많은 국가에서 가짜뉴스 대응에 나서고 있다. 가짜뉴스 대응책에는 법적 규제, 자율 규제, 팩트체크(*fact check*), 미디어 리터러시(*media literacy*) 등이 있다(정세훈, 2018).

팩트체크는 정치인이나 유명인사의 발언이 옳은지 그른지를 따져보는 저널리즘의 한 형태이다. 팩트체크라는 단어는 1988년 미국 대선에서 등장했다. 1992년 선거에서 처음으로 후보의 정치적 주장에 대한 사실 확인을 시도한 것이다. CNN 기자 브룩스 잭슨(Brooks

Jackson)이 정치광고를 검증하는 '애드워치'(AD Watch)와 정치인의 발언을 검증하는 '팩트체크'(Factcheck) 코너를 시작한 것이 팩트체크의 시초이다.

미디어 리터러시는 뉴스 소비과정에 대한 대응 전략이다. 수용자가 미디어에 접근하고 내용을 이해하는 능력을 향상하는 데 초점을 두었으나, 최근에는 미디어 콘텐츠의 메시지를 분석하고 평가해서 비판적으로 받아들이는 능력을 향상하는 데 주력한다. 서구에서는 가짜뉴스 문제가 생기면서 이에 중점을 둔 미디어 교육 정책과 프로그램이 생기고 있다. 미국에서는 가짜뉴스가 사회적 이슈로 떠오르자 미디어 리터러시 교육을 정규 교육과정으로 편성하려는 움직임이 있다. 프랑스에서는 매년 학생을 대상으로 '학교에서의 언론과 미디어 주간' 행사를 진행하는데, 2017년에는 가짜뉴스에 적극적으로 대응할 수 있는 시민 교육에 중점을 두었다.

법적 규제방식으로, 독일은 2018년부터 가입자가 200만 명 이상인 페이스북, 트위터, 유튜브, 인스타그램 등의 SNS 운영업체가 혐오 발언이나 가짜뉴스가 포함된 글을 발견한 지 24시간 안에 삭제하지 않으면 최대 5천만 유로(약 640억 원)의 벌금을 내도록 하는 〈네트워크 시행법〉을 제정했다(김균미, 2018). 미디어 업체도 자율적으로 가짜뉴스 대응 기능을 강화하고 있다. 페이스북은 팩트체킹 기능을 포스팅 과정에 추가했고 구글은 가짜인 것이 명백한 뉴스를 올리는 사이트는 검색 광고에서 제외했다(강석, 2017). 프랑스에서는 구글, 페이스북 등 플랫폼과 〈르몽드〉, 〈AFP〉 등 언론사가 공동으로 참여한 '크로스체크(*cross check*) 프로젝트'를 통해 가짜뉴스의 사실 여부를 확인하고 있다. 미국의 언론 비영리기관인 '나이트 재단'(Knight Foundation)은 2017년 가짜뉴스를 가려내는 소프트웨어나 애플리케이션, 효과적인 미디어 리터러시 프로그램, 탐사보도 기법 등의 도구나 방법의 개발을 지원하기 위해 100만 달러의 기금을 출연했다(오세욱 · 정세훈 · 박아란, 2017).

국제 라이브러리 연합(International Federation of Library Associations and Institutions)은 가짜뉴스 여부를 확인하는 방법을 다음과 같이 제시했다(IFLA, 2018). 첫째, 그 뉴스가 실린 사이트의 진위(주소, 연락처 등)를 확인할 것, 둘째, 자극적인 제목에 현혹되지 말고 뉴스의 전체 내용을 확인할 것, 셋째, 기자의 이름을 검색해 실제 인물인지, 믿을 만한 인물인지를 확인할 것, 넷째, 뉴스에 정보원이 제대로 있는지 확인하고 기사에 링크가 있으면 꼭 클릭해 확인할 것, 다섯째, 기사 내용과 보도 날짜의 연관성이 없을 수 있으므로 보도 날짜를 확인할 것, 여섯째, 기사 내용이 너무 과장되었다면 사이트와 기자가 믿을 만한지를 확인할 것, 일곱째, 스스로 판단해 이 기사가 믿을 만한가를 생각해볼 것, 여덟째, 팩트체크 사이트를 활용하거나 전문가에게 확인해볼 것 등이다.

12장 / 저널리즘의 보도윤리

1. 언론의 자율적인 보도 가이드라인

저널리즘은 국민의 알 권리와 민주주의 발전, 환경 감시라는 대의명분을 갖고 있기에 일반인이 쉽게 접근하기 어려운 정보를 취득할 수 있으며, 정부에 당당하게 여러 정보를 요구할 수 있다. 공무원이나 유명인의 개인적인 생활 이야기까지 실명으로 보도하고, 그들을 비판하기도 한다.

그러나 언론사에게는 치열한 보도 경쟁이 생명이다. 언론사는 경쟁을 통해 새로운 정보를 발굴하고, 어떤 정보라도 가능한 한 빨리 국민에게 전달함으로써 사회를 감시하고 발전시키는 저널리즘의 역할을 수행한다. 이러한 경쟁이 지나치게 과열되면 충분히 확인하지 않은 채 잘못된 정보를 전달하거나, 정보를 과장해서 보도하는 부작용도 발생한다. 취재와 보도과정에서 윤리 문제가 생기기도 한다.

개인이나 사회가 입을 피해를 막기 위해 정부는 언론이 취재와 보도를 할 때 금지되거나 주의해야 하는 내용을 〈헌법〉, 〈형법〉, 〈아동·청소년의 성보호에 관한 법률〉, 〈소년법〉 등 여러 법에서 규정하고 있다. 언론중재위원회는 이를 개인, 사회, 국가 차원으로 분류해 정리한 내용을 홈페이지에 수록했다.[1] 한국신문윤리위원회는 자체적으로 윤리 강령을 만들어 언론사가 취재와 보도를 할 때 준수하도록 한다.[2]

저널리즘이 본연의 역할을 충실하게 수행하기 위해서는 언론 자유가 매우 중요하지만, 이 못지않게 중요한 것이 언론의 책임이다. 무책임한 자유는 오히려 더 많은 폐해를 가져오기도 한다. 이런 상황이 계속되면 저널리즘의 신뢰가 추락하고, 정부와 사회 등 외부가 언론에 간섭하여 언론 자율까지 침해당한다.

그래서 세계 각국의 언론사는 저널리즘의 책임 의식을 높이고 잘못된 저널리즘의 폐해를 줄이기 위해 취재와 보도에 관한 윤리 강령을 만들어 시행하는 등 자율적인 노력을 하고 있다. 나아가 언론사의 보도 경쟁으로 인한 사회적 폐해가 클 것으로 예상되는 사안에 대해서는 자발적으로 합의해서 취재와 보도방식을 정하는 가이드라인을 제정하기도 한다. 어떤 사안이라도 언론의 보도를 규제하는 것은 언론의 자유를 침해할 우려가 있기 때문에 자유민주주의 사회에서 보도 가이드라인은 매우 드물다. 그러나 언론의 지나친 보도 경쟁으로 인해 사회적 폐해가 너무 크면 언론사가 보도를 자제하는 것이 사회를 위해 바람직하다는 취지에서 언론사들이 자발적으로 보도 규제 협정을 맺는 것이다.

---

1 http://www.pac.or.kr/kor/main.

2 http://www.ikpec.or.kr.

일본에는 대표적으로 '유괴보도 협정'이 있다(日本新聞協會, 2018. 8. 10). 1960년 일본의 도쿄에서 마사키라는 사람이 유괴를 당했다. 신문들은 치열한 보도 경쟁을 벌이고 범인의 요구, 수사 상황 등을 상세하게 추적해 보도했다. 마사키는 살해되었고 체포된 범인은 "신문보도에 의해 매우 궁지에 몰려 살해했다"고 말했다. 신문들은 '마사키 유괴사건'을 계기로 유괴사건의 보도 경쟁에 대해 진지하게 반성했다. 그 결과, 도쿄에 있는 신문사들의 사회부장 회의를 거쳐 일본신문협회 편집위원회에서 "향후 유괴사건이 발생하면 먼저 피해자의 생명을 생각해야 한다"는 의견이 제기되었다.

일본신문협회 편집위원회는 1970년 2월 5일 유괴보도의 방침을 정한 '유괴보도 협정'에 대해 일본 경찰청과도 충분하게 협의한 후 언론사와 경찰청의 양해를 모두 구했다. 이후 발생한 모든 유괴사건보도에서는 전국의 언론사가 협력해서 이 방침을 실천했다. 보도로 인해 피해자의 생명이 위험에 처할 우려가 있는 유괴사건에 대해서는 언론사가 수사당국으로부터 신속하게 정보를 제공받아 사건 내용을 검토한 후, 그 결과에 따라 보도를 자제하는 협정을 체결한다. 협정이 체결되면 경찰은 수사 상황을 언론에 자세하게 제공하는 대신 언론사는 취재와 보도 활동을 자제한다. 언론이 보도해도 피해자의 생명에 위험이 없다고 판단되면 협정은 해제된다. 위험이 없다고 판단되는 것은 피해자가 안전하게 보호될 때, 피해자의 사망이 확인된 때, 범인이 모두 체포되었을 때 등이다.

한국 최초의 보도 가이드라인은 교육부 출입기자들이 1997년에 만든 '대학입시 보도강령'으로 추정된다. 당시 교육부 출입기자들은 언론의 지나친 성적 위주 대학입시 보도가 대학입시 과열을 부추긴다고 반성하고는 서울대 수석 합격자와 수능 최고득점자 등을 보도하지 않는 '대학입시 보도강령'을 만들었다. '대학입시 보도강령'은 교육부에 출입하는 언론사가 모두 합의해 준수되었다. 2004년에도 고교별 대학 합격자 수, 각 대학 전체 및 계열별 수석 합격자, 수능 수석 학생(만점자는 제외), 입시학원이 발표하는 '수능 점수대별 지원 가능 대학' 예상표, 특정 대학 특정 학과 등 대학과 학과를 점수와 연계한 기사를 일절 보도하지 않기로 결의했다(〈기자협회보〉, 2004. 2. 24). '대학입시 보도강령'은 정부의 기자실 운영 제도가 달라지고, 교육부 기자실에 출입하는 언론사도 인터넷매체 등 많은 언론사로 확대된 이후 잘 준수되지 않으면서 흐지부지되었다. 그러나 '대학입시 보도강령'은 한국에서 언론사의 과열 경쟁 보도가 사회에 미치는 악영향을 처음으로 인정하고, 자율적으로 취재와 보도를 제한하는 가이드라인을 공동으로 만들었다는 의미가 있다.

한국의 모든 언론기관과 언론사가 참여한 본격적인 가이드라인은 세월호 참사 이후에 만들어진 '재난보도준칙'이다. 세월호 참사 당시 언론사의 과열 경쟁 보도로 오보와 선정성 뉴스가 많아져 사회적 문제로까지 비화되었다. 언론계는 국가적 재난이 발생했을 때 언론의 보도방식을 개선할 필요성을 절감했다. 이에 따라 한국기자협회, 한국신문협회, 한국방송협회, 한국신문방송편집인협회, 한국인터넷신문협회 등 언론계를 대표하는 5개 단체는 2014년 '재난보도준칙'을 만들었다. 모든 언론사가 이를 수용했으며, 일부 언론사는 이를 토대로 자체적인 보도준칙도 만들었다.

총 44조로 구성된 '재난보도준칙'은 제정 목적을 "재난이 발생했을 때 정확하고 신속하게 재난 정보를 제공해 국민의 생명과 재산을 지키는 것도 언론의 기본 사명 중 하나이다. 재난보도는 사회적 혼란이나 불안을 야기하지 않도록 노력해야 하며, 재난 수습에 지장을 주거나 피해자의 명예나 사생활 등 개인의 인권을 침해하는 일이 없도록 각별히 유의해야 한다"고 밝혔다. 언론의 보도 우선주의를 지양하고, 재난 수습과 사회 안정을 우선시한 것이다. '재난보도준칙'은 구체적으로 정확한 보도, 인명 구조와 수습 우선, 예방정보 제공, 비윤리적 취재 금지, 무리한 보도 경쟁 자제, 선정적 보도 지양, 감정적 표현 자제, 정정과 반론보도 제공, 피해자 인권 보호, 현장 취재협의체 운영 등을 규정했다(〈조선일보〉, 2014. 9. 16).

한국기자협회, 한국신문협회, 한국방송협회, 한국신문방송편집인협회, 한국인터넷신문협회 등 언론계 5개 단체는 2016년 12월에는 '선거여론조사 보도준칙'도 만들었다. 2016년에 실시된 20대 국회의원 선거 당시 언론의 잘못된 선거 여론조사 보도가 심각했던 점을 반성하고, 2017년의 대통령 선거에서는 언론사들의 선거 여론조사 보도를 개선하자는 취지였다.[3]

3 자세한 내용은 이 책 '6장 정치 저널리즘'의 '2. 언론과 선거' 중 '2) 언론의 선거 여론조사 보도' 부분에서 상세하게 언급했다.

2. 범죄보도 가이드라인

저널리즘의 중요한 사회적 역할은 사회의 잘못을 감시하고 안전을 지키는 일이다. 그래서 사람의 생명과 재산을 해치고 사회의 안전을 위협하는 범죄 사건은 어느 국가에서든지 중요한 뉴스이다. 수용자도 범죄뉴스에 많은 관심을 둔다. 한국 수용자는 한국 언론이 보도하는 여러 뉴스 가운데 사건·사고뉴스를 건강뉴스 다음으로 가장 관심 있게 본다(한국언론진흥재단, 2015: 171).

범죄뉴스는 사회에 경각심을 불러일으켜 범죄를 예방하고 억제하며 사회를 지키는 순기능을 한다. 그러나 범죄는 스토킹, 살인, 강도, 폭력, 절도, 사기, 성매매, 성폭력, 불량식품 유통, 학대, 마약, 보이스피싱, 해킹, 사이버 테러 등 매우 다양하며, 인간의 상식을 초월하는 수많은 사건도 종종 벌어진다. 범죄는 대체로 복잡한 인간관계와 폭력, 금전적 이득이 관련되어 있다. 그리고 일탈성·흥미성·선정성 등의 뉴스가치를 중시하는 언론의 보도 관행, 언론사의 경쟁 과열로 인한 상업주의적인 보도방식 등으로 지나치게 선정적이고 폭력적이며 자극적인 뉴스가 많은 분야이다.

그 결과, 범죄보도는 종종 사회에 대한 지나친 불안감과 공포 심리를 조장하거나 선정적이고 폭력적인 표현으로 사건 내용을 지나치게 상세히 보도함으로써 피의자와 피해자 모두의 명예나 사생활을 심각하게 침해한다. 범죄 방법을 흥미 위주로 자세하게 보도함으로써 모방 범죄를 유발하기도 한다(이완수·홍성철·송상근·최명일, 2016: 18~19).

범죄뉴스는 재판에 영향을 줄 수 있으며 여성, 아동, 노인과 같은 사회적 약자가 많이 관여되므로 매우 신중하게 보도되어야 한다. 세계적으로 많은 국가에서 언론이나 관련 기관은 범죄뉴스의 문제점을 줄이기 위해 자체적으로 범죄보도 가이드라인을 만들어 시행하고 있다. 언론의 범죄보도는 뉴스 내용뿐만 아니라 취재과정부터 문제가 되곤 한다. 정신적으로 공황 상태에 있는 범죄 피해자의 상황을 전혀 배려하지 않고 막무가내로 인터뷰를 시도하거나 인터뷰를 할 때 피해 당시 상황을 지나치게 상세하게 물어봐 2차 피해를 주는 경우도 자주 발생한다. 이를 예방하기 위해 국내외에서 만들어진 범죄보도 가이드라인은 올바른 취재 방법까지 제시하고 있다.

영국 BBC방송은 《편집 가이드라인》의 8장에서 '범죄와 반사회적 행위 보도준칙'을 명시하고 있다. 이 보도준칙은 범죄 보도는 개인의 사생활을 존중해야 하며, 유사 범죄를 유발하거나 범죄 행위를 고무하는 내용, 불필요한 공포와 사회적 혼란을 유발하는 내용을 전달해서는 안 된다고 명시하고 있다. 범죄나 반사회적 행위보도는 사회적 맥락 속에서 사건을 설명해야 하며, 실제로는 발생할 가능성이 거의 없는 범죄인데도 시청자가 범죄 행위의 희생자가 될 수 있다는 막연한 공포감을 느끼도록 해서는 안 된다고 강조한다(BBC, 2018. 5. 21).

한국의 범죄보도 가이드라인은 성폭력 범죄보도에 중점을 둔다. 한국기자협회와 여성가족부가 2014년에 만든 '성폭력 사건보도 가이드라인'은 언론이 잘못된 통념에서 벗어날 것, 피해자 보호를 우선할 것, 선정적이고 자극적인 표현을 지양할 것, 신중하게 보도할 것, 성폭력 예방과 구조적인 문제 해결에도 관심을 가질 것 등 5개 원칙을 제시했다.

'성폭력 사건보도 가이드라인'이 5개 원칙의 실천요강에서 제시한 보도 주의사항의 주요 내용은 다음과 같다.

① 피해자의 신원이 노출되지 않도록 주의하여야 한다. 피해자의 얼굴, 이름, 직업, 거주지 등을 직접 공개하지 않는 것은 법적 의무이다. 범죄 발생 장소, 피해자와 가해자의 관계는 보도할 공익적인 필요성이 높은 정보이지만, 피해자의 신원도 노출될 가능성이 높으므로 주의해서 보도해야 한다.
② 피해자의 피해 상태를 자세하게 보도하는 것을 자제해야 한다. 기사를 접하는 피해자에게는 사건을 상기하게 하고 공포심과 성적 수치심을 다시 경험하게 하는 2차 피해를 줄 수 있다.
③ 사건과는 무관한, 피해자의 사생활에 대한 보도는 하지 않아야 한다.
④ 피해자에게도 책임이 있다는 인식을 심어줄 수 있는 보도를 하지 않아야 한다.
⑤ 가해자의 범행 수법을 자세히 묘사하거나 선정적이고 자극적인 보도를 하지 않아야 한다.
⑥ 가해자의 사이코패스 및 변태적 성향, 절제할 수 없는 성욕 등을 지나치게 강조하여, 성폭력 범죄의 원인이나 범행 동기에 대하여 잘못된 통념을 심어주는 보도를 하지 않아야 한다.

다음은 '성폭력 사건보도 가이드라인'이 제시한 취재 주의사항의 주요 내용이다.

① 피해자의 사생활 비밀과 자유를 보호해야 한다. 피해자나 가족, 주변인을 몰래 촬영해서는 안 된다. 피해자의 사적 내용이 담긴 기록물(일기, 유서, 편지, 사진, 생활기록부)을 직접 촬영하거나 공개해서는 안 된다.

② 피해자와 가족 등 관련자를 인터뷰할 때는 다음의 원칙을 지켜야 한다. 피해자나 가족은 인터뷰를 거부할 권리가 있기 때문에 인터뷰 거부를 부정적으로 언급하지 않아야 한다. 기자는 자신의 소속과 기자임을 먼저 밝히고 인터뷰에 대한 사전 동의를 구해야 한다. 사건의 본질과 관계없는 내용, 사적인 내용은 질문하지 않아야 한다.

국내 언론사 가운데는 〈경향신문〉이 11개 항목의 '성범죄보도준칙'을 시행하고 있으며, KBS방송과 〈한겨레〉는 일반적인 '범죄보도준칙'을 시행하고 있다. KBS방송의 범죄보도준칙에 있는 주요 내용은 다음과 같다(이완수 · 홍성철 · 송상근 · 최명일, 2016: 28~29).

① 형사피고인은 유죄 판결이 확정될 때까지 무죄로 추정한다.

② 검사에 의해 기소되기 전에는 피의자라는 법적 용어 대신 범인, 주범, 공범, 범인 일당 등의 용어를 사용해서는 안 된다.

③ 범행에 대한 일방적 여론재판이나 사회 불만 심리에 영합해서는 안 된다.

④ 가능한 피의자의 인권을 침해하지 않도록 한다.

⑤ 피의자가 잔혹한 범죄를 했더라도 단순히 흥미를 위해 피의자 신

상을 보도하는 것은 자제해야 한다.

⑥ 범행을 미화하거나 또는 범죄 수법을 필요 이상으로 상세하게 보도해 모방 범죄를 유발하지 않도록 해야 한다.

⑦ 피의자는 가능한 익명으로 처리하고, 신상과 관계된 보도는 자제해야 한다.

⑧ 성범죄에 대해 피해자의 신원이 드러나지 않도록 해야 한다. 피해자가 사망했더라도 '사자(死者)의 명예훼손'을 하지 않도록 보도과정에 유의해야 한다.

⑨ 범죄보도는 익명 보도주의를 원칙으로 한다.

⑩ 미성년자 범죄의 경우 피의자는 물론 가족의 익명성을 보장해야 한다.

3. 자살보도 가이드라인

일반적으로 언론의 자살보도가 늘어나면 사회적으로 자살이 증가하는 것으로 알려져 있다. 젊은이가 소설이나 영화에 등장하는 자살 방법을 모방해 자살한다는 의미가 있는 '베르테르 효과'는 유명인이 자살한 후 그들의 자살을 모방하여 자살하는 현상을 뜻하는 말이다(김인숙, 2009). 독일의 문호 괴테(Johann Wolfgang von Goethe)가 1774년 남자 주인공이 불운한 사랑을 비관해 권총으로 자살하는 내용의 소설 《젊은 베르테르의 슬픔》을 발표한 후 독일 등 유럽에서 모방 자살이 잇따랐던 현상에서 유래된 용어이다.

미디어의 자살보도가 수용자에게 미치는 부정적인 효과는 20세기 후반부터 본격적으로 연구되었다. 서구에서는 1967년에서 2009년 사이에 미디어와 모방 자살의 관계를 밝힌 학술 연구가 120개 이상이었다(김영욱, 2015). 연예인 등 유명인의 자살 사건에 대한 언론의 대대적인 보도는 일반인의 자살보도보다 14.3배나 많은 후속 자살을 일으킬 가능성이 있다. 반복성과 스크랩 가능성 등으로 인해 텔레비전, 신문, 인터넷의 순서대로 자살보도의 영향력이 크다(〈세계일보〉, 2011. 4. 14).

언론의 자살보도가 수용자에게 미치는 영향은 사회학습 이론(*social learning theory*)과 모방 자살 이론(*copycat effect theory*)으로 설명된다. 정신적 고통을 받는 사람은 언론에 노출되는 자살 정보의 내용에 쉽게 동화되고 자살을 자신의 상황에서 벗어나는 수단으로 인식할 가능성이 커진다. 특히, 사회적으로 유명한 사람이 자살하면 "그 사람도 죽었는데 … 나라고"라며 충동적으로 자살을 생각하는 동조화 경향이 커진다.

국내 연구에서도 언론의 자살보도는 수용자의 자살 의도를 촉구시키는 것으로 나타났다. 신문, 방송, 인터넷 등의 언론에서 자살보도를 더 많이 접한 청소년일수록 충동적으로 자살에 대한 동조의식을 더 느꼈다(김미경 · 이은희, 2011). 언론의 자살보도는 수용자의 우울증과 충동성에 정적인 영향을 주고 자기 효능감을 낮추어 자살 생각에 영향을 주었다. 사회학습 이론에 따르면 모방 행동은 관찰자와 행위자의 동일시를 시작으로 하여 관찰하는 행동의 절차나 단서가 자세히 보일 경우 모방이 더 쉽게 발생한다. 자살은 보도 내용에 영향을 받고 기사의 반복 정도는 후속 자살을 부추기는 요인으로 작용한다. 잦은 보도 빈도와 보도량은 정보의 도달률을 높이는 조건이다. 매일 반복되는 자극적인 자살보도는 잠재적 자살자로 하여금 자살 생각을 지속적으로 갖게끔 부추기는 작용을 할 가능성이 높다(오지희 · 김민정, 2014).

자살보도가 수용자와 사회에 미치는 나쁜 영향이 입증되면서 20세기 후반부터 미국, 캐나다, 호주, 일본, 오스트리아, 아일랜드, 세계보건기구(WHO) 등에서는 언론의 자살보도 가이드라인이 만들어졌다. 이들은 자살 예방을 위한 언론인 자료집을 발간했으며, 언론이 자살에 대해 적절하고 정확하게 도움이 되는 태도로 보도하면 자살을 막을 수 있다고 권고했다. 오스트리아의 수도 빈에서는 1980년대에 지하철에 뛰어들어 자살하는 사람이 증가했다. 오스트리아 자살예방협회는 신문의 자살보도에 관한 연구를 통해 자살 방법이 상세하게 보도되었을 때, 기사가 1면에 실렸을 때, 자살이라는 용어가 헤드라인에 실렸을 때, 자살한 사람의 사진이 실렸을 때 자살률이 증가한다는 가설을 세웠다. 반대로 자살 이외의 대안을 제시하고 자살 유혹에서 벗어난 사람의 기사를 통해 자살 징후 등 자살에 관한 지식을 제공할 때 모방 자살이 줄어든다고 분석했다. 오스트리아 자살예방협회는 1987년 이를 토대로 '언론 자살보도 가이드라인'을 만들어 언론사에 배포하고 준수해줄 것을 요청했다. 가이드라인 효과는 바로 나타나 지하철 자살률이 80% 이상 떨어졌다(〈세계일보〉, 2011. 4. 14).

한국 사회는 빠른 산업화 과정을 거치면서 극심한 경쟁과 인구의 노령화 등으로 인해 외로운 사회, 경쟁 사회, 피로 사회, 탈진 사회 등 다양한 악명을 가질 정도로 힘든 사회가 되었다. 경제적 스트레스, 만성 신체 질환, 우울증 등의 정신장애도 확대되었다. 그 결과, 자살이 급증하면서 2003년에는 경제개발협력기구(OECD) 국가 가운데 자살률 1위 국가가 되었다. 자살을 예방하기 위해 2003년 12월에는 한국자살예방협회가 설립되었다. 한국자살예방협회는 2004년 7월 한국기자협회와 공동으로 '언론의 자살보도 기준'을 발표했다.

다음은 한국자살예방협회, 세계보건기구, 미국자살예방기금 등이 만든 '자살보도 권고 가이드라인'의 공통적인 특징이다.

첫째, 언론은 중요한 인물의 자살과 같이 공공의 정당한 관심 대상이 되는 사건이 아니라면 자살보도를 자제해야 한다. 자살보도 자체만으로 대중의 모방 자살을 부추길 수 있다.

둘째, 언론은 자살자의 이름과 사진, 자살 장소와 자살 방법, 자살 경위를 자세히 묘사하지 말아야 한다. 자살 방법 묘사와 특정 자살 장소 보도는 자살 기도자의 관심을 집중시켜 더 많은 사람이 그 장소를 선호하게 만든다.

셋째, 특정 자살에 대해 너무 두드러지게 보도하는 것을 피해야 한다. 특히, 1면 보도는 하지 말아야 한다. 자살자가 유명인사라고 하더라도 자살 행위를 선정적이거나 흥미 위주로 다루지 않아야 한다. 자살한 사람이나 자살 장면, 방법에 대한 사진을 게재하지 말아야 한다.

넷째, 흥미를 유발하거나 속보와 특종 경쟁의 수단으로 자살 사건을 다뤄서는 안 된다. 표제를 선정적이거나 부적절하게 선택해서는 안 되며 자살이라는 단어는 피하는 것이 좋다.

다섯째, 언론은 자살자를 영웅시하거나 자살 행위를 미화해서는 안 된다. 희생자의 이웃이나 친척, 동료가 애도하는 모습을 보도하는 데도 주의가 필요하다. 무심결에 자살을 동정하거나 미화할 수 있다.

여섯째, 언론은 충분하지 않은 정보로 자살 동기를 판단하는 보도를 하거나 자살 동기를 단정적으로 보도해서는 안 된다. 한 사람이 자살을 선택하는 이유는 절망감, 고립감 등 정신적 요인부터 물질적 고통, 육체적 고통까지 혼재되어 복합적인 경우가 많다. 그런데 자살 이유를 생활고, 실직, 입시 실패, 연인과의 이별 등 하나로 단순화하는 것은 자살 동기에 대한 불확실한 정보를 전달하는 것은 물론, 잠재적 자살 기도자들이 자살을 문제 해결 방법으로 생각하기 쉽게 만든다.

일곱째, 자살 사연에 초점을 맞추는 방식으로 보도해서는 안 된다. 나름대로 이유가 있어 자살을 선택하는 행위로 전달해서는 안 된다. 자살자에 대한 이해를 표시하거나 동정적인 태도를 나타내서는 안 된다. 자살이 개인적 이유보다 사회적 또는 문화적 요인으로 인해 일어나고 있다는 식의 언급도 피해야 한다.

여덟째, 자살보도를 할 때는 자살을 극복할 수 있는 정보도 함께 전달해야 한다. 자살이 얼마나 고통스러운 과정인지, 자살 시도 결과의 후유증, 가족 등 주변 사람이 겪는 고통에 대해서 보도해야 한다.

아홉째, 언론은 자살 현상을 보도할 때 확실한 자료와 출처를 인용해 보도해야 한다. 통계 수치는 주의 깊고 정확하게 해석해야 하며, 충분한 근거 없이 일반화해서는 안 된다. 자살이 세계적인 추세라는 등의 막연하고도 부정확한 보도는 개인의 자살 의지를 부추기고 자살을 합리화하는 근거를 제공한다.

그러나 국내 언론에서 보도된 대부분의 자살 관련 기사는 자살보도 권고기준을 제대로 준수하지 않는다(김은이 · 송민호 · 김용준, 2015). 우리나라 언론의 자살보도는 자살 원인에 관해 선정적으로 보도하고,

자살 방법을 자세하게 보도하며, 자살의 동기에 대한 추측을 흥미 위주로 작성해 수용자로 하여금 자살 충동을 느낄 수 있게 한다. 특히, 연예인의 자살 사건이 발생하면 뉴스, 연예 오락 프로그램에서 자살 동기를 추측하고 자살 방법을 상세히 소개한다. 장례식을 생중계 수준으로 보도하며 장례식에 조문을 오는 연예인을 집중 취재하는 등 연예인의 자살을 뉴스상품화하고 있다(김인숙, 2009).

2011년에 발생한 아나운서 송지선과 가수 채동하의 자살 사건을 보도한 국내 주요 신문의 기사를 분석한 결과, 신문은 흥미를 유발하거나 속보와 특종 경쟁의 수단으로 자살사건을 보도했다. 거의 모든 신문이 이 사건을 며칠에 걸쳐 다뤘으며, 고인과 사건 현장의 사진까지 실어 유명인의 자살 사건을 상품화했다(정일권, 2011).

국내 언론의 자살보도는 모방 자살의 사회학습 역할을 한다. 수용자는 자살보도 내용 가운데 모방 자살을 증가시키는 역할을 하는 내용을 더 많이 기억했으며 자살보도에서 자살자가 얻는 보상에 대한 지각은 모방 자살에 대한 긍정적인 생각과 태도를 일으켰다(배준성 · 허태균, 2010). 언론에서 자살기사 보도량, 자살 방법 언급량, 자살 이유 언급량이 증가할수록 포털사이트에서 자살, 자살 방법, 자살 이유에 대한 검색량이 증가했다. 자살 방법 검색량이 증가하면 자살 장소 검색량도 증가했다. 언론의 무분별한 자살 관련 보도는 수용자의 자살 관련 인식과 정보 탐색에 영향을 미쳤다(김은이 · 송민호 · 김용준, 2015). 자극적이고 선정적으로 묘사된 보도, 자살 방법에 대한 구체적인 보도 등이 모방 자살의 가능성을 높일 수 있다는 연구 결과와 유사하게, 언론의 자살 동기 보도는 대학생의 자살 태도에 가장 큰 영향을 주었다(양현주 · 변은경, 2016). 자살 사건을 보도할 때 자살 방법, 장소, 동기를 상세하게 묘사하는 것은 자살 수단을 제공하는 것과 같은 효과가 있다(양재규, 2013).

언론의 입장에서 유명인의 자살 사건은 충분한 뉴스가치가 있지만, 자살자 본인의 명예를 훼손하고 유족에게 고통을 주며 모방 자살을 유도할 수 있는 선정적인 보도방식은 개선되어야 한다(정일권, 2011). 양재규(2013)는 기사 제목에서만이라도 자살이라는 표현을 삼가야 한다고 강조했다. 드라마 〈모래시계〉를 제작했던 김종학 PD의 자살 사건을 보도하면서 "'드라마 거장' 김종학의 모래시계 멈추다"와 같이 '자살'이라는 단어를 쓰지 않고도 의미를 전달할 수 있는 다른 표현을 사용하는 것이 부작용을 최소화한다는 것이다. 한국자살예방협회에서는 "김종학 PD 고시텔서 자살" 제목을 나쁜 보도 사례로, "'드라마 거장' 김종학의 모래시계 멈추다" 제목을 좋은 보도 사례로 들었다(〈의대생신문〉, 2014. 4. 23).

우리나라의 기자들도 우리나라의 자살 문제가 심각하다는 데 대부분 동의하며, 많은 기자가 자살기사의 '베르테르 효과'에 대해 인정한다. 그럼에도 기자의 상당수는 "일부 부작용을 감수하더라도 사회적 문제 제기를 위해 써야 한다"고 생각한다. 우리나라 언론의 자살보도 방식을 개선하기 위해서는 언론의 자살보도에 대한 인식 전환과 기자 교육이 필요하지만 기자의 대부분은 전문적인 자살 관련 교육을 받은 적이 없었으며, 절반은 '자살보도 권고기준 2.0'의 내용도 몰랐다(〈세계일보〉, 2018. 3. 31). 김영욱(2015)은 언론이 자살 사건을 계기로 학교 폭력, 개인 빚, 생활고 등의 사회적 문제를 부각하는 방법을 자주 활용하지만, 그런 방식은 비슷한 처지의 사람에게 자살을 권유하는 결과를 낳을 수 있다고 비판한다. 언론이 자살 사건을 이용해 사회적 문제에 감성적으로 접근하기보다는 심층적 탐사를 통해 체계적으로 보도하는 것이 문제의 근본적 해결에 훨씬 더 도움이 된다는 것이다.

베르테르 효과에 반대되는 용어로 '파파게노(Papageno) 효과'가 있다. 파파게노는 모차르트의 오페라 〈마술피리〉에서 웃음과 희망을 상징하는 인물이다. 파파게노가 어느 날 삶을 비관해 자살하려 할 때 세 명의 요정이 나타나서 이를 만류하며 희망의 노래를 전하자 자살 유혹을 극복한다. 미디어가 자살보도를 자제하면 자살 예방 효과가 있다는 의미로 쓰인다. 나아가 미디어가 삶의 위기나 심리적 질병에서 자살 유혹을 이기고 극복한 사례를 제시하면, 자살 위험에 처한 사람이 죽음 외에 다른 해결 방안이 있다고 생각하게 한다(김영욱, 2015).

참고문헌 /

강규상(2012). “중동 한류관심층 방한유치 증대를 위한 탐색적 연구”. 〈관광·레저연구〉, 24권 8호: 363~382.

강내영(2008). “중국의 항한류 현상 연구: 드라마와 영화를 중심으로”. 〈중국학연구〉, 43권: 457~508.

강내원(2002). “사회갈등 보도기사의 비판적 읽기: 언론의 새만금 간척사업 프레이밍에 대한 갈루아 래터스 분석”. 〈한국언론학보〉, 46권 3호: 5~44.

강명구·김낙호·김학재·이성민(2007). “애국적 열망과 숭고한 과학: 진실추구를 억압한 저널리즘”. 〈한국언론학회〉, 51권 1호: 59~90.

강 석(2017). “가짜뉴스 시대의 탐사보도”. 《2017 해외미디어 동향》, 77~125쪽. 서울: 한국언론진흥재단.

강준만(2009). 《대중매체 이론과 사상》. 서울: 개마고원.

______(2017). 《커뮤니케이션 사상가들: 커뮤니케이션은 노력할 때 가능해진다》. 서울: 인물과사상사.

강형철(2007). “탐사보도 프로그램의 내용 다양성에 관한 연구: 한국 주요 탐사보도 프로그램 내용분석”. 〈한국방송학보〉, 21권 1호: 7~46.

고동원(2010). “지방전문대학홍보에서 인터넷 매체의 효율적 활용”. 〈한국콘텐츠학회논문지〉, 10권 9호: 478~486.

고영신(2007). “정권의 성격변화와 언론 보도: 대통령 친인척 비리보도의 뉴스 프레임을 중심으로”. 〈커뮤니케이션 이론〉, 3권 1호: 156~196.

______(2008). “시사만화의 정치적 의제설정과 프레임 구성에 대한 연구”. 〈언론과 사회〉, 16권 2호: 37~73.

고영철(2010). “한·미의 지역일간지 1면 기사의 다양성 요인 비교분석: 뉴스

주제 및 취재원 유형을 중심으로". 〈언론과학연구〉, 10권 1호: 5~47.
관세청(2011. 6. 25). "한류, 새로운 수출동력으로 활용". 보도자료.
구교태 · 김세철(2004). "전국지와 지역지의 국제뉴스 보도에 대한 미디어 경제학적 고찰". 〈한국언론정보학보〉, 27호: 7~34.
권미경(2009). 《다문화주의와 평생교육: 여성결혼이민과 한국사회》. 파주: 한국학술정보.
권상희 · 우지수(2005). "블로그(Blog) 미디어 연구: 블로그 이용 및 만족과 인지 행태에 관한 연구". 〈한국방송학보〉, 19권 2호: 419~460.
권오주 · 민 영(2015). "정치엔터테인먼트 시청이 정치대화에 미치는 영향: 관여도와 정치정보효능감의 매개 효과". 〈한국언론정보학보〉, 73호: 7~34.
권장원(2014). "국내 언론사 조직에 내재한 사회적 네트워크 특성 연구: 국민정부에서 실용정부까지 신문사와 방송사 조직에서의 밀도 및 위치 분석을 중심으로". 〈한국언론정보학보〉, 67호: 7~34.
권혁남(2006). "한국언론의 선거보도 특성". 오택섭 · 권혁남 · 김성태 외, 《현대 정치커뮤니케이션 연구》, 389~410쪽. 파주: 나남.
______(2011). "2010 지방선거에서 미디어 이용과 TV토론관심시청이 정치효능감, 투표행위에 미치는 효과연구". 〈한국언론학보〉, 55권 6호: 126~151.
______(2012). "2012 국회의원 총선에서 나타난 미디어 이용, 정치 냉소주의, 투표 참여 간의 관계에 관한 연구". 〈한국언론정보학보〉, 60호: 28~51.
금희조 · 조재호(2015). "미디어를 통한 뉴스 이용과 대화가 정치 지식, 효능감, 참여에 미치는 영향: 미디어의 종류와 대화 채널의 차별적 효과를 중심으로". 〈한국언론학보〉, 59권 3호: 452~481.
김경모(2012). "새로운 저널리즘 환경과 온라인 뉴스 생산: 전통과 변화의 경계". 〈언론정보연구〉, 49권 1호: 7~37.
김경모 · 신의경(2013). "저널리즘의 환경 변화와 전문직주의 현실: 반성적 시론". 〈언론과학연구〉, 13권 2호: 41~84.
김경희(2009). "텔레비전 뉴스 내러티브에 나타난 재한 이주민의 특성: 뉴스초점이주민과 주변인물(한국인 · 이주민) 분석을 중심으로". 〈한국방송학보〉, 23권 3호: 7~46.
______(2015). "뉴스 구성 관행과 고정관념의 재생산: 텔레비전 뉴스의 미혼모 보도 사례 분석". 〈미디어, 젠더 & 문화〉, 30권 1호: 5~45.

김관규(2008). "대학생유권자의 미디어 이용과 투표 행동: 2008년 제18대 총선을 대상으로". 〈언론과학연구〉, 8권 4호: 187~221.
김균미(2018). "가짜뉴스와의 전쟁 이길 수 있을까". 〈관훈저널〉, 봄호(통권 146호): 67~75.
김남이·이수범(2011). "공중의 라이프스타일이 소셜 미디어 이용 동기 및 이용 행위에 미치는 영향에 관한 연구". 〈한국광고홍보학보〉, 13권 2호: 306~341.
김동률(2009). "언론의 정치권력화: 재벌 정책 보도의 정권별 비교 연구". 〈한국언론정보학보〉, 45호: 296~340.
김동윤·김성해·유용민(2013). "의견지면을 통해 본 한국 신문의 정파성 지형: 공정한 중재자인가, 편파적 대변자인가". 〈언론과학연구〉, 13권 3호: 75~122.
김동환·이준환(2015). "로봇 저널리즘: 알고리즘을 통한 스포츠 기사 자동 생성에 관한 연구". 〈한국언론학보〉, 59권 5호: 64~95.
김미경·이은희(2011). "청소년의 피학대 경험, 자살노출 및 자살보도 노출이 자살생각에 미치는 영향: 목표불안정성의 매개역할". 〈청소년학연구〉, 18권 12호: 403~429.
김범송(2008). "중국의 한류 열풍과 혐한류 현상에 대한 담론: 한중 언론의 한류견해와 주장을 중심으로", 〈한중인문학연구〉, 25권: 337~361.
김병선(2004). "웹 이용 행위에 영향을 미치는 심리적 요인과 구조적 요인". 〈한국언론학보〉, 48권 1호: 112~141.
김봉섭(2010). "블로그 이용에 따른 사회적 연결망 유형과 사회자본 효과 연구". 〈언론과학연구〉, 10권 2호: 73~104.
김사승(2012). 《저널리즘 생존 프레임, 대화·생태·전략》. 서울: 커뮤니케이션북스.
______(2013a). 《현대 저널리즘》. 서울: 커뮤니케이션북스.
______(2013b). "신문뉴스의 상품가치에 관한 미디어 경제학적 관점의 분석". 〈한국언론학보〉, 57권 3호: 5~33.
김상균·한희정(2014). "천안함 침몰 사건과 미디어 통제: 탐사보도 프로그램 생산자 연구". 〈한국언론정보학보〉, 66호: 242~272.
김선남·장해순·정현욱(2003). "스포츠신문의 선정성에 관한 연구". 〈언론과학연구〉, 3권 1호: 33~68.
김설예·유 은·정재민(2016). "인터넷 개인방송의 이용동기와 사회적 시청요인이 지속 이용과 지불의사에 미치는 영향: 아프리카TV를 중심으로". 〈문화경제연구〉, 19권 3호: 57~84.
김성국(1999). "일본 대중문화의 개방과 지역문화산업 육성방안". 〈일본 대중문화 개방에 따른 지역문화의 정책 방향〉 토론회 발표자료. 부산발전연구원 주최. 1999. 7. 23.
김성태·이영환(2006). "인터넷을 통한 새로운 의제 설정 모델의 적용: 의제 파급(Agenda-Rippling)과 역의제 설정(Reversed Agenda-Setting)을 중심으로". 〈한국언론학보〉, 50권 3호: 175~204.
김성해(2007). "국제공론장과 민주적 정보질서: 미국 헤게모니 관점에서 본 '신국제정보질서운동'의 이론적 한계와 대안 모색". 〈한국언론학보〉, 51권 2호: 82~104.
김성해·김경모(2010). "동아시아공동체와 언론: 동아시아 지역과 역내 금융협력에 대한 한·중·일 언론의 보도 비교". 〈언론과학연구〉, 10권 1호: 77~123.
김성해·송현진·이나연·이정한(2010). "주류 미디어 공론장의 이상과 현실: 국내 주요 신문의 2008년 글로벌 경제위기 보도를 중심으로". 〈커뮤니케이션 이론〉, 6권 1호: 144~190.
김성해·유용민·심영섭(2011). "글로벌 디지털 시대의 국제뉴스: 온라인 국제뉴스에 대한 국가별 비교연구". 〈언론정보연구〉, 48권 2호: 181~222.
김송희·윤석년(2009). "디지털 환경에 따른 지역신문 뉴스생산과정 변화에 관한 연구". 〈언론과학연구〉, 9권 2호: 207~242.
김수정·조은희(2005). "생명과학에 대한 한국과 미국의 뉴스 프레임 비교연구". 〈한국언론학보〉, 49권 6호: 109~139.
김승수(2011). "한국저널리즘의 위기와 대안". 〈언론과학연구〉, 11권 3호: 5~32.
김연식(2014). "방송 저널리스트의 전문직주의 인식에 관한 탐색적 연구". 〈언론과학연구〉, 14권 2호: 5~30.
김영석(2013). 《설득 커뮤니케이션》. 파주: 나남.
김영욱(2005). "PR 커뮤니케이션 이론과 미디어 중심주의 극복: 정보원, 미디어 접근, 그리고 민주주의". 한국언론학회 봄철 정기학술대회.
______(2006). "신뢰성이 중요, 표현도 구체적이어야". 〈신문과방송〉, 2월호: 28~31.
______(2015). "한국기자협회 자살예방 우수기관 선정과 언론의 자살보도 변화". 〈신문과방송〉, 12월호: 52~56.
김영욱·임유진(2009). "언론의 정부-언론 관계와 언론 정책에 대한 담론 변화 분석: 노무현, 이명박 정부에 대한 보도 이데올로기 차원 비교 평가". 〈한국언론학보〉, 53권 4호: 94~115.
______(2012). "언론의 사과 연구: 강석주 오보 사건을 중심으로". 〈광고연구〉, 92호: 468~492.
김영욱·장호순(2002). 《한국의 국제뉴스: 신문·뉴스통신 보도를 중심으로》. 서울: 한국언론재단.
김영욱·신호창·임유진(2007). "정보 소스로서 홍보담당자와 언론인의 오보에 대한 인식 비교". 〈한국방송학보〉, 21권 3호: 163~203.
김영욱·진민정·강신규(2014). 《저널리즘의 품질: 평가 기준과 모델》. 서울: 한국언론진흥재단.
김외현(2012). "길 위에서 탐사보도식 검증을 배우다". 〈관훈저널〉, 가을호(통권 124호): 60~68.
김원용·이동훈(2004). "신문의 보도 프레임 형성과 뉴스 제작 과정에 대한 연구". 〈한국언론학보〉, 48권 4호: 351~380.
______(2005). "언론보도의 프레임 유형화 연구: 국내 원자력관련 신문보도를 중심으로". 〈한국언론학보〉, 49권 6호: 166~197.
김은미·양정애·임영호(2012). "온라인 뉴스환경에서의 이용자 참여와 속성의 제설정: 인지적 속성과 정서적 속성을 중심으로". 〈한국방송학보〉, 26권 3호: 94~134.
김은이·반 현(2012). "뉴스 프레임 분석을 통해 본 언론의 위해 식품 보도 태도". 〈스피치와 커뮤니케이션〉, 17호: 234~256.
김은이·이종혁(2010). "대인커뮤니케이션 유형별 대중매체 이용이 사회자본에 미치는 영향 비교". 〈한국언론학보〉, 54권 6호: 5~27.
김은이·송민호·김용준(2015). "신문의 자살보도가 자살 관련 인식에 미치는 영향: 자살보도 내용과 웹 검색 활동의 동적 관계를 중심으로". 〈한국언론학보〉, 59권 3호: 94~124.
김인숙(2009). “연예인 자살보도와 제3자 효과: 언론의 연예인 자살보도에 대한 태도, 미디어 이용, 미디어 규제와의 관계를 중심으로”. 〈언론과학연구〉, 9권 3호: 5~36.
김재홍(2012). “언론자유의 상대성에 관한 고찰: 학문·사상·양심의 자유, 그리고 언론시장의 독과점 방지와 관련하여”. 〈정치와 평론〉, 11권: 149~166.
김정기(1995). 대학생 수용자의 텔레비전 시청동기 연구. 〈한국언론학보〉, 35호: 37~70.
______(2016). 《이용과 충족 연구》. 서울: 커뮤니케이션북스.
김진국·김영환(2012). “신문기업이 저널리즘의 정체성을 견지하며 수행할 수 있는 수익사업에 관한 연구: 현직 언론사 간부기자들의 인식을 중심으로”. 〈한국언론정보학보〉, 59호: 162~179.
김진영(2006). “후보자 이미지 형성에 관한 미디어의 차별적 효과와 미디어 이용, 대인커뮤니케이션, 투표참여 간의 상호관계에 관한 연구”. 〈한국언론정보학보〉, 32호: 113~146.
김진영·성민규(2016). “지역 텔레비전 탐사보도 프로그램의 지역성 구현에 관한 탐색: 울산MBC 〈돌직구 40〉에 대한 사례 연구”. 〈영상문화콘텐츠연구〉, 11호: 47~77.
김진희·임종섭(2016). “데이터 뉴스의 특성과 개념 정의에 대한 연구: 2012년부터 2015년 국제 데이터 저널리즘 시상식의 수상 콘텐츠를 중심으로”. 〈커뮤니케이션 이론〉, 12권 2호: 47~88.
김채환(2008). “UCC의 이용동기와 재이용 의도에 관한 연구”. 〈지역과 커뮤니케이션〉, 12권: 5~32.
김춘식(2009). “미디어 이용, 미디어 선거정보의 중요성 인식 및 미디어 역할에 대한 평가가 정치에 대한 부정적 감정과 정치효능감에 미치는 영향”. 〈언론과학연구〉, 10권 3호: 157~190.
______(2010). “선거 저널리즘”. 강내원 외, 《저널리즘의 이해》, 195~227쪽. 파주: 한울.
김춘식·이영화(2008). “참여정부의 언론정책에 관한 뉴스 프레임 연구: ‘취재지원시스템 선진화 방안’ 보도 분석을 중심으로”. 〈한국언론학보〉, 52권 2호: 303~327.

김현주(1992). “매스커뮤니케이션 수용의 대인관계적 과정에 관한 고찰”. 〈충남대학교 사회과학연구소 논문집〉, 3권: 127~148.
김형재 · 박현정 · 이상환(2011). “UCC 이용동기가 이용의도 및 참여의도에 미치는 영향: 상호작용성의 조절적 영향을 중심으로”. 〈예술경영연구〉, 19권: 89~122.
남시욱(2012). “통찰력과 전문성이 위기 돌파의 유일한 무기: 새로운 시대를 맞은 한국 기자들의 과제”. 〈신문과방송〉, 8월호: 9~14.
남재일(2008). “한국 객관주의 관행의 문화적 특수성: 경찰기자 취재관행의 구조적 성격”. 〈언론과학연구〉, 8권 3호: 233~270.
______(2014). “포털 연예뉴스 생산 관행에 대한 비판적 고찰”. 〈사회과학연구〉, 25권 3호: 83~105.
남재일 · 박재영(2013). 《국내 연예저널리즘의 현황과 품질제고 방안 연구》. 서울: 한국언론진흥재단.
남효윤(2005). “언론의 보도자료 이용에 관한 연구: 지역신문의 재무상태, 규모에 따른 차이를 중심으로”. 〈한국언론학보〉, 49권 6호: 233~256.
______(2006). “언론보도와 통제 요인에 관한 연구: 지역신문의 규모를 중심으로”. 〈언론과학연구〉, 6권 1호: 115~146.
대한무역투자진흥공사(2013). 〈유럽 한류와 국가브랜드 조사〉. Global Market Report 13-079. 서울: KOTRA.
루홍위 · 이효성(2015). “모바일 뉴스 콘텐츠의 정보품질 요소가 사용자 만족도와 지속사용 의도에 미치는 영향”. 〈사회과학연구〉, 31권 3호: 113~132.
마동훈 · 오택섭 · 김선혁(2013). 《저널리즘 공공성 실현을 위한 한국형 팩트체킹 모델 연구》. 서울: 한국언론진흥재단.
매일경제 한류본색 프로젝트팀(2012). 《한류본색: 아시아를 넘어 세계로, 문화강국 코리아 프로젝트》. 서울: 매경출판.
민 영(2006). “정치광고의 이슈현저성과 후보자 선호도에 대한 효과: 이슈소유권과 네거티브 소구를 중심으로”. 〈한국언론학보〉, 50권 5호: 108~131.
______(2008). 《미디어 선거와 의제설정》. 파주: 나남.
민정식(2001). “한국 지방지 기자들의 뉴스 제작 신념과 지향성: 대구 · 부산지역 기자들을 중심으로”. 〈언론과학연구〉, 1권 1호: 75~120.
박경숙(2002). “집단 갈등 이슈의 방송 뉴스 프레임 분석: 의약 분업 뉴스 프레임을 중심으로". 〈한국언론학보〉, 46권 2호: 310~340.
박동진 · 정연구(2010). "정부조직의 언론관계 인식: 김영삼 정부와 노무현 정부의 언론관계 비교". 〈홍보학연구〉, 14권 1호: 33~55.
박상호(2008). "광우병과 언론보도: 방송 분석_대책 마련 위한 의제설정에 미흡". 〈신문과방송〉, 8월호: 132~137.
박성호(2016). "민주주의와 저널리즘". 박재영 외, 《저널리즘의 지형: 한국의 기자와 뉴스》, 409~439쪽. 서울: 이채.
박성호 · 윤영민(2016). "방송 법조뉴스의 품질 연구: 정확성, 심층성, 불편부당성을 중심으로". 〈한국방송학보〉, 30권 4호: 83~120.
박성희(2006). "위험보도의 위기구축 기제 프레임 분석: 식품안전 보도를 중심으로". 〈한국언론정보학보〉, 35호: 181~210.
박소라(2003). "경쟁 도입이 텔레비전 프로그램 장르 다양성에 미치는 영향에 대한 연구: 1989년 이후 지상파 방송 편성표 분석을 통하여". 〈한국언론학보〉, 47권 5호: 222~250.
박영상(1994). 《언론과 철학》. 서울: 나남.
박영학(2004). 실존주의자들의 저널리즘 비판에 관한 연구. 〈언론과학연구〉, 4권 3호: 79~108.
박용상(2001). "'편집권' 논의의 법적 조명". 〈헌법논총〉, 12집: 5~227.
박은희 · 이수영(2002). "사이버 공간의 특성과 의제 전개 과정: 일반네티즌공간과 참여네티즌공간의 차이", 〈한국언론정보학보〉, 18호: 99~130.
박인규(2010). "구조적 통제 하의 저널리즘: KBS 시사 프로그램의 변화를 중심으로". 〈한국방송학보〉, 24권 6호: 209-245.
박재영 · 이완수(2010). 《뉴스평가지수의 개발과 적용》. 서울: 한국언론진흥재단.
박재영 · 안수찬 · 박성호(2014). "대통령 선거 보도의 기사품질, 심층성, 공공성의 변화: 1992~2012년 국내 주요 신문의 경우". 〈방송문화연구〉, 26권 2호: 33~66.
박재영 · 이완수 · 노성종(2009). "한미(韓美) 신문의 의견기사에 나타난 한국 기자와 미국 기자의 사고습관 차이". 〈한국언론학보〉, 53권 5호: 268~290.
박재영 외(2016). 《저널리즘의 지형: 한국의 기자와 뉴스》. 서울: 이채.
박정의(2001). "다 매체 시대의 매체별 신뢰도 분석: 온라인과 전통 매체의 변별요소-뉴스의 사회성". 〈한국방송학보〉, 15권 3호: 129~154.

______(2004). 정치인 홈페이지 프레임 분석: 정당과 성별 요인을 중심으로. 〈한국언론학보〉, 48권 6호, 304-325.
박정의 · 이상규(2002). “미디어: 암 관련 보도의 적절성 분석”. 〈커뮤니케이션학 연구〉, 10권 2호: 234~254.
박종구 · 김영주 · 정재민(2009). “미디어기업의 창의적 조직문화가 직무만족도에 미치는 영향: 종사자의 업무환경 인식을 중심으로”. 〈한국방송학보〉, 23권 1호: 169~207.
박종민(2012). “기사 생성 과정에 있어 언론기자들과 취재원으로서 PR실무자들 간의 상호 이해: 상호지향성 모델과 그릇된 합의-비합의 개념의 적용”. 〈한국광고홍보학보〉, 14권 3호: 92~123.
박종혁 · 이진석 · 장혜정 · 김 윤(2008). “소비자의 인터넷 건강정보 활용에 영향을 미치는 요인”. 〈대한예방의학회〉, 41권 4호: 241~248.
박주현(2008). 인터넷 매체 이용과 의제파급(Agenda-Rippling) 참여가 대통령 후보 인지 및 평가에 미치는 영향: 제 17대 대통령 선거를 중심으로. 〈한국언론학보〉, 52권 3호: 396~421.
박주현 · 최덕경(2011). 《다문화사회의 이해와 실천》. 서울: 창지사.
박진우(2015). “한국 언론의 전문직주의와 전문직 프로젝트의 특수성”. 〈한국언론정보학보〉, 74호: 177~196.
박진우 · 송현주(2012). “저널리스트 전문직에 대한 인식의 변화”. 〈한국언론정보학보〉, 57호: 49~68.
박홍원(2011). “편집권 독립과 언론의 자유”. 〈언론과학연구〉, 11권 1호: 123~156.
반옥숙 · 박주연(2016). “인터넷 개인 방송 지속 이용의 구조적 관계에 대한 연구”. 〈언론과학연구〉, 16권 1호: 59~65.
반 현(2003). “인터넷 뉴스 미디어의 신뢰도에 관한 실험 연구”. 〈한국방송학보〉, 17권 2호: 207~231.
반 현 · McCombs, M. E. (2007). “의제설정 이론의 재고찰: 5단계 진화 모델을 중심으로”. 〈커뮤니케이션 이론〉, 3권 2호: 7~53.
반 현 · 최원석 · 신성혜(2004). “유권자의 투표 선택과 뉴스 미디어의 점화효과: 17대 총선의 선거 이슈를 중심으로”. 〈한국방송학보〉, 18권 4호: 398~443.

배선영·이봉규·이상우(2010). “언론 수용자의 공정성 평가가 매체 이용에 미친 영향 분석”. 〈방송통신연구〉, 봄호(통권 70호): 87~116.

배정근(2010). “광고가 신문보도에 미치는 영향에 관한 연구: 그 유형과 요인을 중심으로”. 〈한국언론학보〉, 54권 6호: 103~128.

_____(2012a). “국내 종합일간지와 대기업 광고주의 의존관계 형성과 변화과정: 자원의존이론의 관점에서”. 〈한국언론학보〉, 56권 4호: 265~292.

_____(2012b). “대기업 광고주가 자사 신문기사에 미치는 영향에 대한 기자 인식 연구: 종합일간지 경제·산업부 기자들을 중심으로”. 〈한국언론학보〉, 56권 5호: 373~396.

배준성·허태균(2010). “자살보도에 대한 지각과 인식: 사회학습효과의 검증”. 〈한국심리학회지: 문화 및 사회문제〉, 16권 2호: 179~195.

백혜진·이혜규(2013). 《헬스 커뮤니케이션의 메시지·수용자·미디어 전략》. 서울: 커뮤니케이션북스.

서병호·김춘식(2001). “정부의 대언론 홍보에 관한 연구: 재정경제부의 보도자료 분석과 평가를 중심으로”. 〈한국언론학보〉, 45권 2호: 216~249.

서정우(2000). “〔세미나 및 토론회〕 (부산편) 오보 발생과 대책”. 〈언론중재〉, 76권 3호: 54~61.

설진아(2009). “탐사보도 프로그램의 논증모형에 관한 분석 연구: 〈PD수첩〉의 ‘줄기세포’ 관련 프로그램을 중심으로”. 〈한국언론학보〉, 53권 3호: 370~394.

성동규·박상호(2005). “지상파 3사의 미디어 신뢰도와 TV뉴스 이용에 관한 연구: 대학생들의 선호집단별 미디어 신뢰도 평가를 중심으로”. 〈방송연구〉, 여름호(통권 60호): 213~242.

성명훈·이인희(2007). “동영상 UCC의 이용 동기와 만족에 관한 탐색적 연구”. 〈한국언론정보학보〉, 40호: 45~79.

손영준(2006). “미디어와 여론”. 오택섭·권혁남·김성태 외, 《현대 정치커뮤니케이션 연구》, 411~435쪽. 파주: 나남.

송덕호(2008). “다문화사회와 미디어, 미디어정책, 방송정책에 ‘다양성’ ‘소통’의 가치 담아야”, 〈신문과방송〉, 9월호: 112~115.

송은지·이건호(2014). “대통령의 선거개입 이슈 보도: 김영삼~이명박 대통령 시기 신문과 정권의 정파성에 따른 뉴스 분석”. 〈한국언론학보〉, 58권 3

號: 228~250.
송종길(2006). "기자들의 미디어 신뢰도에 관한 연구: TV, 신문, 인터넷을 중심으로". 〈언론과학연구〉, 6권 4호: 172~202.
송종길 · 박상호(2005). "뉴스 미디어 이용이 유권자의 정치 행태에 미치는 영향에 관한 연구: 17대 총선에서 나타난 유권자의 정치 뉴스 이용과 투표 행위를 중심으로". 〈한국방송학보〉, 19권 2호: 126~163.
신혜영(2011). "미국 대중매체에 나타난 아시아 남성의 이미지: 편견과 문제점에 대한 고찰", 〈한국학연구〉, 36집: 33~57.
심미선(2007). "융합매체환경 하에서의 장르이용에 관한 연구: 지상파와 케이블 텔레비전을 중심으로". 〈방송연구〉, 겨울호(통권 65호): 175~220.
심미선 · 김은미 · 이준웅(2004). "라이프 스타일에 따른 텔레비전 시청패턴 연구: 일원 자료를 근거로". 〈한국언론학보〉, 48권 2호: 189~217.
심미선 · 김은실 · 하예린(2009). "미디어 이용의 보완 및 대체에 관한 연구: 미디어 레퍼토리를 중심으로". 〈한국방송학보〉, 23권 3호: 317~364.
심재철(1997). "일탈성 뉴스가치 중심으로 본 한국 신문의 국제뉴스 보도". 〈언론과 사회〉, 15권: 33~61.
______(2003). "디지털 미디어시대의 뉴스가치에 관한 소론". 〈방송연구〉, 여름호(통권 56호): 33~60.
심재철 · 이경숙(1999). "국민의제 형성에서 탐사보도의 역할". 〈한국언론학보〉, 43권 3호: 73~108.
심 훈(2005). "20세기 하반기의 미 신문 1면 보도에 대한 다양성 분석: 뉴스 토픽과 정보원의 분포를 중심으로". 〈한국언론정보학보〉, 30호: 175~201.
안종묵(2010). "저널리즘의 역사". 김춘식 외, 《저널리즘의 이해》, 49~71쪽. 파주: 한울.
양문희 · 문성철(2009). "뉴스 프로그램 품질 평가의 채널 브랜드 자산과 채널 충성도에 미치는 영향에 관한 연구: 〈KBS1 뉴스9〉과 〈MBC 뉴스데스크〉 비교를 중심으로". 〈한국언론학보〉, 53권 3호: 197~220.
양성관 · 양성운(2003). "뉴스 미디어 신뢰도가 뉴스 수용자의 위기지각에 미치는 영향: 위기에 관한 수용자의 관여도 조절효과를 중심으로". 〈한국언론학보〉, 47권 6호: 279~305.
양승목(1997). "언론과 여론: 구성주의적 접근". 〈언론과사회〉, 17권: 6~40.

______(2006). “언론과 정부의 관계”. 오택섭·권혁남·김성태 외, 《현대 정치커뮤니케이션 연구》, 363~387쪽. 파주: 나남.
양승찬(2006). “대표적 정치커뮤니케이션 효과이론의 개요”. 오택섭·권혁남·김성태 외, 《현대 정치커뮤니케이션 연구》, 21~58쪽. 파주: 나남.
양재규(2013). “자살보도에 대한 동향과 법적 쟁점”. 〈신문과방송〉, 11월호: 73~77.
양재찬(2004). “경제기사의 기사가치 연구”. 〈주관성 연구〉, 9호: 29~55.
______(2009). “경제기사의 뉴스가치에 대한 기자와 수용자의 인식 유형과 상호지형성 연구”. 〈주관성 연구〉, 19호: 61~82.
양현주·변은경(2016). “자살 관련 보도에 따른 대학생의 자살태도와 자살생각과의 관계”. 〈한국산학기술학회 논문지〉, 17권 10호: 582~590.
오대영(2011). “한국과 일본신문의 한일강제병합 100주년 뉴스 프레임 차이 비교”. 〈한국언론학보〉, 55권 1호: 140~168.
______(2012). “한국 대학생들의 아시아·서구에 대한 인식 차이와 한국 미디어의 영향 연구”. 〈아시아문화연구〉, 27집: 109~146.
______(2013). “한국신문의 아시아와 서구에 대한 보도양상의 차이와 이유 연구: 뉴스주제, 보도량, 보도태도, 미디어 정보원을 중심으로”. 〈한국언론정보학보〉, 61호: 74~97.
______(2014a). “중동 언론의 한류 보도양상: 한류 장르, 기사종류, 보도태도, 프레임을 중심으로”. 〈중동연구〉, 33권 2호: 127~160.
______(2014b). “중동 6개국 언론 보도에 나타난 중동 한류: 현상, 성공이유, 성공효과, 문제점을 중심으로”. 〈아시아문화연구〉, 34집: 169~205.
______(2015a). “언론사 대학평가 기사가 고교생의 대학평가와 언론 신뢰도에 미치는 영향”. 〈한국언론학보〉, 59권 4호: 102~130.
______(2015b). “정보원과 신뢰도가 학생의 대학이미지와 대학결정에 미치는 영향 차이: 대인커뮤니케이션, 미디어, 대학을 중심으로”. 〈언론과학연구〉, 15권 3호: 181~220.
______(2017a). “수용자의 언론인, 신문뉴스 문제, 신문뉴스 신뢰도 평가가 신문뉴스 이용량에 미치는 영향에 대한 종단적 연구”. 〈한국언론정보학보〉, 83권: 96~129.
______(2017b). “수용자의 인구사회적 특성, 이용동기, 성격이 유튜브의 장르

이용에 미치는 영향". 〈언론과학연구〉, 17권 4호: 122~162.
오대영·이완수(2015). "일본 대중문화 개방과 한국 언론의 수용 태도 변화: 보도태도, 프레임, 정보원을 중심으로". 〈언론과학연구〉, 15권 1호, 229~269.
오대영·최믿음(2015). 〈국내 헬스 저널리즘의 현황과 품질제고 방안 연구〉. 서울: 한국언론진흥재단.
______(2016). "한국 일간지의 헬스기사 보도양상: 종합지와 경제지의 차이를 중심으로". 〈언론과학연구〉, 16권 2호: 101~144.
오대영·남재일·박재영(2017). 〈한국 언론의 탐사보도 품질 제고와 발전방안 연구〉. 서울: 한국언론진흥재단.
오세욱·박아란(2017). "일반 국민들의 '가짜 뉴스'에 대한 인식". 〈미디어이슈〉, 3권 3호: 1~12.
오세욱·정세훈·박아란(2017). 《가짜 뉴스 현황과 문제점》. 서울: 한국언론진흥재단.
오지희·김민정(2014). "미디어의 자살보도가 청소년의 자살생각에 미치는 영향: 사회학습이론을 중심으로". 〈한국엔터테인먼트산업학회논문지〉, 8권 4호: 167~178.
용미란(2016). "뉴스의 효과". 박재영 외, 《저널리즘의 지형: 한국의 기자와 뉴스》, 375~406쪽. 서울: 이채.
우병동(1996). "뉴스 보도의 정확성 연구: 오보 발생의 구조를 중심으로". 〈언론과 사회〉, 11권: 34~65.
우승용(2002). 《편집권 독립, 반세기의 고민: 인식, 쟁점, 제도화 방안》. 서울: 한국언론재단.
우형진(2006). "형식 파괴 뉴스 프로그램에서 묘사되는 한국 정치현실에 대한 프레임 분석: YTN 〈돌발영상〉을 중심으로". 〈한국언론학보〉, 50권 1호: 192~220.
원만해·채 백(2007). "'천성산 고속철도 관통'보도에서 나타나는 중앙지와 지역지의 뉴스 프레임 비교연구". 〈한국언론학보〉, 51권 1호: 199~228.
유세경 외(2012). 《해외 언론의 한류보도 분석 연구》. 서울: 한국언론진흥재단.
유세경·이 석·정지인(2012). "중국 일간지의 "한류" 보도에 나타난 프레임 분석: 2001~2010년 기간에 보도된 기사 분석을 중심으로". 〈한국언론정보학보〉, 57호: 202~226.
유재천 · 이민웅(1994). 《언론과 정부》. 서울: 나남.
유현경 · 윤유식(2011). "컨벤션 광고의 인지적 · 정서적 태도에 따른 신뢰성 및 만족에 관한 연구". 〈관광레저연구〉, 23권 3호: 409~423.
유홍식(2003). "디지털 미디어시대의 방송저널리즘 윤리재정립에 관한 연구". 〈방송연구〉, 여름호(통권 56호): 61~87.
_____(2007). "고뇌적 보도사진이 텍스트기사의 뉴스가치 · 선정성 평가, 선별적 노출량, 정보습득에 미치는 영향". 〈한국언론학보〉, 51권 1호, 252~271.
유홍식 · 김종화 · 이지은 · 진소연(2011). "온라인게임 규제에 대한 언론의 보도 프레임 분석". 〈언론과학연구〉, 11권 4호: 355~384.
윤석홍(1999). "오프 더 레코드와 언론보도". 〈관훈저널〉, 여름호(통권 71호): 76~92.
윤석홍 · 김춘옥(2004). 《신문방송, 취재와 보도》. 서울: 나남.
윤영철(2000). "권력이동과 신문의 대북정책 보도: '신문과 정당의 병행관계'를 중심으로". 〈언론과 사회〉, 27권: 48~81.
윤영철 · 홍성구(1996). "지역사회 권력구조와 뉴스 만들기". 〈언론과 사회〉, 11권: 90~122.
윤지희 · 이건호(2011). "한국 5개 종합일간지 오보 정정의 특성에 대한 고찰". 〈한국언론학보〉, 55권 4호: 27~53.
이건혁(2002). "미디어 프레임이 부정 감정, 정치 냉소, 그리고 정치 효능성에 미치는 영향: 대학생 집단을 대상으로". 〈한국언론학보〉, 46권 3호: 252~288.
이건호(2006a). "디지털 시대 의제 설정 효과로서의 점화 이론: 인터넷 매체가 수용자의 인식과 가치 판단 설정에 미치는 영향 연구". 〈한국언론학보〉, 50권 3호: 367~392.
_____(2006b). "한국 인터넷 매체들의 상호 의제 설정 효과: 8개 온라인 신문의 내용 분석을 중심으로". 〈한국언론학보〉, 50권 4호: 200~227.
이건호 · 고홍석(2009). "취재원 활용을 통해 살펴본 한국 신문의 보도시각 고찰: 미국 쇠고기 수입 관련 기사에 나타난 취재원 신뢰도와 유인가(Valence) 분석을 중심으로". 〈한국언론학보〉, 53권 3호: 348~370.
이귀옥 · 박조원(2006). "식품 위해(*food risk*) 보도의 뉴스 프레임 분석: 김치 파동 사례를 중심으로". 〈한국방송학보〉, 20권 5호: 260~305.
이규연(2002). "국내 탐사보도의 현실". 〈관훈저널〉, 43권 2호: 354~361.
이기라(2012). "신자유주의 시대 언론 자유의 위기: 프랑스의 경우". 〈정치와 평론〉, 11권: 21~44.
이동근(2004). "온라인 뉴스 미디어의 다양성에 관한 일고찰: 정보원 및 프레임 분석을 통하여". 〈한국언론학보〉, 48권 4호: 218~242.
이명천·나정희·김지혜(2006). "흡연 여부와 메시지 프레이밍에 따른 금연광고 효과 연구". 〈한국광고홍보학보〉, 8권 3호: 210~236.
이민웅(2008). 《저널리즘의 본질과 실천》. 파주: 나남.
이민정·이건호(2014). "중앙 일간지 탐사보도 특성 연구: 교육 관련 기획시리즈의 독창성 및 심층성을 중심으로". 〈한국언론학보〉, 58권 6호: 64~89.
이상기·김주희(2013). "기자의 전문성 및 온라인 언론 활동에 대한 인식과 평가: 기자와 뉴스 수용자로서 대학생 간의 인식·평가 비교 연구". 〈방송과 커뮤니케이션〉, 14권 2호: 41~82.
이선필(2009). "이탈리아의 언론과 정치권력 간의 관계에 관한 고찰: 후견적 정당지배체제 정치문화를 중심으로". 〈국제지역연구〉, 13권 3호: 3~20.
이세영·박현순(2009). "PR메시지 유형, 준거점 설정, 지각된 위험이 의사 결정에 미치는 영향: 전망이론을 중심으로". 〈한국언론학보〉, 53권 2호: 70~95.
이승선(2005). "TV탐사보도 프로그램의 법적분쟁에 나타난 특성 연구". 〈한국언론정보학보〉, 29호: 233~269.
이영주·송 진(2016). "개인방송 콘텐츠 수용에 대한 탐색적 연구: 이용 특성과 광고 태도를 중심으로". 〈방송통신연구〉, 가을호(통권 96호): 68~103.
이완수(2006). "인물뉴스의 특성과 결정요인 연구: 사회자본(Social Capital) 이론을 중심으로". 〈한국언론정보학보〉, 32호: 295~332.
이완수·박재영(2008). "국내 경제뉴스 보도경향에 대한 연구: 김대중 정부와 노무현 정부 시기를 중심으로". 〈한국언론학보〉, 52권 4호: 5~24.
이완수·배정근(2013). 《국내 경제저널리즘의 현황과 품질제고 방안 연구》. 서울: 한국언론진흥재단.
이완수·홍성철·송상근·최명일(2016). 《디지털환경에서 범죄보도 현황과 개선방안》. 서울: 한국언론진흥재단.
이용주(2015). "모든 보도는 탐사보도가 되어야 합니다". 〈방송기자〉, 25권:

40~41.
이은지·나은영(2013). "메시지 프레이밍과 정보원 유형이 학교폭력예방 캠페인의 설득효과에 미치는 영향". 〈한국언론학보〉, 57권 5호: 34~54.
이재경(2006). "한·미 신문의 대통령 취재관행 비교: 조선일보와 뉴욕타임스". 〈언론과 사회〉, 14권 4호: 37~69.
______(2012). "독자가 에디터인 시대 기자는 진실성 검증". 〈신문과방송〉, 8월호: 50~56.
이정훈(2016). 《컴퓨테이셔널 저널리즘, 새로운 뉴스 제작 기술》. 서울: 커뮤니케이션북스.
이정훈·이상기(2016). "민주주의의 위기와 언론의 선정적 정파성의 관계에 대한 시론: 채널A와 TV조선의 정치시사토크쇼를 중심으로". 〈한국언론정보학보〉, 77호: 9~35.
이제영·최영근(2007). "국가 이미지와 브랜드에 관한 유형화 연구: Q방법론 적용을 중심으로". 〈한국언론정보학보〉, 38호: 7~39.
이종임(2013). 《신한류와 문화이동의 지형학》. 서울: 논형.
이종혁(2009). "뉴스의 일탈성이 기사 선택에 미치는 영향: 진화론, 인지부조화, 정보 효용성을 바탕으로 모델 도출". 〈한국언론학보〉, 53권 6호: 241~260.
______(2015). "언론 보도에 대한 편향적 인식이 공정성 평가에 미치는 영향: 우호적, 중도적, 적대적 매체에 대한 비교 검증". 〈한국언론학보〉, 59권 1호: 7~36.
이종혁·길우영·강성민·최윤정(2013). "다매체 환경에서의 뉴스 가치 판단 기준에 대한 종합적 구조적 접근: '뉴스 가치 구조모델' 도출". 〈한국방송학보〉, 27권 1호: 167~212.
이준웅(2004). "언론 매체 이용 및 해석적 틀이 통일 및 대북 정책에 대한 의견에 미치는 효과". 〈한국언론학보〉, 48권 1호: 28~56.
______(2005). "갈등적 사안에 대한 여론 변화를 설명하기 위한 프레이밍 모형 검증 연구: 정부의 통일 정책에 대한 뉴스 프레임의 형성과 해석적 프레임의 구성을 중심으로". 〈한국언론학보〉, 49권 1호: 133~162.
______(2010). "뉴스의 효과". 김춘식 외, 《저널리즘의 이해》, 101~138쪽. 파주: 한울.

이준웅·최영재(2005). "한국 신문위기의 원인: 뉴스 매체의 기능적 대체, 저가치 제공, 그리고 공정성 위기". 〈한국언론학보〉, 49권 5호: 5~35.
이준한(2014). "2012년 대통령선거와 뉴 미디어의 정치적 영향". 〈한국정치외교사논총〉, 36권 1호: 209~240.
이진로(2012). "미국의 언론 자유사상 연구". 〈정치와 평론〉, 11권: 75~106.
이창호(2004). "뉴욕타임스, 아랍뉴스, 중동타임스의 이라크전쟁 보도 비교". 〈한국언론학보〉, 48권 6호: 84~109.
이창훈(2012). "CCTV영상의 보도 특성과 선정성, 현실 재현에 관한 연구". 〈방송과 커뮤니케이션〉, 13권 4호: 5~42.
이학식·임지훈(2013). 《SPSS 20.0 매뉴얼》. 서울: 집현재.
이호준(2002). "일본방송 개방에 대한 전문가 의식의 특성에 관한 연구". 〈방송연구〉, 여름호(통권 54호): 277~311.
이효선(2005). 《질적 연구》. 파주: 학현사.
임봉수·이완수·이민규(2014). "뉴스와 광고의 은밀한 동거: 광고주에 대한 언론의 뉴스구성". 〈한국언론정보학보〉, 66호: 133~158.
임양준(2007). "한국과 미국 일간신문의 정정보도 기사 비교연구: 조선일보, 한겨레신문, 뉴욕타임스, 샌프란시스코 크로니컬을 중심으로". 〈한국언론정보학보〉, 37호: 204~236.
임연희(2014). "세월호 참사에 대한 텔레비전 뉴스의 보도행태". 〈사회과학연구〉, 25권 4호: 179~201.
임영호(2010). "뉴스 가치의 이해". 김춘식 외, 《저널리즘의 이해》, 27~48쪽. 파주: 한울.
임유진·김영욱(2011). "정부 홍보담당자들의 언론 관계와 오보에 대한 인식 조사: 노무현 정부와 이명박 정부 홍보담당자 비교 연구". 〈한국언론정보학보〉, 55호: 119~139.
임현수·이준웅(2011). "보도자료 기사화 과정에서의 영향요인에 관한 연구: 정부 보도자료에 대한 조선일보, 한겨레 기사 분석을 중심으로". 〈한국언론학보〉, 55권 2호: 5~31.
장금미·박재영(2016). "뉴스룸". 박재영 외, 《저널리즘의 지형: 한국의 기자와 뉴스》, 129~171쪽. 서울: 이채.
장윤희(2008). "국내 매스미디어 기업의 사업다각화와 경영성과에 관한 연구".

〈한국언론정보학보〉, 43호: 173~208.
장정헌(2015). “반성·자기비판 속에 과학보도의 역할 고민”. 〈신문과방송〉, 1월호: 108~111.
전소연·고일선·이지현(2015). “간호대학생의 SNS 이용과 정치관심도 및 정치효능감이 정치참여에 미치는 영향”. 〈보건과 사회과학〉, 38권: 69~93.
전영우(1999). “일본문화 개방과 한국 TV의 정체성”. 〈황해문화〉, 22호: 421~425.
전진한(2013). “탐사보도의 무기, 정보공개청구 8문 8답”. 〈방송기자〉, 14권: 18~20.
정걸진(1997). “오보와 언론의 신뢰”. 〈언론학 연구〉, 1호: 201~229.
정동우(2009). “신문기업의 생존전략이 저널리즘적 가치 수행에 미치는 영향”. 〈한국언론학보〉, 53권 3호; 395~416.
______(2010). “시장지향적 저널리즘에 대한 기자들의 수용태도”. 〈한국언론정보학보〉, 49호: 81~97.
정서린(2010). “국내 언론사의 탐사보도팀 운영 성과에 관한 연구”. 서울대학교 대학원 석사학위 논문.
정세훈(2018). 가짜뉴스의 대응 방안 및 쟁점. 〈관훈저널〉, 봄호(통권 146호): 76~82.
정수영·유세경(2013). “중국과 일본의 주요 일간지에 실린 대중문화 한류 관련 뉴스 분석”. 〈언론정보연구〉, 50권 1호: 121~156.
정윤서(2012). “신문기자의 뉴스가치에 대한 인식 유형에 관한 연구”. 〈주관성 연구〉, 24호: 25~44.
정의철(2008). “에이즈 뉴스 프레이밍 분석: 비판적 헬스저널리즘 관점을 중심으로”. 〈한국언론학보〉, 52권 4호: 223~248.
______(2013). 《헬스 커뮤니케이션》. 서울: 커뮤니케이션북스.
정의철·이창호(2007). “혼혈인에 대한 미디어 보도 분석: 하인스 워드의 성공 전후를 중심으로”. 〈한국언론학보〉, 51권 5호: 84~110.
정일권(2011). “신문 자살 보도 내용 분석”. 〈신문과방송〉, 7월호: 6~11.
정태철(2005). “언론 전문직업인주의(*professionalism*)의 필요성: 1987년 민주화 이후 한국 언론의 문제와 개혁에 대한 논의”. 〈언론과학연구〉, 5권 2호: 417~454.

정현숙(2004). “문화간 커뮤니케이션 갈등에 관한 연구: 한국에 거주하는 노동자의 체험담을 중심으로”. 〈커뮤니케이션학 연구〉, 12권 3호: 27~45.

조동시・양승혜(2006). ““익명보도 많은 편” 80.5%, 취재원의 42%가 익명”. 〈신문과방송〉, 2월호: 8~18.

조맹기(2009). 《현대 커뮤니케이션 사상사》. 파주: 나남.

조삼섭・한규훈(2009). “여성암 조기검진 촉진 캠페인의 설득효과 요인에 관한 연구”. 〈한국광고홍보학보〉, 11권 1호: 248~275.

조성호(2003). “신문구독 유형에 따른 구독동기 및 만족도 비교”. 〈한국언론학보〉, 47권 3호: 125~145.

조수선(2005). “온라인 신문 기사의 제목과 개요 효과”. 〈한국언론학보〉, 49권 2호: 5~32.

조수선・김유정(2004). “온라인신문의 의제 및 의제속성 설정 연구: 〈조선닷컴〉과 〈오마이 뉴스〉의 비교 연구”. 〈한국언론학보〉, 48권 3호: 302~329.

조영한(2011). “아시아 스포츠 셀러브리티 생각하기: 전지구화와 이동성-시민권-정체성의 맥락에서”. 〈언론과 사회〉, 19권 1호: 2~41.

주재원(2014). “다문화 뉴스 제작 관행과 게이트키핑의 문화정치학”. 〈한국콘텐츠학회논문지〉, 14권 10호: 472~485.

지주호(2003). “설득커뮤니케이션과 수사학”. 〈독일학 연구〉, 19호: 137~164.

차동필(2010). “건강 관련 위험에 대한 매스 커뮤니케이션, 대인 커뮤니케이션, 그리고 다차원 건강통제소재가 공중의 위험지각에 미치는 영향”. 〈인문연구〉, 58호: 647~674.

차배근(2010). 《매스커뮤니케이션 효과이론》. 파주: 나남.

최경영(2015). “2015 IRE(전미탐사보도협회) 총회를 참관하고”. 〈방송기자〉, 25권: 42~43.

최민재・이홍천・김위근(2012). “소셜네트워크서비스 이용이 정치적 의사결정에 미치는 영향: 2011년 10・26 서울특별시장 보궐선거 사례”. 〈언론과학연구〉, 12권 2호: 502~533.

최양호(1998). “텔레비전 뉴스 수용과정분석에서 이용충족이론과 기대가치론의 통합모형 모색”. 〈한국언론학보〉, 42권 4호: 200~238.

______(2000). “미디어 이용에 관한 기대가치론적 충족모형의 경험적 분석: 로

컬TV 뉴스 시청을 중심으로". 〈한국방송학보〉, 14권 2호: 187~210.
최영재(2004). "정치인의 이미지 형성에 관한 실험연구: 2차 의제설정 이론의 검증과 확장". 〈언론과 사회〉, 12권 4호: 117~144.
______(2011). "대통령 커뮤니케이션과 대통령 보도: 1948년~2008 대통령과 언론 관계 분석". 〈언론과학연구〉, 11권 3호: 347~377.
최원석·반 현(2006). "공중 의견과 행동에 대한 의제설정 효과 모형의 검증: 부동산 이슈 보도를 중심으로". 〈한국언론학보〉, 50권 1호: 406~435.
최은수(2008). "유명인모델의 속성을 이용한 광고가 항공사기업이미지에 미치는 영향". 〈한국항공경영학회지〉, 6권 1호: 185~198.
최인호·주혜연·이지연·김준홍·박재영(2011). "신문의 대기업 호의보도와 광고의 상관관계". 〈한국언론학보〉, 55권 3호: 248~270.
최진호·한동섭(2012). "언론의 정파성과 권력 개입: 1987년 이후 13~17대 대선캠페인 기간의 주요 일간지 사설 분석". 〈언론과학연구〉, 12권 2호: 534~571.
최환진(2004). "인터넷 뉴스의 정보처리 과정에 관한 연구". 〈한국언론학보〉, 48권 1호: 5~27.
통계청(2015. 3. 19). "2014 한국의 사회지표". 보도자료.
하승태·박범길·이정교(2010). "한국 지상파 텔레비전에 나타난 선정성의 유형 및 특성에 관한 연구". 〈한국방송학보〉, 24권 1호: 73~112.
한국데이터진흥원(2017). 《데이터 분석 전문가 가이드》. 서울: KODB(한국데이터베이스진흥원.
한국문화산업교류재단(2009). 《한류, 아시아를 넘어 세계로》. 서울: 한국문화산업교류재단.
______(2012). 《한류 포에버: 세계는 한류스타일》, 서울: 한국문화산업교류재단.
______(2013). 〈글로벌 한류 동향〉, 40호.
한국수출입은행(2012. 5. 29). "한류 100달러 수출하면 소비재 수출은 412달러나 증가". 보도자료.
한국언론진흥재단(2010). 〈2010 언론수용자 의식조사〉(조사분석: 2010-03). 서울: 한국언론진흥재단.
______(2012). 〈2012 언론수용자 의식조사〉(조사분석: 2012-03). 서울: 한국언론진흥재단.

______(2014). 〈2014 언론수용자 의식조사〉(조사분석: 2014-05). 서울: 한국언론진흥재단.
______(2015). 〈2015 언론수용자 의식조사〉(조사분석: 2015-05). 서울: 한국언론진흥재단.
______(2017a). 〈2017 언론수용자 의식조사〉(조사분석: 2017-02). 서울: 한국언론진흥재단.
______(2017b). 〈한국의 언론인 2017: 제13회 언론인 의식조사〉(조사분석: 2017-04). 서울: 한국언론진흥재단.
한국콘텐츠진흥원(2013). 〈2013년 콘텐츠상업 전망 II: 세부산업편〉(KOCCA 동향분석보고서 12-02). 서울: 한국콘텐츠진흥원.
한균태·송기인(2005). "국내 신문의 환경 이슈 보도에 대한 프레이밍 연구". 〈한국방송학보〉, 19권 3호: 288~324.
한수경(2012). "현대 독일 민주주의에서 언론자유와 책임". 〈정치와 평론〉, 11권: 45~76.
한승준 외(2009). 《아시아 국가의 다문화사회 형성과정과 정책추진체계 연구》. 서울: 한국여성정책연구원.
함형건(2015a). 《데이터 분석과 저널리즘: 빅데이터 시대, 저널리스트를 위한 데이터 분석 기법》. 서울: 컴원미디어.
함형건(2015b). "데이터 활용 보도 언론의 미래 될까?". 〈관훈저널〉, 여름호(통권 135호): 99~106.
행정안전부(2017. 11. 15). "외국인주민 수 176만 명, 총인구 대비 3.4%". 보도자료.
______(2017). 〈2016년도 정보공개연차보고서〉. 서울: 행정안전부.
허영식(2011). 《다문화·세계화시대의 시민생활과 교육》. 서울: 강현출판사.
허진아·이오현(2009). "지역신문 기사생산에 영향을 미치는 요인에 대한 질적 연구: 《광주드림》 기사생산을 중심으로". 〈한국언론정보학보〉, 46호: 449~484.
허 철·박관우·김성태(2009). "디지털 시대의 방송뉴스 생산 관행의 변화와 시청자의 뉴스 생산과정 참여: YTN뉴스 사회부를 중심으로". 〈방송문화연구〉, 21권 1호: 39~76.
허철무·안상현(2013). "광고메시지 신뢰성과 광고태도, 금연의도에 대한 스포츠모델 및 메시지 유형별 효과". 〈한국스포츠산업경영학회지〉, 18권 2호: 17~28.

홍병기(2013). "문화적 배경 차이에 따른 뉴스가치 비교 분석: 국내 영자신문 사례 연구를 중심으로". 〈문화산업연구〉, 13권 2호: 59~71.

홍석경(2013). "세계화 과정 속 디지털 문화 현상으로서의 한류: 프랑스에서 바라본 한류의 세계적 소비에 대한 이론적 고찰". 〈언론정보연구〉, 50권 1호: 157~192.

홍지아·김훈순(2010). "다인종 가정 재현을 통해 본 한국사회의 다문화 담론: TV다큐멘터리 〈인간극장〉을 중심으로". 〈한국방송학보〉, 24권 5호: 544~583.

황인석·김문용(2011). "광고모델 친숙도의 효과에 관한 고찰: 중복 출연 친숙도와 일상 친숙도를 중심으로". 〈소비자학연구〉, 22권 제3호: 207~231.

황하성·손승혜·장윤재(2012). "교육 보도에 있어서 정보원, 뉴스 선정, 취재 관행에 관한 연구". 〈사회과학연구〉, 19권 1호: 247~278.

Abdenour, J. & Riffe, D.(2016). "The investigative DNA: Role conceptions of local television investigative journalists". *Electronic News*, 10(4): 224~242.

Altschull, H.(1984). *Agents of Power: The Role of the News Media in Human Affairs*. 강상현·윤영철 역(1993), 《지배권력과 제도 언론: 언론의 이데올로기적 역할과 쟁점》. 서울: 나남.

______(1990). *From Milton to Mcluhan: The Ideas Behind American Journalism*. 양승목 역(2007), 《현대 언론 사상사: 밀턴에서 맥루한까지》. 파주: 나남.

An, S. & Bergen, L.(2007). "Advertiser pressure on daily newspapers: A survey of advertising sales executives". *Journal of Advertising*, 36(2): 111~121.

Armstrong, C. L. & Nelson, M. R.(2005). "How newspaper sources trigger gender stereotypes". *Journalism and Mass Communication Quarterly*, 82(4): 820~837.

Aucoin, J. L.(2005). *The Evolution of American Investigative Journalism*. 한국언론재단 편역(2007). 《탐사저널리즘: 미국 탐사보도의 진화》. 서울: 한

국언론재단.
Auletta, K. (1997). "Raiding the global village". In Iyenger, S. & Reeves, R. (Eds.), *Do the media govern?*, pp. 82~89. Thousand Oaks, CA: Sage.
Babrow, A. S. (1989). "An expectancy-value analysis of the student soap opera audience". *Communication Research*, 16(2): 155~178.
Baird, V. A. (2004). "The effect of politically salient decisions on the U.S. supreme court's agenda". *The Journal of Politics*, 66(3): 755~772.
Bandura, A. (1977). "Self-efficacy: Toward a unifying theory of behavioral change". *Psychological Review*, 84(2): 191~215.
Barker, C. & Galasinski, D. (2001). *Cultural Studies and Discourse Analysis*. 백선기 역(2009), 《문화연구와 담론분석》. 서울: 커뮤니케이션북스.
Barnhurst, K. G. & Nerone, J. (2008). "Journalism history"(저널리즘의 역사). In Wahl-Jorgensen, K. & Hanitzsch, T. (Eds.), *The Handbook of Journalism Studies*. 저널리즘연구소 역(2016), 《저널리즘 핸드북》, 69~92쪽. 서울: 새물결출판사.
Barry, M. (2012). "Notes from the semi-periphery: Ireland's press coverage of the developing world and the value of small state studies in international communications research". *International Communication Gazette*, 74(2): 124~144.
Barton, L. (1982). "Coverage of the 1980 olympic boycott: A cross-network comparison". In W. C. Adams(Ed.), *Television Coverage of International Affairs*, pp. 129~141. Norwood, NJ: ABLEX.
Beam, R. A. (2003). "Content differences between daily newspapers with strong and weak market orientations". *Journalism and Mass Communication Quarterly*, 80(2): 368~390.
Beaudoin, C. E. & Thorson. E. (2001). "LA Times offered as model for foreign news coverage". *Newspaper Research Journal*, 22(1): 80~93.
Becker, L. B. & Vlad, T. (2008). "News production: News organizations and routines"(뉴스조직과 관행). In Wahl-Jorgensen, K. & Hanitzsch, T. (Eds.), *The Handbook of Journalism Studies*. 저널리즘연구소 역(2016), 《저널리즘 핸드북》, 151~176쪽. 서울: 새물결출판사.

Bennett, W. L. (1997). "Cracking the news code: Some rules that journalists live by". In Iyenger, S. & Reeves, R. (Eds.), *Do the Media Govern?*, pp. 103~117. Thousand Oaks, CA: Sage.

Berry, J. W. (1990). "Psychology of accumulation: Understanding individual moving between cultures". In Brislin, R., W. (Ed.), *Applied Cross-Cultural Psychology*, pp. 232~253. Newbury Park, CA: Sage.

Berte, K. & de Bens, E. (2008). "Newspapers go for advertising!". *Journalism Studies*, 9(5), 692~703.

Bird, E. & Dardenne, R. W. (2008). "Rethinking news and myth as storytelling"(스토리텔링으로서 뉴스와 신화의 재고찰). In Wahl-Jorgensen, K., & Hanitzsch, T. (Eds.), *The Handbook of Journalism Studies*. 저널리즘연구소 역(2016), 《저널리즘 핸드북》, 443~470쪽. 서울: 새물결출판사.

Blumler, J. G. (1979). "The role of theory in uses-and-gratifications research". *Communication Research*, 6(1): 9~36.

Boyd-Barrett, O. (2000). "National and international news agencies: Issues of crisis and realignment". *International Communication Gazette*, 62(1): 5~18.

Broekemier, G. M. & Seshadri, S. (1999) "Differences in college choice criteria between deciding students and their parents". *Journal of Marketing for Higher Education*, 9(3): 1~13.

Bryant, J. & Thompson, S. (2001). *Fundamentals of Media Effects*. 배현석 역(2005), 《미디어 효과의 기초》. 파주: 한울.

Cannon, L. (1997). "The socialization of reporters". In Iyenger, S. & Reeves, R. (Eds.), *Do the media govern?*, pp. 9~17. Thousand Oaks, CA: Sage.

Cappella, J. N. & Jamieson, K. H. (1996). "News frames, political cynicism, and media cynicism". *The Annals of the American Academy*, 546: 71~84.

Carson, A. (2014). "The political economy of the print media and the decline of corporate investigative journalism in Australia". *Australian Journal of Political Science*, 49(4): 726~742.

Cassara, C. (1998). "U.S. newspaper coverage of human rights in Latin America, 1975-1982: Exploring President Carter's agenda-building influence". *Journalism and Mass Communication Quarterly*, 75(3): 478~486.

Chang, T. K. (1989). "The impact of presidential statements on press editorials regarding U.S. China policy, 1950-1984". *Communication Research*, 16(4): 486~509.

Chew, F., Mandelbaum-Schmid, J. & Gao, S. K. (2006). "Can health journalists bridge the State-of-the-Science Gap in Mammograph Guidelines?". *Science Communication*, 27(3): 331~351.

Chua, Y. T. (2015). "Investigative journalism as academic research output?: That will be the day". *Asia Pacific Media Educator*, 25(1): 13~20.

Chyi, H. I. & McCombs, M. (2004). "Media salience and the process of framing: Coverage of the Combine school shootings". *Journalism and Mass Communication Quarterly*, 81(1): 22~35.

Cobb, R. W. & Elder, C. D. (1971). "The politics of agenda building: An alternative perspective for modern democratic theory". *The Journal of Politics*, 33(4): 892~915.

______(1983). *Participation in American Politics: The Dynamics of Agenda-Building*. Baltimore, MD: Johns Hopkins University.

Cobb, R., Ross, J. K., & Ross, M. H. (1976). "Agenda building as a comparative political process". *The American Political Science Review*, 70(1): 126~138.

Cohen, B. C. (1963). *The Press and Foreign Policy*. Princeton, NJ: Princeton University.

Cohen, J. E. (1995). "Presidential rhetoric and the public agenda". *American Journal of Political Science*, 39(1): 87~107.

Coleman, R. & Banning, S. (2006). "Network TV news' affective framing of the presidential candidates: Evidence for a second-level agenda-setting effect through visual framing". *Journalism and Mass Communication Quarterly*, 83(2): 313~328.

Coleman, R. & McCombs, M. (2007). "The young and agenda-less?: Exploring age-related differences in agenda setting on the youngest generation, baby boomers, and the civic generation". *Journalism and Mass Communication Quarterly*, 84(3): 495~508.

Coleman, R., McCombs, M., & Weaver, D. (2008). "News content: Agenda setting"(의제설정). In Wahl-Jorgensen, K. & Hanitzsch, T. (Eds.), *The handbook of Journalism Studies*. 저널리즘연구소 역(2016), 《저널리즘 핸드북》, 325~352쪽. 서울: 새물결출판사.

Conway, J. C. & Rubin, A. M. (1991). "Psychological predictors of television viewing motivation". *Communication Research*, 18(4): 443~463.

Cook, F. L., Tyler, T. R., Goetz, E. G., Gordon, M. T., Leff, D. R., & Molotch., H. L. (1983). "Media and agenda-setting: Effects on the public, interest group leaders, policy makers, and policy". *Public Opinion Quarterly*, 47: 16~35.

Corcoran, N. (2007). *Communicating Health Strategy of Health Promotion*. 정의철·이의복 역(2009), 《헬스 커뮤니케이션: 이론과 전략》. 서울: 한울.

Coyne, S. M., Padilla-Walker, L. M., & Howard, E. (2013). "Emerging in a digital world: A decade review of media use, effects, and gratifications in emerging adulthood". *Emerging Adulthood*, 1(2): 125~137.

Craft, S. & Wanta, W. (2004). "Women in the newsroom: Influences of female editors and reporters on the news agenda". *Journalism and Mass Communication Quarterly*, 81(1): 124~138.

Daley, P. & O'Neill, D. (1991). ""Sad is too mild a word": Press coverage of the Exxon Valdez oil spill". *Journal of Communication*, 41(4): 42~57.

de Burgh, H. (2003). "Kings without crowns?: The re-emergence of investigative journalism in China". *Media, Culture & Society*, 25: 801~820.

DeLorme, D. E. & Fedler, F. (2005). "An historical analysis of journalists' attitudes toward advertisers and advertising's influence". *American Journalism*, 22(2): 7~40.

de Vreese, C. H. (2004). "The effects of frames in political television news on issue interpretation and frame salience". *Journalism and Mass Communication Quarterly*, 81(1): 36~52.

Denham, B. E. (2014). "Intermedia attribute agenda setting in the New York Times: The case of animal abuse in U.S. horse racing". *Journalism & Mass Communication Quarterly*, 91(1): 17~37.

Dias, P. (2016). "Motivations for multi-screening: An exploratory study on motivations and gratifications". *European Journal of Communication*, 31(6): 678~693.

Edgar, A. (1992). "Object, bias and truth". In Belsey, A. & Chadwick, R. (Eds.), *Ethical Issues in Journalism and the Media*, pp. 112~129. London: Routledge.

Entman, R. M. (1993). "Framing; Toward clarification of a fractured paradigm". *Journal of Communication*, 43(4): 51~58.

Entman, R. M. & Paletz, D. L. (1982). "The war in southeast Asia: Tunnel vision on television". In Adams, W. C. (Eds.), *Television Coverage of International Affairs*, pp. 181~201. Norwood, NJ: ABLEX.

Entman, R. M., Mattes, J., & Pellicano, L. (2008). "Nature, sources, and effects of news framing"(뉴스 프레이밍의 성격, 근원, 효과). In Wahl-Jorgensen, K. & Hanitzsch, T. (Eds.), *The Handbook of Journalism Studies*. 저널리즘연구소 역(2016), 《저널리즘 핸드북》, 381~411쪽. 서울: 새물결출판사.

Erickson, E. (2014). "The watchdog joins the fray: The press, records audits, and state access reform". *Journalism & Communication Monographs*, 16(2): 104~154.

Erjavec, K. & Kovačič, M. P. (2010). "News producers' pressures on advertisers: Production of paid news in Slovenian television programs". *Journal of Broadcasting & Electronic Media*, 54(3): 357~372.

Ettema, J. S. & Glasser, T. L. (2007). "An international symposium on investigative journalism". *Journalism*, 8(5): 491~494.

Eveland, W. P. & Shah, D. V. (2003). "The impact of individual and interpersonal factors on perceived news media bias". *Political Psychology*,

24(1): 101~117.

Fair, J. E. & Astroff, R. J. (1991). "Constructing rare and violence: U.S. News coverage and the signifying practices of Apartheid". *Journal of Communication*, 41(4): 58~74.

Fairclough, N. (1995). *Media Discourse*. 이원표 역(2004), 《대중매체 담화 분석》. 서울: 한국문화사.

Feldstein, M. (2006). "A muckraking model: Investigative reporting cycles in American history". *Press/Politics*, 11(2): 105~120.

Fico, F., Ku, L., & Soffin, S. (1994). "Fairness, balance of newspaper coverage of U.S. in Gulf War". *Newspaper Research Journal*, 15(1): 30~51.

Ford, T. E. (1997). "Effects of stereotypical television portrayals of African-Americans on person perception". *Social Psychology Quarterly*, 60(3): 266~275.

Francis, C. et al. (2004). "The portrayal of mental health and illness in Australian non-fiction media". *Australian and New Zealand Journal of Psychiatry*, 38: 541~546.

Franks, S. (2010). "The neglect of Africa and the power of aid". *International Communication Gazette*, 72(1): 71~84.

Freidson, E. (2001). *Professionalism, the Third Logic: On the Practice of Knowledge*. 박호진 역(2007), 《프로페셔널리즘: 전문직에 대한 사회학적 분석과 전망》. 서울: 아카넷.

Fuchs, C. (2010). "New imperialism: Information and media imperialism?". *Global Media and Communication*, 6(1): 33~60.

Fursich, E. (2002). "Nation, capitalism, myth: Covering news of economic globalization". *Journalism and Mass Communication Quarterly*, 79(2): 353~373.

Galtung, J. & Ruge, M. H. (1965). "The structure of foreign news". *Journal of Peace Research*, 2(1): 64~91.

Gamson, W. A. & Modigliani, A. (1989). "Media discourse and public opinion on nuclear power: A constructionist approach". *The American*

Journal of Sociology, 95(1): 1~37.

Gandy, O. H. (1982). *Beyond Agenda Setting: Information Subsidies and Public Policy*. Norwood, NJ: ABLEX.

Gans, H. J. (2004). *Deciding What's News*. Evanston. IL: Northwestern University.

______(2010). "News & the news media in the digital age: Implications for democracy". *American Academy of Arts & Sciences*, 139(2): 8~17.

García-Santamaría, J. V. (2010). "The crisis of investigative journalism in Spain: The journalism practice in the Spanair accident". *Revista Latina de Comunicación Social*, 65: 516~537.

Gaziano, C. & McGrath, K. (1986). "Measuring the concept of credibility". *Journalism and Mass Communication Quarterly*, 63(3): 451~462.

Ghanem, S. (1997). "Filling the tapestry: The second level of agenda-setting". In McCombs, M., Shaw, D. L., & Weaver, D. (Eds.), *Communication and Democracy*, pp. 3~14. Mahwah, NJ: Lawrence.

Giffard, C. A. (1999). "The Beijing conference on women as seen by three international news agencies". *International Communication Gazette*, 61(3-4): 327~341.

Giffard, C. A. & Rivenburgh, N. K. (2000). "News agencies, national images, and global media events". *Journalism and Mass Communication Quarterly*, 77(1): 8~21.

Gilberg, S., Eyal, C., McCombs, M., & Nicholas, D. (1991). "The state of the union address and the press agenda". In Protess, D. L. & McCombs, M. (Eds.), *Agenda Setting Readings on Media, Public Opinion, and Policymaking*, pp. 223~228). Hillsdale, NJ: Lawrence Erlbaum.

Ginneken, J. V. (1998). *Understanding Global News*. London: Sage.

Gitlin, T. (2003). *The Whole World is Watching*. LA: University of California.

Gladney, G. A. (1996). "How editors and readers rank and rate the importance of eighteen traditional standards of newspaper excellence". *Journalism & Mass Communication Quarterly*, 73(2): 319~331.

Goddard, P. (2006). "'Improper liberties': Regulating undercover journalism on ITV", *Journalism*, 7(1): 45~63.

Goffman, E. (1974). *Frame Analysis*. Boston: Northeastern University Press.

Golan, G. & Wanta, W. (2001). "Second-level agenda setting in the New Hampshire primary: A comparison of coverage in three newspapers and public perceptions of candidates". *Journalism and Mass Communication Quarterly*, 78(2): 247~259.

Gorham, B. W. (1999). "Stereotypes in the media: So what". *The Howard Journal of Communication*, 10(4): 229~247.

Graber, D. A. (1988). *Processing the News: How People Tame the Information Tide*. NY: Longman.

Grant, J. (1988). "Internal reporting by investigative journalists in China and its influence of government policy". *Gazette*, 41: 53~65.

Gray, J., Bounegru, L., & Chanmbers, L. (2012). *Data Journalism Handbook*. 정동우 역(2015), 《데이터 저널리즘》. 서울: 커뮤니케이션북스.

Grünberg, J. & Pallas, J. (2012). "Beyond the news desk: The embeddedness of business news". *Media, Culture & Society*, 35(2): 216~233.

Gunter, B. (2000). *Media Research Methods: Measuring Audiences, Reactions and Impact*. 나은영 역(2004), 《미디어 연구방법》. 서울: 한나래.

Habermas, J. (1990). *Strukturwandel der Offentlichkeit: Untersuchungen zu einer Kategorie der Burgerlichen Gesellschaft*. 한승완 역(2016), 《공론장의 구조변동: 부르주아 사회의 한 범주에 관한 연구》. 파주: 나남.

Hamilton, J. T. (2016). *Democracy's Detectives*. Cambridge: Harvard University Press.

Hanaki, T., Singhal, A., Han, M., Kim, D., & Chitnis, K. (2007). "Hanryu sweeps East Asia: How Winter Sonata is gripping Japan". *International Communication Gazette*, 69(3): 281~294.

Hanson, G. L., Haridakis, P. M., & Sharma, R. (2011). "Differing uses of YouTube during the 2008 U.S. Presidential Primary Election". *Electronic News*, 5(1): 1~19.

Harcup, T. (2009). *Journalism Principles & Practice*. 황태식 역(2012), 《저널리즘: 원리와 실제》. 서울: 명인문화사.

Hartley, H. & Coleman, C. (2007). "News media coverage of direct-to-consumer pharmaceutical advertising: Implications for countervailing powers theory". *Health: An Interdisciplinary Journal for the Social Study of Health, Illness and Medicine*, 12(1): 107~132.

Hayashi, K. & Lee, E. J. (2007), "The potential of fandom and the limits of soft power: Media representations on the popularity of a Korean melodrama in Japan", *Social Science Japan Journal*, 10(2): 197~216.

Hertog, J. K. & McLeod, D. M. (2001). "A Multiperspectival approach to framing analysis: A field guide"(프레이밍 분석의 다면적 접근: 현장조사 가이드). In Reese, S. D., Gandy Jr., O. H., & Grant, A. E. (Eds), *Framing Public Life: Perspectives on Media and Our Understanding of the Social World*. 반현 · 노보경 편역(2007), 《프레이밍과 공공생활》, 239~275쪽. 서울: 한울.

Hester, J. B. & Gibson, R. (2003). "The economy and second-level agenda setting: A time-series analysis of economic news and public opinion about the economy". *Journalism and Mass Communication Quarterly*, 80(1): 73~90.

Hodgetts, D. & Chamberlain, K. (2006). "Developing a critical media research agenda for health psychology". *Journal of Health Psychology*, 11(2): 317~327.

Hodgetts, D. et al. (2007). "Constructing health news: Possibilities for a civic-oriented journalism". *Health: An Interdisciplinary Journal for the Social Study of Health, Illness and Medicine*, 12(1): 43~66.

Hovland, C. I. & Weiss, W. (1951). "The influence of source credibility on communication effectiveness". *Public Opinion Quarterly*, 15, 635~650.

Howard, A. B. (2014). *The Art and Science of Data-Driven Journalism*. 김익현 역(2015), 《데이터 저널리즘: 스토리텔링의 과학》. 서울: 한국언론진흥재단.

Hussain, M. M. (2011). "Journalism's digital disconnect: The growth of campaign content and entertainment gatekeepers in viral political information". *Journalism*, 13(8): 1024~1040.

Infante, D. A. (1980). "The construct validity of semantic differential scales for the measurement of source credibility". *Communication Quarterly*, 28(2): 19~26.

Infante, D. A., Rancer, A. S., & Womack, D. F. (2003). *Building Communication Theory*. Prospect Heights, IL: Waveland.

Iyengar, S. (1991). *Is Anyone Responsible?*. Chicago: The University of Chicago.

Iyengar, S. & Kinder, D. R. (1987). *News that Matters: Television and American Opinion*. Chicago: The University of Chicago.

Iyengar, S. & Simon, A. (1993). "News coverage of the gulf crisis and public opinion". *Communication Research*, 20(3): 365~383.

Jensen, K. B. & Rosengren, K. E. (1990). "Five traditions in search of the audience". *European Journal of Communication*, 5: 207~238.

Jones, K. O., Denham, B. F., & Springston, J. K. (2006). "Effects of mass and interpersonal communication on breast cancer screening: Advancing agenda-setting theory in health contexts". *Journal of Applied Communication Research*, 34(1): 94~113.

Joyce, V. H., Saldana, M. S., Weiss, A., S., & Alves, R. C. (2017). "Ethical perspectives in Latin America's journalism community: A comparative analysis of acceptance of controversial practice for investigative reporting". *The International Communication Gazette*, 79(5): 459~482.

Kahneman, D. & Tversky, A. (1979). "Prospect theory: An analysis of decision under risk". *Econometrica*, 47(2): 263~292.

Kalyango Jr., Y. (2011). "Critical discourse analysis of CNN international's coverage of Africa". *Journal of Broadcasting & Electronic Media*, 55(2): 160~179.

Kaniss, P. C. (1991). *Making Local News*. Chicago: The University of Chicago.

Katz, E., Gurevitch, M., & Haas, H. (1973). "On the use of the mass media for important things". *American Sociological Review*, 38: 164~181.

Kernell, S. (1997). The theory and practice of going public. In Iyenger, S., & Reeves, R. (Eds.), Do the media govern? (pp. 323-333). Thousand Oaks, CA: Sage.

Kim, S. H., Scheufele, D. & Shanahan, J. (2002). "Think about it this way: Attribute agenda-setting function of the press and the public's evaluation of a local issue". *Journalism and Mass Communication Quarterly*, 79(1): 7~25.

Kim, Y., Lee, D., Han, N., & Song, M. (2014). "Exploring characteristics of video consuming behaviour in different social media using K-pop videos". *Journal of Information Science*, 40(6): 806~822.

Kiousis, S. (2004). "Explicating media salience: A factor analysis of New York Times issue coverage during the 2000 U.S. presidential election". *Journal of Communication*, 54(1): 71~87.

Kiousis, S. & McDevitt, M. (2008). "Agenda setting in civic development: Effects of curricula and issue importance on youth voter turnout". *Communication Research*, 35: 481~502.

Kosicki, G. M. (1993). "Problems and opportunities in agenda-setting research". *Journal of Communication*, 43(2): 100~127.

Kostadinova, P. & Dimitrova, D. V. (2012). "Communicating policy change: Media framing of economic news in post-communist Bulgaria". *European Journal of Communication*, 27(2): 171~186.

Kovach, B. & Rosenstiel, T. (2001). *The Elements of Journalism*. 이종욱 역 (2003), 《저널리즘의 기본요소》. 서울: 한국언론재단.

Lang, G. E. & Lang, K. (1991). "Watergate: An exploration of the agenda-building process". In Protess, D. L. & McCombs, M. (Eds.), *Agenda Setting Readings on Media, Public Opinion, and Policymaking*, pp. 277~289. Hillsdale, NJ: Lawrence Erlbaum.

Lanosga, G. & Martin, J. (2017). "Journalists, sources, and policy outcomes: Insights from three-plus decades of investigative reporting contest entries". *Journalism*, Dec: 1~18.

Larson, J. F. (1982). "International affairs coverage on US evening network news, 1972~1979". In Adams, W. C. (Eds), *Television Coverage of International Affairs*, pp. 15~41. Norwood, NJ: ABLEX.

Lasorsa, D. L. (1997). "Media agenda setting and press performance: A social system approach for building theory". In McCombs, M., Shaw, D. L., & Weaver, D. (Eds.), *Communication and Democracy*, pp. 155~167. Mahwah, NJ: Lawrence Erlbaum.

Lassen, D. D. & Serritzlew, S. (2011). "Jurisdiction size and local democracy: Evidence on internal political efficacy from large-scale municipal reform". *American Political Science Review*, 105(2): 238~260.

Leff, D. R., Protess, D. L., & Brooks, S. C. (1986). "Crusading journalism: Changing public attitudes and policy-making agendas". *The Public Opinion Quarterly*, 50(3): 300~315.

Leung, L. (2009). "User-generated content on the internet: An examination of gratifications, civic engagement and psychological empowerment". *New Media & Society*, 11(8): 1327~1347.

______(2013). "Generational differences in content generation in social media: The roles of the gratifications sought and of narcissism". *Computers in Human Behavior*, 29: 997~1006.

Lichter, S. R. (1982). "America and the third world: A survey of leading media and business leaders". In Adams, W. C. (Ed.), *Television Coverage of International Affairs*, pp. 67~78. Norwood, NJ: ABLEX.

Lippmann, W. (1922). *Public Opinion*. 이동근 역(2013), 《여론》. 서울: 아카넷.

Logan, R. A., Park, J., & Shin, J. H. (2004). "Elite sources, context, and news topics: How two Korean newpapers covered a public health crisis". *Science Communication*, 25(4): 364~398.

Lorentzen, P. (2014). "China's strategic censorship". *American Journal of Political Science*, 58(2): 402~414.

Lublinski, J., Spurk, C., Fleury, J., Labassi, O., Mbarga, G., Nicolas, M. L., & Rizk, T. A. (2016). "Triggering change: How investigative journalists in Sub-Saharan Africa contribute to solving problems in society". *Journalism*, 17(8): 1074~1094.

Lyons, A. C. (2000). "Examining media representations: Benefits for health psychology". *Journal of Health Psychology*, 5(3): 349~358.

Mason, J. (1996). *Qualitative Researching*. 김두섭 역(2005), 《질적 연구방법론》. 서울: 나남.

McCluskey, M. (2008). "Reporter beat and content differences in environmental stories". *Journalism and Mass Communication Quarterly*, 85(1): 83~98.

McCombs, M. E. (2004). *Setting the Agenda*. Cambridge: Polity.

McCombs, M. E. & Becker, L. B. (1979). *Using Mass Communication Theory*. Englewood Cliffs, NJ: Prentice-Hall.

McCombs, M. E. & Ghanem, S. I. (2001). "The convergence of agenda setting and framing"(의제설정과 프레임의 접목). In Reese, S. D., Gandy Jr., O. H., & Grant, A. E. (Eds), *Framing Public Life: Perspectives on Media and Our Understanding of the Social World*. 반현·노보경 편역(2007). 《프레이밍과 공공생활》, 126~146쪽. 서울: 한울.

McCombs, M. E. & Shaw, D. L. (1972). "The agenda-setting function of mass media". *The Public Opinion Quarterly*, 36(2): 176~187.

______(1993). "The evolution of agenda-setting research: Twenty-five years in the marketplace of ideas". *Journal of Communication*, 43(2): 58~67.

McCombs, M. E., Einsiedel, E., & Weaver, D. (1991). *Contemporary Public Opinion: Issues and the News*. 한균태 역(1995), 《현대사회와 여론》. 서울: 한울.

McCombs, M. E., Lopez-Escobar, E., & Llamas, J. P. (2000). "Setting the agenda of attributes in the 1996 Spanish general election". *Journal of Communication*, 50(2): 77~92.

McKeever, B. W. (2013). "News framing of autism: Understanding media advocacy and the combating autism act". *Science Communication*, 35(2): 213~240.

McNair, B. (2008). "Journalism and society: Journalism and democracy"(저

널리즘과 민주주의). In Wahl-Jorgensen, K. & Hanitzsch, T. (Eds.), *The Handbook of Journalism Studies*. 저널리즘연구소 역(2016), 《저널리즘 핸드북》, 507~532쪽. 서울: 새물결출판사.

McQuail, D. (2000). *McQuail's Mass Communication Theory*. 양승찬·강미은·도준호 공역(2003). 《매스커뮤니케이션 이론》. 서울: 나남.

Meijer, M. M. & Kleinnijenhuis, J. (2006). "Issue news and corporate reputation: Applying the theories of agenda setting and issue ownership in the field of business communication". *Journal of Communication*, 56(3): 543~559.

Meyer, P. (1988). "Defining and measuring credibility of newspapers: Developing an index". *Journalism & Mass Communication Quarterly*, 65(3): 567~574.

Miller, J. M. (2007). "Examining the mediators of agenda setting: A new experimental paradigm reveals the role of emotions". *Political Psychology*, 28(6): 689~717.

Mills, A. & Sarikakis, K. (2016). "Reluctant activists?: The impact of legislative and structural attempts of surveillance on investigative journalism". *Big Data & Society*, 3(2): 1~11.

Mindich, D. Z. (1998). *Just the Facts*. New York: New York University Press.

Morales, W. Q. (1982). "Revolutions, earthquakes and Latin America: The networks look at Allende's Chile and Somoza's Nicaragua". In Adams, W. C. (Ed.), *Television Coverage of International Affairs*, pp. 79~113. Norwood, NJ: ABLEX.

Morrell, B. et al. (2014). "Rules of engagement". *Journalism*, 14: 1~19.

Moynihan, R. et al. (2000). "Coverage by the news media of the benefits and risks of medications". *The New England Journal of Medicine*, 342(22): 1645~1650.

Napoli, P. M. (2001). *Foundations of Communication Policy*. New York: Hampton Press.

Nelson, T. E. & Oxley, Z. M. (1999). "Issue framing effects on belief importance and opinion". *The Journal of Politics*, 61(4): 1040~1067.

Nerone, J. (2013). "The historical roots of the normative model of journalism". *Journalism*, 14(4): 446~458.

Nisbett, R. E. (2003). *The Geography of Thought*. 최인철 역(2004), 《생각의 지도》. 파주: 김영사.

Nord, L. W. (2007). "Investigative journalism in Sweden". *Journalism*, 8(5): 517~521.

Nye Jr., J. S. (2008). "Public diplomacy and soft power"(공공외교와 소프트 파워). In Cowan, G. & Cull, N. J. (Eds.), *Public Diplomacy in a Changing World*. 김남수 · 이화연 · 김나현 역(2013), 《새 시대의 공공외교》, 167~193쪽. 고양: 인간사랑.

O'Neill, D. & Harcup, T. (2008). "News values and selectivity"(뉴스가치와 선택성). In Wahl-Jorgensen, K. & Hanitzsch, T. (Eds.), *The Handbook of Journalism Studies*. 저널리즘연구소 역(2016), 《저널리즘 핸드북》, 353~380쪽. 서울: 새물결출판사.

Parasie, S. & Dagiral, E. (2012). "Data-driven journalism and the public good: "Computer-assisted-reporters" and "programmer-journalists" in Chicago". *New Media & Society*, 15(6): 853~871.

Park, C. I. (1994). "A comparative analysis of the selection process and content of television international news in the United States and Korea: A case study of the U.S. CNN primenews, Korean KBS 9 o'clock news and SBS 8 o'clock news programs". Ph.D. Dissertation. Ohio University.

Patton, M. Q. (1990). *Qualitative Evaluation & Research Methods*. London: Sage.

Peiser, W. (2000). "Setting the journalist agenda: Influences from journalists' individual characteristics and from media factors". *Journalism and Mass Communication Quarterly*, 77(2): 243~257.

Petrocik, J. R. (1997). "Campaigning and the press: The influence of the candidates". In Iyenger, S. & Reeves, R. (Eds.), *Do the media govern?*, pp. 181~194. Thousand Oaks, CA: Sage.

Picard, R. G. (2008). "Shifts in newspaper advertising expenditures and their implications for the future of newspapers". *Journalism Studies*, 9(5): 704~716.

Pratte, A. (2001). "Media associations driven by economic needs". *Newspaper Research Journal*, 22(1): 94~107.

Pratt, C. B., Ha, L., & Pratt, C. A. (2002). "Setting the public health agenda on major diseases in sub-Saharan Africa: African popular magazines and medical journals, 1981-1997". *Journal of Communication*, 52(4): 889~904.

Protess, D. L., Cook, F. L., Curtin, T. R., Gorgon, M. T., Leff, D. R., McCombs, M. E., & Miller, P. (1987). "The impact of investigative reporting on public opinion and policymaking targeting toxic waste". *The Public Opinion Quarterly*, 51(2): 166~185.

Protess, D. L., Leff, D. R., Brooks, S. C., & Gorgon, M. T. (1985). "Uncovering rape: The watchdog press and the limits of agenda-setting". *The Public Opinion Quarterly*, 49(1): 19~37.

Punathambekar, A. (2015). "Satire, elections, and democratic politics in digital India". *Television & New Media*, 16(4): 394~400.

Rauch, J. (2003). "Rooted in nations, blossoming in globalization?: A cultural perspective on the content of a "northern" mainstream and a "southern" alternative news agency". *Journal of Communication Inquiry*, 27(1): 87~103.

Rayburn, J. D. & Palmgreen, P. (1984). "Merging use and gratifications and expectancy-value theory". *Communication Research*, 11(4), 537~562.

Reese, S. D. (2001). "Framing public life: A bridging model for media research"(공적 생활의 프레임: 미디어 연구를 위한 연결 모델). In Reese, S. D., Gandy Jr., O. H., & Grant, A. E. (Eds), *Framing Public Life: Perspectives on Media and Our Understanding of the Social World*. 반현·노보경 공역(2007), 《프레이밍과 공공생활》, 31~73쪽. 서울: 한울.

Reese, S. D. & Ballinger, J. (2001). "The roots of a sociology of news: Remembering Mr. Gates and social control in the newsroom". *Journalism and Mass Communication Quarterly*, 78(4): 641~658.

Reese, S. D. & Danielian, L. H. (1991). "Intermedia influence and the drug issue: Converging on cocaine". In Protess, D. L. & McCombs, M. (Eds.), *Agenda Setting Readings on Media, Public Opinion, and Policymaking*, pp. 237~249. Hillsdale, NJ: Lawrence Erlbaum.

Reinemann, C. (2004). "Routine reliance revisited: Exploring media importance for German political journalists". *Journalism and Mass Communication Quarterly*, 81(4): 857~876.

Rhee, J. W. (1997). "Strategy and issue frames in election campaign coverage: A social cognitive account of framing effects". *Journal of Communication*, 47(3): 26~48.

Riffe, D., Lacy, S., & Fico, F. G. (1998). *Analyzing Media Messages*. 배현석 역(2001), 《미디어 내용 분석 방법론》. 서울: 커뮤니케이션북스.

Rinallo, D. & Basuroy, S. (2009). "Does advertising spending influence media coverage of the advertiser?". *Journal of Marketing*, 73(6): 33~46.

Robinson, J. P. & Levy, M. R. (1996). "News media use and the informed public: A 1990s update". *Journal of Communications*, 46(2): 129~135.

Rubin, A. M. (1984). "Ritualized and instrumental television viewing". *Journal of Communication*, 34(3): 67~77.

Rubin, A. M. & Perse, E. M. (1987). "Audience activity and television news gratifications". *Communication Research*, 14(1): 58~84.

Ryoo, W. (2008). "The political economy of the global mediascape: The case of the South Korean film industry". *Media, Culture & Society*, 30(6): 873~889.

______(2009). "Globalization, or the logic of cultural hybridization: The case of the Korean wave". *Asian Journal of Communication*, 19(2): 137~151.

Scheufele, D. (1999). "Framing as a theory of media effects". *Journal of Communication*, 49(1): 103~122.

Scheufele, D. & Tewksbury, D. (2007). "Framing, agenda setting, and priming: The evolution of three media effects models". *Journal of Communication*, 57(1): 9~20.

Schiller, D.(1981). *Objectivity and the News: The Public and the Rise of Commercial Journalism*. Philadelphia: University of Pennsylvania Press.

Schorr, D.(1997). "Who uses whom?: The Theodore H. White lecture at Harvard University". In Iyenger, S. & Reeves, R.(Eds.), *Do the Media Govern?*, pp.132~137. Thousand Oaks, CA: Sage.

Semetko, H. A. & Mandelli, A.(1997). "Setting the agenda for cross-national research: Bringing values into the concept". In McCombs, M., Shaw, D. L., & Weaver, D.(Eds.), *Communication and Democracy*, pp.195~207. Mahwah, NJ: Lawrence Erlbaum.

Semetko, H. A. & Valkenburg, P. M.(2000). "Framing European politics: A content analysis of press and television news". *Journal of Communication*, 50(2): 93~109.

Severin, W. J. & Tankard, J. W(2001). *Communication Theories: Origins, Methods, and Uses in Mass Media*. 박천일·강형철·안민호 공역(2005). 《커뮤니케이션 이론》. 서울: 나남.

Shaw, D. L. & Hamm, B. J.(1997). "Agendas for a public union or for private communities?: How individuals are using media to reshape American society". In McCombs, M., Shaw, D. L., & Weaver, D.(Eds.), *Communication and Democracy*, pp.209~230. Mahwah, NJ: Lawrence Erlbaum.

Shim, D.(2006). "Hybridity and the rise of Korean popular culture in Asia". *Media, Culture & Society*, 28(1): 25~44.

Shoemaker, P. J.(1991). *Gatekeeping*. 최재완 역(2001), 《게이트키핑의 이해》. 서울: 커뮤니케이션북스.

Shoemaker, P. J. & Reese, S. D.(1996). *Mediating the message: Theories of influences on mass media content*. 김원용 역(1997), 《매스미디어 사회학》. 서울: 나남.

Shoemaker, P. J., Eichholz, M., Kim, E., & Wrigley, B.(2001), "Individual and routine forces in gatekeeping". *Journalism and Mass*

Communication Quarterly, 78(2): 233~246.

Shoemaker, P. J., Vos, T. P., & Reese, S. D.(2008). "Journalists as gatekeepers"(게이트키퍼로서의 저널리스트). In Wahl-Jorgensen, K. & Hanitzsch, T.(Eds.), *The Handbook of Journalism Studies*. 저널리즘연구소 역(2016), 《저널리즘 핸드북》, 177~205쪽. 서울: 새물결출판사.

Shuchman, M. & Wilkes, M. S.(1997). "Medical scientists and health news reporting: A case of miscommunication". *Annals of Internal Medicine*, 126(12): 976~982.

Siebert, F., Peterson, T., & Schramm, W.(1956). *Four Theories of the Press: The Authoritarian, Libertarian, Social Responsibility and Soviet Communist Concepts of What the Press Should Be and Do*. 강대인 역(1991), 《언론의 4이론: 권위주의, 자유주의, 사회적 책임주의, 소비에트 공산주의 개념에 따른 언론의 이념과 역할》. 서울: 나남.

Singer, J. B.(2006). "Stepping back from the gate: Online newspaper editors and the co-production of content in campaign 2004". *Journalism and Mass Communication Quarterly*, 83(2): 265~280.

Soroka, S. N.(2002). "Issue attributes and agenda-setting by media, the public, and policymakers in Canada". *International Journal of Public Opinion Research*, 14(3): 264~285.

Sotirovic, M., & Mcleod, J. M.(2004). "Knowledge as understanding: The information processing approach to political learning"(이해로서의 지식: 정치학습의 정보 처리 방법). In Kaid, L. L.(Ed.), *Handbook of Political Communication research*. 송종길·이호영 역(2007), 《현대 정치 커뮤니케이션》, 513~568쪽. 서울: 커뮤니케이션북스.

Stetka, V. & Ornebring, H.(2013). "Investigative journalism in Central and Eastern Europe: Autonomy, business models, and democratic roles". *The International Journal of Press/Politics*, 18(4): 413~435.

Sumpter, R. S. & Braddock, M. A.(2002). "Source use in a "news disaster" account: A content analysis of voter news service stories". *Journalism and Mass Communication Quarterly*, 79(3): 539~558.

Sussman, N. M.(2000). "The dynamic nature of cultural identity throughout cultural transitions: Why home is not so sweet". *Personality and Society Psychology Review*, 4(4): 355~373.

Svensson, M. (2017). "The rise and fall of investigative journalism in China: Digital opportunities and political challenges". *Media, Culture & Society*, 39(3): 440~445.

Takeshita, T. (1997). "Exploring the media's roles in defining reality: From issue-agenda setting to attribute-agenda setting". In McCombs, M., Shaw, D. L., & Weaver, D. (Eds.), *Communication and Democracy*, pp. 15~27. Mahwah, NJ: Lawrence Erlbaum.

______(2005). "Current critical problems in agenda-setting research". *International Journal of Public Opinion Research*, 18(3): 275~296.

Tan, Y. & Weaver, D. H. (2007). "Agenda-setting effects among the media, the public, and congress, 1946~2004". *Journalism and Mass Communication Quarterly*, 84(4): 729~744.

Tankard Jr., J. W. (2001). "The empirical approach to the study of media framing"(미디어 프레이밍 연구의 경험적 접근). In Reese, S. D., Gandy Jr., O. H., & Grant, A. E. (Eds), *Framing Public Life: Perspectives on Media and Our Understanding of the Social World*. 반현·노보경 편역(2007), 《프레이밍과 공공생활》, 169~187쪽. 서울: 한울.

Tanner, A. H. (2004). "Agenda building, source selection, and health news at local television stations". *Science Communication*, 25(4): 350~363.

Thompson, J. B. (2007). "The trade in news"(뉴스의 교류와 전파). In Crowley, D. & Heyer, P. (Eds.), *Communication in History: Technology, Culture, Society*. 김지운 역(2012), 《인간 커뮤니케이션의 역사》, 252~261쪽. 서울: 커뮤니케이션북스.

Thorson, E. (2006). "Print news and health psychology". *Journal of Health Psychology*, 11(2): 175~182.

Thussu, D. K. (2006). *International Communication*. 배현석 역(2009), 《국제 커뮤니케이션》. 파주: 한울.

Tong, J. (2007). "Guerrilla tactics of investigative journalists in China". *Journalism*, 8(5): 530~535.

Towner, T. L. & Dulio, D. A. (2011). "An experiment of campaign effects during the YouTube election". *New Media & Society*, 13(4): 626~644.

Tuchman, G. (1978). *Making News: A Study in the Construction of Reality*. 박홍수 역(1995), 《메이킹 뉴스: 현대사회와 현실의 재구성 연구》. 서울: 나남.

Turk, J, V. (1991). "Public relations' influence on the news". In Protess, D. L. & McCombs, M. (Eds.), *Agenda Setting Readings on Media, Public Opinion, and Policymaking*, pp. 211~222. Hillsdale, NJ: Lawrence Erlbaum.

van Dijk, T. A. (1988). *News as Discourse*. New Jersey: Lawrence Erlbaum.

______(2008). "News, discourse, and ideology"(뉴스, 담론 그리고 이데올로기). In Wahl-Jorgensen, K. & Hanitzsch, T. (Eds.), *The Handbook of Journalism Studies*. 저널리즘연구소 역(2016), 《저널리즘 핸드북》, 413~441쪽. 서울: 새물결출판사.

van Gorp, B. (2007). "The constructionist approach to framing: Bringing culture back in". *Journal of Communication*, 57(1): 60~78.

Viswanath, K. & Emmons, K. M. (2006). "Message effects and social determinants of health". *Journal of Communication*, 56(1): 238~264.

Wanta, W. & Foote, J. (1994). "The president-news media relationship: A time series analysis of agenda-setting". *Journal of Broadcasting & Electronic Media*, 38(4): 437~448.

Wanta, W., Golan, G., & Lee, C. (2004). "Agenda setting and international news: Media influence on public perceptions of foreign nations". *Journalism and Mass Communication Quarterly*, 81(2): 364~377.

Weaver, D. H. (2007). "Thoughts on agenda setting, framing and priming". *Journal of Communication*, 57(1): 142~147.

Weaver, D. H. & Wilhoit, G. C. (1997). "The American journalist in the 1990s". In Iyenger, S. & Reeves, R. (Eds.), *Do the Media Govern?*, pp. 18~28. Thousand Oaks, CA: Sage.

Williams, P. N. (1978). *Investigative Reporting and Editing*. New Jersey: Prentice-Hall.

Willnat, L. & Weaver, D. H. (1998). "Public opinion on investigative reporting in the 1990s: Has anything changed since the 1980s?". *Journalism and Mass Communication Quarterly*, 75(3): 449~463.

Wilson, E. J. (2008). "Hard power, soft power, smart power"(하드파워, 소프트파워, 스마트파워). In Cowan, G. & Cull, N. J. (Eds.), *Public Diplomacy in a Changing World*. 김남수 · 이화연 · 김나현 역(2013), 《새 시대의 공공외교》, 194~219쪽. 고양: 인간사랑.

Wu, H. D. (2003). "Homogeneity around the world?: Comparing the systemic determinants of international news flow between developed and developing countries". *International Communication Gazette*, 65(1): 9~24.

Wu, H. D. & Izard, R. (2008). "Representing the total community: Relationships between Asian American staff and Asian American coverage in nine U.S. newspapers". *Journalism & Mass Communication Quarterly*, 85(1): 99~112.

Wurff, R. & Cuilenburg, J. (2001). "Impact of moderate and ruinous competition on diversity: The Dutch television market". *The Journal of Media Economic*, 14(4): 213~229.

Yang, H. & DeHart, J. L. (2016). "Social media use and online political participation among college students during the US election 2012". *Social Media + Society*, 2(1): 1-18.

Yasumoto, S. (2009). "Japan and Korea as a source of media and cultural capital". www.arts.usyd.edu.au.

田島泰彦 · 山本博 · 原壽雄(2011). 《調査報道がジャーナリズムを変える》. 지종익 역(2014), 《탐사보도와 저널리즘: 일본의 사례》. 서울: 커뮤니케이션북스.

〈기자협회보〉(2004. 2. 24). "교육부 출입기자 '수능 추측보도 금지' 서명". http://www.journalist.or.kr/news/article.html?no=6525.

〈미디어오늘〉(2006. 9. 29). "'강석주 발언' 받아쓰기 대형 오보". http://www.mediatoday.co.kr/news/articleView.html?idxno=50451.

〈세계일보〉(2011. 4. 14). "〔세계광장〕 자살과 언론의 책임". http://www.segye.com/newsView/20110414005009.
______(2018. 3. 31). "〔베르테르, 자살보도의 딜레마(상)〕 기자들은 왜 자살기사를 쓸까". http://www.segye.com/newsView/20180331001720.
〈연합뉴스〉(2009. 6. 8). "매일 마지막을 각오하고 기사쓰는 러 탐사기자". http://www.yonhapnews.co.kr/bulletin/2009/06/08/0200000000AKR20090608084500009.HTML?did=1179m.
______(2016. 9. 24). "美 언론 신뢰도 32% 역대 최저치 기록… 정치인보다 낮아". https://www.yna.co.kr/view/AKR20160924066400071?input=1179m.
〈의대생신문〉(2014. 4. 23). "자살보도 권고기준 2.0, 무엇이 달라졌나". http://mednews.tistory.com/640.
〈조선비즈〉(2018. 7. 12). "국민 기대수명 82.4세 … 15세 이상 흡연율은 OECD 평균보다 낮아". http://biz.chosun.com/site/data/html_dir/2018/07/12/2018071201419.html.
〈조선일보〉(2014. 9. 16). "재난보도 준칙 전문". http://news.chosun.com/site/data/html_dir/2014/09/16/2014091603394.html.
〈한겨레〉(2017. 7. 5). "〔영상〕 조선인 위안부 촬영한 동영상 첫 발견". http://www.hani.co.kr/arti/society/area/801553.html.
〈한국일보〉(2016. 12. 8). "〔전문〕 선거여론조사보도준칙". http://www.hankookilbo.com/News/Read/201612081721473310.

다음백과. "기레기". http://100.daum.net/encyclopedia/view/18XXXXXX2620. 2017. 4. 7 인출.
〈연합뉴스〉 홈페이지. www.yna.co.kr. 2018. 10. 18 인출.
〈신화망〉. "〈신화망〉 소개 페이지". http://kr.xinhuanet.com/201708/22/c_136545515_2.htm. 2018. 4. 1 인출.
한국민족문화대백과사전. "독립신문". http://100.daum.net/encyclopedia/view/14XXE0015984. 2018. 8. 20 인출.
한국신문윤리위원회. http://www.ikpec.or.kr. 2017. 4. 3 인출.

BBC(2018. 5. 21). "Editorial guideline. Section 8: Reporting crime and anti-social behaviour". http://www.bbc.co.uk/editorialguidelines/guidelines/crime.

GIJN(Global Investigative Journalism Network). https://gijn.org.

IFLA(2018). "How to spot fake news. International Federation of Library Associations and Institutions". https://www.ifla.org/publications/node/11174.

OCCRP(The Organized Crime and Corruption Reporting Project). https://www.occrp.org/en.

日本新聞協會(2018. 8. 10). "〈誘拐報道協定〉 解說". https://www.pressnet.or.jp/statement/report/760706_94.html.

찾아보기 /

ㄱ

가짜뉴스 400
갈등성 58
감시가치 이론 107
감시견 105, 259, 263
강효과 이론 125
객관주의 저널리즘 37
거울 이론 37
검증의 저널리즘 42
게이트키핑 201
경성뉴스 71, 278
고정관념 156
공공 저널리즘 106
공론장 이론 101
공산주의 이론 119
공정성 위기 가설 366
공중의제 136
국제뉴스통신사 287
권위주의 이론 96, 117
근접성 58
금속활자 인쇄술 89

ㄴ

내용분석 235
내적 언론 자유 109
뉴스 평가가치 368
뉴스가치 52
능동적 수용자 170

ㄷ

대리인 이론 231
대인 커뮤니케이션 131
대중 사회 126

ㅁ

매체 간 의제설정 227
매카시즘 45
메시지 프레이밍 315
모방 자살 이론 417
문화계발 효과 134
미디어 다양성 110
미디어 대체 가설 365
미디어 사회학 181
미디어의 다양성 109

미디어의제 136

ㅂ
발표 저널리즘 225
배양 가설 134
베르테르 효과 416
보도 가이드라인 407
보도자료 225
부르주아 공론장 90
비개인적 영향력 가설 311

ㅅ
사상의 자유시장 99, 109
사회 구성주의 47
사회적 현실 재구성 152, 182
사회책임주의 이론 31, 110, 112
상업성 376
선정주의 385
소극적인 자유 115
소프트파워 294
속성(*attribute*) 142
수동적 수용자 170
스폿뉴스 33
시간 재할당 가설 365
시의성 54
시장 중심적 언론 50
신뢰도 370
신세계 정보 커뮤니케이션 질서(NWICO) 291

ㅇ
《아레오파지티카》 98
〈알자지라〉 293
알 권리 103
《언론의 4이론》 95
언론자유위원회 43, 112
엠바고 226
《여론》 18, 23, 140
역피라미드형 78, 201
연성뉴스 71, 278
영향성 61
오보 388
오프 더 레코드 212
요인분석 178
워터게이트 사건 41, 105, 210
유괴보도 협정 409
의제설정 이론 132, 136
이슈 소유권 147
이용 동기 171
이용과 충족 이론 170
인간욕구 5단계 이론 20, 172
인간적 흥미 62
인지적 정향욕구 145
인포테인먼트(*infortainment*) 278
일탈성 57
일화 중심적 프레임 163

ㅈ
자기 효능감 417
자동조정 원리 99, 103, 115
자유주의 이론 96

재난보도준칙 410
저가치 제공 가설 366
《저널리즘의 기본요소》 42
저명성 59
적극적인 자유 115
적용성 모델 156
전문가 중심적 언론 50
전문성 위기 가설 367
전문직주의 29
점화 효과 148
접근성 모델 144
정밀 저널리즘 355
정보원 207
정보주권 27
정책의제 136
정치효능감 276
정파성 265
제4부 92, 94, 102, 382
제한효과 이론 127
주제 중심적 프레임 163
진기성 62
진자운동 모형 261

ㅊ~ㅍ

출입처 224
침묵의 나선 효과 133
캘린더 기사 37
컴퓨터 활용보도(CAR) 354
파파게노 효과 423
팩트체크 403
페니 프레스 53, 64
편집권 독립 108
프레임 48, 150
플라톤의 동굴론 23

ㅎ~기타

하드파워 294
합의 모형 336
헤게모니 이론 230, 290
현실 재구성 47
현저성 139
황색언론 385
2차 의제설정 이론 142

인명

구텐베르크, 요하네스(Gutenberg, Johannes) 89
노엘노이만, 엘리자베스(Noelle-Neumann, Elisabeth) 132
라스웰, 해럴드(Lasswell, Harold) 123
라자스펠드, 폴(Lazarsfeld, Paul) 127
로젠스틸, 톰(Rosenstiel, Tom) 27
리프먼, 월터(Lippmann, Walter) 18, 140
맥콤스, 맥스웰(McCombs, Maxwell) 132
밀, 존 스튜어트(Mill, John Stuart) 100
밀턴, 존(Milton, John) 98
쇼, 도널드(Shaw, Donald) 132

알철, 허버트(Altschull, Herbert) 96
젱어, 존 피터(Zenger, John Peter) 106
코바치, 빌(Kovach, Bill) 27
코헨, 버나드(Cohen, Bernard) 138, 144
하버마스, 위르겐(Habermas, Jürgen) 90, 101

뉴미디어와 정보사회 개정2판

이 책은 정보사회를 살아가는 데 필요한 지식으로서 매스미디어를 이해하려는 사람들에게 체계적인 이해의 틀을 제공하는 목적에 충실하였으며, 전문적 이론보다는 매스미디어의 실제 현상을 쉽게 이해할 수 있도록 서술하였다. 개정판에서는 기존의 구성을 유지하면서 최근의 다양한 변화, 특히 뉴미디어의 도입에 따른 변화와 모바일 웹, 종합편성채널, 미디어산업에서의 빅데이터 활용 등에 초점을 맞추었으며, 매스미디어의 실제 현상 역시 최신의 사례로 업데이트하였다.

오택섭 · 강현두 · 최정호 · 안재현 지음 | 크라운판 | 528면 | 값 28,500원

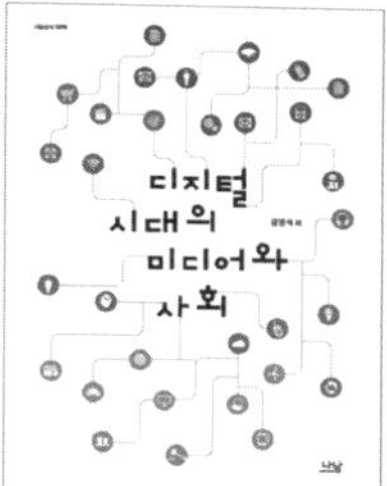

디지털시대의 미디어와 사회

물리적 세계를 넘어 삶마저도 디지털화되는 사회에서 미디어는 어떤 모습이며 어떤 방향으로 나아가고 우리는 이를 어떻게 수용해야 하는가? 디지털이 일상으로 파고들었지만 그간의 기간이 그리 길지는 않았기에 아직 미디어의 디지털화에 따른 변화양상과 역할, 영향 등을 폭넓게 다룬 책이 없었다. 이 책은 미디어의 기술적 진화에 따라 사회와 산업, 시장에 영향을 미치는 과정과 이에 따른 이론적 논의 및 법과 제도의 변화 등을 폭 넓게 살폈다.

김영석(연세대) 외 지음 | 크라운판 변형 | 462면 | 29,000원

스마트미디어
테크놀로지 · 시장 · 인간

이 책은 테크놀로지, 시장, 인간의 방향에서 스마트미디어에 접근한다. 이를 위해 15명의 언론학자들이 각자의 연구 분야에서의 다양한 물음을 정리하고 답변을 찾는 방식으로 스마트미디어가 야기하는 시장 경쟁, 규제, 이용자 이슈 등을 논한다. 기술의 현재와 사례를 주로 다루는 기존의 스마트미디어 관련 도서에 비해 이 책은 테크놀로지, 시장, 인간에 대한 고민과 탐색, 전망에 중점을 두어 독자에게 스마트미디어 사회를 더욱 깊게 이해할 수 있게 하고 향후 관련된 더 풍부한 논의를 촉진시킬 것이다.

김영석(연세대) 외 지음 | 신국판 | 468면 | 값 22,000원

사회과학 통계분석 개정판

SPSS/PC+ Windows 23.0

문항 간 교차비교분석, t-검증, ANOVA, 상관관계분석, 회귀분석, 통로분석, 인자분석, Q 방법론, 판별분석, 로지스틱 회귀분석, 반복측정 ANOVA, ANCOVA, MANOVA, LISREL(AMOS), 군집분석, 다차원척도법, 신뢰도분석, 생존분석(생명표), Kaplan-Meier 생존분석, Cox 회귀분석 등 사회과학 통계방법을 총망라했다. 각 장에는 논문을 쓸 때 필요한 절차와 내용을 설명한 논문작성법을 제시했으며 개정판에서는 분석력이 강화된 SPSS/PC+ 23.0의 실행 방법을 설명했다.

최현철(고려대) 지음 | 4×6배판 변형 | 828면 | 38,000원

SPSS 명령문을 활용한 사회과학 통계방법

SPSS의 명령문, 즉 신택스를 어떻게 구성하고 실행하는가를 보여주는 데 집중한 책이다. SPSS의 메뉴판을 이용한 데이터 분석 방법은 처음에는 쉽게 느껴질 수 있지만 새로운 데이터 분석 환경에서 한계에 부딪힐 수 있다. 이에 비해 SPSS 명령문 작성에 익숙해지면 SPSS가 아닌 다른 통계분석 프로그램에도 쉽게 적응할 수 있다. 쉬운 내용을 시작으로 어려운 내용을 전달하는 단계적 방식으로 글의 난이도를 조정하였으며 수학 공식을 유도하는 과정에서 어떤 아이디어가 담겼는지 설명하는 데 많은 노력을 기울였다.

김영석(연세대) · 백영민(연세대) · 김경모(연세대) 지음
4×6배판 | 356면 | 28,000원

현대언론사상사

이 책은 '밀턴'에서 '맥루한'까지 미국 저널리즘의 근간을 이룬 서구 사상가들을 다루고 있다. 현대언론사상의 백과사전이라고 할 수 있을 정도로 300년간의 서구 사상가와 사상들을 집합시켰다. 저널리즘은 오로지 눈앞의 현실이며 실천일 뿐이라고 믿는 사람들에게 그 현실과 실천의 뿌리를 살펴볼 것을 촉구하고 역사성을 회복하라고 호소하고 있다.

허버트 알철 | 양승목(서울대) 옮김 | 신국판 | 682면 | 35,000원

융합과 통섭

다중매체 환경에서의 언론학 연구방법

'융합'과 '통섭'의 이름으로 젊은 언론학자 19명이 모였다. 급변하는 다중매체환경 속 인간과 사회를 능동적으로 이해하고 설명하는 것은 언론학 연구의 임무이자 과제다. 이를 위해서는 관례와 고정관념을 탈피하려는 다양한 고민과 시도가 연구방법으로 이어져야 한다. 38대 한국언론학회 기획연구 워크숍 발표자료를 엮은 이 책은 참신하고 다양한 언론학 연구방법을 고민하는 이들에게 소중한 지침서가 될 것이다.

한국언론학회 엮음 I 크라운판 변형 I 520면 I 32,000원

정치적 소통과 SNS

뉴스, 광고, 인간관계에까지 우리 일상 어디에나 SNS가 있다. 그렇다면 과연 우리는 SNS에 대해 얼마나 알고 있을까? 커뮤니케이션 연구와 교육의 최전선에 있는 한국언론학회 필진이 뜻을 모아 집필한 이 책은 SNS에 관한 국내외의 사례와 이론을 폭넓게 아우른다. 왜 우리는 SNS를 사용하게 되었나부터, 어떻게 사용하고 있나, 또 앞으로 어떻게 사용해야 하나까지 과거, 현재, 미래에 대한 통찰이 담겨 있다.

한국언론학회 엮음 I 크라운판 변형 I 456면 I 27,000원

SNS 혁명의 신화와 실제

'토크, 플레이, 러브'의 진화

요즈음 전성기를 구가하고 있는 소셜미디어는 사람들 간 진지한 관계나 대화를 담보할 수 있는가? 인류의 오래된 희망인 관계의 수평화 · 평등화를 가능케 할 것인가? 이 책은 내로라하는 커뮤니케이션 소장학자들이 발랄하면서도 진지한 작업 끝에 내놓은 결과물이다. 소셜미디어의 모든 것을 분해하고, 다시 종합하는 이 책을 통해 독자들은 소셜미디어 혁명의 허와 실을 간파하게 될 것이다.

김은미(서울대) · 이동후(인천대) · 임영호(부산대) · 정일권(광운대) 지음
크라운판 변형 I 320면 I 20,000원

미디어 효과이론 제3판

이 책은 이용과 충족이론, 의제 설정이론, 문화계발효과이론 등 고전이론의 최신 업데이트된 연구결과를 비롯해 빠르게 진화하는 미디어 세계의 이슈들에 대해서도 다뤘다. 미디어 효과연구 영역을 폭넓게 다룬 포괄적인 참고도서이자 최근의 미디어 효과연구의 진행방향을 정리한 보기 드문 교재로 미디어 이론 연구를 위한 기준을 제공할 것이다.

제닝스 브라이언트 · 메리 베스 올리버 편저 | 김춘식(한국외대) · 양승찬(숙명여대) · 이강형(경북대) · 황용석(건국대) 옮김
4×6배판 | 712면 | 38,000원

매스 커뮤니케이션 이론 제5판

제5판에서는 특히 인터넷시대의 '뉴미디어'가 출현과 성장 과정 속에서 기존의 매스미디어 이론과 연구결과를 토대로 이야기했던 것을 수정 · 보완하는 데 주력했다. 또한 저자는 변화하는 미디어 환경 속에서 기존 매스 커뮤니케이션이 어떻게 변화할지에 관심을 두고 내용을 전개한다. 새로운 이론적 접근에 대한 소개가 추가되었고, 각 장에서의 이슈는 뉴미디어 현상과 연관하여 다루어진 특징이 있다.

데니스 맥퀘일 | 양승찬(숙명여대) · 이강형(경북대) 공역 | 712면 | 28,000원

커뮤니케이션 이론
연구방법과 이론의 활용

매스 커뮤니케이션의 기본개념부터 다양한 이론적 논의와 연구방법, 연구사례에 이르기까지 언론학 전반을 조감해 주는 교과서이다. 다른 책과 구별되는 큰 장점은 제반 이론을 소개하면서 과학의 특성인 실용성과 누적성이 절로 드러나도록 하는 뚜렷한 관점을 가지고 있다는 것이다. 우선, 소개되는 이론에 관련한 실제 연구사례들을 수집해 제시한다. 더불어 이론이 등장해 어떻게 비판되고 지지되고 발전되었는지 역사적으로 추적한다.

세버린 · 탠카드 | 박천일 · 강형철 · 안민호(숙명여대) 공역
크라운판 변형 | 548면 | 22,000원